辉煌历程

庆祝新中国成立60周年重点书系

中国基础教育60年

（1949—2009）

石 鸥 主编

湖南师范大学出版社

在新的历史起点上再创辉煌

——《辉煌历程——庆祝新中国成立 60 周年重点书系》总序

柳斌杰

1949 年 10 月 1 日，中华人民共和国诞生了！中国人民从此站起来了，中华民族以崭新的姿态自立于世界民族之林！新中国成立以来的 60 年，是中国社会发生翻天覆地变化的 60 年，是中国共产党带领全国各族人民同心同德、奋勇向前、不断从胜利走向胜利的 60 年，是中华民族自强不息、顽强奋进、从贫穷落后走向繁荣富强的 60 年，是举国上下自力更生、艰苦奋斗，开创社会主义大业的 60 年。60 年峥嵘岁月，60 年沧桑巨变。当我们回顾 60 年奋斗业绩时，感到格外自豪：一个充满生机和活力的社会主义新中国正巍然屹立于世界的东方。

在新中国成立 60 周年之际，系统回顾和记录 60 年的辉煌历史，总结和升华 60 年的宝贵经验，对于我们进一步深刻领会和科学把握社会主义制度的优越性、党的领导的重要性，进一步增强民族自豪感，大力唱响共产党好、社会主义好、改革开放好、伟大祖国好、各族人民好的时代主旋律，高举中国特色社会主义伟大旗帜，坚定走中国特色社会主义道路的决心和信心，在新的历史起点继续坚持改革开放，深入推动科学发展，夺取全面建设小康社会新胜利、开创中国特色社会主义事业新局面，都有十分重要的意义。

一

中国走社会主义道路，是历史的选择，人民的选择，时代的选择。在相当长的历史时期内，中国是世界上一个强大的封建帝国。1840 年鸦片战争以后，由于帝国主义列强的侵入，中国由一个独立的封建国家变为半殖民地半封建的国家，中华民族沦落到苦难深重和任人宰割的境地。此时的中华民族面对着两大历史任务：一个是争取民族独立和人民解放，一个是实现国家繁荣富强和人民富裕；需要解决两大矛盾：一个是帝国主义和中华民族的矛盾，一个是封建主义和人民大众的矛盾。近代中国社会的主要矛盾和我们民族面对的历史任务，决定了近代中国必须进行反帝反封建的彻底的民主主义革命，只有这样才能赢得民族独立和人民解放，也才能开启国家富强和人民富裕之路。历史告诉我们，一方面，旧式的农民战争，封建统治阶级的"自强""求富"，不触动封建根基的维新变法，民族资产阶级领导的民主革命，以及照搬西方资本主义的其他种种方案，都不能完成救亡图存挽救民族危亡和反帝反封建的历史任务，都不能改变中国人民的悲惨命运，中国人民依然生活在贫穷、落后、分裂、动荡、混乱的苦难深渊中；另一方面，"帝国主义列强侵入中国的目的，决不是要把封建的中国变成资本主义的中国"，而是要把中国变成他们的殖民地。因此，中国必须选择一条适合中国国情的道路。"十月革命一声炮响，给我们送来了马克思列宁主义。十月革命帮助了全世界的也帮助了中国的先进分子，用无产阶级的宇宙观作为观察国家命运的工具，重新考虑自己的问题。走俄国人的路——这就是结论。"中国的工人阶级及其先锋队——中国共产党登上历史舞台后，中国革命的面貌才焕然一新。在新民主主义革命中，以毛泽东同志为代表的中国共产党人带领全党全国人民，经过长期奋斗，创造性地开辟了一条农村包围城市、武装夺取政权的革命道路，实现了马克思主义与中国实际相结合的第一次历史性飞跃，最终建立了伟大的中华人民共和国。从此，中国历史开始了新的纪元！

新中国成立初期，西方国家采取经济封锁、政治孤立、军事包围等手段打压中国，妄图把新中国扼杀在摇篮中。以毛泽东同志为核心的党的第一代中央领导集体，领导全国各族人民紧紧抓住恢复和发展生产这一中心环节，在继续完成民主革命遗留任务的同时，有步骤地实现从新民主主义到社会主义的转变，迅速恢复了在旧中国遭到严重破坏的国民经济并开展了有计划的经济建设。从1953年到1956年，中国共产党领导全国各族人民有计划有步骤地完成了对农业、手工业和资本主义工商业的社会主义改造，实现了中国社会由新民主主义到社会主义的过渡和转变，在中国建立了社会主义基本制度。邓小平同志在《坚持四项基本原则》一文中，对中国为什么必须走社会主义道路作了明确的说明："只有社会主义才能救中国，这是中国人民从五四运动到现在六十年来的切身体验中得出的不可动摇的历史结论。中国离开社会主义就必然退回到半封建半殖民地。中国绝大多数人决不允许历史倒退。"

但是，探索社会主义道路是一个艰辛的过程。社会主义制度是人类历史上一种崭新的社会制度，代表着人类历史前进的方向。建设社会主义是前无古人的崭新事业，没有任何现成的经验可资借鉴，只能在实践中不断探索适合中国国情的社会主义发展道路。毛泽东同志很早就指出："我们对于社会主义时期的革命和建设，还有一个很大的盲目性，还有一个很大的未被认识的必然王国。"正是由于中国共产党人有这种认识，所以这种探索贯穿在社会主义建设的全过程。

在新中国成立之初，以毛泽东同志为主要代表的中国共产党人在深刻分析当时国内外形势和中国国情的基础上，开始了从"走俄国人的路"到"走自己的道路"的历史性探索。这表明中国共产党力图在中国自己的建设社会主义道路中打开一个新的局面，反映了曾长期遭受帝国主义列强欺凌的中国人民站立起来之后求强求富的强烈渴望。探索者的道路从来不是平坦的。到了 50 年代后期，党的指导思想开始出现"左"的偏差。特别是 60 年代中期，由于对国际和国内形势判断严重失误，"左"倾错误发展到极端，造成了延续十年之久的"文化大革命"。"文化大革命"的十年内乱，给我们党和国家带来了极其严重的创伤，国民经济濒临崩溃的边缘，人民生活十分困难。1976 年我们党依靠自身的力量，粉碎了"四人帮"，结束了十年内乱，从危难中挽救了党，挽救了革命，使社会主义中国进入了新的历史发展时期。在邓小平同志领导下和其他老一辈革命家支持下，党的十一届三中全会开始全面纠正"文化大革命"及其以前的"左"倾错误，冲破个人崇拜和"两个凡是"的束缚，重新确立了解放思想、实事求是的思想路线，果断停止了"以阶级斗争为纲"的错误方针，把党和国家的工作中心转移到经济建设上来，做出了实行改革开放的历史性决策。改革开放是党在新的时代条件下带领人民进行的新的伟大革命。从此以后，社会主义中国的历史掀开了新的一页。经济改革从农村到城市、从国有企业到其他各个行业势不可挡地展开，对外开放的大门从沿海到沿江沿边、从东部到中西部毅然决然地打开了，社会主义中国又重新焕发出了蓬勃的生机和活力。以党的十一届三中全会为标志进行了 30 多年的改革开放，巩固和完善了社会主义制度，为当代中国探索出了一条真正实现国家繁荣富强、人民共同富裕的正确道路。

二

新民主主义革命的胜利，社会主义基本制度的建立，实现了中国几千年来最伟大最广泛最深刻的社会变革，创造和奠定了新中国一切进步和发展的基础。中国是有着五千年历史的文明古国，但人民当家作主人，真正结束被压迫、被统治的命运，成为国家、社会和自己命运的主人，只是在中华人民共和国成立后才成为现实。在中国共产党的领导下，中国人民推翻了"三座大山"，夺取了新民主主义革命的胜利，真正实现了民族独立和人民解放；彻底结束了旧中国一盘散沙的局面，实现了国家的高度统一和各民族的空前团结；创造性地实现了从新民主主义到社会主义的转变，全面确立了社会主义的基本制度，使占世界人口四分之一的东方大国迈入了社会主义社会；

建立了人民民主专政的国家政权，中国人民掌握了自己的命运，中国实现了从延续几千年的封建专制政治向人民民主政治的伟大跨越；建立了独立的、比较完整的国民经济体系，经济实力、综合国力显著增强，国际地位大幅度提高。社会主义给中国带来了翻天覆地的变化。

那么，面对与时俱进的世界，中国的社会主义建设如何在坚持中发展呢？这就要进行新的探索，新的实践。胡锦涛同志在党的十七大报告中强调，"我们党正在带领全国各族人民进行的改革开放和社会主义现代化建设，是新中国成立以后我国社会主义建设伟大事业的继承和发展，是近代以来中国人民争取民族独立、实现国家富强伟大事业的继承和发展"。正是在改革开放的伟大实践中，中国共产党人开辟了中国特色社会主义道路。这是一条能够使民族振兴、国家富强、人民幸福、社会和谐的康庄大道，是当代中国发展进步和实现中华民族伟大复兴的唯一正确的道路。在当代中国，坚持中国特色社会主义道路，就是真正坚持社会主义。

"中国特色社会主义道路，就是在中国共产党的领导下，立足基本国情，以经济建设为中心，坚持四项基本原则，坚持改革开放，解放和发展社会生产力，巩固和完善社会主义制度，建设社会主义市场经济、社会主义民主政治、社会主义先进文化、社会主义和谐社会，建设富强民主文明和谐的社会主义现代化国家。"改革开放是中国的第二次革命，给我国带来了历史性的三大变化：一是中国人民的面貌发生了巨大变化，许多曾经长期窒息人们思想的旧的观念、陈腐的教条受到了巨大冲击，人们的思想得到了前所未有的大解放，解放思想、实事求是、与时俱进、开拓创新开始成为人们精神状态的主流。二是中国社会面貌发生了巨大变化，社会主义中国实现了从"以阶级斗争为纲"到以经济建设为中心、从封闭半封闭到改革开放、从高度集中的计划经济体制到充满活力的社会主义市场经济体制的伟大转折。我国获得了自近代以来从未有过的长期快速稳定发展，社会生产力大解放，社会财富快速增长，人民的生活水平实现了从温饱不足到总体小康的历史性跨越。满目疮痍、饱受欺凌、贫穷落后的中国已经变成政治稳定、经济发展、文化繁荣、社会和谐的社会主义中国。三是中国共产党的面貌发生了巨大变化，中国共产党重新确立了马克思主义的思想路线、政治路线和组织路线，在开辟中国特色社会主义伟大道路的过程中，在领导中国特色社会主义现代化进程中，始终把保持和发展党的先进性、提高党的执政能力、转变党的执政方式、巩固党的执政基础作为党的建设的重点，实现了从革命党向执政党的彻底转变，成为始终走在时代前列的中国特色社会主义事业的坚强领导核心。

新中国成立60年来，特别是改革开放30多年来的伟大成就生动展现了我们党和国家的伟大力量，展现了13亿中国人民的力量，展现了中国特色社会主义事业的伟大力量。"中国特色社会主义道路之所以完全正确、之所以能够引领中国发展进步，关键在于我们既坚持了科学社会主义的基本原则，又根据我国实际和时代特征赋予其鲜明的中国特色。"胡锦涛同志在纪念党的十一届三中全会召开30周年大会上的重要讲话中强调："我们要始终坚持党的基本路线不动摇，做到思想上坚信不疑、行动上坚定不移，决不走封闭僵化的老路，也决不走改旗易帜的邪路，而是坚定不移地走中国特色社会主义道路。"

坚定不移地走中国特色社会主义道路，就必须牢牢把握和坚持中国共产党的领导这个根本，这也是我们走上成功之路的实践经验。中国共产党是中国工人阶级的先锋队，同时是中国人民和中华民族的先锋队，是中国特色社会主义事业的领导核心。自诞生之日起，中国共产党就自觉肩负起中华民族伟大复兴的庄严使命，带领中国人民经过艰苦卓绝的奋斗，取得了革命、建设和改革的一个又一个重大胜利。中国特色社会主义道路是中国共产党领导全国各族人民长期探索、不懈奋斗开拓的道路，党的领导是坚持走这条道路的根本政治保证和客观的内在要求。没有共产党，就没有新中国，就没有中国的繁荣富强和全国各族人民的幸福生活。

坚定不移地走中国特色社会主义道路，就必须牢牢把握和坚持解放思想、实事求是的思想路线，充分认识我国处于并将长期处于社会主义初级阶段的基本国情，深刻认识社会主义事业的长期性、艰巨性和复杂性。过去的一切失误，在很大程度上就是因为没有正确地认识中国的国情，离开或偏离了发展的实际。我们要牢记教训，一切从实际出发，一切要求真务实。

坚定不移地走中国特色社会主义道路，就必须牢牢把握和坚持"一个中心，两个基本点"的基本路线。以经济建设为中心是兴国之要，是我们党和国家兴旺发达和长治久安的根本要求。四项基本原则是立国之本，是我们国家生存发展的政治基石。改革开放是决定当代中国命运的关键抉择，是发展中国特色社会主义、实现中华民族伟大复兴的必由之路。我们必须坚持改革开放不动摇，决不能走回头路。

中国特色社会主义事业是一项前无古人的创造性事业，是一项极其伟大、光荣而艰巨的事业。我们必须清醒地认识到，"我们的事业是面向未来的事业"，"实现全面建设小康社会的目标还需要继续奋斗十几年，基本实现现代化还需要继续奋斗几十年，巩固和发展社会主义制度则需要几代人、十几代人甚至几十代人坚持不懈地努力奋斗"。在新的国际国内形势和新的历史起点上，只要我们不动摇、不懈怠、不折腾，坚定不移地坚持中国特色社会主义道路，坚定不移地坚持党的基本理论、基本路线、基本纲领、基本经验，勇于变革、勇于创新，永不僵化、永不停滞，不为任何风险所惧，不被任何干扰所惑，就一定能凝聚力量，战胜一切艰难险阻，不断开创中国特色社会主义事业新局面。

三

　　把马克思主义基本原理同中国实际相结合，坚持科学理论的指导，坚定不移地走自己的路，这是马克思主义的本质要求，是中国共产党人在深刻把握马克思主义理论品质、清醒认识中国国情的基础上得出来的科学结论。毛泽东同志指出："认清中国社会的性质，就是说，认清中国的国情，乃是认清一切革命问题的基本的根据。"邓小平同志指出："马克思列宁主义的普遍真理与本国的具体实际相结合，这句话本身就是普遍真理。它包含两个方面，一方面叫普遍真理，另一方面叫结合本国实际。我们历来认为丢开任何一面都不行。"中国共产党之所以成功地领导了革命、建设和改革，就是因为以科学态度对待马克思主义，正确地贯彻马克思主义基本原理与中国具体实际相结合的原则，推动马克思主义中国化，并不断丰富和发展了马克思主义。

以毛泽东为主要代表的中国共产党人，创造性地运用马克思主义的基本原理，认真总结中国革命胜利和失败的经验教训，重新认识中国国情，探讨中国革命的规律性，把马克思主义与中国革命的具体实践结合起来，提出了新民主主义理论，阐明了中国革命的一系列重大问题，实现了马克思主义和中国实际相结合的第一次历史性飞跃，产生了毛泽东思想这一马克思主义中国化的重要理论成果，引导中国革命不断走向胜利，完成了民族独立和人民解放的历史任务，创建了新中国，建立了社会主义制度。新中国成立初期，我们党在把马克思主义和中国实际相结合方面做得比较好，因而社会主义革命和建设都比较顺利，很快建立起了比较完备的社会主义工业体系和国民经济体系，显示了社会主义制度的优越性。

党的十一届三中全会之后的 30 多年，我们党紧紧围绕中国特色社会主义这个主题，在新的历史条件下继续推进马克思主义中国化，形成和发展了包括邓小平理论、"三个代表"重要思想以及科学发展观等重大战略思想在内的中国特色社会主义理论体系。以邓小平同志为主要代表的中国共产党人，开创了改革开放的伟大事业，并在总结当代社会主义正反两方面经验的基础上，在我国改革开放的崭新实践中，围绕着"什么是社会主义、怎样建设社会主义"这个基本问题，把马克思主义基本原理和中国社会主义现代化建设的实际相结合，系统地初步回答了在中国这样的经济文化比较落后的国家如何建设社会主义、如何巩固和发展社会主义的一系列基本问题，创立了邓小平理论，实现了马克思主义和中国实际相结合的又一次飞跃，奠定了中国特色社会主义理论体系的基础。党的十三届四中全会以后，以江泽民同志为主要代表的中国共产党人，在新的历史发展时期，把马克思主义的基本原理与当代中国实际和时代特征进一步结合起来，在建设中国特色社会主义新的实践中，进一步回答了什么是社会主义、怎样建设社会主义的问题，创造性地回答了在长期执政的历史条件下建设什么样的党、怎样建设党的问题，形成了"三个代表"重要思想，进一步丰富和发展了中国特色社会主义理论体系。党的十六大以来，以胡锦涛同志为总书记的党中央，站在历史和时代的高度，继续把马克思主义基本原理与当代中国实际相结合，在推进中国特色社会主义的实践中，全面系统地继承和发展了马克思列宁主义、毛泽东思想、邓小平理论、"三个代表"重要思想关于发展的重要思想，依据我国仍处于并将长期处于社会主义初级阶段而又进到新的发展阶段这个现实，进一步回答了新世纪新阶段我国需要什么样的发展和怎样发展的重大问题，形成了科学发展观等重大战略思想，赋予中国特色社会主义理论体系以新的丰富内容。

胡锦涛同志在党的十七大报告中强调："改革开放以来我们取得一切成绩和进步的根本原因，归结起来就是：开辟了中国特色社会主义道路，形成了中国特色社会主义理论体系。高举中国特色社会主义伟大旗帜，最根本的就是要坚持这条道路和这个理论体系。"中国特色社会主义理论体系坚持和发展了马克思列宁主义、毛泽东思想，凝结了几代中国共产党人带领人民不懈探索实践的智慧和心血，是马克思主义中国化的最新成果，是党最可宝贵的政治和精神财富，是全国各族人民团结奋斗的共同思想基础。在当代中国，坚持中国特色社会主义理论体系，就是真正坚持马克思主义。只有坚持中国特色社会主义理论体系不动摇，才能坚持中国特色社会主义道路不动摇，才能真正做到高举中国特色社会主义伟大旗帜不动摇。

四

站在时代的高峰上回望我国波澜壮阔的奋斗之路，我们感慨万千。正如胡锦涛同志所指出的，"没有以毛泽东同志为核心的党的第一代中央领导集体团结带领全党全国各族人民浴血奋斗，就没有新中国，就没有中国社会主义制度。没有以邓小平同志为核心的党的第二代中央领导集体团结带领全党全国各族人民改革创新，就没有改革开放历史新时期，就没有中国特色社会主义"。"以江泽民同志为核心的党的第三代中央领导集体"，"团结带领全党全国各族人民高举邓小平理论伟大旗帜，继承和发展了改革开放伟大事业，把这一伟大事业成功推向21世纪"。我们"要永远铭记党的三代中央领导集体的伟大历史功绩"。

新中国60年的辉煌历程充分证明，没有共产党就没有新中国，没有中国共产党的领导就没有国家的繁荣富强和全国各族人民的幸福生活，也就不会有社会主义现代化的中国。新中国60年的伟大成就充分证明，只有社会主义才能救中国，只有中国特色社会主义才能发展中国，只有走中国特色社会主道路才能建设富强、民主、文明、和谐的社会主义现代化国家。新中国 60 年的宝贵经验充分证明，只要始终坚持马克思主义基本原理同中国具体实际相结合，在科学理论的指导下，不断丰富和发展中国特色社会主义理论体系，就能坚定不移地走自己的路。新中国 60 年特别是改革开放 30 多年的伟大实践昭示我们，中国的崛起是历史的必然，只要我们高举"一面旗帜"，坚持"一条道路"，在新的历史起点继续推进改革开放的伟大事业，不断开创中国特色社会主义事业新局面，当代中国、整个中华民族，就一定能走向繁荣富强和共同富裕的康庄大道。

庆祝新中国成立 60 周年，是今年党和国家政治生活中的一件大事。新中国 60 年的辉煌历程、伟大成就和宝贵经验，蕴含着丰富的教育资源，是进行爱国主义教育的生动教材。深入挖掘、整理、创作、出版有关纪念新中国成立 60 年的作品，是出版界义不容辞的责任和光荣使命。为隆重庆祝新中国成立 60 周年，中共中央宣传部、新闻出版总署组织出版了《辉煌历程——庆祝新中国成立 60 周年重点书系》，目的在于充分展示新中国成立 60 年来翻天覆地的变化，充分展示中国共产党领导全国各族人民在革命、建设、改革中取得的伟大成就，深刻总结新中国 60 年的宝贵经验，努力探索人类社会发展规律、社会主义建设规律、中国共产党的执政规律；宣传中国特色社会主义，宣传中国特色社会主义理论体系，进一步坚定走中国特色社会主义道路的决心和信心；大力唱响共产党好、社会主义好、改革开放好、伟大祖国好、各族人民好的时代主旋律，不断巩固全党全国各族人民团结奋斗的共同思想基础；为在新形势下继续解放思想、坚持改革开放、推动科学发展、促进社会和谐营造良好氛围，激励和鼓舞全党全国各族人民更加紧密地团结在以胡锦涛同志为总书记的党中央周围，高举中国特色社会主义伟大旗帜，为开创中国特色社会主义事业新局面、夺取全面建设小康社会新胜利、谱写人民美好生活新篇章而努力奋斗。

该书系客观记录了新中国 60 年波澜壮阔的伟大实践，全面展示了新中国 60 年来社会主义中国、中国人民和中国共产党的面貌所发生的深刻变化，深刻总结了马克思主义中国化的宝贵经验，生动宣传了新中国 60 年来我国各方面所取得的伟大成就及社会主义中国对人类社会发展进步所做出的伟大贡献。该书系所记录的新中国 60 年的奋斗业绩和伟大实践，所载入的以爱国主义为核心的民族精神和以改革创新为核心的时代精神，都将永远激励我们沿着中国特色社会主义道路奋勇前进。

目 录

第三编　基础教育课程与教学改革

第四编　基础教育体制改革与发展

第五编　中小学教材与基础教育研究制度建设

导　言

新中国成立以来，尤其是党的十一届三中全会以来，我国经济社会发生了翻天覆地的变化，教育事业也走过了大变革、大发展、大跨越的不平凡历程。

人们不会忘记，十年浩劫使中国教育事业遭受重创：学校沦为"阶级斗争的工具"，教学秩序混乱，广大教师备受摧残，儿童、青少年一代丧失了接受科学文化教育的机会。中国教育和中国社会一样再次走到了十字路口。

1977 年，一个"国家和时代的拐点"。这一年，在改革开放总设计师邓小平的倡导下，我国决定恢复高考，570 万名青年纷纷从田间地头、工厂车间、军营哨所奔赴考场，一个国家的光明前途在一夜之间被重新点亮。从这一刻开始，中国社会重新迎来了尊重知识、尊重人才的春天，中国基础教育步入了改革与发展的新征程，取得了国际公认的建设成就，形成了中国特色的教育经验，展示了令人向往的发展前程。

一、我国基础教育改革与发展所取得的主要成就

新中国成立以后，尤其是改革开放以来，我国基础教育改革稳步推进，取得了令人瞩目的成就：教育的社会地位极大提高，教育体系和结构更加合理，义务教育全面普及，"两基"目标如期实现，教育条件得到前所未有的改善，教育质量和效益明显提升，教育改革不断朝着纵深方向发展。

（一）义务教育：从"黑屋子、土台子"到"人人免费"

旧中国是一个教育普及程度极低、文盲人口充斥的国度。1949 年，

文盲占人口总数的80%以上，小学入学率仅为20%左右，初中入学率仅为6%，农村人口文盲率更高。即使到了20世纪中叶，部分地区学校的办学条件仍然很差，"黑屋子、土台子"式的教室，在许多农村中小学曾经普遍存在。改革开放以后，党中央、国务院把普及九年义务教育作为教育工作的重中之重，采取了一系列重大措施普及义务教育。

1980年，《中共中央国务院关于普及小学教育若干问题的决定》明确提出全国在1990年前基本普及小学教育。该《决定》对普及小学教育的有关问题做出了全面部署，要求各地根据经济、教育发展的实际情况，进行分区规划，提出不同要求，分期分批予以实现。1983年，中共中央、国务院发出《关于加强和改革农村学校教育若干问题的通知》，提出了普及初等教育的任务和措施。经过全国各级政府和广大教育工作者的共同努力，截至1984年，全国小学学龄儿童入学率和巩固率均超过95%，基本普及小学教育。

在此基础上，1985年《中共中央关于教育体制改革的决定》提出了实行九年制义务教育的要求。1986年，《中华人民共和国义务教育法》（简称《义务教育法》）颁布，明确提出国家要实行九年制义务教育，并对义务教育的性质，教育方针，适龄儿童、少年接受义务教育的义务和权利，管理体制及各级政府的职责等作出规定。这部法律的颁布为全面普及九年义务教育（简称"普九"）提供了法律依据，我国义务教育从此翻开了崭新的一页。1993年，中共中央、国务院颁布的《中国教育改革和发展纲要》又提出到2000年基本普及九年义务教育的宏伟目标。在举国上下的共同努力下，这一目标如期实现。2000年，我国"普九"人口覆盖率和初中毛入学率均超过85%，义务教育的普及程度排在发展中人口大国的前列。

进入21世纪，国家把普及和巩固义务教育作为教育事业发展的一项战略任务，九年义务教育从基本普及转向全面普及和巩固提高阶段。在这一时期，针对中小学校布点分散、规模过小的状况，各地着重在调整学校布局上做文章，优化资源配置，提高办学质量和效益。2006年十届全国人大常委会颁布了新的《义务教育法（修订案）》。《义务教育法（修订案）》明确了国家将义务教育全面纳入财政保障范围，将义务教育经费保障机制以法律的形式固定下来，明确了义务教育不收学费、杂费；进一步明确了义务教育的方针、目标，将促进义务教育均衡发展作为法律规定，为保障适龄儿童、少年平等接受义务教育提供了保障。国务院先后召开了全国基础教育工作会议和全国农村教育工作会议，以更大的精力和更多的财力加强义务教育，特别是农村义务教育，实施了农村义务教育管理体制改革和农村义务教育经费保障机制改革，实施了国家西部地区"两基"（"两基"是"基本普及九年义务教育和基本扫除青壮年文盲"的简称）攻坚计划、农村寄宿制学校建设工程、农村中小学远程教育工程和农村初中校舍改造工程等，农村义务教育管理和经费保障水平发生了历史性的变化，农村义务教育学校办学条件得到极大改善。截至 2007 年底，全国普及九年义务教育人口覆盖率达到 99.3%，实现"普九"的县数已占全国总县数的 98.5%。义务教育的全面普及，为中华民族的伟大复兴做出了巨大贡献。

（二）教师队伍：从"臭老九"到"人类灵魂的工程师"

教育要发展，教师是关键。新中国建立以来，特别是《中华人民共和国教师法》（简称《教师法》）、《义务教育法》等法规的出台，对提高教师待遇、保障教师工资水平作了明确规定，尤其是将义务教育学校教师工资全额纳入财政保障，并规定不低于当地公务员的平均工资水平。1985年，国家确定每年的 9 月 10 日为教师节。与此同时，建立了中小学教师评聘高级教师制度、优秀教师表彰奖励制度，使得尊师重教的良好风尚在全社会进一步得到弘扬，极大地激发了广大教师的工作积极性，教师职业地位和声望进一步提高。曾经的"臭老九"，如今备受社会各界的尊重，人们亲切地将他们喻为"人类灵魂的工程师"。

在提高教师待遇和地位的同时，国家逐步深化教师教育改革，逐步调整教师教育布局结构。1999 年到 2007 年，我国高等师范本科院校由 87 所增加到 97 所，开展教育硕士专业学位教育的院校由 29 所增加到 57 所，逐步形成了以师范院校为主、与综合大学共同培养中小学教师的格局。同时，国家逐步实施师范生免费教育，启动实施"农村义务教育阶段学校教师特设岗位计划"、"农村学校教育硕士师资培养计划"、"中小学教师国家级培训计划"、"中小学教育继续教育工程"，有力地提高了教师队伍的整体素质。1995 年 12 月国务院颁布了《教师资格条例》，2000 年 9 月教育部颁布实施了《〈教师资格条例〉实施办法》，2001 年教育部印发了《关于首次认定教师资格工作若干问题的意见》。教师资格制度的不断发展与完善，在优化教师结构、拓展教师来源渠道、严把教师队伍入口关、提高教师社会地位和整体素质等方面都发挥了重要作用。

据统计，至 2007 年底，教师队伍整体素质进一步提高，小学、初中、高中具有中高级职务（指专业技术职务）的教师所占百分比分别为 48.2%、48.7%、55.1%，学历合格率分别达到 99.1%、97.2%、89.3%。高学历教师比例逐年提高，在新增教师中，具有大学专科、本科学历的教师成为主体。2007 年，小学教师中专科学历以上的占 66.9%，初中教师中本科学历以上的占 47.3%，高中教师中具研究生学历的达到 1.8%。

（三）素质教育：从理论探讨到法律保障

改革开放的 30 多年当中，素质教育几乎是中国教育领域，尤其是基础教育领域里使用频率最高的一个新词语。

"文化大革命"以后，随着国家对知识、人才的重视，尤其是随着 1977 年高考的恢复，青少年的求学热情空前焕发，升学竞争也逐步显露出来。一些学校为了提高升学率，加班加点，押题猜题，应付考试，忽略了学生的健康，轻视了道德的培养。在一段时间里，这种情况愈演愈烈，发展成为"应试教育"，其所体现的教育效果的局限性、培养目标的片面性、评价标准的机械划一性等弊端，造成了人才素质结构的单一，引起了社会各界对教育的不满，基础教育面临着较大的社会压力，改革势在必行。正是在这一背景下，"素质教育"作为一种全新的教育理念破土而出。

1983 年，正当人们思考教育前进方向的时候，邓小平为北京景山学校题词"教育要面向现代化，面向世界，面向未来"，十分适时地为中国教育发展树起了一面伟大的旗帜。它开阔了中国教育工作者思考教育问题的视野，加速了教育观念的转变革新，激励人们冲破因循守旧的教育观念樊篱，使得千百万教育工作者开始用广角思维去重新审视当时难以突破、难以创新的教育实践。许多地方和学校都纷纷以"三个面向"为指针，开展教育实验，如愉快教育、情境教育等，积极寻求提高学生素质，使学生生动、活泼、主动发展的教育新模式。

从 1985 年到 1993 年，可以看成是素质教育的酝酿、讨论阶段。1993 年 2 月，中共中央、国务院颁布的《中国教育改革和发展纲要》指出："中小学要由'应试教育'转向全面提高国民素质的轨道，面向全体学生，全面提高学生的思想道德、文化科学、劳动技能和身体心理素质，促进学生生动活泼地发展，办出各自的特色。"该《纲要》中"素质"一词出现 20 余处，从政策层面肯定和反映了素质教育的理念，推动了素质教育的深入探讨。1994 年召开的第二次全国教育工作会议，明确提出"基础教育要由'应试教育'转向素质教育的轨道"。会议之后，国家教育委员会（简称"国家教委"）着手开展素质教育的试点工作，并于 1996 年和 1997 年先后在湖南汨罗、山东烟台召开了两次素质教育研讨会。全国和省级素质教育实验区相继建立。1999 年召开的第三次全国教育工作会议，出台了《中共中央国务院关于深化教育改革全面推进素质教育的决定》，它标志着素质教育走向了全面推广阶段，标志着全面推进素质教育真正成为国家的教育政策。从这以后，2001 年国务院的文件、2004 年中央关于青少年思想教育的文件、国务院的政府工作报告、国家的国民经济发展报告都提到素质教育，政府文件也都提到素质教育。2006 年 8 月，胡锦涛在中共中央政治局第三十四次集体学习时指出：全面实施素质教育，核心是要解决好培养什么人、怎样培养人的重大问题，这应该成为教育工作的主题。2006 年，《义务教育法（修订案）》第一次把素质教育写入法律文件，自此，素质教育上升为国家意志，成为社会各界尤其是教育工作者必须遵循的具有法律强制性和约束力的准则，这也保证了素质教育的健康推进。

（四）课程与教学：从局部调整到系统变革

教育的核心要素是课程。向年轻一代开展何种教育、使孩子学到什么、对社会宣示什么是最有价值的，最终将影响国家的前途、民族的振兴。从这个意义上讲，对课程改革的关注就是对国家未来和民族未来的关注。

我国基础教育课程体系是沿袭苏联教育制度形成和发展而来的。针对课程实践中存在的问题，1999 年以前，我国先后进行了七次课程改革。改革开放前，基础教育课程的调整和变动，主要是围绕着政治形势变化的需求而变，力图构建符合我国社会主义建设要求的基础教育课程体系，其改革策略主要是进行教材的局部调整。改革开放后，国家在实施义务教育的基础上，对基础教育课程进行了某些调整，取得了一定成效，但从整体上看，仍缺乏从宏观上对课程指导思想的研究，一系列制度和改革措施难以适应社会发展变化及素质教育的需求。

2001 年 6 月国务院发布的《关于基础教育改革与发展的决定》指出："基础教育是科教兴国的奠基工程，对提高中华民族素质、培养各级各类人才，促进社会主义现代化建设具有全局性、基础性、先导性作用。"而课程改革是整个基础教育改革的核心问题。在世界课程改革的整体趋势下，在对我国基础教育现状进行分析与反思的基础上，从实施科教兴国战略和提高全民族素质的高度出发，国家启动了新一轮的基础教育课程改革。

2001 年秋季，全国27 个省的38 个国家实验区率先拉开了轰轰烈烈的课程改革实验的大幕，到2005 年 9 月，全国义务教育阶段小学、初中起始年级已经全面进入新课程实施阶段。2004 年，普通高中课程改革实验也率先在广东、山东、海南和宁夏四省自治（自治区）进行。截止到2009 年 9 月，全国已有20 多个省、自治区、直辖市开始实施高中新课程。此次改革是新中国成立以来力度最大、覆盖面最广的一次系统性的改革，它提出了六大具体目标，包括课程功能、课程结构、课程内容、课程实施、课程评价以及课程管理，确立了以"知识与技能，过程与方法，情感、态度与价值观"三个方面的整合作为各学科课程目标共同框架的价值取向。新的课程改革，在理念、内容、措施与方法等方面，都突破了传统课程的概念框架，实现了我国课程发展的"范式革命"，引发了教师观念、教师角色和课堂教学行为的变革，引发了学生学习方式的变革，合作、交流、反思的教师文化正在校园逐步形成。在新课程理念的引领下，各实验区积极调动与整合各种专业力量，构建支持体系，在督促和指导学校落实国家课程方案，指导学校建立以校为本的教研制度，组织区域教研、联片教研、网络教研等方面做了大量工作。各校积极深化课堂教学改革，倡导把教学过程当作师生交往、积极互动、共同发展的过程，通过交往，构建和谐的、民主的、平等的师生关系；倡导通过师生信息交流、相互沟通、相互影响、相互补充，达到彼此共识、共享、共进的目的，最终形成一个真正的"学习共同体"，实现师生双方的共同发展；倡导主动学习、独立学习，使学习成为人的主体性、能动性、独立性不断生成、张扬、发展、提升的过程；倡导发现学习、探究学习、研究性学习，把学习过程中的发现、探究、研究等认识活动凸显出来，使学习过程更多地成为学生发现问题、提出问题、解决问题的过程。特别值得一提的是，随着新课改的实施和推进，尊重学生、关注学生差异和发展的评价观念以及以激励为主的评价行为正在形成，既重视结果，又重视过程；既重视学业成绩，又关注德智体美全面发展；既有教师评价，又有学生自评、互评以及家长参与的新模式也在逐步建构之中。各地中考制度改革取得了突破，考试命题以能力考查为核心，基本改变了过去以分数简单相加作为唯一录取依据的做法；按照思想品德、公民素养、学习能力、交流与合作能力、运动与健康、审美与表现等方面，制定综合素质评价的指标体系，并将综合素质评价的结果和日常学业成绩都作为招生的重要依据，为义务教育阶段实施素质教育创造了较为宽松的条件；高考改革也取得了新的进展，新课改推行后，先后有10多个省市出台了与之配套的高考方案。这些方案均强调能力立意、素质立意，旨在引导基础教育着力提高学生的能力和素质，促进学生个性发展。

（五）办学体制：从国家统包到多元并存

民办教育在我国有着悠久的历史，孔子、孟子、朱熹等先圣先贤，在著书立说的同时广招弟子，私塾、书院等民办教育机构长期存在。新中国成立后，国家将全部私立学校收回国办。到了20世纪80年代，随着改革开放政策的全面推行，我国政府确定了以公有制为主体、多种所有制经济共同发展的经济体制。为适应国家这一经济体制的重大变革，1993年国家颁布了《中国教育改革和发展纲要》，并明确提出：改革政府包揽办学的格局，逐步建立以政府办学为主体、社会各界共同办学的体制。

正是在这一政策的催生下，中国民办教育迅速发展，异军突起。1997年，《社会力量办学条例》出台，更是激发了社会各界参与办学的热情，"民办民助型"（亦称"纯民办"）、"民办公助型"、"公办民助型"、"国有民营型"、"股份合作型"等多元化办学模式不断涌现，一大批有特色、高质量的民办教育机构不断涌现，成为我国教育事业的重要生力军。

2002年，《中华人民共和国民办教育促进法》（简称《民办教育促进法》）颁布并于2003年9月1日起施行，使得发展民办教育和办学体制改革的有关政策进一步明确和法制化。2004年，《中华人民共和国民办教育促进法实施条例》（简称《民办教育促进法实施条例》）出台，对民办教育的一些关键性问题作出进一步规定。在法律规范和政策的指导下，中国的民办教育得到了持续发展。截至2007年底，我国已有各类民办学校11万多所，各类学历在校生2700多万人。

实践证明，发展民办教育既增强了教育供给方式的多样化和选择性，通过办出一批有特色、高质量的民办学校，满足了一部分家庭的个性化需要；也开创了体制改革之路，民办学校可凭借其灵活的机制，摸索出新的发展思路，为公办学校提供有益的启示和借鉴；还致力于探索公办教育机制如何同市场机制相结合，使得公办、民办教育二者相兼互补、共同发展。

二、我国基础教育改革与发展的主要经验

任何教育改革与发展都必须立足于本国、本地区的实际情况。我国是一个农业大国，幅员辽阔，人口众多，经济水平比较落后且地区间差距较大。然而，我国却以仅占世界公共教育经费总数 1.4% 的财力，撑起了占世界学历教育人口 22.9% 的庞大教育体系，尤其是从 1986 年至 2000 年，我国仅用 15 年的时间就实现了宏伟而又艰巨的"两基"目标，在世界范围内创造了一个教育神话。梳理中国基础教育的改革历程，经验可圈可点者众，从宏观层面来看主要体现在：

（一）在管理体制上，实行"地方负责、分级管理"，充分调动地方积极性

1985 年，普及九年义务教育的宏伟目标提出之后，艰巨的任务与中央政府财力当时无法包办之间的矛盾就凸显出来了。怎么办？必须改变中央过于集权的体制，充分调动地方和人民群众的办学积极性。于是，《中共中央关于教育体制改革的决定》明确提出，"实行基础教育由地方负责、分级管理的原则，是发展我国教育事业、改革我国教育体制的基础一环"，"把发展基础教育的责任交给地方"，"基础教育管理权属于地方"。该《决定》还要求，"为了保证地方发展教育事业，除了国家拨款以外，地方机动财力中应有适当比例用于教育，乡财政收入应主要用于教育"，"地方可以征收教育费附加"，"在自愿的基础上，鼓励单位、集体和个人捐资助学"。

基础教育实行地方负责、分级管理的体制，极大地调动了地方政府和人民群众的办学积极性，特别是在广大农村地区，人民群众纷纷打出了"再穷也不能穷教育"的口号，有钱的掏钱，有力的出力，有物的捐物，在广阔的乡间盖起了一所所新学校。这一座座校舍，正是政府与百姓携手共建的一座座丰碑，是我国基础教育得以持续发展的基础和保障。

2001 年，为适应农村经济体制改革的不断深化，特别是农村税费改革全面推进的新形势，国务院召开了全国基础教育工作会议，颁布了

《关于基础教育改革与发展的决定》，对农村基础教育管理体制进行了重大改革，明确提出农村义务教育管理"实行国务院领导，由地方政府负责、分级管理、以县为主的体制"。这一举措强化了县级政府发展教育的责任，大大减轻了农民的负担。

2006 年，《义务教育法（修订案)》对义务教育的管理体制进行了更为准确的规定："义务教育实行国务院领导，省、自治区、直辖市人民政府统筹规划实施，县级人民政府为主管理的体制。"新体制加强了省级政府对义务教育经费投入和教育资源配置的统筹作用，同时，也强调了县级政府对本地区义务教育发展负有主要责任。

纵观中国基础教育管理体制的变革轨迹，我们不难发现以下两点：一是从"人民教育人民办"到"人民教育政府办"，我国政府在发展教育中的责任不断得到强化；二是责任分担机制贯穿基础教育改革与发展的始终，中央政府把握发展方向，制定基本政策，关注支持薄弱地区教育发展；各级地方政府承担本地区基础教育发展的责任，因地制宜地贯彻落实中央的政策要求。以上两点无疑为大国特别是穷国办大教育提供了可靠的体制性保障。

（二）在改革路径上，强调社会驱动、自上而下，充分发挥政府主导作用

新中国基础教育的改革与发展，从来就是作为整个社会改革和发展的一部分而展开的，从来就是在不同历史时期对不同社会发展需求的特定表达。这些社会发展需求主要表现为四种类型：一是国际化的大趋势和大背景，如"知识经济"、"全球一体化"，等等；二是国内不同发展阶段的政治使命，主要是指党和国家每一次重要会议提出的有关中国社会发展的宏伟目标；三是不断深化的经济改革，比如党的十二大提出的有中国特色的社会主义商品经济、党的十四大提出的有中国特色的社会主义市场经济、党的十五大确立的"以公有制为主体、多种所有制经济共同发展"的基本经济制度，等等；四是广大人民群众对接受高水平、高质量教育的迫切需求。中国基础教育的改革与发展正是在这些社会动力的驱使下启动和展

开的。

1999 年《中共中央国务院关于深化教育改革全面推进素质教育的决定》提出，"当今世界，科学技术突飞猛进，知识经济初见端倪，国力竞争日趋激烈……全党、全社会必须从我国社会主义事业兴旺发达和中华民族伟大复兴的大局出发，以邓小平理论为指导，全面贯彻落实党的十五大精神，深化教育改革，全面推进素质教育"。2005 年 12 月，《国务院关于深化农村义务教育经费保障机制改革的通知》如此确定改革的动力："为贯彻党的十六大和十六届三中、五中全会精神，落实科学发展观，强化政府对农村义务教育的保障责任，普及和巩固九年义务教育，促进社会主义新农村建设，国务院决定，深化农村义务教育经费保障机制改革。"

正是因为变革受国家政治经济体制的影响，具有明显的社会驱动特征，而且教育作为一种具有较大公益性的共享资源与服务，它更多的是为整个社会服务的，因而其服务的面越宽，对象越多，其效益也越大，同时越需要切实地提高教育的规模效益，这就必然强调某种共同责任，注重责任和权限的相对集中。这样，我国基础教育改革基本上采用的是自上而下的路径。每一次改革的主体都是政府特别是中央政府，各级地方政府负责具体落实中央政府的改革设想；每一次改革都是由政府提出工作目标、方案和思路，并逐级传达，强力推行；每一次改革都由政府提供保障机制、监控实施过程、评价实施效果，并将考核结果纳入下级部门或单位政绩考评或物质奖励的重要依据。这种由政府主导的、由上而下的、具有强大行政约束力的教育改革路径，无疑顺应了我国历史传统和现实国情，有利于政府集中各方面、各层面的力量进行重点突破，更有利于全面推进大规模的教育变革。

（三）在发展策略上，注重分步实施、稳步推进，充分关注地方实际

任何真正意义上的教育改革与发展，都是一项开创性的系统工程，涉及面广、情况复杂。更何况，我国地域广阔、人口众多，各地文化差异大，经济社会不断发展与地区差异长期存在的现象并存，改革的不断深化

与改革不配套相互制约的矛盾突出，社会上的某些传统教育观念根深蒂固……这些因素在客观上给教育变革带来了种种难以预料的影响。正是基于以上原因，我国在制定教育改革方案和实施规划时，每次都充分考虑了基本国情，很好地结合了经济社会发展的实际和客观规律，坚持实事求是，稳步推进。比如，在制定普及农村义务教育的宏伟目标时，国家明确要求，要"有步骤地实行九年制义务教育"，并根据我国城乡之间、地区之间发展不平衡的基本国情，提出了将全国划分为三类地区［即城镇和经济发达农村地区、中等经济发达程度地区、经济欠发达地区（主要在西部）］普及义务教育的工作思路，并对其普及义务教育的步骤提出不同的要求。这一工作思路在实践中产生明显成效，各类地区都能根据本地实际，规划区域内义务教育事业的发展，保证"普九"目标的最终落实。又如，在实施素质教育时，国家先是在湖南汨罗、山东烟台召开素质教育研讨会，然后在全国相继建立国家级和省级素质教育实验区，连点成片，以点带面，上下联动，分步推进。总之，无论是农村中小学校的布局调整，还是教育人事制度的改革，无论是税费改革后农村义务教育投入保障机制的构建，还是新一轮课程改革，中国基础教育领域里的每一项重大举措，都是分步实施、稳步推进的。这种渐进式策略符合事物发展的客观规律，有利于科学统筹教育与经济社会的发展。

从相对微观的层面来看，我国也有许多经验可圈可点。比如：在课程权利的分配上，我国正在探索"国家、地方、学校三级课程管理"体系；在教学上，我国广大教师提出了"双基教学"（重视基础知识的传授和基本技能的培养），在培养学生掌握扎实的基础知识和基本技能方面享誉世界，等等。

三、我国基础教育改革与发展的展望

站在新的历史起点，我们在感受基础教育快速发展带来喜悦的同时，还要对过去的发展历程进行必要的梳理、反思，并试图寻找、展望未来教育的发展方向和基本路径。

（一）价值取向：坚持"以人为本"

过去，我们的教育十分注重其对国家利益和经济发展的服务功能，这本来无可厚非。因为国家利益的实现、经济的不断发展，可以为所有社会群体和每一个体的发展提供可靠的保障和良好的条件。但是，如果过于偏重这种价值取向，则对教育的健康持续发展极为不利。未来基础教育发展的价值取向应在追求国家与社会功利目的的同时，进一步凸显"以人为本"的时代精神，坚持价值理性与工具理性的并重，把提升、扩展人的生命意义和生命价值作为教育活动的出发点和归宿，从发展成长的角度关注人的生命存在，尊重人的生命意义和价值。

"以人为本"的理念落实到基础教育中，就是要"以学生为本"，学校的一切活动都要以提高学生发展水平和质量作为出发点和立足点，要把全面贯彻党的教育方针政策、全面实施素质教育，把青少年学生的全面、和谐、个性发展放在教育工作的核心位置，把创办适合每一位青少年学生发展需求的学校作为教育改革的基本目标加以追求。

"以人为本"作为一种观念体系，能否落实到教育行政、学校管理和教育教学实践中，最根本的还是要建立一个与之配套的教育制度体系，主要包括公平与竞争相结合的教育资源配置制度、多元化的教学质量评价制度、质量与效益相结合的学校分类评价制度等。

（二）办学方向：实现均衡发展

2005 年 5 月，教育部出台了《关于进一步推进义务教育均衡发展的若干意见》，将教育均衡发展作为今后教育工作的指导思想和工作方向。2006 年 6 月，《义务教育法（修订案）》首次以法律的形式提出"促进义务教育均衡发展"的思想。自此，均衡发展成为中国基础教育的核心追求。

均衡发展主要包括受教育机会的均衡、教育资源配置和教育条件的均衡、教育过程和教育结果的均衡等。教育均衡发展体现的是一种公平公正的理念，它不仅是世界教育发展的潮流，而且已成为教育现代化的核心理念。在这种理念的引领下，国家和各级政府制定的有关基础教育的法律、法规和政策都要体现教育均衡发展的基本要求；不同地区之间、城乡之间、学校之间、群体之间的基础教育资源，必须均衡配置；各级学校和教育机构，在具体的教育教学活动中，要为每一个受教育者提供平等的学习和发展的机会。

从目前我国基础教育发展的状况看，优质教育资源均衡配置已经成为教育公平的主要追求。为此，我们要着手统筹城乡教育发展规划，统一城乡教育经费标准和学校建设标准，促进城乡教育一体化；要将教育列为西部大开发的重要内容，扶持民族地区教育，提高少数民族学生受教育水平，逐步缩小区域差距，促进中西部学生接受公平教育；要加强薄弱学校办学条件的达标建设和教师队伍建设，扩大优质教育资源的辐射面，缩小校际差距，办好每一所学校；要健全家庭经济困难学生资助体系，完善统筹协调机制，保障进城务工人员子女免费接受义务教育，缩小群体差距，教好每一名学生。与此同时，我们还要建立促进教育公平的长效机制，如监管制度、定期报告制度、问责制度等。

（三）发展目标：全面提高质量

从发展机制来看，我们一般把教育划分为两种类型：一是供给约束型的教育，一是需求导向型的教育。过去几十年，我国基础教育面临的突出问题是供给的约束，资源供给不足影响着教育的发展。所以教育发展主要是扩大教育资源，增加教育供给，以满足社会对教育的基本需求。改革开放以来，我国政府持续高度关注和支持"两基"，始终把"两基"作为教育发展的"重中之重"，不仅如期实现了"两基"的奋斗目标，而且解决了让所有孩子免费享受义务教育的世界难题，大大缓解了教育供求的矛盾。这时，广大人民群众对教育的期待，开始由量的要求转向对质的迫切需要。发展优质教育成为时代的呼唤、历史的必然。

因此，我们必须推进如下工作：一是及时调整教育发展思路，尽快从关注数量、规模的外延发展转向结构调整、质量提高的内涵发展；二是按照素质教育的目标，以学生创新精神和实践能力为重点，优化基础教育课程体系，同时要把课堂教学改革的重心定位在转变学生学习方式上，着力引导学生自主学习、合作学习和探究学习，提高学生的学习能力；三是探索建立科学合理的考试与评价制度，制订国家教育质量标准，并建立、完善基础教育质量监测体系。

（四）主要策略：走向体制多元

过去，我们的基础教育发展基本上是自上而下，主要依靠文件、会议，层层传达、落实，这种方式的优点显而易见——政策指导明确，推进力度大、效率高，过程可控性强。这主要是因为政府掌握着非常庞大的资源，包括人力资源、财政资源和其他社会资源。然而，在新的时代，它的缺点也日益明显：单向度的改革与发展路径容易滋长下级部门、广大中小学校和教师的惰性，使他们逐步失去自主改革与发展的积极性、主动性和创造性。

因此，在未来的教育发展中，我们要进一步转变观念，充分调动各方面的积极性，充分关注各方面的利益诉求，更多地采取自下而上的工作策略，以此解决一些相对微观、相对具体的问题，从而提高教育决策水平，增强教育改革的效果。实践证明，只有当广大一线教师和管理工作者具有自主变革意识并付诸行动时，只有当教育改革成为一线教育工作者日常教育实践而不是一场轰轰烈烈的社会运动时，教育改革才能掀开神秘的政治面纱，深入普通人的当下生活，整个教育体系的活力才能不断得以增强。

60 年来，我国基础教育获得了举世瞩目的发展，基本完成了从人口大国到人力资源大国的转变。本书就是这一进程的扫描。因为基础教育涉及面太宽，一本小书不可能一一顾及，所以我们只是扫描了其中的一些重点。我们以义务教育的普及为开篇，因为它是一切教育的战略基础，也是教育公平的起点。让每一个孩子有书读，让每一个孩子读好书，没有什么比这更重要了。我们不能不关注教师队伍的发展，因为任何教育的成就，任何学生的发展，都离不开人民教师呕心沥血的栽培，没有什么能够比关注教师队伍建设更有利于提高教育质量的了。我们无法不聚焦中小学课程与教学，学生智慧的涌动、生命的成长都是教学的结果。我们更应该注意教育大体制的变革，领导体制、管理体制、办学体制甚至考试评价体制，它们的变革是整个中小学教育健康发展的根本保障。第五编，我们对基础教育的教育研究制度和教科书发展进行了梳理，因为我们认为，这恰恰是中国基础教育的特色所在。一支强大的校外教育教学研究队伍的存在，为确保我国发展极不均衡的中小学教育质量立下了不可磨灭的功绩；而教科书又是广大中小学教师和学生非常依赖的知识载体，是一切教学和评价的依据，我们很难想象没有教科书的状况下我们的教学将何以为继，这样，教科书的意义和价值怎么估量都不为过。这就是我们一反常规研究，专门在最后一编中设计两章的意图。

第 一 编

义务教育的普及

义务教育是整个教育事业的基础，是基础教育的核心部分，它的规模与质量直接关系着一个国家未来人才的质量和素质状况，进而影响着这个国家的前途和命运。如果将时光追溯到新中国成立这一历史转折点，我们会发现我国的义务教育已经走过了60个年头。在这风雨兼程的60年间，国家制定了各种方针、政策和措施，积极普及和发展义务教育，不但积累了大量的有中国特色的重要经验，而且实现了义务教育的跨越式发展。回顾过去，我们激情满怀，为新中国义务教育的辉煌成就骄傲和自豪。展望未来，我们信心百倍，相信在党和政府的高度重视和积极领导下，在广大人民群众的热烈拥护和全力支持下，我国的义务教育事业必定再创辉煌！

第一章
义务教育的发展历程

　　新中国成立前，我国的教育事业发展缓慢，教育普及程度低下，文盲人口充斥。据相关调查显示，1949 年的中国，文盲人数占人口总数的 80％以上，小学入学率仅有 20％左右，初中入学率则更低。而在广大的农村地区，大多数人都不识字，简单的读、写、算都不会。新中国成立以后，特别是改革开放之后，党中央、国务院把普及九年义务教育作为教育工作的重中之重，采取了一系列重大举措普及义务教育，发展义务教育，使我国的义务教育实现了一个又一个新的飞跃。回顾与反思我国义务教育的发展历程，探析其历史演变的过程，对于推动义务教育在新的历史阶段的发展具有极其重要的意义。

第一节　改革开放前义务教育的发展历程

　　1949 年 10 月，随着新中国的诞生，我国的教育事业真正走上了快速发展之路。广大教育工作者在党和国家的领导下，为探索社会主义教育发展道路、提高我国义务教育的普及水平进行了艰苦卓绝的努力，积累了大量的经验，取得了巨大的成绩。当然，在发展的过程中，也出现了一些波折，其教训是惨痛的。基于我国义务教育的发展特征，我们将新中国成立至改革开放前这一历史时期的义务教育分为快速发展、曲折发展、破坏停滞三个阶段。

一、快速发展阶段(1949—1957)

新中国成立伊始，党和政府就高度重视国家的教育问题，将发展和普及教育放在了新中国建设的重要位置。1949 年 9 月，中国人民政治协商会议第一届会议通过的《中国人民政治协商会议共同纲领》规定："要有计划有步骤地实行普及教育。"[①] 各级政府将普及教育作为一项大政来抓。

(一)积极普及初等教育

1951 年 8 月 27 日至 9 月 11 日，教育部召开的第一次全国初等教育会议和第一次全国师范教育会议在北京合并举行。会议讨论了发展和建设初等教育与师范教育的方针、任务，明确提出"从 1952 年到 1957 年争取全国平均有 80% 的学龄儿童入学，其中东北、华北、华东、中南四个地区争取 85% ~90% 的学龄儿童入学；西北和西南争取 65% ~75% 的学龄儿童入学。从 1952 年开始，争取 10 年之内全国初等教育基本上达到普及"，提出培养百万小学教师的目标。[②]

1954 年 9 月 20 日，一届全国人大一次会议通过的《中华人民共和国宪法》第九十四条规定："中华人民共和国公民有受教育的权利。"第九十五条规定："中华人民共和国保障公民进行科学研究、文化艺术创作和其他文化活动的自由，国家对从事科学、教育、文学、艺术和其他文化活动的公民的创造性活动，给予鼓励和帮助。"中国公民的受教育权以最高法律的形式给予了强有力的保障。

1956 年最高国务会议通过的《1956—1967 年全国农业发展纲要（草案）》规定："从 1956 年开始，按照各地情况，分别在 7 年或者 12 年内普

---

① 《中国教育年鉴》编辑部编：《中国教育年鉴（1949—1981）》，中国大百科全书出版社 1984 年版，第 123 页。
② 毛礼锐、沈灌群主编：《中国教育通史》，山东教育出版社 1989 年版，第 13 页。

及小学义务教育。"① 同年9月，中共中央副主席刘少奇在中央第八次全国代表大会上作政治报告时也提出，"在财政力量许可的范围内，逐步扩大小学教育，以求12年内分区分批普及小学义务教育"。②

1957年11月，中共中央文教小组召开了省、市文教听证会议，会议指出，采取办全日制、二部制、简易小学等各种学校的办法，力争在第二个五年计划期间普及小学教育。在第三个五年计划期间，通过办全日制、二部制、农业中学、业余中学、广播学校等各种各样的途径，力争普及中学教育……在教育事业的发展上要抓两头，一头是办重点学校，另一头是抓好普及教育，并要制定教育发展的长远计划。

（二）改革学制

学制，即学校教育制度，它反映着各级各类学校教育内部的结构及其相互关系，规定各级各类学校的性质、任务、入学条件、修业年限及其之间的衔接、转换等问题。1951年5月，中央人民政府政务院文化教育委员会召开了第四次全体委员会议，对教育部草拟的改革学制方案进行研讨，并拟订了《关于改革学制的决定》的草案。1951年10月1日，政务院命令正式颁布了《关于改革学制的决定》，产生了新中国第一个学制。新学制中关于初等教育的内容，主要规定初等教育包括儿童的初等教育和青年、成人的初等教育。对儿童实施初等教育的学校为小学，小学的修业年限为5年，实行一贯制，取消初、高两级的分段制，入学年龄以7周岁为标准。对自幼失学的青年和成人实施初等教育的学校为工农速成初等学校、业余初等学校和识字学校（冬学、识字班）。新学制的颁布，标志着我国文化教育事业走上了有计划、有系统的发展新阶段。

新学制明确、充分地保障了全国人民，特别是工农劳动人民接受教育的机会。但由于教材、师资等条件准备尚不充分，1953年9月，教育部

---

① 《中国教育年鉴》编辑部编：《中国教育年鉴（1949—1981）》，中国大百科全书出版社1984年版，第123页。

② 《中国教育年鉴》编辑部编：《中国教育年鉴（1949—1981）》，中国大百科全书出版社1984年版，第123页。

发布新决定：五年一贯制未推行的地方从缓推行，已推行的停止推行。全国仍一律暂照四二制办理。①

（三）改革与完善学校课程教学

课程问题的核心是教学内容问题，是向学生灌输什么思想和知识、把学生培养成什么样的人的问题，直接关系到教育的方向。所以，中央人民政府教育部成立初期，就把课程改革作为重要议事日程。经过数年的努力，我国初等教育的课程教学有了很大的改观，为小学教学质量的提高打下了坚实的基础。

1950年，中央人民政府教育部颁发了小学各科《课程暂行标准（草案）》。1951年9月，第一次全国初等教育会议讨论通过了《小学暂行规程（草案）》，并于1952年3月由教育部正式颁布试行。该《规程》规定了小学教育的宗旨、学制、领导、教学计划以及课程设置等。1953年11月政务院第195次会议通过了《政务院关于整顿和改进小学教育的指示》，从校内外教学活动、教学方法、学校教学计划等方面对小学教学工作作了细致规定。1955年9月，教育部颁发了《小学教学计划》。该《计划》对小学各科目各学年每周的课时数作了详细的规定，并对各科目的教学任务及教学内容作了具体说明。为了使各地、各小学深刻领会和彻底贯彻执行《小学教学计划》，教育部同时又颁发了《关于执行〈小学教学计划〉的指示》。1956年10月，教育部印行了小学各科《教学大纲（草案）》。这些"大纲（草案）"对小学各科的教学提出了具体的教学建议，使各学校、教师对小学各科教学工作有了新的认识，起到了很好的指导作用。

（四）接办与改造私立学校

旧中国，私立学校占的比重比较大。据相关统计显示，仅京、津、沪、宁、武汉5个市就有私立小学1 452所，占小学总数的56%；私立小学学生307 400余人，占44%。② 另外，解放初，在广大村镇，还存在大

---

① 毛礼锐、沈灌群主编：《中国教育通史》，山东教育出版社1989年版，第62页。
② 毛礼锐、沈灌群主编：《中国教育通史》，山东教育出版社1989年版，第25页。

量的私塾。皖南地区刚解放时，全区有私塾 3 768 所，相当于正规小学总数的 2 倍以上；塾生 45 327 人，相当于小学人数的 1/3；塾师 3 768 人，相当于小学教师总数的 3/5。[①] 因此，新中国成立后，国家就开始了大规模地接办和改造私立学校的政策措施。但是，相对于高等学校来说，对私立中小学的完全接办和改造要晚一些。1952 年教育部发布了《关于整顿和发展民办小学的指示》，就民办小学的经费和办学条件作出了具体的要求和规定。到 1956 年，随着我国社会主义改造的基本完成，中小学也全部改为公立。至此，历史遗留下来的私立学校从根本上得到改造，教育事业形成了国家办学的新体制。

二、曲折发展阶段（1958—1965）

社会主义改造基本完成之后，教育工作者开始探索适合中国国情的发展道路。在探索的过程中由于受极"左"思想的影响，我国义务教育事业遭受了一些挫折。但因为党和政府的及时调整，使教育很快走上了正常发展的轨道，取得了可喜的成绩。这一阶段的发展，主要体现在以下几个方面：

（一）初等教育发展的大起大落

1958 年，我国进入第二个五年计划发展时期。5 月，中国共产党第八届全国代表大会第二次会议通过了"鼓足干劲，力争上游，多快好省地建设社会主义"的总路线。9 月，《中共中央国务院关于教育工作的指示》提出"调动一切积极因素，鼓足干劲，力争上游，多快好省地扫除文盲，普及小学教育"，"全国应在 3 年到 5 年的时间内，基本完成扫除文盲、普及小学"的任务。1958 年，在教育"大跃进"的热潮中，小学教育以空前的速度向前发展，学龄儿童入学率达到解放以来的最高点。据相关统计资料显示，1958 年全国小学在校学生达到 8 640.3 万人，比 1957 年猛增 34.41%，学龄儿童入学率达 80.3%，猛升 18.6%。[②] 很显然，当时大跃

---

① 毛礼锐、沈灌群主编：《中国教育通史》，山东教育出版社 1989 年版，第 31 页。

② 刘英杰主编：《中国教育大事典（1949—1990）（上）》，浙江教育出版社 1993 年版，第 322 页。

进的办学要求远远超过了实际办学条件的承受能力。1963 年，在党中央"调整、巩固、充实、提高"的方针指导下，各地对小学教育的发展作了一些调整，大力发展简易小学，改善办学条件，提高教学质量。全国小学教育经过恢复，在新的基础上得到了更大的发展。

(二)群众办学热情高涨

虽然新中国成立之后，我国各级各类教育有了很大发展，但是仍然没能满足广大人民群众子女入学和提高文化教育水平的需要。由于生产建设的发展和社会主义改造的基本完成，广大群众既迫切渴望提高文化教育水平，也表现了办学的极大积极性。1957 年，全国掀起了群众办学的热潮。据山西、江苏、吉林、北京等 15 个省、市的统计，1955 年民办小学有学生 88.2 万多人，1957 年民办小学约有学生 161 万多人，1957 年同 1955 年相比，增加了 82.5%。[①] 这种新气象使教育领导部门逐渐认识到，应该把提倡群众办学作为一条长期的方针提出来。"中小学教育的发展途径不是一条，而是三条。就是说除了国家办学这一途径外，还有群众办学和勤俭办学、勤工俭学两条途径。""如果不打破包办的思想，只是死盯着国家办学这一条路"，"那只有限制着中小学教育的发展"。[②] 所以，1958 年初期，教育部把提倡群众办学和提倡勤工俭学作为教育工作的主要努力方向提了出来，后来又归纳为办教育要"两条腿走路"。1958 年 3 月，教育部召开的第四次全国教育行政会议提出："教育事业的大跃进，必须依靠党的领导，贯彻群众路线。群众路线指的是要放手发动群众办学；采取群众运动的办法作普及工作；发动人民自己教育自己；坚持自觉自愿；采用多种办法，因时、因地、因人制宜。"同年 9 月，《中共中央国务院关于教育工作的指示》指出，小学教育的发展，在"统一的目标下"，"国家办学与厂矿、企业、农业合作社办学并举"。

---

① 毛礼锐、沈灌群主编：《中国教育通史》，山东教育出版社 1989 年版，第 145 页。
② 教育部副部长董纯才 1958 年 2 月 11 日在第一届全国人民代表大会第五次会议上的发言：《加强思想教育、劳动教育，提倡群众办学、勤俭办学》，见《教育文献法令汇编（1958年）》，中华人民共和国教育部办公厅编辑、出版，第 175 页。

1960 年 3 月，财政部、教育部《关于人民公社社办中、小学经费补助的规定》指出："为了更好地发展教育事业，国家对公社举办的普通中、小学和农业中学及其他职业中学，得根据不同情况，在人力、物力、财力的可能范围内，给以必要的扶持。"

1963 年 3 月，《中央关于讨论试行全日制中小学工作条例草案和对当前中小学教育工作的几个问题的指示》指出："在农村（包括县镇）中，根据农民群众的需要和自愿，可以集体举办全日制的或者半日制的中小学校、识字班、简易小学和农业中学；在城市中，厂矿、企业、机关、团体或者人民群众，根据需要与可能，也可以举办各种类型的中小学校、职业学校、补习学校等。"

党和国家的办学政策，极大地调动了人民群众的办学热情，各地的工厂、人民公社都积极参与到办学当中来。据统计，到 1965 年，全国有半工半读、半耕半读小学 84.9 万所，在校生 2 518.1 万人，占全国小学在校生总数的 21.67%。[①] 民办小学在校生发展为 4 752 万人，占小学在校生总数 11 620.9 万人的 40.9%。[②]

（三）开展学制和教学改革实验

我国中小学的课程门类繁多，教学内容陈旧，教学设备落后，这些都不利于学生的发展。于是，从 1958 年到 1960 年在全国范围内掀起了规模较大的中小学教学改革试验。中央文教小组、中共中央宣传部、教育部多次召开会议，研究讨论试验学制和教学改革的问题，并在北京景山学校、北京丰盛学校、北京二龙路学校进行教改试验，直接抓点。1959 年，中共中央、国务院发布了《关于试验改革学制的规定》，规定各省、市、自治区应当有领导、有计划地指定个别小学、普通中学进行改革学制的试验。到 1960 年 3 月，各地曾试验过的学制形式有：中小学五、四、二制，

---

① 《中国教育年鉴》编辑部编：《中国教育年鉴（1949—1981）》，中国大百科全书出版社 1984 年版，第 124 页。

② 刘英杰主编：《中国教育大事典（1949—1990）（上）》，浙江教育出版社 1993 年版，第 329 页。

中小学九、二制，中小学十年一贯制，中小学九年一贯制，中小学七年一贯制等。

这期间，在教学改革方面影响较大的是北京景山学校和辽宁黑山北关实验小学。北京景山学校成立于 1960 年，开始试验的第一个方案，是由北京师范大学提出的普通教育中、小学九年一贯制教育改革方案，将中小学的 12 年学制缩短为 9 年，将儿童入学年龄从 7 岁提前到 6 岁。试验了半年，发现 9 年的时间无法完成预定的教学任务。1960 年 9 月开始，该校按照中小学十年一贯制的方案进行试验。辽宁黑山县北关实验学校从1958 年起就进行"集中识字"实验，采取先识字后读书的方法，进行了以歌带字、看图识字、四声带字、同音归类等各种尝试，引起省内外教育界同行的关注。1960 年 4 月，辽宁省委在黑山召开了教学改革现场会，肯定并推广该校的教改经验，由此而影响全国。

正是因为国家的高度重视，在新中国成立后的 17 年里，我国的初等教育实现了较大的发展，出现了欣欣向荣的春天。可是，1966 年开始的"文化大革命"使刚刚有所发展的基础教育掉入了寒冷的冰窖。"停课闹革命"，否定正常的教学秩序和学科教材体系，宣扬"读书无用论"等，使基础教育遭受了严重破坏，普及小学教育也受到了严重的挫折。

三、破坏停滞阶段(1966—1976)

历经 10 年的"文化大革命"，使我们的国家和人民遭受到新中国成立以来最深重的灾难，教育事业也遭受了几乎毁灭性的打击。"文化大革命"开始后，高等教育部、教育部相继瘫痪，教育计划工作基本停顿，各类学校相继停课闹革命，批判智育，以劳代教，教育事业陷入一片混乱状态。

(一)盲目发展中小学

"文化大革命"期间不少地方提出"上小学不出村，上初中不出队，上高中不出社"的口号。由于不顾客观条件，一味追求数量和发展速度，以致中小学一度盲目发展。很多小学附设初中班，原有的农业中学、职业中学、半工（农）半读技术学校几乎都变成了普通中学。另外，由于高师、中师的一度停办，合格师资来源中断，于是大批小学骨干教师被抽调到中学任教，又从社会上招收不合格者担任小学教师，结果是"层层戴帽，层层拔骨干，层层无骨干"，中小学两败俱伤，教育事业内部、外部结构比例失调，教育质量下降。

（二）泛政治化的教学内容

由于受"以阶级斗争为纲"、极"左"思想的影响，教育的性质反复遭受政治上的拷问，学校沦为"阶级斗争的工具"。当时学制混乱，大批教师受到批判，学校纪律废弛，课程内容政治化突出，各级各类学校办学水平与教育质量大幅下降。"文化大革命"开始之后，各级各类学校都"停课闹革命"，学校中听不到读书声，教师不教书，学生不读书，师生成群结队到社会上"造反"。1967年2月，中央发出《关于小学无产阶级文化大革命的通知（草案）》，要求在春节后各地小学一律开学。五、六年级和1966年毕业的学生，要结合"文化大革命"，学习毛主席语录、"老三篇"和"三大纪律八项注意"，学习"十六条"，学唱革命歌曲。一、二、三、四年级学生学习毛主席语录，兼学识字，学唱革命歌曲，学习一些算术和科学常识。

第二节　改革开放以来义务教育的发展历程

改革开放30年也是义务教育取得跨越式发展的伟大时期。"文化大革命"结束之后，我国开始总结研究新中国成立后数十年的经验、教训，积极改善管理，以适应新时期教育事业新发展的需要。在各级政府的共同努力下，改革开放以来，我国义务教育工作经历了一系列发展阶段，采取了一系列重大措施，取得了卓越的成绩。根据义务教育发展的阶段性和同一时期教育发展的总体特征，我们将改革开放以来我国义务教育的发展历程分为四个主要历史时期。

一、恢复发展阶段(1977—1985)

"文化大革命"结束后，中央立即着手在教育领域开展拨乱反正的工作，全力整顿和恢复教育工作秩序，同时从实现中国社会现代化的大格局出发，酝酿教育发展的新构想。1978 年，五届全国人大一次会议的《政府工作报告》提出："各行各业都要高度重视和大力支持教育事业，努力办好各级各类学校，首先是办好重点大学和重点中小学，采取各种手段提高教育质量。""到 1985 年在农村基本普及八年教育，在城市基本普及十年教育。"这一阶段我国在普及教育方面的工作主要体现在以下几个方面：

（一）"三个面向"的提出

党的十一届三中全会以后，随着党的工作从"以阶级斗争为纲"转向以经济建设为中心，教育经过拨乱反正、恢复高考，正常的教学秩序建立起来，尊重知识、尊重人才蔚然成风。在这样的情况下，是简单恢复"文化大革命"前的做法，还是适应社会发展新形势的要求，确定新的发展方向和目标？1983 年国庆节前夕，邓小平为景山学校题词，高瞻远瞩地提出"教育要面向现代化，面向世界，面向未来"（简称"三个面向"）。教育要面向现代化，即要求教育以现代化为取向，通过改革开放，改革现行的教育体制，调整教育发展的规模、速度和布局，打破传统经验办学的格局，改革同社会主义现代化建议不相适应的教育思想、教育制度、教育内容、教育方法和教育手段，建立适应社会主义现代化建设需要的教育体系，实现教育自身的现代化，使我国教育事业有一个大的发展。教育要面向世界，即要求教育工作坚持对外开放的方针，打破过去那种封闭的办学状态，从中国实际出发，继承和发扬优秀的民族传统，在独立自主、自力更生的基础上，开展国际间的交流与合作，拓展国际视野，具有世界眼光，博采各国之长，积极吸收世界上一切对我国现代化建设有益的先进科学技术、管理知识和教育经验，做到"洋为中用"，从而培养更多的适应我国现代化建设和对外开放需要的能够立足于世界、参与国际竞争的各类复合型、外向型人才。教育要面向未来，即要求教育必须从自身特点和社会主义现代化的长远目标出发，使今天的教育能适应和满足未来社会发展的需要，要求我们有科学的预见性，以长远的眼光办好今天的教育。伴随着知识经济的发展和信息化社会的到来，教育必须加快自身的改革和创新，不仅要能够适应时代发展的潮流，更应能够引领社会发展，培养能适应未来社会发展需要的改革创新型人才。"三个面向"是在我国教育向何处去的关键时刻提出来的，是 20 世纪末教育改革的指导方针，也为我国义务教育事业的发展指明了方向。

（二）积极普及小学教育

恢复发展时期义务教育的工作，主要还是普及小学教育。1979 年 11 月，中共中央批转了湖南省桃江县《关于发展农村教育事业的报告》，充分肯定了桃江县委重视教育、第一把手亲自抓教育、充分发挥教育职能部门的作用、组织各有关部门密切配合、大力普及小学五年教育等经验，这对于各地积极普及小学教育起了推动作用。

1980 年 12 月，《中共中央国务院关于普及小学教育若干问题的决定》指出："由于工作上的种种失误，特别是'文化大革命'的破坏，目前五年制小学尚未普及，新文盲继续大量产生，这种情况，同经济发展对人才培养的要求很不适应，同建设现代化的、高度民主、高度文明的社会主义强国的要求很不适应。""我们的社会主义现代化建设，不仅要建设高度的物质文明，还要建设高度的精神文明。没有文化教育事业的充分发展，就不可能有完全的社会主义。"而"小学教育是整个教育的基础，要提高教育质量，提高全民族的科学文化水平，必须从小学抓起"。由此，提出了普及小学教育的具体任务："在 80 年代全国应基本实现普及小学教育的历史任务。要求各省、市、自治区，根据各地区经济、文化基础和其他条件的不同，进行分区规划，提出不同要求，分期分批予以实现。经济比较发达、教育基础比较好的地区，应在 1985 年前普及小学教育，其他地区一般应在 1990 年前基本普及。至于极少数经济特别困难、山高林深、人口稀少的地区，普及期限还可延长一些。"①

1982 年 12 月，第五届全国人民代表大会第五次会议通过的《中华人民共和国宪法》第一次将"国家举办各种学校，普及初等义务教育"写入了国家宪法中。至此，我国的义务教育受到了国家最高法律的保障。同时，基于农村小学义务教育普及工作中存在的困难和问题，1983 年中共中央、国务院又发出了《关于加强和改革农村学校教育若干问题的通知》，提出了农村普及初等教育的主要任务和具体措施：普及初等教育，是培养现代化建设人才的奠基工程，必须坚决执行 1980 年 12 月《中共中央国务院关于普及小学教育若干问题的决定》，力争 1990 年前在我国除少数山高林深、人口特别稀少的地区外，基本普及初等教育。同时强调：普及初等教育的规划和措施要落实到县和区、乡、社、队；普及初等教育的内容，要注意联系农村生产、生活实际。

在普及小学教育中，国家当时主要采取了以下具体措施：

一是继续采取"两条腿走路"的方针。针对当时人口众多、经济不发达的实际情况，提出以国家办学为主体，充分调动农村基层组织、厂矿企业等各方面办学积极性，鼓励群众自筹经费办学。1980 年《中共中央国务院关于普及小学教育若干问题的决定》中重申了这一方针，并阐明了坚持这一方针的必要性和原则性。

二是继续实行多种形式办学。在办好全日制学校的同时，举办一些半日制等多种形式的简易小学或教学班，并对这些教学形式提出不同的教学要求。《中共中央国务院关于普及小学教育若干问题的决定》中明确提出：必须从实际出发，因地制宜，采取多种形式办学。在办好全日制学校的同时，还应举办一些半日制、隔日制、巡回制、早午晚班等多种形式的简易小学或教学班（组）。这类学校的学习年限和教学要求，可以不拘一格，只要学好语文、算术即可。要力求使学校布局和办学形式与群众生

① 《中国教育年鉴》编辑部编：《中国教育年鉴（1949—1981）》，中国大百科全书出版社 1984 年版，第 123 页。

产、生活相适应，便于学生就近上学。

三是提高广大教师的工资待遇。通过提高中小学教师工资、实行教龄津贴制度、提高民办教师的补助费等方式，鼓励教师积极地从事教育事业。《中共中央国务院关于普及小学教育若干问题的决定》中要求：必须切实改革中小学教师工资制度，提高他们的工资待遇。在工资制度正式改革前，应当给予一些临时补贴。中小学要开始实行教龄津贴制度，以鼓励教师终生从事教育事业。国家给予民办教师的补助费应该有所增加，由各地根据实际情况，作出具体规定。根据这一精神，从 1981 年起，国家给中小学公办教职工普遍提高了工资，给民办教师普遍增加了补助费。

四是提高教师素质。一方面，进一步加强师范教育，为中小学培养合格教师，规定中小学教师主要由国家派遣，由国家管理。另一方面，将合格的民办教师分期分批转为公办教师，减少民办教师的比例。另外，还分期分批组织教师脱产学习，举办多种形式的在职进修活动。

在这一阶段，我国的初等教育普及工作迅速走向正轨，并朝着良好的方向发展。据统计，1985 年全国小学儿童平均入学率达到 95.9%，为实现党中央、国务院要求在 80 年代基本普及小学教育的目标奠定了坚实的基础。

（三）适时提出"普九"任务

鉴于"初普"工作所取得的喜人成绩及社会主义现代化建设对人才要求的不断提高，普及九年制义务教育也开始进入酝酿阶段。1985 年 5 月公布的《中共中央关于教育体制改革的决定》提出："有步骤地实行九年制义务教育"，"义务教育是适龄儿童和青少年都必须接受，国家、社会、家庭必须予以保证的国民教育"。并指出："我们完全有必要也有可能把实行九年制义务教育当作关系民族素质提高和国家兴旺发达的一件大事，突出地提出来，动员全党、全社会和全国各族人民，用最大的努力，积极地、有步骤地予以实施。""普九"任务的提出给全国普及义务教育提出了新的奋斗目标。

二、全面实施阶段(1986—1992)

1986年,我国的义务教育开始进入全面的实施阶段,并将普及九年义务教育作为新的发展目标。在这一阶段,党中央、国务院及各级教育行政部门就全面实施九年义务教育工作采取了一系列重要措施。

(一)颁布《义务教育法》及相关教育法律法规,为全面普及九年义务教育提供法律依据

1986年4月,六届全国人大四次会议通过了《中华人民共和国义务教育法》。《义务教育法》明确规定:"国家实行九年义务教育。省、自治区、直辖市根据本地区的经济、文化发展状况,确立推行义务教育的步骤。"并对儿童接受义务教育的权利、如何保障儿童接受义务教育及义务教育的培养目标、管理体制、学制、经费体制等问题做了原则性的规定。《义务教育法》的制定和实施是中国第一部关于教育的专门法律,不仅对于中国的义务教育,而且对于整个中国的教育事业的发展都是一件具有里程碑意义的大事。《义务教育法》颁布实施后,各级领导部门都把发展义务教育作为首要任务来抓,并制定了发展规划,各省、自治区、直辖市纷纷制定实施义务教育的地方法规,使义务教育的发展进入了真正意义上的"春天"。为了更好地贯彻和落实《义务教育法》,1992年我国发布了《中华人民共和国义务教育法实施细则》,对义务教育政策的若干规定又作了详细的解释和说明,明确提出:"实施义务教育,城市以市或者市辖区为单位组织进行;农村以县为单位组织进行,并落实到乡(镇)。"在实施步骤上,该《细则》提出了"两阶段"的规划:"实施九年制义务教育,可以分为两个阶段。第一阶段,实施初等义务教育;第二阶段,在实施初等义务教育的基础上实施初级中等义务教育。初等教育达到《义务教育法》规定要求的,可直接实施初级中等意义教育。"随后,国家又相继颁布了《教师法》、《未成年人保护法》、《九年义务教育课程方案》、《中小学德育大纲》、《学校体育工作条例》、《学校卫生工作条例》、《扫除文盲工作条例》、《教育督导暂行规定》等法律法规。这些法律法规的

颁布，进一步规范了义务教育的实施，为全面推进义务教育提供了牢固的法律基础。

（二）制定一系列实施九年义务教育的具体办法，促进义务教育的全面、有效实施

1986 年 9 月，国务院办公厅转发了国家教育委员会、国家计划委员会、财政部、劳动人事部联合制定的《关于实施〈义务教育法〉若干问题的意见》，对以下重要问题做了原则性的规定：普及九年义务教育的基本要求；分地区、分步骤实施义务教育的基本安排；九年义务教育的学制年限；入学年龄及学习年限；免收学费和实行助学金制度；学校的设置、布局和办学标准；教育经费和基建投资；师资；管理体制；残疾儿童的义务教育；考核与监督；有关法律责任等。① 此后，国家教育委员会还印发了多个文件，就义务教育管理体制、实施步骤等做了原则性的规定，对义务教育办学条件标准、实施步骤、规划统计指标、各级政府特别是农村乡镇政府的职责、控制中小学生流失、严禁招用童工、解决女童入学问题、实行小学毕业生就近免试入学等相关问题做了比较具体的规定。这些文件的发布，对各地义务教育普及工作具有重要的指导和规范作用。

（三）通过各种途径推广、普及义务教育，发展义务教育事业

根据我国城乡之间、地区之间发展不平衡的基本国情，政府将全国划分为三类地区分步骤普及义务教育。这一工作思路在实践中产生了明显成效，各类地区都能根据本地实际，规划本地义务教育事业的发展，保证"普九"目标的切实落实。在义务教育经费上，国家倡导多渠道筹集教育资金，提高义务教育投资水平。各地以政府投入为主，义务教育经费逐年增加。中央、省、地、县逐步设立了贫困地区义务教育专项补助费，对贫困地区、少数民族地区倾斜，义务教育学校办学条件得到明显改善。而在师资建设方面，国家各级部门也是积极采取各项措施大力发展师范教育，

---

① 何东昌主编：《中华人民共和国重要教育文献（1976—1990）》，海南出版社 1998 年版，第 2496－2499 页。

增强师资培养能力，积极开展各种形式的教师继续教育，努力提高教师的学历水平。

（四）加强对各级政府"普九"工作的检查监督，切实落实《义务教育法》提出的各项规定

随着义务教育普及工作的全面展开，国家及地方相关部门也开始组织检查《义务教育法》的执行和实施情况。1988 年下半年，全国人大教科文卫委员会和国家教育委员会联合组织了《义务教育法》执行情况的检查工作，检查组于当年 11 月写出了检查情况报告，分别向全国人大教科文卫委员会和国家教育委员会做了报告。与此相应，各省、直辖市、自治区也按照统一的内容进行了检查。这次"普九"检查，进一步弄清楚了普及义务教育工作中存在的问题，并提出了切实可行的解决办法，有助于各地普及义务教育工作更健康地发展。同时，为实现 20 世纪末"普九"的目标，依据《义务教育法》及其实施细则的规定，国家教育委员会又于 1993 年 3 月印发了《普及九年义务教育评估验收办法（试行）》。1994年 9 月，正式颁发了经过修改的《普及九年义务教育评估验收办法》。该《办法》对以下一些重要问题做了明确的规定：评估验收的职责、范围和步骤；评估项目及指标要求，包含普及程度及入学率、辍学率、完成率、文盲率等；师资水平、办学条件、教育经费、教育质量的基本要求；评估验收的程序、表彰奖励等。在该《办法》的指导下，从 1993 年开始，全国各地在县级自查、省级评估验收的基础上，国家教委组织力量分期分批地对各地的"普九"工作进行了评估验收或督导。与此同时，还多次召开全国性的或部分省、直辖市、自治区的"普九"工作汇报会。这些评估、监督措施，有力地推动了各地"普九"工作的顺利开展。①

三、攻坚推进阶段(1993—2000)

在党中央、国务院的正确领导下，通过各级教育部门的努力工作，我

---

① 廖其发：《改革开放以来我国普及义务教育的回眸》，《西南大学学报》2008 年第 9 期。

国从 1978 年到 1990 年期间普及义务教育工作特别是普及初等义务教育工作取得了比较显著的成绩。据相关统计资料，全国有 82.8% 的县基本普及了初等教育，基本普及初等教育地区的人口占全国人口总数的 90% 左右。与此同时，小学生辍学率有所下降、巩固率有所提高。1990 年，小学的辍学率下降到 2.36%，这是新中国成立 41 年来的最低点。[①] 1985 年全国小学生的巩固率为 96.6%，[②] 而 1990 年达到了 97.8%。[③] 可以说，实现了中共中央、国务院 1980 年提出的在 1990 年前基本普及小学教育的目标。但相对而言，初中教育的普及没有取得预期的进展。要在 20 世纪最后 10 年基本实现"普九"这一目标，当时还有很大的困难需要克服。因此，党中央、国务院高度重视初中教育的普及，采取一系列措施积极推进"普九"工作，普及义务教育进入了攻坚阶段。

（一）制定"普九"的具体目标

基于我国在普及初等教育方面的巨大成就及在中等教育发展方面的相对滞后，20 世纪 90 年代初我国开始确定将 20 世纪末基本普及九年义务教育作为教育事业发展的"重中之重"。1993 年 2 月，中共中央、国务院印发了《中国教育改革和发展纲要》，明确提出在"全国基本普及九年义务教育（包括初中阶段的职业技术教育）；大城市市区和沿海经济发达地区积极普及高中阶段教育"。1994 年 7 月，《国务院关于〈中国教育改革和发展纲要〉的实施意见》发布。该《意见》指出，"到 2000 年全国基本普及九年制义务教育"（包括初中阶段的职业教育），并指出基本普及九年制义务教育的标准是：占全国总人口 85% 的地区普及九年制义务教育；初中阶段的入学率达到 85% 左右，全国小学入学率达到 99% 以上。由此，到 1995 年我国已经完全确立了 20 世纪末的义务教育发展目标，即

---

① 《中国教育年鉴》编辑部编：《中国教育年鉴（1991）》，人民教育出版社 1992 年版，第 66、152 页。

② 《中国教育年鉴》编辑部编：《中国教育年鉴（1985—1986）》，湖南教育出版社 1988 年版，第 100 页。

③ 刘英杰主编：《中国教育大事典（1949—1990）（上）》，浙江教育出版社 1993 年版，第 325 页。

到 2000 年在全国 85% 的人口地区普及九年义务教育，在其余 15% 的人口地区，有 10% 的人口地区普及五年或六年义务教育，另有 5% 的人口地区普及三年或四年义务教育。也就是说到 20 世纪末在全国基本普及九年义务教育，基本扫除青壮年文盲。这已成为中国教育事业发展的基本战略。

（二）提出"普九"的实施原则和步骤

1994 年 9 月 1 日，为更好地贯彻落实《中国教育改革和发展纲要》，推进"两基"工作，国家教委制定颁布了《关于在九十年代基本普及九年义务教育和基本扫除青壮年文盲的实施意见》。该《意见》严格遵循"积极进取、实事求是"的指导思想，提出"分区规划、分类指导、分步实施"的实施原则，分阶段、有步骤地来发展和普及义务教育。

"积极进取、实事求是"，是指坚定信心，抓住时机，开拓进取，才能使"普九"目标如期实现。与此同时，要实事求是，从地区实际出发，研究困难、研究问题，不搞一刀切，不盲目追求进度，不弄虚作假。

"分区规划、分类指导"，是指国家以省（自治区、直辖市）为单位，根据各省（自治区、直辖市）经济文化发展程度，把全国实施义务教育的工作步骤划分为三类或三大片，并对各片"普九"进度与目标提出不同要求。一片地区是经济相对发展的地区，包括北京、上海、天津、辽宁、吉林、江苏、浙江、山东、广东 9 省（直辖市），其人口占全国人口总数的 40% 左右，这类地区应在 1996 年或 1997 年实现"普九"。二片地区是经济中等发展程度的地区，包括河北、山西、黑龙江、安徽、福建、江西、河南、湖北、湖南、海南、陕西、四川、重庆 13 个省（直辖市），其人口也占全国总人口的 40% 左右，它们应在 1998 年前后实现"普九"。三片地区是自然条件相对较差、经济发展相对落后的地区，包括内蒙古、广西、贵州、云南、西藏、甘肃、青海、宁夏、新疆 9 省（自治区），人口占全国总人口的 20% 左右，它们之中的约 85% 应努力在 2000 年实现"普九"，其余 15% 争取实现"普六"、"普五"或"普四"、"普三"。

"分步实施"，是指把全国"普九"目标分为 1996 年、1998 年和 2000 年三个时间段。1996 年为第一个时间段，目标是在全国 40%～45%

的人口地区实现"普九"。1998 年为第二个时间段，目标是在 60%～65% 的人口地区实现"普九"。2000 年为第三个时间段，争取在全国 85% 的人口地区实现"普九"。而其余 15% 人口地区的"普九"则要到 2000 年以后实现。

在以上指导思想和实施原则的指引下，地方政府通过各种措施来推进义务教育的普及：制定地方性的"普九"法规；制定义务教育发展计划；将"普九"的任务落实到县（市），把完成"普九"纳入各级政府的任期目标；动员各种力量来支持"普九"工作；推广普及义务教育的先进典型；改善义务教育办学条件等。中央和地方的共同努力，极大地促进了我国义务教育工作的普及和发展。

（三）启动"国家贫困地区义务教育"工程

虽然自《中国教育改革和发展纲要》颁布以来，在各级政府和广大人民群众的共同努力下，我国普及义务教育的工作已经取得了很大成绩，但是各地发展很不平衡，存在许多实际困难，当时预计到 20 世纪末全国实现基本普及义务教育的任务仍很艰巨。特别是一些贫困的地区，受历史、文化、自然环境等因素的制约，不仅经济基础薄弱，而且在发展教育上存在许多特殊的不利条件。要在这些地区实施和普及义务教育，必须打"攻坚战"。

为此，1995 年 9 月，国家教委、财政部发出《关于进行〈国家贫困地区义务教育工程〉项目规划和可行性研究的通知》，开始启动"国家贫困地区义务教育工程"。从 1995 年至 2000 年，中央财政拨出 39 亿元支持贫困地区义务教育的发展，加上地方各级政府的配套资金等，资金总额超过 100 亿元，这是当时中央财政教育专项资金投入规模最大的全国性教育工程，对于解决贫困地区义务教育困难起了重要作用。[①] 这一宏大工程，使贫困地区义务教育的普及，先期在经济发展中等的湖北、湖南等 12 个省的 383 个贫困县实施，后又在新疆、内蒙古等 9 个省（自治区）的 469 个贫困县实施。它一方面使贫困地区的办学条件、师资水平有了较大提

[①]　中华人民共和国教育部编：《共和国教育 50 年》，北京师范大学出版社 1999 年版，第 274 页。

高，另一方面也推动了贫困地区义务教育的普及。

（四）加大对贫困学生的资助力度

中央除了加大对中西部贫困地区的扶持力度外，同时也加大了对贫困学生的资助力度。事实上，自新中国成立以来，我国就确立了对特别贫困的学生给予资助的政策。20 世纪 90 年代，这一政策得到了加强。如教育部在 1999 年要求各级教育行政部门完善中小学助学金制度和"贫困地区义务教育助学金制度"，减免特困生的杂费、书本费、寄宿费。同时组织开展"手拉手"活动，为农村贫困学生提供旧的、可用的教科书及学习用品等。与此同时，社会各界包括港澳台同胞、海外侨胞纷纷以各种方式支持贫困家庭儿童入学。由青少年发展基金会倡导的资助失学少年入学的"希望工程"、由全国妇联实施的专为资助辍学女童重返校园的"春蕾计划"也为贫困学生的资助发挥了一定作用。

（五）巩固义务教育的普及成果

在攻坚推进普及教育的同时，中央政府也非常重视义务教育的巩固工作。在基本通过普及九年义务教育的地区，当时还存在标准低、基础薄弱、指标波动的问题，一些地方产生松劲情绪，出现了减少义务教育投入、辍学率有所上升等现象。为解决这些问题，教育部于 1998 年 8 月向各省、自治区、直辖市政府发出《关于认真做好"两基"验收后巩固提高工作的若干意见》。该《意见》进一步明确了巩固提高工作的指导思想、基本内容、保障机制，要求各地继续坚持"重中之重"地位不动摇，坚持因地制宜、分类指导，抓好薄弱环节，扎扎实实巩固提高"两基"原有评估项目及指标要求。有关部门还采取了一些措施来规范义务教育学校的办学、加强流动儿童和贫困地区女童的就学等工作。中央政府还通过各种形式加强对地方各级政府普及义务教育工作的检查监督，巩固普及成果。

通过上下齐努力，我国 20 世纪 90 年代的"普九"工作取得了突破性的进展。到 2000 年，实现"普九"的人口地区达 85%，"普九"的目标基本实现。但是，尽管到 20 世纪末实现了预期的基本普及九年义务教育的目标，普及程度排在发展中人口大国的前列，但当时也还存在一些比较严重的问题，如义务教育管理体制不顺、长期拖欠教职工工资、办学条件比较差、义务教育发展不平衡、少数贫困地区的小学教育尚未普及、全国初中教育普及的水平不高等。解决这些问题，成为了 21 世纪以来"普九"的重要任务。

四、巩固提高阶段(2001年至今)

从《义务教育法》的颁布到 20 世纪末，中国的义务教育取得了飞跃式的发展，成绩喜人。但是，进入 21 世纪，中国面临着来自各方面的更多、更大的挑战，摆在中国政府和人民面前的问题仍然很多。一方面，义务教育的均衡发展问题亟待解决，必须缩小城乡义务教育发展的差距，改造大中城市的薄弱学校。另一方面，随着普及程度的提高，实现义务教育从量的规模普及向质的提升转变也迫在眉睫。因此，进入 21 世纪以来，我国采取了一系列重大措施进一步提高"普九"质量，使得我国义务教育的普及程度和普及水平又上升到了一个新的台阶。

(一)重视和发展农村义务教育

21 世纪伊始，党中央、国务院就高度重视农村义务教育，做出了优先发展农村教育的战略决策，将义务教育的工作重点放在农村，特别是中西部的农村地区，努力实现城市和农村义务教育的均衡发展。2003 年，召开了新中国成立以来第一次全国农村教育工作会议，确立了农村义务教育重中之重的战略地位，制定了新增教育经费主要用于农村的决策，决定实施西部地区"两基"攻坚计划。并先后多次召开西部地区"两基"攻坚现场会、农村现代远程教育现场会、农村义务教育保障机制工作座谈会等一系列专门工作会议，全面部署农村教育工作。

1. 加快推进西部地区"两基"攻坚，促进西部农村贫困地区义务教育的普及

为贯彻《国务院关于进一步加强农村教育工作的决定》，加快西部地区、贫困地区、边疆地区、民族地区义务教育的发展，缩小东西部差距，

促进当地经济发展和社会进步，2003 年国务院决定实施西部地区"两基"攻坚计划。2003 年 12 月，温家宝主持召开国家科教领导小组会议，审议通过了教育部、国家发展和改革委员会、财政部、国务院西部开发办制定的《国家西部地区"两基"攻坚计划（2004—2007 年）》，并决定成立国家西部地区"两基"攻坚领导小组。① 2004 年，该计划正式启动。

"两基"攻坚计划的主要目标是②：（1）到 2007 年，西部地区整体上实现"两基"目标，"两基"人口覆盖率达到 85% 以上，初中毛入学率达到 90% 以上，扫除 600 万文盲，青壮年文盲率下降到 5% 以下；（2）到 2007 年，西部各省（自治区、直辖市）及新疆生产建设兵团要分别实现各自的"两基"目标，切实巩固提高现有的"两基"成果，完成攻坚任务，有条件的省（自治区、直辖市）通过国家的"两基"评估验收；（3）截至 2002 年尚未实现"两基"的 372 个县（市、区）以及新疆生产建设兵团的 38 个团场，到 2007 年，除特别困难的达到"普六"验收标准外，其余的要达到国家"两基"验收标准。

"两基"攻坚计划的主要措施是：（1）实施"农村寄宿制学校建设工程"，补助"两基"攻坚县农村寄宿制学校建设，帮助新建和改扩建一批寄宿制初中和小学。（2）扶持西部农村地区家庭经济困难学生就学。（3）实施农村中小学现代远程教育工程。（4）大力加强西部农村地区教师队伍建设。（5）深化教学改革、提高教育质量。（6）加大教育对口支援力度。（7）明确各级政府在"两基"攻坚中的责任。

经过 4 年的努力，至 2007 年底，纳入西部"两基"攻坚计划的 410 个县，已经有 368 个通过了国家"两基"验收，其余特别困难的 42 个县也达到了攻坚计划确定的"普六"标准，西部地区"两基"人口覆盖率

---

① 《中国教育年鉴》编辑部编：《中国教育年鉴（2005）》，人民教育出版社 2005 年版，第 171 页。

② 《国务院办公厅关于转发教育部等部门〈国家西部地区"两基"攻坚计划（2004—2007 年）〉的通知》，http：//www. moe. edu. cn/edoas/website18/23/inf08223. htm，2004 - 02 - 16。

达到98%，比攻坚计划实施前提高了21个百分点，超出计划提出的85%的目标13个百分点；初中毛入学率达到了90%以上，青壮年文盲率降到5%以下。①

2. 不断完善农村义务教育办学体制和管理体制，为义务教育的发展提供强有力的制度保障

在2000年之前，农村义务教育一般分县、乡（镇）、村几级办学，县、乡（镇）两级管理的体制。这一体制曾经发挥了一定的作用，但也显示出明显的不足。2001年5月，国务院发布《关于基础教育改革与发展的决定》，强调：农村义务教育管理体制"实行在国务院领导下，由地方政府负责、分级管理，以县为主的体制"，并具体地规定了各级政府对义务教育的责任与管理权限。2002年4月，国务院办公厅印发了《关于完善农村义务教育管理体制的通知》，对调整完善农村义务教育管理体制提出了具体的要求，进一步明确了各级政府的义务教育责任、农村义务教育经费保障体制、人事编制管理制度。调整完善农村义务教育管理体制，主要实现两个重大转变：一是要把农村义务教育的责任从主要由农民承担转到主要由政府来承担；二是把农村义务教育的责任从以乡镇为主转到以县为主，县级人民政府对发展义务教育承担主要责任。县级政府的主要职责是：一是统筹规划农村义务教育的发展，因地制宜地逐步调整农村中小学布局，整合优质教育资源；二是建立规范、稳定的经费投入保障机制，增加教育经费预算，合理安排使用上级转移支付资金；三是加强教职工队伍建设，提高教师整体素质；四是加强学校管理，提高教育质量。

在各级党委、政府和教育行政部门的共同努力下，完善农村义务教育管理体制工作成效显著。到目前为止，绝大多数地方都比较严格地实行了"以县为主"的体制，基本扫除了普及义务教育在办学体制和管理体制方面的障碍。广大农村地区普遍建立了由县（区）统一发放教师工资的制

---

① 《国家西部地区"两基"攻坚任务圆满完成》，http://www.sdpc.gov.cn/shfz/t20071217-179274.htm，2007-12-17。

度，农村大面积拖欠中小学教职工工资的现象得到遏制，以政府为主，确保农村中小学教职工工资按时足额发放、确保农村中小学正常经费运转等机制正在逐步建立，近年来影响农村义务教育健康发展的一些突出问题正在逐步得到解决。

3. 采取多种措施，大力加强农村中小学教师队伍建设

一是创新教师补充机制，实施农村学校教师"特岗计划"。为贯彻落实党的十六届五中全会精神，进一步加强农村教师队伍建设，促进义务教育均衡发展，教育部、财政部、人事部、中央机构编制办公室（简称"中央编办"）联合颁发了《农村义务教育阶段学校教师特设岗位计划实施方案》，组织实施了"农村义务教育阶段学校教师特设岗位计划"（简称"特岗计划"）。据统计，2006开始的两年间，中央财政补助6亿多元，共招聘3.23万名"特岗"教师，覆盖西部地区400多个县4 000多所农村学校。

二是在部属师范大学实施师范生免费教育。从2007年秋季新生入学起，在6所部属师范大学实行师范生免费教育。免费师范生在校学习期间免除学费、住宿费，并补助生活费，所需经费由中央财政安排。免费师范生入学前要与学校和生源所在地教育行政部门签订协议，承诺回到生源所在省份的中小学任教。

三是实施"农村教育硕士计划"。

四是推进城镇教师支教工作，逐步形成制度。据不完全统计，2006—2008年，支教规模超过5 000人次的有北京、广东等8个省份，支教规模超过1.5万人次的有云南、广西等4个省份。

五是大力加强农村教师培训，努力提升农村教师的整体素质。

六是实行县一级的工资发放制度，稳定教师队伍。

4. 加大中央和省级政府对于义务教育经费的投入，将农村义务教育全面纳入国家财政保障范围

在2000年之前，由于义务教育的主要责任在乡（镇）和街道，而很多乡（镇）和街道的财力有限、部分管理者素质不高，以致将义务教育的主要责任转移到民众特别是学生家长身上，且在一些相对贫困的地方，学生辍学的现象比较严重。为解决这一问题，国家采取了各种措施加大中央和省级政府对义务教育经费的投入，将农村义务教育全面纳入国家财政保障范围。其措施主要体现在以下几个方面：

一是实行"一费制"。2001 年 2 月 13 日，经国务院批准，教育部、国家计划经济委员会（简称"国家计委"）、财政部下发《关于坚决治理农村中小学乱收费问题的通知》，规定从 2001 年起，农村贫困地区中小学义务教育阶段试行"一费制"收费办法。具体是指在严格核定杂费、课本和作业本费标准的基础上，确定一个收费总额，然后一次性统一向学生收取。在全国不实行统一的标准，各地的"一费制"收费标准由各省确定。凡"一费制"以外的收费均属乱收费。

二是实行"两免一补"（免书本费、免杂费和补助寄宿生生活费）政策。2005 年，国家提出了农村义务教育阶段"两免一补"政策，即对义务教育阶段家庭经济困难学生，免教科书费、免杂费、补助寄宿生生活费。"两免一补"政策对于促进农村税费改革，减轻农民负担，加快贫困地区脱贫致富步伐，巩固农村义务教育"以县为主"的管理体制，加快农村义务教育事业的发展，具有十分重要的意义，有力地推动了义务教育的普及。

三是建立农村义务教育保障新机制。从 2006 年春季开学起，西部地区全面实施了农村义务教育保障新机制改革。2006 年秋季，中部地区的各省开展了试点，2007 年起在全国农村地区推广。新机制的主要内容有：（1）全部免除农村义务教育阶段学生学杂费，对贫困家庭学生免费提供教科书并补助寄宿生生活费；（2）提高农村义务教育阶段中小学公用经费保障水平；（3）建立农村义务教育阶段中小学校舍维修改造长效机制；（4）巩固和完善农村中小学教师工资保障机制。

（二）关注和改造城市薄弱学校

为了实现义务教育的均衡发展，真正地体现公平、公正原则，进入 21 世纪后，上到中央政府，下到各级政府部门，在实现和巩固九年义务教育的基础上，把城市义务教育的工作重点转向了薄弱学校建设，努力使本地区同一经济背景下的义务教育能够朝标准化、均衡化的方向发展。许多大中城市制定了分期分批改造薄弱学校的计划，并实行目标责任制。这主要体现在①：加大城市薄弱学校改造力度，促进学校标准化建设；采取多种措施，加强教师交流；改革普通高中招生办法，将普通高中招生指标均衡分配到各初中学校，把义务教育阶段的儿童、少年从应试教育的桎梏中解放出来，还给孩子们生动活泼、主动发展的空间；加大治理力度，依法规范义务教育学校办学行为；认真解决进城务工人员子女的义务教育问题。

（三）修订和颁布新的《义务教育法（修订案）》

21世纪初，我国政府在义务教育方面另一重大举措就是修订了《义务教育法》。重新修订并于2006年颁布实行的《义务教育法（修订案）》由1986年《义务教育法》的短短18条变成了8章63条，更新和添加了许多内容。它对学生、学校、教师、教育教学、经费保障、法律责任等问题分章节进行了规范，凸显义务教育的免费性和强制性原则，进一步明确了各级政府举办义务教育的责任，将义务教育全面纳入国家财政保障范围，将促进义务教育均衡发展作为方向性要求确定下来，对义务教育质量提出了更高的要求，将素质教育上升为法律的规定。

《义务教育法（修订案）》将义务教育均衡发展作为义务教育发展的重要方向，将实施素质教育作为提高义务教育质量的重要保障，确立了义务教育的免费性，进一步完善了义务教育的管理体制，建立了义务教育经费保障机制，建立了义务教育新的教师职务制度，增强了执法的可操作性，要求全力保障校园安全。

新的《义务教育法（修订案）》的颁布实施，是我国基础教育发展史上的一件大事，它对义务教育各种重大问题起了更加明确的规范作用，为在新的起点上高质量地实施义务教育提供了法律保障。

---

① 《改革开放30年我国农村义务教育实现跨越发展》，http：//www. moe. edu. cn，2008 -10 - 27。

（四）推进和深化课程改革

1999 年 6 月，中共中央、国务院召开的第三次全国教育工作会议通过了《中共中央国务院关于深化教育改革全面推进素质教育的决定》，号召全党全社会从我国社会主义事业兴旺发达和中华民族伟大复兴的大局出发，"深化教育改革，全面推进素质教育，构建一个充满生机的有中国特色社会主义教育体系，为实施科教兴国战略奠定坚实的人才和知识基础"。江泽民在会上特别指出："各级各类教育都要把全面推进素质教育、提高受教育者的全面素质，作为教育工作的战略重点。"[①] 此次会议，进一步唤起教育界内外对实施素质教育重要性的认识，标志着全面推进素质教育真正成为国家的教育政策。

为贯彻第三次全国教育工作会议精神，国务院于 2001 年 5 月作出的《关于基础教育改革与发展的决定》突出强调，"深化教育教学改革，扎实推进素质教育"。2001 年 6 月教育部颁发的《基础教育课程改革纲要（试行）》提出："大力推进基础教育课程改革，调整和改革基础教育的课程体系、结构、内容，构建符合素质教育要求的新的基础教育课程体系。"自此，轰轰烈烈的基础教育课程改革于 2001 年秋季，在 38 个国家改革实验区展开，并迅速在全国各地推开。2004 年，课程改革由义务教育阶段向高中阶段延伸。

此次课程改革给教育领域带来的变化是深刻的，使我国的素质教育真正进入了全面、深入的实施阶段。民主的、开放的、科学的精神得到了广泛的传播，人们的教育思想和观念正在发生着重大转变。自主、合作、探究的学习方式使学生真正体会到了学习的快乐，学生学习的主动性和积极性被极大地调动起来。促进学生的全面和谐发展已成为当前教育的核心价值取向。

（五）全面实施免费义务教育

免费性是义务教育的基本特性，真正的义务教育应当是免费教育。全

---

① 江泽民：《江泽民文选（第 2 卷）》，人民出版社 2006 年版，第 335 页。

球 170 多个宣布法定义务教育的国家和地区的实施均是免费义务教育，而且免费的范围和程度都相当高。许多国家的义务教育不仅免除了义务教育阶段学生的学杂费，而且免费向学生提供教科书和其他学习用品，甚至还免午餐、校服、医疗和交通等费用。但在我国，考虑到自身特殊的国情，1986 年颁布《义务教育法》时规定，"国家对接受义务教育的学生免收学费"，小学和初中学生仍需缴纳一定的杂费。

随着社会经济的迅猛发展和国家财力的增强，进入 21 世纪之后，我们国家开始酝酿实施真正意义上的免费义务教育。2005 年，面对农村义务教育出现的新情况和基于减轻农民负担的考虑，国家提出了农村义务教育阶段 "两免一补" 政策，即对义务教育阶段家庭经济困难学生，免教科书费、免杂费、补助寄宿生生活费。2006 年 9 月 1 日起施行的新的《义务教育法（修订案）》总则第二条规定："国家实行九年义务教育制度。义务教育是国家统一实施的所有适龄儿童、少年必须接受的教育，是国家必须予以保障的公益性事业。实施义务教育，不收学费、杂费。"从 2006 年至 2008 年 3 年间，政府坚定决心，加大投入，逐步完成了从农村到城市，从试点到推广，全面免除城乡义务教育学杂费的进程，迈出了具有里程碑意义的一步。

在短短的数年时间里，党和政府在过去已经免除农村义务教育阶段学生学费、全面实施了农村义务教育 "两免一补" 政策的基础上，进而决定免除城市义务教育阶段学生的杂费，充分体现了我国政府依法治教的高度责任感。这一具有历史意义的举措，是我国普及义务教育的根本保证，是推动义务教育均衡发展的重要前提，是全面提高义务教育质量的新的起点，必将在我国教育发展的史册上写下浓墨重彩的一笔。

第二章
义务教育的成就与经验

新中国成立后，我国开始进入新的历史征程，教育和社会政治经济一样发生了翻天覆地的变化，义务教育的面貌也发生了历史性的改变。60年前的中国，小学入学率非常低，中学入学者更是寥寥。60年后的中国，接受义务教育的人口覆盖率已经超过99%，义务教育事业正在向提高质量、均衡发展迈进。大国办大教育，在很长一段时期里甚至是穷国办大教育，需要非同寻常的决心、勇气和智慧。在党中央、国务院的深切关注下，在各级教育部门以及全社会的高度重视下，我国的义务教育事业取得了前所未有的发展，翻开了让世界瞩目的崭新的一页。回顾走过的60年历程，展现发展的成就，总结历史的经验，对我国义务教育更快更好的发展具有重要的意义。

第一节　义务教育的主要成就

60年来，我国的义务教育从入学人数不多到全面普及，从低水平发展到较高水平的实施，从缺少相关法律法规到《义务教育法》等一系列专门法律法规的出台，其成就的巨大是有目共睹的。

一、普及水平不断提高

义务教育的普及和巩固，对于全面落实科学发展观、统筹城乡发展、构建社会主义和谐社会、全面建设小康社会具有基础性、先导性和全局性的重要作用。新中国成立以来，从基本实现初等教育的普及，到基本实现九年义务教育的普及，再到巩固和提高义务教育的普及率，我国义务教育的普及水平不断提高，实现了跨越式的发展。

(一)基本实现初等教育的普及

我国义务教育的普及工作，是一个不断发展的过程，在不同的发展阶段实现了不同的普及目标。新中国成立之后，党和政府从中国的现实国情出发，将义务教育的普及重点放在了小学教育上。通过一系列有针对性的措施，取得了一定的成绩。1949 年新中国成立初期，全国有小学 34.68 万所，在校生 2 439.1 万人，1952 年小学发展到 52.7 万所，在校生 5 110 万人，比 1949 年分别增长 51.9% 和 1.1 倍；学龄儿童入学率，1949 年为 20% 左右，1952 年上升为 49.2%，提高了 1 倍多，超过了国民党统治时期的最高水平（最高为抗日战争前的 40%）。而到 1957 年，小学在校生达 6 423.3 万人，又比 1952 年增长 25.9%；学龄儿童入学率达 61.7%，比 1952 年提高了 12.6 个百分点。到 1965 年时，小学在校生更是达到了 11 620.9 万人，学龄儿童的入学率也达 84.7%。①

但是，由于"文化大革命"的到来，我国的初等教育遭受了严重的破坏。十一届三中全会的召开，不仅使我国的社会、经济出现了重大的转变，而且也推动了我国教育工作的新发展。随着 1980 年《中共中央国务院关于普及小学教育若干问题的决定》的颁布，各级人民政府普遍重视和加强了小学教育工作，各地结合当地实际，改革教育体制，调整教育结构，从而促进了我国小学教育事业的大发展。到 1985 年，全国小学有

---

① 《中国教育年鉴》编辑部编：《中国教育年鉴（1949—1981）》，中国大百科全书出版社 1984 年版，第 125－126 页。

83.23 万所，全国小学学龄儿童入学率为 95.9%，巩固率为 96.7%，应届毕业生毕业率为 94.3%。[①] 与 1949 年相比，小学校数增加了 1.4 倍，小学在校生人数增加了 4.5 倍。

从表 2－1 和图 2－1 中，我们可以清楚地看到新中国成立后初等教育的发展和所取得的巨大成就。

表 2－1 普通小学基本情况

年份	学校数（万所）	学生数（万人）			专任教师（万人）
		毕业生数	招生数	在校生数	
1949	34.48	64.6	580.0	2 439.1	83.6
1965	68.19	667.6	3 296.0	11 620.9	385.7
1980	91.73	2 053.3	2 942.3	14 627.0	549.9
1981	89.41	2 075.7	2 749.5	14 332.8	448.0
1982	88.05	2 068.9	2 671.7	13 972.0	550.5
1983	86.22	1 980.7	2 544.0	13 578.0	542.5
1984	85.37	1 995.0	2 472.9	13 557.1	537.0
1985	83.23	1 999.9	2 298.2	13 370.2	537.7

［资料来源：中华人民共和国教育部计划财务司：《中国教育成就：统计资料》(1949—1983)（1980—1985），人民教育出版社 1984、1986 年版］

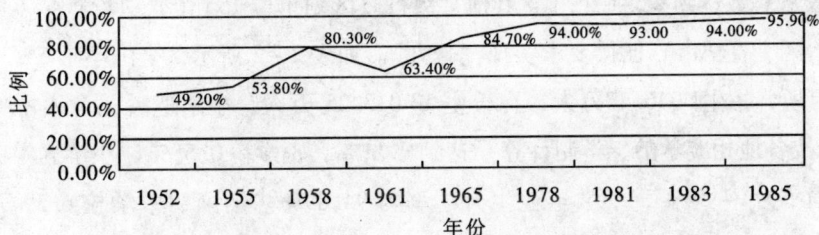

图 2－1 学龄儿童入学率情况

［资料来源：中华人民共和国教育部计划财务司：《中国教育成就：统计资料》(1949—1983)（1980—1985），人民教育出版社 1984、1986 年版］

---

① 中华人民共和国教育部编：《共和国教育 50 年》，北京师范大学出版社 1999 年版，第 265 页。

可以说，到 1985 年我国已经基本实现了初等教育的普及工作。初等教育的普及，使我国的文盲数量大幅度减少，为培养各级各类人才做好了准备，为提高国民素质奠定了坚实的基础，促进了我国社会、经济的快速发展。

（二）基本实现九年义务教育的普及

随着我国初等教育的全面普及，我国政府又开始着眼于九年义务教育普及目标的制定。1985 年 5 月公布的《中共中央关于教育体制改革的决定》提出："有步骤地实行九年制义务教育。"次年颁布的《义务教育法》第二条也明确规定："国家实行九年制义务教育。省、自治区、直辖市根据本地区的经济、文化发展状况，确定推行义务教育的步骤。"1993 年 2 月，党中央、国务院颁布的《中国教育改革和发展纲要》更明确地提出了 2000 年基本普及九年义务教育的宏伟目标。

至此，在党中央、国务院的领导部署下，在各级人民政府和教育行政部门的共同努力下，我国九年义务教育普及工作开始有针对性地分步骤、分地区展开，普及率也呈上升趋势。1990 年全国小学招生 2 063.97 万人，在校学生 12 241.38 万人。小学学龄儿童入学率为 97.8%，小学毕业生升学率为 74.6%。通过普及初等教育检查验收的县达到 1 459 个。全国普通初中招生 1 369.86 万人，在校学生 3 868.65 万人。[①] 到 2000 年底，全国普及九年义务教育的地区人口覆盖率达到 85%，"普九"验收的县（市、区）总数达到 2 541 个（含其他县级行政区划单位 156 个），11 个省（自治区、直辖市）已按要求实现"普九"。如表 2-2 所示，全国小学 55.36 万所，招生 1 946.47 万人，在校生 13 013.25 万人，小学适龄儿童入学率（按各地相应学龄、学制计算）达到 99.1%，辍学率 0.55%，小学五年巩固率为 94.54%，小学毕业生升学率为 94.89%。全国初中学校 6.39 万所，招生 2 295.57 万人，在校生 6 256.29 万人，毕业生 1 633.45 万人，毛入学率 88.6%，辍学率 3.21%，毕业生升学率 51.1%。[②] 2001 年 1 月 1

---

① 《1990 年全国教育事业发展统计公报》，http：//www.edu.cn/20010823/207279.shtml，2001 - 08 - 23。

② 《2000 年全国教育事业发展统计公报》，http：//www.moe.edu.cn/edoas/website18/50/info950.htm，2001 - 06 - 01。

日，江泽民在全国政协举行的新年茶话会上发表讲话，宣布我国已如期实现了基本普及九年制义务教育和基本扫除青壮年文盲的战略目标。

表 2-2 2000 年我国义务教育发展基本情况

类别	学校数（万所）	招生数（万人）	在校生数（万人）	入学率（%）	辍学率（%）	升学率（%）
小学	55.36	1 946.47	13 013.25	99.10	0.55	94.89
初中	6.39	2 295.57	6 256.29	88.60	3.21	51.10

（资料来源：《2000 年全国教育事业发展统计公报》，http://www.moe.edu.cn/edoas/website18/50/info950.htm）

2000 年的基本"普九"，也使我国的义务教育普及程度排在发展中人口大国的前列，远远超过了印度、巴基斯坦、印度尼西亚、菲律宾、埃及、墨西哥等国。在发展中人口大国里，中国成为世界上唯一同时实现"文盲人口减半"和"贫困人口减半"的国家。我国在全民教育领域取得的成就世界瞩目，得到了国际社会的认可和广泛好评。

（三）全面实现九年义务教育的普及

进入 21 世纪之后，我国的义务教育普及工作并没有停止前进的脚步。针对我国义务教育区域发展不均衡的状况，党中央、国务院作出了优先发展农村教育的战略决策，将义务教育普及工作的重点放在了农村地区和经济欠发达的西部偏远地区，全面实现九年义务教育的普及。各级政府努力采取措施，增加投入，农村义务教育经费呈快速、大幅增长态势，进而促进了普及水平的大幅度提高。

2004 年国家又实施了西部地区"两基"攻坚计划，推动了西部边远地区的义务教育普及。2002 年底，西部地区"两基"人口覆盖率只有 77%，低于全国 14 个百分点，还有 410 个县级行政单位没有"普九"，涉及 345 万平方公里国土和 8 300 多万人口。经过 4 年的攻坚，到 2007 年年底，全国普及九年义务教育的人口覆盖率已经达到了 99.3%，实现"普九"的县数已占全国总县数的 98.5%。除了全国有 42 个县因为人口少、居住分散，暂时在 2007 年的年底没有实现"普九"，其他的 2 800 多个县和 200 个县级区都已经实现"普九"，西部地区与全国平均水平的差距大幅度缩小。① 如表 2－3 所示，2007 年全国共有小学 32.01 万所，招生 1 736.07 万人，在校生 10 564 万人，小学毕业生数 1 870.17 万人，小学学龄儿童净入学率达到 99.49%。初中阶段毛入学率和初中毕业生升学率继续提高，全国共有初中学校 5.94 万所（其中职业初中 0.03 万所），招生 1 868.5 万人，在校生 5 736.19 万人，毕业生 1 963.71 万人，毛入学率 98%，初中毕业生升学率 80.48%。② 2007 年 11 月 26 日，教育部在 2007 年第 11 次例行新闻发布会上宣布："经过四年努力，西部地区攻坚任务已如期完成。"而"两基"攻坚目标的如期实现，也标志着我国全面普及义务教育目标的如期实现。

表 2－3　2007 年我国义务教育发展基本情况

类别	学校数 （万所）	招生数 （万人）	在校生数 （万人）	毕业生数 （万人）	入学率 （%）
小学	32.01	1 736.07	10 564.00	1 870.17	99.49
初中	5.94	1 868.50	5 736.19	1 963.71	98.00

（资料来源：中华人民共和国教育部：《2007 年全国教育事业发展统计公报》，http：//www. moe. edu. cn/edoas/website18/54/info1209972965475254. htm，2008 － 05 － 05）

（四）巩固和提高义务教育的普及

虽然我国早在 20 世纪末就基本实现了普及九年义务教育的目标，普遍改善了义务阶段教育的办学条件，但由于教育资源的有限性和城乡经济发展的高度不平衡性以及地方政府财力的差距，我国义务教育的发展仍很

---

① 中华人民共和国教育部：《介绍我国农村教育事业改革发展有关情况》，http：//www. moe. gov. cn//edoas/website18/89/info1224841874637489. htm，2008 － 10 － 27。
② 中华人民共和国教育部：《2007 年全国教育事业发展统计公报》，http：//www. moe. edu. cn/edoas/website18/54/info1209972965475254. htm，2008 － 05 － 05。

不均衡。与发达国家相比，我国的"普九"依然只是处于初级阶段，城乡之间、区域之间、学校之间，包括群体之间，义务教育水平和质量相差悬殊。2003年温家宝《在全国农村教育工作会议上的讲话》中提到："到20世纪末，我国完成了基本普及九年义务教育和基本扫除青壮年文盲的历史性任务，人均受教育年限达到8年，超过了世界平均水平，取得了举世瞩目的伟大成就。但是，农村教育整体薄弱的状况还没有得到根本改变。已经'普九'的部分地区水平很低、基础不稳，不少地方存在学生因贫辍学、拖欠教师工资、学校危房年久失修、公用经费短缺等突出问题，引起全社会广泛关注。"温家宝还指出："巩固提高'两基'的任务相当繁重。各地要保持和发扬实现'两基'迎难而上的进取精神，采取得力措施解决前进中的困难和问题，中央要给予必要的支持。"①

因此，进入21世纪之后，党中央、国务院一方面继续加大义务教育的普及工作，另一方面也采取各种措施巩固义务教育的普及率，提高义务教育的普及水平。通过数年的努力，我国在巩固义务教育普及率方面取得了显著的成绩。2002年全国小学五年巩固率是98.8%，到2007年提高到了99.4%，比2002年提高了0.6个百分点。2002年全国初中三年巩固率是89.39%，到2007年提高到了94.66%，比2002年提高了5.27个百分点。5年间（2002—2007年）全国小学、初中巩固率情况见表2-4。

表2-4 2002—2007年全国小学、初中巩固率情况（%）

年份	2002	2003	2004	2005	2006	2007
小学五年巩固率	98.80	98.80	98.80	98.40	98.80	99.40
初中三年巩固率	89.39	91.96	92.76	92.68	93.83	94.66

（资料来源： 《五年农村义务教育成就巨大 普及程度实现新跨越》，http: // www. china. com. cn/2008lianghui/2008 -02/25/content_ 10673899. htm，2008 -02 -25）

---

① 温家宝：《在全国农村教育工作会议上的讲话》，见《中国教育年鉴》编辑部编：《中国教育年鉴（2004）》，人民教育出版社2004年版，第5—6页。

另外，义务教育的普及水平的提高还可以通过小学和初中毕业生的升学率来反映。据相关统计发现，2002 年全国小学升学率是 97.0%，到 2007 年全国小学毕业生升学率达到 99.9%，比 2002 年提高了 2.9 个百分点。2002 年全国初中毕业生升学率是 58.3%，到 2007 年达到了 79.3%，比 2002 年提高了 21 个百分点。5 年间（2002—2007 年）全国小学、初中毕业生升学率情况见表 2 - 5。

表 2 - 5　2002—2007 年全国小学毕业生、初中毕业生升学率情况（%）

年份	2002	2003	2004	2005	2006	2007
小学升学率	97.0	97.9	98.1	98.4	100.0	99.9
初中升学率	58.3	59.6	63.8	69.7	75.7	79.3

（资料来源：　《五年农村义务教育成就巨大 普及程度实现新跨越》，http://www.china.com.cn/2008lianghui/2008 - 02/25/content_ 10673899.htm，2008 - 02 - 25）

二、素质教育不断深入

要在各地经济、文化发展极不平衡的大国实施义务教育，并且使义务教育真正地实现从升学模式转换到以提高全民族素质为目标的国民教育上来，其工程之浩大、任务之繁重、问题之众多，都是人们难以想象和预料的。新中国成立以后，经过各级政府和广大人民群众的共同努力，我国的义务教育事业取得了巨大的成就，义务教育阶段的教育水平和教育质量从总体上来说得到了很大的提高，处于发展中国家的前列。但我们的教育也存在一些比较明显的弱点和不足，这些弱点和不足有些是世界普遍性的，有些是我国比较突出的。比如，我国的中小学生升学压力过大，学生学得太苦、太累，普遍存在厌学情绪；教学存在明显的应试倾向，题海战术、满堂灌现象突出；学生的学习过于被动，自主性、创造性、发展性较低；教学的过程重智育、轻德育，忽视学生的全面发展。自从 20 世纪 80 年代以来，随着我国义务教育普及规模的扩大，人们开始关注义务教育阶段的教育质量问题。由此，基于对"应试教育"的批判和提高全民族素养的考虑，"素质教育"的发展理念应运而生。素质教育的提出，无论是在教育理论还是在教育实践中，都广泛地受到人们的关注。上到国家的教育方针、政策，下到教育领域中的理论研究和实践探索，都将素质教育作为全面提高义务教育质量的重要追求。数十年来，素质教育的发展从酝酿萌芽到初步实施，再到全面推进，其不断深入的过程，也是不断提升义务教育质量的过程。

（一）素质教育的酝酿和萌芽

1977 年 5 月，邓小平关于尊重知识、尊重人才的重要讲话，确立了新时期教育的发展方向和基本价值："办教育要两条腿走路，既注意普及，又注意提高。要办重点小学、重点中学、重点大学。要经过严格考试，把最优秀的人集中在重点中学和重点大学。"[1] 恢复重点学校制度后，上重点学校立即成为广大中小学生的学习目标，当然，学生课业负担过重和片面追求升学率也随之成为了基础教育领域的显性问题。20 世纪 80 年代，我国基础教育领域片面追求升学率、应试教育的现象愈演愈烈。

针对当时我国基础教育片面追求升学率以及由此而造成的学生学业负担过重等问题，《教育研究》杂志从 1986 年第 4 期到 1987 年第 4 期，专门开展了以"端正教育思想，明确教育目标"为主题的大讨论。这期间发表的一些探讨基础教育性质与目的、转变教育观念、反对片面追求升学率等问题的文章，对素质教育的提出起到了一定的催生作用。1987 年 4 月，国家教委副主任柳斌在全国九年制义务教育各科教学大纲通告会上呼吁：基础教育"应当是社会主义的公民教育，是社会主义的公民的素质教育"。柳斌同年发表在《课程·教材·教法》第 10 期上的《努力提高基础教育的质量》一文中正式使用了"素质教育"一词。《上海教育》（中学版）1988 年第 11 期发表的《素质教育是初中教育的新目标》明确主张"把素质教育作为初中教育工作的一个基本目标来抓"。此后，有更

---

① 邓小平：《邓小平文选（1975—1982）》，人民出版社 1983 年版，第 37 页。

多冠以"素质教育"的文章发表，开始了素质教育的讨论。同时，基础教育界开展的教育改革探索，如"愉快教育"、"情境教育"、"和谐教育"等实验研究，也为素质教育萌芽奠定了理论和实践的基础。

教育决策层也对素质教育给予了高度关注，并将之纳入到了教育发展规划和决策中。1985年5月发布的《中共中央关于教育体制改革的决定》明确提出："在整个教育体制改革过程中，必须牢牢记住改革的根本目的是提高民族素质，多出人才，出好人才。"1986年颁布的《义务教育法》第三条规定："义务教育必须贯彻国家的教育方针，努力提高教育质量，使儿童少年在品德、智力、体质等方面全面发展，为提高民族素质，培养有理想、有道德、有文化、有纪律的社会主义建设人才奠定基础。"1990年，《江苏省教育委员会关于当前小学教育改革的意见（试行）》中指出："实施以提高素质为核心的教育，关键是转变教育思想，树立国民素质教育的观念。各级教育行政部门要组织学校和教师学习教育科学理论，开展素质教育的研究和讨论，并扩展到家庭和社会，唤起中华民族的未来而全面提高学生素质的公众教育意识，形成强大的舆论力量和良好的改革环境，推进小学素质教育的全面实施。"这是地方政府文件中第一次使用"素质教育"这一概念，这也预示着素质教育酝酿期的结束，并开始向实践领域发展。

（二）素质教育的初步实施

随着对素质教育的讨论日益深入，素质教育的理念日益巩固，并逐步进入实施阶段。1993年2月中共中央、国务院颁发的《中国教育改革和发展纲要》指出，"基础教育是提高国民素质的奠基工程，必须大力加强"，并明确要求"中小学要由'应试教育'转向全面提高国民素质的轨道，面向全体学生，全面提高学生的思想道德、文化科学、劳动技能和身体心理素质，促进学生生动活泼地发展，办出各自的特色"。1994年8月，《中共中央关于进一步加强和改进学校德育工作的若干意见》明确提出："增强适应时代发展、社会进步，以及建立社会主义市场经济体制的新要求和迫切需要的素质教育。"1996年3月，第八届全国人民代表大会第四次会议通过的《中华人民共和国国民经济和社会发展"九五"计划和 2010 年远景目标纲要》再次要求:"改革人才培养模式,由'应试教育'向全面素质教育转变。"1996 年 4 月 10 日颁发的《全国教育事业"九五"计划和 2010 年发展规划》也指出:"教育的根本任务是提高全民族的素质,培养德、智、体等方面全面发展的社会主义事业的建设者和接班人。"国家的改革与发展决策,对素质教育的初步实施产生了极为重要的指导作用。"素质教育"已经不仅仅是解决"应试教育"的手段或者对策,它更成为了我国教育领域中的一个重要教育理念与思想。

1996 年 2 月,国家教委在湖南省汨罗市举办了全国素质教育现场会,这是我国素质教育实践过程中的一个重要转折点,使改革实验从学校扩展为区域。① 汨罗教育改革的本质就是:全面贯彻党的教育方针,全面提高教育质量。其素质教育的目标,概括起来就是"四个面向",即面向每一类教育,面向每一所学校,面向每一个学生,面向学生的每一个方面。其成功经验主要体现在:一是区域推进;二是刚性管理。此后,各级素质教育实验区相继建立。根据国家教委统一规划,国家教育行政学院自 1996 年 9 月以来,每年举办两期以素质教育为主题的地市教委主任(教育局长)研修班,有力地推动了素质教育的区域性实施。1997 年 9 月,国家教委在山东省烟台市召开全国中小学素质教育经验交流会,着力总结推广汨罗、烟台等地推进素质教育的经验,对实施素质教育作了全面部署。

1997 年 10 月,国家教委颁发《关于当前积极推进中小学实施素质教育的若干意见》,强调:"实施素质教育是迎接 21 世纪挑战,提高国民素质,培养跨世纪人才的战略举措。"该《意见》将全面推进素质教育作为基础教育的紧迫任务,并就改革课程、考试和评价方法等方面提出了有效实施素质教育的若干政策措施。在这一时期,各省教委结合本地区的实际情况采取了推进素质教育的具体措施。据不完全统计,到 1997 年底,大部分省市都召开了省一级实施素质教育的工作会议,出台了本地区实施素

---

① 康宁:《试论素质教育的政策导向》,《教育研究》1999 年第 4 期。

质教育的相关政策和措施。

　　1999 年 6 月，中共中央、国务院召开了改革开放以来第三次全国教育工作会议，会议通过了《中共中央国务院关于深化教育改革全面推进素质教育的决定》。江泽民在会上指出："各级各类教育都要把全面推进素质教育、提高受教育者的全面素质，作为教育工作的战略重点。"这次会议，进一步唤起教育界内外对实施素质教育重要性的认识，进一步提升了"素质教育"的战略地位，第一次提出全面推进素质教育是全党全社会的共同责任，是"我国教育事业的一场深刻变革，是一项事关全局、影响深远和涉及社会各方面的系统工程"。由此，它也推动了素质教育的发展转入下一个全面推进阶段。

　　（三）素质教育的全面推进

　　如前所述，《中共中央国务院关于深化教育改革全面推进素质教育的决定》的颁布，宣布了素质教育全面推进阶段的开始，而全面推进素质教育也成了 21 世纪相当一段时间内中国教育改革的重要方向。该《决定》赋予素质教育以新的内涵，明确规定了素质教育的目的、重点、内容、原则、方法和途径，还阐述了推进素质教育与深化教育改革的关系，并提出了建设高质量的教师队伍，以及加强领导，全党、全社会共同努力开创素质教育的新局面等要求。

　　为贯彻第三次全国教育工作会议精神，国务院于 2001 年 5 月作出的《关于基础教育改革与发展的决定》强调，"深化教育教学改革，扎实推进素质教育"，对基础教育领域全面推进素质教育作了部署。2001 年 6 月教育部印发的《基础教育课程改革纲要（试行）》决定："大力推进基础教育课程改革，调整和改革基础教育的课程体系、结构、内容，构建符合素质教育要求的新的基础教育课程体系。"自此，基础教育课程改革在义务教育阶段迅速推开，并逐步由义务教育阶段向高中阶段延伸，推进了中小学素质教育的深入实施。2001 年 8 月，教育部组织编写了《素质教育观念学习纲要》，并组织"转变教育思想，更新教育观念"的巡回演讲，目的是全面更新教育观念。2001 年 9 月，义务教育课程在全国 38 个国家级试验区正式开始实验，到 2005 年 9 月，全国几乎所有地区的义务教育起始年级都开始实验新课程。

此次无论在广度上，还是在深度上都空前的基础教育课程改革从学生本位出发，对基础教育阶段素质教育的深入、有效实施产生了极其重要的影响。具体而言，主要表现在以下几个方面：促进了教育观念的更新，素质教育、以人为本的理念正逐渐为广大教育工作者所接受；改变了以往单一的课程结构，具有均衡性、综合性和选择性的课程结构基本确立（详见《义务教育课程设置方案（实验）》、《普通高中课程实验方案》）；课程内容的选择与组织有了新的探索，繁、难、偏、旧的现状正在改变（特别是义务教育阶段），新教材的面貌焕然一新，现代化的课程内容有了很好的探索；改变了传统的教学方式，以自主、合作和探究为特征的新型学习方式正在形成；确立了发展性的评价理念，校内课程评价体系开始尝试，诸如中考这一高利害评价的框架已经形成，并在一定的范围内开始实践。

另外，素质教育在义务教育阶段的另一重大突破是被写进了新的《义务教育法（修订案）》。2006 年 6 月，素质教育被写进了第十届全国人民代表大会第二十二次会议通过的《中华人民共和国义务教育法（修订案）》。《义务教育法（修订案）》通过实施素质教育的法律要求，体现出素质教育的基本理念。首先，重申促进学生全面发展的理念，明确规定学校应把德育放在首位，寓德育于教育教学之中，开展与学生年龄相适应的社会实践活动，形成学校、家庭、社会相互配合的思想道德教育体系，促进学生养成良好的思想品德和行为习惯。其次，强调面向全体学生的理念，确保每一个适龄儿童公平入学的权利和义务；强调义务教育的均衡发展，学校不得有重点与非重点之分，学校内不得分设重点班和非重点班，保障学生入学后享有相对公平的公共教育资源和待遇；规定教师在教育教学中应当平等对待学生，关注学生个体差异，因材施教，促进学生充分发展。再次，更加突出培养学生的独立思考能力、创新能力和实践能力，注重培养学生的学习兴趣、态度和习惯，培养和保护学生的好奇心和勇于探索的精神。此外，强调新时期素质教育必须着眼于提高基本教育质量，更加注重内涵发展，更加注重质量提高，无论是教师、教科书还是办学条件等都应有质量保障，确保学生基本素质的养成。①

新的《义务教育法（修订案）》将素质教育从党和政府倡导实施延伸到法律保障实施，由此纳入依法推进的轨道。毋庸置疑，素质教育不再只是理论上的探索或者是教育观念的一种转变，而是在多年实践探索的基础上为社会所普遍接受、上升为国家意志、成为社会各界尤其是教育工作者必须遵循的具有法律的强制性和约束力的教育准则。这一方面有利于统一各方面的思想认识，另一方面有利于加快推进素质教育在义务教育阶段的实施。

三、教育均衡发展成效显著

随着我国经济社会的不断发展和人们教育观念的不断更新，社会对于教育资源特别是优质教育资源的需求越来越高，人们对教育公平问题给予了前所未有的极大关注。与此相适应，教育均衡发展问题日益成为人们关注的热点。虽然我国在 2000 年基本普及了九年义务教育，但是不同地区义务教育的普及水平存在很大的差距。所以，义务教育均衡发展也成为了党和政府在 21 世纪所要解决的重要问题。2001 年国务院在《关于基础教育改革与发展的决定》中提出了"均衡发展"的思想，提到"促进地区、城乡、学校之间的均衡发展，最终实现基础教育全面健康地发展"，均衡发展正式成为我国基础教育重要的发展方针。2005 年，教育部又出台了《关于进一步推进义务教育均衡发展的若干意见》，要求地方各级教育部门要把推进区域内义务教育的均衡发展作为实现"两基"之后义务教育发展的一项重要任务。至此，上至中央政府，下到各级地方政府都将努力实现义务教育的均衡发展作为发展义务教育事业的重要一环，采取了各种

---

① 于建福：《促进人的全面发展　提升国民综合素质——改革开放 30 年素质教育重大政策主张与理论建树》，《教育研究》2008 年第 12 期。

措施加快义务教育的均衡发展。经过数年的努力，在义务教育领域，均衡发展不断深入，成效明显，促进了教育的公平与公正。

（一）少数民族地区义务教育不断发展

我国是一个多民族国家，民族教育的发展是实现教育公平的重要标志，没有民族教育的发展就不能说我国实现了教育公平。由于历代统治阶级实行消极的少数民族教育政策，再加上少数民族地区自然条件、社会环境等诸多不利因素，解放前，我国大部分少数民族生产力发展落后，社会发展缓慢。部分少数民族和民族地区的教育只是寺院和经堂教育，没有现代教育和现代学校，个别少数民族地区虽然也有少量的私塾、学堂和中小学校，但主要面向贵族子弟，一般老百姓的孩子难以进入。因此，少数民族和民族地区的学校教育几乎是空白。据统计，1949 年以前，全国没有一所正规的少数民族高等学校，全国少数民族和民族地区适龄儿童的入学率极低，如宁夏1949 年适龄儿童的入学率为10%，西藏为 2%。教育发展的落后，导致少数民族和民族地区文盲率极高。据统计，20 世纪三四十年代，全国有 22 个少数民族人口的文盲率在95% 以上。即使文盲率较低的朝鲜族、蒙古族、乌孜别克族等民族的文盲率也在 40% ~ 60% 之间。① 新中国成立之后，我国政府十分重视少数民族地区教育事业的发展，根据少数民族的特点和民族地区的实际，采取了许多特殊政策和措施。改革开放 30 年来，党中央、国务院更是高度重视发展少数民族教育，实施了一系列倾斜政策，采取了诸多重大措施，加快少数民族教育发展，大大缩小了少数民族教育与其他地区教育发展的差距，形成了具有我国特色的少数民族教育发展模式。概括起来，我国少数民族义务教育的成就主要表现在以下几方面：

1. 少数民族地区的义务教育普及速度加快

在党中央的大力支持下，通过各级政府和广大教育工作者的艰苦努力，民族地区"两基"攻坚取得显著成效。2002 年民族地区实现"两基"

---

① 杨军：《西北少数民族地区基础教育均衡发展研究》，民族出版社 2006 年版，第 63 页。

的县只有369个，到2006年底，已增加到614个，占民族地区县总数的87.84%。截至2006年底，全国普通中学的少数民族在校生数为689.39万人，占学生总数的8.16%；普通小学少数民族在校生数为1 081.28万人，占学生总数的10.09%。① 另外，各民族地区的义务教育成就显著。2003年底，内蒙古学龄儿童入学率为99.4%，初中入学率为95.3%；广西学龄儿童入学率为98.93%；新疆学龄儿童入学率为98.3%，初中入学率为83.8%；宁夏学龄儿童入学率为97.5%，"普九"人口覆盖率为68.3%。② 我国基础教育最薄弱的西藏也取得了巨大成就。截至2006年底，全区已有73个县"普六"，"普六"人口覆盖率达到99.4%。小学在校生达到32.9万人，小学适龄儿童入学率达到96.5%。有49个县"普九"，"普九"人口覆盖率达到70.5%，初中在校生达到12.8万人，初中入学率达到82.2%，有63个县完成扫盲，青壮年文盲率下降到10%。③

2. 少数民族地区中小学校基础设施、办学条件明显改善

在党和政府的关怀下，民族地区纷纷建立了中小学，越来越多的少数民族儿童、青少年享受到了受教育的权利。以和平解放前没有一所现代意义上的正规学校的西藏为例。2004年底，西藏建有普通中学110所，比1986年的64所多了46所；建有小学886所；④ 各级各类学校共有校舍建筑面积429万平方米，极大地改善了办学条件；建设卫星教学收视点903个，覆盖了西藏98%以上的中小学校。从2003年起，自治区教育厅每年拨出500万元教育信息化建设专项经费，已为210所乡镇小学建立了有线教育电视系统。⑤ 到2006年底，西藏全区配备了教学光盘播放系统1 763个，建立卫星收视点983个，计算机教室111个，教学资源"班班通"系

---

① 《中国教育年鉴》编辑部编：《中国教育年鉴（2007）》，人民教育出版社2007年版，第279页。

② 国家民委经济发展司编：《中国民族统计年鉴（2004）》，民族出版社2004年版，第416、419、47、511页。

③ 《中国教育年鉴》编辑部编：《中国教育年鉴（2007）》，人民教育出版社2007年版，第710页。

④ 西藏自治区统计局编：《西藏统计年鉴（2005）》，中国统计出版社2005年版，第256页。

⑤ 加措：《从0到1 010——西藏教育事业发展纪实》，《西藏日报》2005年8月22日。

统 408 个，使全区 95% 的教学点、95% 的乡镇小学和 95% 的县级小学拥有了现代化教学手段，45% 的完小实现了教学资源"班班通"。① 另外，民族地区农村寄宿制学校的学习、生活条件得到改善。截至 2005 年底，西部地区已建成农村寄宿制学校 2 898 所，在建 1 823 所。②

3. 少数民族地区教育投入大幅度增加

自 1985 年开始，国家每年拨出 1 亿元普及小学教育专款，帮助解决老、少、边、山、穷地区办学经费不足的困难。1990 年财政部决定从当年起，每年安排 2 000 万元专款，作为少数民族地区发展教育的补助经费。1993 年国务院决定中央和地方要逐步增加少数民族教育经费，对有困难的少数民族地区，要采取倾斜政策与措施。1995 年为加快民族贫困地区普及义务教育的进程，国家设立"贫困地区义务教育工程"专款，共投入 39 亿元（加上地方配套款共 100 亿元）。1997 年国家又设立"国家义务教育助学金"，仅前 4 年就累计有 1.3 亿元用于资助贫困家庭的失、辍学儿童，尤其是女童及少数民族儿童。③ 2000 年以后，出台了许多加大经费投入的新政策，中央和地方各级政府对少数民族地区的义务教育经费投入逐年增加。以西藏为例，1952 年至 2004 年西藏教育累计投入资金约 120.7 亿元，仅 2004 年西藏教育经费总投入为 23.4 亿元，是 1965 年的 674 倍。④ 一方面，政府设立了民族教育专项补助经费，用以解决民族地区教育的特殊困难；另一方面，各级政府还通过各种方式多渠道筹措义务教育经费，坚持扶贫和自力更生相结合的原则，争取社会各方面对民族地区义务教育事业的支持。例如 2006 年 3 月启动的"中西部贫困地区农村中小学教育捐助项目"，该项目由中国移动捐资 3 000 万元，计划用 3 年时间为中西部贫困地区农村中小学建设 1 000 个"爱心图书馆（室）"，并

---

① 《中国教育年鉴》编辑部编：《中国教育年鉴（2007）》，人民教育出版社 2007 年版，第 709 页。

② 续梅：《西部 247 个攻坚县实现"两基"》，《中国教育报》2006 年 4 月 29 日。

③ 《中国教育年鉴》编辑部编：《中国教育年鉴（2004）》，人民教育出版社 2004 年版，第 524 页。

④ 续梅：《西部 247 个攻坚县实现"两基"》，《中国教育报》2006 年 4 月 29 日。

培训3 600名中小学校长。[①]

4. 少数民族地区教师队伍建设不断加强

国家和民族地区一贯重视义务教育师资队伍的建设，无论是数量还是质量都有了很大改观，民族地区义务教育阶段已经基本结束师资紧缺的时代，并初步形成一个以少数民族为主体、结构较为合理、能够基本满足义务教育发展需要的教师队伍。截至2005年，全国普通中学少数民族专职教师37.48万人，为全国普通中学专任教师总数的6.77%，为1978年11.23万人的3.34倍；小学少数民族专职教师57.51万人，为全国小学专任教师总数的10.20%，为1978年31.02万人的1.85倍。[②] 另外，针对我们民族地区教师结构不合理、教学质量不高等问题，国家还采取了一系列的特殊政策。例如，为切实解决新疆少数民族教育教学中汉语教师严重短缺的困难和问题，提高少数民族教育教学质量，国务院于2002年10月转发了《教育部等部门支援新疆汉语教师工作方案》。内容包括省、直辖市对口支援新疆项目、高校对口支援新疆项目、新疆中小学教师赴内地高校接受培养培训项目、新疆国家级骨干教师培训项目等。这一方案于2003年10月全面启动。国家投资7 600万元，自治区投资1 600万元，用于新疆汉语教师培养培训工作，计划培训总人数为6 000余人。[③]

5. 民族教育法律、法规体系逐步健全

《义务教育法》、《教育法》、《中国教育改革和发展纲要》、《国务院关于基础教育改革与发展的决定》、《国务院关于进一步加强农村教育工作的决定》、《关于进一步加强农村地区"两基"巩固提高工作的意见》等法律法规及决定，对少数民族义务教育相关内容都有明确的规定。针对民族自治地方的义务教育，1984年颁布、2001年修改的《中华人民共和

---

① 杨明方：《中西部农村3 600名中小学校长将受培训》，《人民日报》2006年3月16日。
② 《中国教育年鉴》编辑部编：《中国教育年鉴（2006）》，人民教育出版社2006年版，第275页。
③ 吴福环、葛丰交等：《改革开放以来新疆少数民族教育的发展》，《新疆社会科学》2008年第2期。

国民族区域自治法》明确规定民族自治地方的自治机关可以自主决定地方的教育规划、学校的设置、办学形式、教学内容、教学用语和招生办法。另外，各民族地区结合当地特点和实际情况也实施了一系列有关义务教育方面的法规。如，西藏自治区先后颁布了《西藏自治区实施〈义务教育法〉办法》、《关于我区中小学生享受"三包"和助学金的暂行规定》等相关法律规范。这些教育法律法规的制定实施，为民族地区根据各地实际，因地制宜地举办具有地方特色的义务教育提供了政策指导与法律保障。

6. 双语教学成效显著

此处的双语教学特指民族语文和汉语文教学。截至 2006 年底，西藏自治区实施藏语、汉语"双语"教学的小学有 880 所，教学点 1 351 个，中学 118 所；从小学到高中，藏语文作为必修课程开设；各级升学考试，藏语文均作为考试科目，成绩计入总分；仅 2005 年秋季，西藏共新编藏文教材 11 种，新译教材 25 种，总字数达 350 万字。[①] 1999 年，新疆仅有 20 余所中学开设双语教学班，学生 2 000 多人，到 2006 年，新疆的双语班总数已增加到近 5 000 个，就读学生近 15 万人。[②]

(二)弱势儿童接受义务教育的状况不断改善

义务教育中的弱势儿童，既包括传统意义上的残疾儿童、流浪儿童、孤儿、女童及绝对贫困家庭子女等特定人群，也包括近年来颇受关注的落后地区、民族地区少年儿童，城市下岗、失业家庭子女，单亲家庭子女，未成年犯罪者，进城务工人员的随迁子女及"留守儿童"等。他们在主流社会中处于被排挤、受歧视或贫困状态，在与强势群体的教育利益竞争中常常处于不利地位，缺乏获得、支配教育资源的能力和潜力。重视和推进弱势儿童接受义务教育，为他们创造平等接受义务教育的条件和环境，是高水平普及九年义务教育的必然要求，也是促进教育公平的重要方面。我国在改善弱势儿童接受义务教育状况方面，取得了喜人的成绩，概括起

---

① 王攀、吴媛清：《西藏将现代教育理念融入藏语文教学》，《中国民族报》2007 年 10 月 12 日。
② 肖静芳、钱丽花：《双语教学在新疆渐入佳境》，《中国民族报》2006 年 11 月 17 日。

来大致包括以下几个方面：

1. 残疾儿童接受义务教育状况的不断改善

中国的特殊教育可以追溯到 100 多年前，但在解放前，特殊教育像一盘散沙，缺乏统一的管理。所以，特殊教育事业的大发展是在新中国建立之后。中华人民共和国成立之后，党和政府对针对残疾儿童的特殊教育予以特别的关怀，并将其纳入了国民教育体系，从而从根本上改变了旧中国特殊教育从属于社会救济和慈善事业的性质。1951 年 10 月政务院总理周恩来签署的《政务院关于改革学制的决定》中，在对幼儿、初等、中等、高等教育做出规定后，专门指出了"各级人民政府并应设立聋哑、盲目等特种学校，对生理上有缺陷的儿童、青年和成人施以教育"。① 1967 年，教育部在《办好盲童学校、聋哑学校的几点指示》中指出"盲、聋哑教育是国家整个教育事业的一个重要部分"，"各级教育行政部门应当加强对盲童学校和聋哑学校的领导"。② 1986 年《义务教育法》第九条规定，"地方各级人民政府为盲、聋哑和智力障碍儿童、少年举办特殊教育学校（班）"。这就把盲、聋哑、智力障碍等残疾儿童的教育列入了国家义务教育的范畴，给予了平等接受义务教育的权利。1989 年，国务院办公厅转发国家教委等八部委《关于发展特殊教育的若干意见》，第一次提出残疾儿童的义务教育问题，明确要求："各级教育部门要把残疾少年儿童教育同当地实施义务教育工作统一规划、统一领导、统一部署、统一检查，将残疾少年儿童教育发展规划执行情况作为检查、验收普及初等教育的内容之一。"这些规定的贯彻落实，使中国的特殊教育事业取得了重大成就。据统计，1991 年全国盲、聋哑和智力障碍儿童学校已发展到 886 所，比旧中国增加 20.1 倍，比 1978 年的 292 所增加 2 倍；在校生 85 008 人，比旧中国增加 41.5 倍，比 1978 年的 30 934 人增加 1.7 倍；教职工已达 23 358 人。从 1978 年到 1991 年，在校学生人数平均每年增加 4 100 多人，发展速度明显加快。③

---

① 中华人民共和国教育部编：《共和国教育 50 年》，北京师范大学出版社 1999 年版，第 415 页。
② 何东昌主编：《当代中国教育（上）》，当代中国出版社 1996 年版，第 279 页。
③ 何东昌主编：《当代中国教育（上）》，当代中国出版社 1996 年版，第 280 页。

20世纪90年代之后，我国的残疾儿童义务教育事业又进入了一个蓬勃发展的新阶段。1994年8月国务院颁布了《残疾人教育条例》，1998年教育部下发了《特殊教育学校暂行规程》。同时，《妇女权益保障法》、《未成年人保护法》、《教育法》等相关法律均列入了保障残疾儿童接受义务教育权利的条款，宪法、刑法、民法等40余部法律都有保障残疾人权益的内容。为规范管理、提高质量，教育部于1998年颁布《特殊教育学校暂行规程》，明确提出特殊教育学校是"专门对残疾儿童、少年实施义务教育的机构"。2006年，《义务教育法（修订案）》第六条进一步提出"保障家庭困难的和残疾的适龄儿童、少年接受义务教育"的要求，并在第十九条、第三十一条、第三十四条中就残疾少年儿童接受义务教育的资源配置、师资配备、教育教学管理、经费保障、政府责任等做出了相应的规定。残疾少年儿童教育完全纳入了普及九年义务教育的轨道，同各地区实施义务教育工作统一规划、统一领导、统一部署、统一检查，并将残疾少年儿童教育发展规划的执行情况，作为检查、验收普及义务教育的重要内容。

我国通过多种形式办学，形成了残疾儿童、少年教育的新格局。许多地方在办好特殊教育学校的同时，有计划地在普通小学附设特殊教育班或吸收能够跟班学习的残疾儿童随班就读，逐步形成以一定数量的特殊教育学校为骨干、以大量的特教班和随班就读为主体的残疾少年儿童教育的新格局。这样既有利于特殊教育与普通教育的相互渗透和促进，又有利于残疾儿童与正常儿童的互助与交往，从而促进了残疾儿童的健康发展。另外，各地在残疾儿童教育的发展中，根据生源情况和各类残疾儿童的特点，合理安排学校（班级）布局，为方便残疾儿童入学创造条件。2007年2月，教育部印发《盲校义务教育课程设置实验方案》、《聋校义务教育课程设置实验方案》和《培智学校义务教育课程设置实验方案》，针对视力残疾、听力残疾和智力残疾三类儿童生理、心理发展的特殊要求，重新修订了残疾儿童义务教育的目标和课程设置方案。政府及有关部门也加大了对特殊教育的投资力度，将残疾儿童、少年义务教育纳入"两基"攻坚和巩固提高工作之中，优先保证农村残疾儿童、少年享受"两免一补"

政策，加强了师资培训，进一步推动了特殊教育学校的建设，努力改善特殊教育学校办学条件，为切实帮助残疾少年儿童入学、不断提高教学质量、不断提高残疾儿童和少年义务教育普及程度做出了极大的努力。在党和政府的深切关怀下，在社会各界的大力支持下，适合我国国情的特殊教育制度逐步完善，越来越多的残疾儿童接受了义务教育，促进了自身的发展。根据《2005 年中国残疾人事业发展统计公报》显示，截止到 2005 年底，全国为盲、聋、智残少年儿童兴办的特殊教育学校已经发展到 1 662 所，在校的盲、聋、智残学生达到 56 万人。

2. 女童接受义务教育状况的不断改善

20 世纪 70 年代以来，女童教育问题已经成为国际社会关注的一个热点。早在 1975 年联合国教科文组织召开的第 35 届会议就提出："几乎所有存在这一问题的地方都应采取行动或者计划，给予女孩子和男孩子同等受教育的机会。"1990 年 3 月，在泰国宗滴恩召开的世界全民教育大会上通过的《世界全民教育宣言》也指出："在那些女性入学率和识字率远远低于男性的国家里，其首要任务就是要扩大女童和妇女的入学机会，改善其教育质量，并消除一切阻碍她们积极参加教育的因素。对教育中任何有关性别的陈规陋习都必须加以铲除。"2000 年 4 月，在塞内加尔首都达喀尔召开的全民教育论坛上通过的《全民教育行动纲领》更进一步要求：各国要确保在 2015 年以前使所有儿童特别是女童都能完成高质量的初等教育，并在 2005 年以前消除小学和中学的性别差异问题。

同样，在我国，女童教育问题也得到了极大的重视。在"男尊女卑"、"女子无才便是德"的封建社会中，受教育是男性的特权，广大女性长期被排斥在学校教育的大门之外。中华人民共和国成立之后，为了加速提高妇女的文化素质，实现教育的公平、公正原则，我国政府采取了一系列有利于女童受教育的政策措施，使我国女童的入学率有了大幅度的提高，男女儿童入学率的差距逐步缩小。1949 年 9 月，第一届中国人民政治协商会议颁布的《中国人民政治协商会议共同纲领》规定："中华人民共和国废除束缚妇女的封建制度。妇女在政治的、经济的、文化教育的、社会生活的各方面，均有与男子平等的权利。"在 1954 年 9 月颁布的《中华人民共和国宪法》、1986 年颁布的《义务教育法》中都再次重申了男女公民享受平等受教育的权利。1996 年，国家教委颁布了《关于进一步加强贫困地区、民族地区女童教育工作的十条意见》，2003 年修订后又重新予以公布。同时，为了响应国际社会的倡导，我国先后加入《消除对妇女一切形式歧视公约》和《儿童权利公约》等国际公约，制定并颁布了《中国妇女发展纲要（2001—2010 年）》和《中国儿童发展纲要（2001—2010 年)》，在经济、政治、教育、健康、法律保护和生存环境等 6 个领域提出我国妇女儿童发展的目标和政策措施，"男女平等"和"儿童优先"等准则在我国已经深入人心。2005 年 8 月，十届全国人大常委会通过修订后的《妇女权益保障法》，修正案的最大亮点是在"总则"中写入"实行男女平等是国家的基本国策"，这为彻底消除义务教育中的性别歧视奠定了坚实的法律基础。

除了政府部门的努力外，国内外的各种非政府组织也积极地参与到女童教育中来。中国青少年发展基金会自 1989 年起实施以救助失学儿童为目的的"希望工程"，到 1999 年底共援建"希望小学"7 812 余所，使贫困地区 229 万失学儿童重返校园，其中近一半为女童。1989 年，中国儿童少年基金会设立了"女童升学助学金"，开展了旨在救助贫困地区失学女童重返校园的大型社会公益活动，后正式定名为"春蕾计划"，并在全国各地开办了"春蕾学校"、"春蕾女童班"。为使"春蕾女童"毕业后能够依靠自己在"春蕾学校"所学到的农村实用技术勤劳致富，基金会还设立了"春蕾计划女童实用技术培训专项基金"。到 2004 年，"春蕾计划"已经募集资金 6 亿元，资助范围已遍布全国 30 个省（自治区），捐建 300 多个"春蕾学校"，举办 4 600 多个"春蕾班"，救助失学女童达 150 余万人次，通过各种形式的实用技术培训活动培训妇女和女童 41.6 万人次。"春蕾计划"已经成为我国社会知名度极高的社会公益品牌之一。在社会援助方面，除了"希望工程"、"春蕾计划"等各种基金援助外，各地政府和相关部门还充分利用世界银行贷款、各种国际组织和国际项目进行弱势儿童教育援助。其中包括：联合国教科文组织亚太地区"改善女童及处境不利儿童初等教育实验"项目（1990—1995），教育部—联合国儿童基金会"促进贫困地区女童教育"项目（1994—1995），教育部—联合国计划开发署"以女童为重点，促进贫困地区九年义务教育"合作项目（1996—1999），日本宋庆龄基金会女童助学计划（1992—2002），世界宣明会与当地政府合作的回族女童教育项目（1996—2000），等等。这些国际合作项目，不仅为我们国家的义务教育事业发展带来了资金、人力援助，还带来了一些先进的教育手段和教育方式，提高了我国贫困地区女童的入学率和义务教育质量。

经过 60 年的努力，中国女童受教育的状况得到了大幅度改善，我国的女童教育事业取得了有目共睹的成就。新中国成立初期，我国女童的入学率只有 15% 左右。到 1986 年《义务教育法》颁布时，女童的入学率为93.6%。1998 年，全国女童的小学入学率已达 99%，男女儿童入学率差距下降到 0.1 个百分点，女童与男童相比入学率大体持平。小学女童的五年巩固率为 91.1%，已经高于男童的 90.5%，与 1995 年相比则提高了近9 个百分点。2002 年全国小学适龄儿童入学率为 98.58%，男女童入学率的差距为 0.09 个百分点，男女童的入学率已经大体持平。① 2005 年，我国小学学龄儿童入学率达到 99.15%，其中男女童入学率分别为 99.16%和 99.14%，男女童入学率的差距缩小到 0.02 个百分点，差距基本消除。② 两年之后，据《2007 年全国教育事业发展统计公报》显示，2007年小学学龄儿童净入学率达到 99.49%，其中男女童净入学率分别为99.46%和 99.52%，女童高于男童 0.06 个百分点。③ 这是我国教育发展

---

① 第五届全民教育高层会议特刊：《女童教育：用知识改变命运》，《中国教育报》2005 年11 月 30 日。

② 中国儿童中心编：《中国儿童的生存与发展：数据和分析》，中国妇女出版社 2006 年版，第 93 页。

③ 《2007 年全国教育事业发展统计公报》，http://news.xinhuanet.com/edu/2008-05/05/content 8108733.htm，2008-07-24。

史中的一个历史性突破，这显示了我国女童教育的巨大成就。

3. 贫困家庭子女受教育受到重视

中国是世界第一人口大国，又是一个发展极不平衡的国家。到 20 世纪末，我国依然存在很大一部分的贫困人群，而这些贫困人群主要分布在"老少边穷"地区。在这些地区，家庭经济困难的中小学生因交不起学费、课本费而失学或辍学的问题依然存在，并且成为影响贫困地区普及义务教育的一个重要因素。

为了帮助家境贫寒的学生上得起学，中央政府在"九五"期间，从中央财政安排的义务教育补助专款和民族教育补助专款中划出 1.3 亿元，设立"国家贫困地区义务教育助学金"。这项助学金的实施范围是纳入国家贫困地区义务教育工程的部分国家级贫困县，资助对象是义务教育阶段的贫困学生，特别是小学生。这项助学金计划的实施，每年使 60 万贫困学生得到资助。2003 年，国务院发布《关于进一步加强农村教育工作的决定》，提出到 2007 年全国农村义务教育阶段家庭经济困难学生都能享受到"两免一补"，努力做到不让学生因家庭经济困难而失学。此后，"两免一补"政策在全国分区、分步得到落实。2004 年 2 月，国务院办公厅召开了国家西部地区"两基"攻坚工作会议。中央财政设立中小学助学金，各级政府设立专项资金，建立健全资助农村贫困儿童接受义务教育的制度。2005 年 12 月 24 日，国务院颁布了《国务院关于深化农村义务教育经费保障机制改革的通知》。该《通知》提出："全部免除农村义务教育阶段学生学杂费，对贫困家庭学生免费提供教科书并补助生活费。"当年，中央和地方各级财政加大了对国家扶贫开发重点县贫困家庭学生资助力度，共安排专项资金 72 亿元，在全国 592 个国家扶贫开发工作重点县实施"两免一补"政策，享受免费教科书的学生达到 3 400 万人，享受免杂费资助的学生 3 100 多万人，享受寄宿生生活补助的学生近 600 万人。[①]

---

① 中华人民共和国教育部：《2005 年"两免一补"工作成效显著》，http：//www.hcedu.gov.cn/onews.asp? id = 232，2006 – 04 – 25。

2006 年，国家启动农村义务教育经费保障新机制改革，全国财政共安排农村义务教育经费 1 840 亿元，全部免除了西部地区和部分中部地区农村义务教育阶段 5 200 万名学生的学杂费，为 3 730 万名贫困家庭学生免费提供教科书，对 780 万名寄宿学生补助了生活费。[①] 2007 年春季开始，国家免除了全国所有农村地区义务教育学杂费，1.5 亿学生和 780 万名家庭经济困难寄宿生因此受益。[②] 这些举措有效地解决了多年来农村贫困家庭孩子上学难的问题，推动了农村义务教育的协调发展。

据相关统计显示，实施"两免一补"政策之后，2005 年中西部农村地区共有 35 万名因贫困辍学的学生重新返回校园。2006 年，全国小学招生 1 729.36 万人，比上年增加 57.61 万人，这是连续 3 年下降以来的首次明显回升。招生人数增长主要体现在农村，全国有 23 个省份农村小学招生规模均有所增加。[③]

除了关注农村贫困家庭子女的受教育状况外，城市中的贫困家庭子女受教育状况也得到了重视。根据民政部统计，截至 2003 年 3 月 31 日，我国城镇居民最低生活保障人数为 2 140.3 万人，其规模已经接近于同期农村贫困人口。因此，全面推行免费义务教育，是解决城市贫困家庭子女入学难问题的根本措施。2006 年，宁夏、安徽、江西、海南、天津、江苏、浙江、上海 8 个省（自治区、直辖市）进行了农村和城市同步免费义务教育试点；2007 年，北京市、山东省也相继实行城乡免费义务教育，广东省则免除了城镇低保家庭义务教育阶段学生的杂费和课本费。按照国务院统一部署，从 2008 年起，全国城乡全部实行免费义务教育，同时对城市贫困家庭子女依然实行"两免一补"政策。

---

① 温家宝：《1840 亿元财政经费用于农村义务教育》，http：//news. xinhuanet. com/edu/2007 - 03/06/content_ 5808112. htm，2007 - 03 - 05。

② 穆东、曹国厂、冯国：《"失学儿童"在中国有望成为历史名词》，http：// news. xinhuanet. com/misc/2008 - 03/13/content_ 7779398. htm，2008 - 03 - 13。

③ 李茂：《"两免一补"政策带动全国农村小学招生数回升》，http：//www. jyb. cn/xwzx/jcjy/sxkd/t20070315_ 70454. htm，2007 - 03 - 15。

4. 农民工子女接受义务教育受到关注

近年来，随着我国工业化、城镇化进程的不断加快，进城务工农民规模持续扩大，随父母流入城市的适龄儿童也越来越多。据 2007 年 6 月全国人大常委会的报告，我国农村进城务工人员大约有 1.5 亿人，他们的随迁子女约为 600 万人，其子女接受义务教育的状况值得关注。事实上，早在 1996 年，中央教育行政部门就制定了《城镇流动人口适龄儿童少年就学办法（试行）》，并选择流动人口集中的 6 个市（区）进行试点，继而于 1998 年 3 月由教育部、公安部联合颁布了《流动儿童少年就学暂行办法》。该《办法》规定："流动儿童少年常住户籍所在地人民政府应严格控制义务教育阶段适龄儿童少年外流。凡常住户籍所在地有监护条件的，应在常住户籍所在地接受义务教育；常住户籍所在地没有监护条件的，可在流入地接受义务教育。""流入地人民政府应为流动儿童少年创造条件，提供接受义务教育的机会。"该《办法》从实际出发，明确了解决流动人口适龄儿童少年就学是流入地政府的责任，流入地政府要为这一特殊群体创造就学条件，提供接受义务教育的机会。

随着我国进城务工就业农民子女数量的增加，2003 年，国务院办公厅转发了教育部等六部门《关于进一步做好进城务工就业农民子女义务教育工作的意见》，明确提出三条政策：进城务工就业农民流入地政府负责进城务工就业农民子女接受义务教育工作，以全日制公办中小学为主；农民工子女接受义务教育的收费与当地学生一视同仁；根据学生家长务工就业不稳定、住所不固定的特点，制订分期收取费用的办法，通过设立助学金、减免费用、免费提供教科书等方式，帮助家庭经济困难的进城务工就业农民子女上学。2006 年 1 月，《国务院关于解决农民工问题的若干意见》重申：要保障农民工子女平等接受义务教育，将农民工子女义务教育纳入当地教育发展规划，列入教育经费预算，以全日制公办中小学为主接收农民工子女入学，并按照实际在校人数拨付学校公用经费；城市公办学校对农民工子女接受义务教育要与当地学生在收费、管理等方面同等对待，不得向农民工子女加收借读费及其他任何费用。2006 年 6 月，《义务教育法（修订案）》也明确规定："父母或者其他法定监护人在非户籍所在地工作或者居住的适龄儿童、少年，在其父母或者其他法定监护人工作或者居住地接受义务教育的，当地人民政府应当为其提供平等接受义务教育的条件。"据此，在对待进城务工人员子女义务教育的问题上，国家从政策法规上进一步明确了流入地政府和公办学校必须承担的责任和义务，使农民工子女入学难的问题得到了有效的解决。

根据党中央、国务院的政策精神，各级政府纷纷采取行动，保障农民工子女平等接受义务教育的权利，我国农民工子女在城市公立学校就读的比例逐渐上升。2001年北京公办学校接收流动儿童7.5万人[①]，2006年增加到22万[②]；其中，2005年底北京市外来人口总量达到357.3万人，需接受义务教育段的流动儿童37.5万人，其中23万在公办中小学接受义务教育，约占62%。据2007年教育事业统计，在义务教育阶段就读的农民工随迁子女有765万人，其中分别有77%的小学生和80%的初中生在公办学校就读，当然也有一部分在经批准的民办学校就读。[③] 又据中央教育科学研究所（简称"中央教科所"）课题组2007年9~10月对全国12个城市（北京、上海、广州、成都、杭州、无锡、郑州、沈阳、石家庄、顺德、义乌、乌鲁木齐）农民工随迁子女教育现状的调查，除广州、义乌外，其他10个城市公办学校接收农民工子女的比例均超过50%，其中，郑州、无锡、顺德市的该比例达80%以上，而沈阳和石家庄市的达到100%。[④]

与此同时，农村留守儿童接受义务教育的状况也得到了广泛关注。农村留守儿童是指那些父母外出打工后，被留在家乡的儿童。由于长期缺乏家庭的教育和监管，留守儿童面临着一些突出的问题：一是生活得不到很

---

① 陶红、杨东平：《北京市"流动儿童"教育面临的问题与对策》，《江西教育科研》2007年第1期。

② 杨东平：《流动儿童教育呼唤制度创新》，《新京报》，2007年3月3日。

③ 《教育部介绍我国农村教育事业改革发展情况》（实录），http://www.jyb.cn/xwzx/gnjy/bwxx/t20081027_ 203301_ 3. htm，2008 – 10 – 27。

④ 田慧生：《教育公平与农民工子女教育问题》，《教育研究》2008年第4期。

好的照顾，部分留守儿童营养严重不足，身体健康受到很大损害；二是留守儿童农活、家务活增多，学习成绩下降，厌学、逃学、辍学现象十分普遍；三是缺少情感和心理关怀，不少留守儿童存在性格缺陷和心理障碍；四是缺乏道德约束，不少留守儿童没有养成良好的生活习惯和道德品行，违法违纪案件呈现上升趋势；五是人身安全受到威胁，部分留守儿童经常受到同学、邻居的欺负，等等。这些问题关系到城乡社会的稳定，关系到"三农"问题的解决，关系到普及九年义务教育的大业。2004 年，我国政府开始着手解决农民工子女中的留守儿童问题。2004 年 5 月 31 日，教育部基础教育司专门召开了"中国农村留守儿童问题研究"座谈会，有来自全国妇联、公安部、共青团、国家教育发展研究中心、中央教育科学研究所、北京大学、北京师范大学等多所单位的多名专家参加了这次会议。此次会议就农村留守儿童所面临的问题、问题形成的原因、具体的解决办法和措施等问题展开了讨论。2006 年 4 月，国务院农民工工作联席会议办公室等 12 个部门共同组成农村留守儿童专题工作组，指导各地做好留守儿童的工作。同年 5 月，全国妇联等 13 个部门联合开展"共享蓝天"全国关爱农村留守、流动儿童大行动，积极开展留守儿童的保护、维权、教育工作。基于留守儿童的现实生活状况，社会各界积极行动，采用多种救助方式努力改善留守儿童的学习、生活条件。比如，中国儿童少年基金会在 2007 年设立了"春暖留守儿童关爱基金"，将关爱的目光投向留守儿童，及时解决进城务工农民托留在农村的留守儿童在思想、学习、生活等方面存在的问题和困难。我国农民工子女接受义务教育的状况逐渐好转，水平也不断提高，既促进了农民工子女的健康成长，也体现了教育的公平和公正。

（三）农村地区义务教育发展迅速

由于受现实条件及国家政策的影响，长期以来，在义务教育的发展过程中，农村义务教育发展水平远远低于城市水平，出现了城乡发展的不均衡状态。进入 21 世纪，党和政府开始将义务教育的工作重心转向广大农村地区，确立了优先发展农村义务教育的战略思想，采取了一系列的倾斜政策和措施，从而促进了我国农村地区的义务教育的巨大变化。其变化主要体现在以下几个方面：

1. 教育投入重点关注农村，教育经费的城乡差距有所缩小

随着 21 世纪初的农村税费改革和乡镇政府行政体制改革，农村义务教育的投入机制发生重大变化。2003 年，国务院召开了新中国成立以来的首次全国农村教育工作会议，明确了农村教育"重中之重"的战略地位，做出了加快中西部农村普及义务教育、新增教育经费主要用于农村等重大决策，要求农村地区的贫困学龄人口都能获得"两免一补"的资助，来完成九年义务教育。2005 年，国务院发出了《国务院关于深化农村义务教育经费保障机制改革的通知》，决定从 2006 年春季学期开始，实行新的农村义务教育经费保障机制，明确各级政府分项目、按比例承担农村义务教育经费的责任。2006 年通过的《义务教育法（修订案）》，首次明确规定不收杂费，规定各级政府保障普及义务教育的责任，将义务教育经费全面纳入财政保障范围，按照基本公共服务的要求均衡配置经费师资等资源，逐步缩小城乡之间、区域之间和学校之间的差距。各级政府采取措施，增加投入，农村义务教育经费呈快速、大幅增长态势。其主要表现是：

（1）农村义务教育投入经费总量持续增加，增幅较快。从 2003 年至 2007 年我国农村义务教育投入的变化情况来看，农村义务教育投入从 2003 年的 1 365 亿元增长到 2007 年的 2 992 亿元，增加了 1 627 亿元，增长 119%，年均增长 21.7%。同期，全国教育经费总投入年均增长率为 18.3%，农村义务教育投入的年均增长速度比全国教育经费总投入的年均增长速度高 3.4 个百分点。农村义务教育投入占义务教育总投入的比例在上升，而同时城镇义务教育投入占义务教育总投入的比例在下降，使得我国义务教育阶段教育投入的城乡差距不断缩小。这也充分说明了我们国家"倾斜农村"的教育政策措施得到了有效落实。见表 2 - 6、2 - 7。

表2-6　2003—2007年农村义务教育投入情况及增长比例

年份	农村义务教育投入金额（亿元）	本年比上年增长比例（%）
2003	1 365	7.8
2004	1 645	20.5
2005	1 939	17.9
2006	2 177	12.3
2007	2 992	37.4

（资料来源：中华人民共和国教育部：《我国农村义务教育经费呈快速、大幅增长态势》，http：//www.jyb.cn/xwzx/gnjy/zhbd/t20081027_203286_1.htm，2008-10-27）

表2-7　2003—2007年义务教育总投入中农村和城镇投入情况

年份	总投入（亿元）	农村		城镇	
		金额（亿元）	占总投入比例（%）	金额（亿元）	占总投入比例（%）
2003	2 743	1 365	49.8	1 378	50.2
2004	3 139	1 645	52.4	1 494	47.6
2005	3 557	1 939	54.5	1 618	45.5
2006	4 000	2 177	54.4	1 823	45.6
2007	5 046	2 992	59.3	2 054	40.7

（资料来源：中华人民共和国教育部：《我国农村义务教育经费呈快速、大幅增长态势》，http：//www.jyb.cn/xwzx/gnjy/zhbd/t20081027_203286_1.htm，2008-10-27）

（2）政策倾斜，农村义务教育生均经费大幅度增长。从2000年至2007年我国义务教育生均预算内公用经费增长情况来看，虽然农村和城镇在义务教育生均公用经费方面还存在一定差别，但伴随着国家对农村义务教育投入的政策倾斜，农村中小学生均公用经费增长速度明显高于城镇中小学生均公用经费增长速度，我国农村义务教育生均公用经费的城乡差距逐步缩小。2000—2007年的数据显示，农村义务教育生均预算内公用经费支出增长明显：农村小学生均预算内公用经费从2000年的24.11元增加到 2007 年的 403 元, 增加了 378.89 元; 农村初中生均预算内公用经费从 2000 年的 38.67 元增加到 2007 年的 573.44 元, 增加了 534.77 元。而且将农村义务教育预算内公用经费支出情况与全国的情况相比, 也表明城乡差距在缩小。无论是农村小学还是农村初中生均预算内公用经费支出的年增长率都明显高于全国水平。

表 2-8 全国和农村小学生均预算内公用经费增长情况

年份	全国小学生均预算内公用经费支出（元）	增长率（%）	农村小学生均预算内公用经费支出（元）	增长率（%）
2000	37.18	4.09	24.11	0.42
2001	45.18	21.52	28.12	16.63
2002	60.21	33.27	42.73	51.96
2003	83.49	38.66	60.91	42.55
2004	116.51	39.55	95.13	55.97
2005	166.52	42.92	142.25	49.74
2006	270.94	62.71	248.53	74.71
2007	425.00	56.86	403.66	62.46

[资料来源:《全国教育经费执行情况统计公告》(2000—2007)]

表 2-9 全国和农村初中生均预算内公用经费支出情况

年份	全国中学生均预算内公用经费支出（元）	增长率（%）	农村中学生均预算内公用经费支出（元）	增长率（%）
2000	74.08	-3.75	38.67	-12.41
2001	83.40	12.58	44.95	16.24
2002	104.21	24.95	66.58	48.12
2003	127.31	22.17	85.01	27.68
2004	164.55	29.25	125.52	48.22
2005	232.88	41.53	192.75	52.98
2006	378.42	62.50	346.04	79.53
2007	614.47	62.38	573.44	65.71

[资料来源:《全国教育经费执行情况统计公告》(2000—2007)]

另外，从 2000 年至 2007 年我国义务教育生均预算内事业费支出情况来看，城乡差距也在缩小。2000—2007 年，全国农村义务教育生均预算内事业费，小学由 2000 年的 412.97 元增加到 2007 年的 2 084.28 元，增加了 1 671.31 元；初中由 2000 年的 533.54 元增加到 2007 年的 2 433.28 元，增加了 1 899.74 元。而且，从 2000 年起，农村小学、初中生均预算内事业费和公用经费与全国水平的差距开始逐渐缩小。由此，我们可以看出，城乡之间中小学教育经费的分配开始向着公平、公正方向发展。

表 2 - 10 全国和农村小学生均预算内事业费支出增长情况

年份	全国小学生均预算内事业费支出（元）	增长率（%）	农村小学生均预算内事业费支出（元）	增长率（%）
2000	491.58	18.52	412.97	19.43
2001	645.28	31.27	550.96	33.41
2002	813.13	26.01	708.39	28.57
2003	931.54	14.56	810.07	14.35
2004	1 129.10	21.21	1 013.80	25.17
2005	1 327.24	17.55	1 204.88	18.85
2006	1 633.51	23.08	1 505.51	24.95
2007	2 207.04	35.11	2 084.28	38.44

［资料来源：《全国教育经费执行情况统计公告》（2000—2007）］

表 2 - 11 全国和农村中学生均预算内事业费支出增长情况

年份	全国中学生均预算内事业费支出（元）	增长率（%）	农村中学生均预算内事业费支出（元）	增长率（%）
2000	679.81	6.28	533.54	4.91
2001	817.02	20.18	656.18	22.99
2002	960.51	17.56	795.84	21.28
2003	1 052.00	9.53	871.79	9.54
2004	1 246.10	18.45	1 073.68	23.19
2005	1 498.25	20.24	1 314.64	22.44
2006	1 896.56	26.59	1 717.22	30.62
2007	2 679.42	41.28	2 433.28	41.70

［资料来源：《全国教育经费执行情况统计公告》（2000—2007）］

（3）农村义务教育投入中的财政性经费增长快速，预算内拨款增幅较大。从2003年至2007年农村义务教育财政性经费投入的变化情况来看，农村义务教育财政性经费投入从2003年的1 143亿元增长到2007年的2 839亿元，增加了1 696亿元，增长148%，年均增长25.5%，高于农村义务教育总投入的年均增长比例3.8个百分点。另外，2007年比2006年预算内拨款也增长了40%多。这主要得益于在全国实施的农村保障机制改革，使得中央和地方的各项经费能够一起到位。由此，从2003年到2007年，农村义务教育经费中预算内拨款由最早的80%，上涨到2007年的90%。

表2-12　2003—2007年农村义务教育财政性经费投入情况及增长比例

年份	财政性经费（亿元）	其中：预算内拨款（亿元）	预算内拨款占财政性经费的比例（%）	预算内拨款本年比上年增长比例（%）
2003	1 143	1 094	95.74	10.54
2004	1 394	1 326	95.11	21.16
2005	1 654	1 567	94.76	18.21
2006	1 977	1 881	95.12	19.98
2007	2 839	2 707	95.35	43.95

（资料来源：中华人民共和国教育部：《我国农村义务教育经费呈快速、大幅增长态势》，http://www.jyb.cn/xwzx/gnjy/zhbd/t20081027_203286_1.htm，2008-10-27）

2.农村义务教育师资队伍建设进展明显，为义务教育的发展提供了质量保证

这主要体现在以下几方面：

（1）农村边远地区教师队伍建设日益受到重视。近年来，国家创新农村教师补充机制，启动"农村义务教育阶段学校教师特设岗位计划"，两年共从应届大学毕业生中招聘"特岗"教师3.3万名，覆盖了12个省（自治区、直辖市）和新疆生产建设兵团395个县级单位的4 074所农村中小学，缓解了"两基"攻坚地区教师不足、素质不高的问题。① 与此同时，还实施城镇教师到农村任教服务和定期交流制度，缓解了中西部农村地区教师数量不足的突出问题。2002 年至 2007 年，全国小学累计录用大中专毕业生 60 万人，其中农村录用 48.9 万人；全国初中累计录用大中专毕业生 61 万人，其中农村录用 48.7 万人。农村小学和初中录用大中专毕业生均达录用总数的 80%。②

（2）教师学历合格率进一步提高，城乡间、地区间差距缩小。从 2002 年至 2007 年全国农村地区小学教师学历和职称的变化情况来看，农村义务教育教师队伍整体素质进一步提高，高学历和高级教师的比例提升明显，城乡之间教师学历合格率差距有所缩小。2002 年全国农村地区小学教师学历为高中及以上学历的是 97.09%，2007 年则达到 98.97%，比 2002 年提高了 1.88 个百分点。另外，农村地区小学高一级学历（大专及以上学历）教师比例大幅度提高，2007 年达到 63.35%，比 2002 年提高了 34.73 个百分点。而农村地区小学高级及以上教师比例达到 46.95%，比 2002 年提高了 14.02 个百分点。

表 2 - 13　2002—2007 年全国农村地区小学教师学历、职称情况（%）

年份	2002	2003	2004	2005	2006	2007
高中及以上学历教师比例	97.09	97.22	98.08	98.43	98.72	98.97
大专及以上学历教师比例	28.62	31.77	44.25	52.21	58.50	63.35
具有高级及以上职称教师比例	32.93	32.70	37.69	41.04	44.55	46.95

（资源来源：《五年农村义务教育成就巨大 普及程度实现新跨越》，http://www.china.com.cn/2008lianghui/2008 - 02/25/content_ 10673899.htm，2008 - 02 - 25）

---

① 《五年农村义务教育成就巨大 普及程度实现新跨越》，http://www.china.com.cn/2008lianghui/2008 - 02/25/content_ 10673899.htm，2008 - 02 - 25。
② 《国家教育督导报告 2008（摘要）——关注义务教育教师》，http://www.moe.gov.cn/edoas/website18/49/info1229305144036149.htm，2009 - 01 - 05。

另外,2007年农村地区初中专任教师学历(大专及以上学历)合格率达到96.74%,比2002年提高了7.85个百分点。初中高一级学历(本科及以上学历)教师比例达到41.39%,比2002年的14.11%提高了27.28个百分点。中学一级及以上职称的教师比例达到45.60%,比2002年提高了15.2个百分点。

表2-14　2002—2007年全国农村地区初中教师学历、职称情况(%)

年份	2002	2003	2004	2005	2006	2007
大专及以上学历教师比例	88.89	88.74	92.81	94.50	95.81	96.74
本科及以上学历教师比例	14.11	14.28	22.73	28.96	35.27	41.39
中学一级及以上职称教师比例	30.40	30.24	36.01	39.36	43.02	45.60

(资源来源:《五年农村义务教育成就巨大 普及程度实现新跨越》,http://www.china.com.cn/2008lianghui/2008-02/25/content_10673899.htm,2008-02-25)

(3)农村义务教育教师工资得到有效保障。20世纪90年代,全国曾出现过拖欠教师工资的情况。但随着我国农村"税费改革"序幕的拉开,不仅实现了农村教育由"农民办"向"政府办"的转变,而且农村教师工资也开始由农村教育费附加支付转为由县财政统一支付,在管理体制上实现了由"村镇为主"向"以县为主"的重心上移,在一定程度上保障了农村中小学教师工资的按时发放。2005年,农村义务教育经费保障机制的改革巩固和完善农村中小学教师工资保障机制,不仅缩小了城乡差距,解决了农村中小学教师工资的按时足额发放,而且实现了农村中小学教师工资的稳步增长。

3. 农村义务教育办学条件明显改善

(1)中小学布局结构得到调整,农村学校的寄宿条件有所改善。"国家贫困地区义务教育工程"和"农村寄宿制学校建设工程"作为党中央、国务院从宏观上配置教育资源、推进义务教育均衡发展的重要举措,有力地促进了中小学布局调整,改善了农村贫困地区学生的入学状况,对于进一步促进贫困地区义务教育的普及和教育质量的提高，缩小地区之间、城乡之间教育水平的差距起到了很大的促进作用。

自 2004 年启动"农村寄宿制学校建设工程"以来，中央共投入专项资金 100 亿元（财政部、国家发展和改革委员会各安排 50 亿），在中西部地区 953 个县新建、改扩建 7 651 所项目学校，其中农村初中 5 113 所，占建成学校总数的 66.8%。工程重点支持了 410 个攻坚县和其他地区的贫困县、革命老区县、人口较少民族县，同时兼顾了高海拔地区和边远地区。在已建成项目学校中，海拔在 3 000 米以上的学校 495 所，边境海岛地区学校 486 所。西部地区新增校舍面积 1 076 万平方米，其中，410 个攻坚县新增 972 万平方米，生均校舍面积从 2003 年的 3.92 平方米增加至 2006 年的 4.66 平方米，极大地改善了农村学校办学条件，满足了 195 万新增学生的就学需求，超出"攻坚计划"提出的新增 150 万学生的目标。到 2007 年，全国义务教育阶段寄宿生总规模达到 2 992.4 万人，寄宿生比例达到 18.4%。其中，西部农村小学寄宿生比例达到 11.6%，西藏、内蒙古、云南、青海 4 个省份超过 20%。西部农村初中寄宿生比例达到 53.6%，西藏、广西和云南 3 个省份超过 70%。[1]

（2）全国农村学校现代教育技术装备水平有较大提高，城乡差距有所缩小。随着科技的发展，教育领域的现代化进程也在加快。在经济发达地区城市中小学都配备了现代教育技术装备，如计算机教室、多媒体设备等，这极大地促进了教学手段的改进和教学质量的提高。但是，在很多农村地区，特别是中西部贫困地区的农村中小学，教学手段依然非常落后，这种不平衡状态限制了农村义务教育阶段教育质量的提高。近年来，党中央、国务院对中西部农村地区的中小学办学条件给予了特别的关注，采取了一系列措施来提高农村学校现代教育技术装备水平。到 2007 年底，农村中小学现代远程教育工程共完成投资 111 亿元，其中中央专项资金 50

---

[1] 《五年农村义务教育成就巨大 普及程度实现新跨越》，http：//www.china.com.cn/2008lianghui/2008-02/25/content_ 10673899.htm，2008-02-25。

亿元,地方投资 61 亿元,超出计划 11 亿元。共配备教学光盘播放设备 401 028 套、卫星教学收视系统 278 737 套、计算机教室和多媒体设备 44 566 套,覆盖中西部农村教学点 78 080 个、农村小学 250 552 所、农村初中 29 729 所。东部地区学校现代教育技术装备以计算机教室和多媒体教室为主,基本覆盖了农村中小学。农村初中学校联网率达到 90% 以上,农村小学联网率达到 80% 以上,其中农村小学以连通中国教育卫星宽带网、接收卫星资源为主。

另外,农村小学每百名学生拥有计算机台数和建网学校比例也有所提高,许多学校计算机配备实现了从无到有。2007 年农村地区小学建网学校比例为 8.68%,比 2002 年提高了 6.75 个百分点;初中建网学校比例为 32.36%,比 2002 年提高了 20.27 个百分点。2007 年农村地区小学每百名学生拥有计算机台数为 3.3 台,比 2002 年增加了 1.96 台;初中每百名学生拥有计算机台数为 5.49 台,比 2002 年增加了 3.31 台。见表 2 - 15、2 - 16。

表 2 - 15　2002—2007 年全国农村地区小学、初中建网学校比例情况 (%)

年份	2002	2003	2004	2005	2006	2007
小学	1.93	2.82	3.97	5.89	7.61	8.68
初中	12.09	12.63	16.79	23.04	28.62	32.36

(资料来源:《五年农村义务教育成就巨大 普及程度实现新跨越》, http://www.china.com.cn/2008lianghui/2008 -02/25/content_ 10673899.htm, 2008 -02 -25)

表 2 - 16　2002—2007 年全国农村地区小学、初中每百名学生拥有计算机 (台)

年份	2002	2003	2004	2005	2006	2007
小学	1.34	1.75	2.23	2.72	3.31	3.3
初中	2.18	2.81	3.34	4.10	4.93	5.49

(资料来源:《五年农村义务教育成就巨大 普及程度实现新跨越》, http://www.china.com.cn/2008lianghui/2008 -02/25/content_ 10673899.htm, 2008 -02 -25)

（3）生均图书、教学仪器设备等指标的城乡差距明显缩小。一直以来，城乡中小学在生均图书、教学仪器设备等指标上存在很大的差距。实施义务教育均衡发展战略以来，国家采取各种政策、措施加大对农村中小学的经费投入，缩小城乡在生均图书、教学仪器设备上的差距。如表2－17、表2－18、表2－19所示，截至2007年，农村地区小学仪器设备值为209.85亿元，比2002年增长3.80%；初中仪器设备值为175.21亿元，比2002年增长28.03%；小学自然实验仪器达标学校比例为53.14%，比2002年提高了5个百分点；初中理科实验仪器达标学校比例为72.82%，比2002年提高了4.2个百分点；小学图书为119 374.99万册，比2002年增长6.24%；初中图书为75 861.59万册，比2002年增长15.27%。

表2－17　2002—2007年全国农村地区小学、初中仪器设备值情况（亿元）

年份	2002	2003	2004	2005	2006	2007
小学	202.17	189.83	193.54	230.44	204.29	209.85
初中	136.85	142.61	147.62	171.61	175.37	175.21

（资料来源：《五年农村义务教育成就巨大 普及程度实现新跨越》，http://www.china.com.cn/2008lianghui/2008－02/25/content_10673899.htm，2008－02－25）

表2－18　2002—2007年农村地区小学、初中实验仪器达标比例情况（%）

年份	2002	2003	2004	2005	2006	2007
小学自然实验仪器达标学校比例	48.15	48.55	49.69	51.08	51.69	53.14
初中理科实验仪器达标学校比例	68.62	69.51	69.92	71.27	71.64	72.82

（资料来源：《五年农村义务教育成就巨大 普及程度实现新跨越》，http://www.china.com.cn/2008lianghui/2008－02/25/content_10673899.htm，2008－02－25）

表2-19 2002—2007年全国农村地区小学、初中图书情况（万册）

年份	2002	2003	2004	2005	2006	2007
小学	112 359.28	112 894.64	113 446.15	119 903.02	121 242.55	119 374.99
初中	65 813.03	68 057.91	70 582.64	73 289.90	75 900.00	75 861.59

（资料来源：《五年农村义务教育成就巨大 普及程度实现新跨越》，http：// www. china. com. cn/2008lianghui/2008 -02/25/content_ 10673899. htm，2008 -02 -25）

四、义务教育法律法规体系日益完善

义务教育的根本特征之一是其强制性，所以实施义务教育仅仅依靠社会宣传和教育管理上的一些行政措施远远不够，还必须依靠教育立法来推行和巩固义务教育。到目前为止，世界上170多个宣布实施义务教育的国家中，大多数国家在宪法中对实施义务教育作了明确的规定，并颁布了一系列有关义务教育的法规，作为实施义务教育的法律依据。综观我国义务教育发展的历程，其重要成就之一就是其法律法规体系的日臻完善，这也为我国义务教育的普及和巩固提供了坚实的法律保障基础。

（一）以最高法律的形式规定义务教育的普及任务

虽然早在20世纪初，晚清政府就提出了实施义务教育的方案，"中华民国"历届政府也多次颁布训令、条例、计划、方案、纲领等有关实施义务教育的文件，但是这些文件大都不是从正式法律的角度和法律形式上制定的。其中国民政府在1944年颁布了《国民教育法》和《强迫入学条例》，但由于国内形势的急剧变化，也没有真正得以实施。新中国成立以来，通过党中央、国务院及各级政府部门、人民群众的共同努力，我国的中小学教育取得了很大发展，从根本上改变了旧中国基础教育事业极其落后的状况。但是，仍然缺少法律的保证，这极大地制约了我国教育普及程度的提高，限制了中小学教育的发展。直至1982年12月，五届全国人大五次会议通过的《中华人民共和国宪法》第十九条明文规定："国家举办各种学校，普及初等义务教育。"这是新中国成立以来国家首次以最高法律的形式规定了义务教育的普及任务。

（二）制定专门的法律法规，促进义务教育的普及

1985 年 5 月，我国颁布了《中共中央关于教育体制改革的决定》，首次明确提出了加强基础教育，有步骤地"实行九年制义务教育"的政策。同时明确指出："义务教育，即以法律规定适龄儿童和青少年都必须接受，国家、社会、家庭必须予以保证的国民教育，为现代化生产发展和现代社会生活所必需，是现代文明的一个标志。"虽然，在改革开放之后，我国制定了一系列的法规、文件来保障和促进义务教育的发展，但是总的来看，我国当时的义务教育仍然很薄弱，不能适应宏伟的社会主义现代化建设的需要，相当一部分农村地区尚未普及小学教育，许多适龄儿童特别是女童没有受完规定年限的义务教育，致使青壮年文盲、半文盲仍在继续产生，许多中小学教师的文化业务素质达不到国家规定的要求，相当一部分中小学的校舍年久失修，教学设备和文化设施严重缺乏，这些状况都影响了义务教育教学质量的提高。另外，在一些城镇和农村，初中学生中途就业或从事劳动的情况突出，一些企业招用学龄儿童等，使得我国义务教育种种落后的现状同全国人民建设富强、民主、文明的社会主义现代化国家的宏伟目标形成了尖锐的矛盾。因此，我国迫切需要制定专门的义务教育法，以法律为依据，在全国有步骤地实行义务教育。于是，1986 年 4 月 12 日，第六届全国人民代表大会第四次会议通过了《义务教育法》，就义务教育的性质、入学年龄和学习年限、适龄儿童的权利和义务、适龄儿童监护人的义务、社会在义务教育中的义务、国家在义务教育中的义务、义务教育的管理体制和实施步骤等方面作了详细的规定。《义务教育法》的颁布表明，国家的最高权力机关用立法程序将党中央关于实施义务教育决策转化为国家统一的意志，这样就使义务教育成为一个具有相对稳定性和规定性的制度，并且具有法律的严肃性，从而对我国实施和普及九年制义务教育产生了重大的推动作用。《义务教育法》第一次把普及义务教育建立在专门法律的基础上，从而使我国普及义务教育有了专门的法律保障，标志着我国教育立法已经初步进入"依法治教"的轨道，也使

我国的义务教育迈入了一个新的发展时期。

《义务教育法》颁布后，全国各地又根据本地区的实际情况和地区特殊性，相继审议通过了有关义务教育的地方法规。据有关统计，1986 年地方人民政府发布的地方性教育法律法规共 68 项，其中属于实施义务教育法配套的法律法规就有 54 项。1992 年《中华人民共和国义务教育法实施细则》颁布，它对义务教育政策的若干规定作了详细、具体的解释和说明。继《义务教育法》和《义务教育法实施细则》颁布后，《教师法》、《教育法》、《学校体育工作条例》、《学校卫生工作条例》等近 500 项教育法律法规，以及《未成年人保护法》等与教育关系密切的大量具体法规也相继颁布实施。这些法律、法规的颁布，进一步全面规范了义务教育的实施，从而为我国义务教育的发展打下了更为牢固的法律基础。

（三）修订《义务教育法》，推动义务教育的持续发展

在《义务教育法》颁布后的 20 年间，我国义务教育取得了长足的发展。但是随着社会的转型变革和经济的快速发展，《义务教育法》中的相关条款与现实的教育状况已有较大的差距，义务教育发展中出现的经费问题、发展不均衡等问题都需要新的解决机制与办法。社会对修改《义务教育法》的呼声越来越高。2006 年 6 月 29 日，全国人大常委会审议通过了新的《义务教育法（修订案）》，并于同年 9 月 1 日正式实施。《义务教育法（修订案）》对建立义务教育经费保障机制、改革和完善义务教育管理体制、促进义务教育的均衡发展、实施素质教育、加强教师队伍建设和提高教育质量等重要问题作出了明确规定。在立法技术上，2006 年的《义务教育法（修订案）》改变了教育立法的"软法"状况，条文的规则性、针对性和操作性进一步增加，减少了模糊和歧义，增加问责的条款，为法律的有效实施提供了强有力的保障。[1] 新的《义务教育法（修订案）》进一步完善了我国义务教育的法律法规建设，体现了我国教育立法

---

[1] 杨东平主编：《2006 年：中国教育的转型与发展》，社会科学文献出版社 2007 年版，第 37 页。

水平、立法技术和立法质量质的飞跃，对整个教育事业的发展具有奠基性的历史作用，是义务教育的一个新的里程碑。

新中国成立60年来，我国的义务教育法律法规体系从无到有，从不完善到逐渐完善，一方面体现了我国法律法规建设的巨大成绩，同时也体现了我国义务教育普及工作的卓越成就。而义务教育法律法规体系的日益完善，也加快了我国义务教育事业发展中"依法治教"的步伐，促进了义务教育的普及。

第二节　义务教育的重要经验

我国在普及和发展义务教育的过程中，一方面积极吸收、借鉴他国的经验教训，另一方面立足本国的实际情况，努力探索有中国特色的发展道路。回顾和总结60年来走过的历程，我们觉得以下几个方面的重要经验值得我们继续重视。

一、明确各级政府的责任

义务教育是指依照法律规定，适龄儿童和少年必须接受，国家、社会、学校、家庭必须予以保证的基础教育，公益性、普惠性、强制性是其重要特征。凡是宣布实施义务教育的国家和地方，均意味着政府向全社会公开承诺从此担负普及义务教育的主要责任，包括创建学校、输送教师、提供一定标准的日常教育费用等。在国际社会，世界发达国家和部分发展中国家都将提供义务教育公共服务作为政府必须履行的职责，保障所有公民都有机会平等地享受到义务教育公共服务。

办好义务教育，保证所有适龄儿童都能享受最好的义务教育，这是政府的义务。实践经验证明，清晰的政府责任划分，合理的中央政府与各级地方政府的责任关系，是我国义务教育健康发展的重要保障，也是我国义务教育发展过程中所得出的宝贵经验。中央政府与各级地方政府在义务教育中应各自承担不同的职责,发挥各自不同的作用。中央政府要充分地认识到义务教育在整个教育事业和国民素质提高中的基础地位,把"普九"放在"重中之重"的战略地位,对义务教育的发展进行宏观调控、提供财政支持及进行质量的检测和监督,这是保障义务教育的根本。省级政府也应承担对义务教育经费投入的主要责任,通过对本行政区域内财力薄弱地区的转移支付力度的调控和本区域义务教育政策的管理,以确保义务教育普及和提高工作的顺利开展。地市及县级政府及其教育行政部门应明确自身在普及、巩固和提高九年义务教育中的责任,改变农村九年制义务教育主要由乡、村两级,尤其是主要靠农民群众出钱出力兴办的格局,进一步构建城乡一致、能包容全体少年儿童和各种性质的办学机构的公共管理和服务体系,从而促进义务教育逐步走向以政府办学为主的道路。当然,中央政府与各级地方政府在充分履行各自职责的同时,必须协力配合,形成合力,以保证义务教育目标的最终实现。

我国在义务教育的管理上,最初是下放办学权和管理权,目的是改变过去政府包揽办学和管得过死、统得过多的弊端,应该说这种改革在一定程度上调动了地方党委、政府和人民群众的办学潜力与积极性。但是,在这一过程中,曾经一度责任下放得太多,以致出现群众负担过重、管理比较混乱、长期拖欠教职工工资等问题。后来中央政府认识到了这种体制的弊端,果断地实行"以县为主"的办学体制和管理体制,特别是加强中央和省级政府的统筹力度。中央安排专项经费实施贫困地区义务教育工程,安排中央资金对"两基"攻坚进行重点支持,实施了国家贫困地区义务教育工程、农村中小学现代远程教育工程、农村寄宿制学校建设工程、农村中小学危房改造工程、农村贫困家庭中小学"两免一补"政策等。同时要求省级政府加大对贫困地区和少数民族地区义务教育的投入力度,继续实行东部地区学校对口支援西部贫困地区学校工程、大中城市学校对口支援本地贫困地区学校工程,继续办好内地"西藏班"、"新疆班"等,以确保贫困地区、少数民族地区、边境地区义务教育的发展。在此过程中，国家也进一步明晰了中央和地方政府，特别是中央对义务教育经费投入的责任。2005 年 12 月 24 日发布的《国务院关于深化农村教育经费保障机制改革的通知》中明确规定："免学杂费资金由中央和地方按比例负担，西部地区为 8:2，中部地区为 6:4；东部地区除直辖市外，按照财力状况分省确定。免费提供教科书资金，中西部地区由中央全额负担，东部地区由地方自行承担。补助寄宿生生活费资金由地方承担。"由于责任明晰，措施得力，很快就解决了曾经长期存在的一些严重问题，使得义务教育在较短的时间内就取得了重要突破。由此说明，理顺中央与地方、地方各级政府之间的办学责任与管理权力方面的关系，既充分调动了基层党委、政府和广大人民群众的办理和管理义务教育的积极性，又充分发挥了中央和省级政府的统筹作用，是义务教育顺利发展的制度保证。

二、切实保障义务教育阶段教师队伍建设

1986 年，美国卡耐基教育和经济论坛发表了《国家为 21 世纪的教师做准备》的报告。报告指出："面向 21 世纪的美国人，必须认识到两点最基本的真理：第一，美国的成功取决于更高的教育质量；第二，取得成功的关键是建立一支与此任务相适应的教师队伍，即一支经过良好教育的师资队伍。"胡锦涛在全国优秀教师代表座谈会上的讲话指出："推动教育事业又好又快发展，培养高素质人才，教师是关键。没有高水平的教师队伍，就没有高质量的教育。"[①] 的确，教师队伍的建设对教育的发展起着至关重要的作用。从普及义务教育的实际过程来看，教师是学校的主体，教师在不断提高学校教育、教学质量上起着重要作用。不管教育方针、政策制定得如何好，课程标准、教科书编写得怎样完善，要取得教育和教学的成功，取得人才培养的成功，首先取决于教师的辛勤劳动，取决于教师的文化科学修养和专业水平，取决于教师的教育理念、教学水平及教学能力。从各国普及义务教育的历史经验来看，各国在实施义务教育的

---

① 胡锦涛：《在全国优秀教师代表座谈会上的讲话》，《人民日报》2007 年 9 月 1 日。

过程中，都注重培养一支数量足够、质量合格的教师队伍。

新中国成立不久，我国政府就十分重视教师队伍的建设。1949 年 12 月 23 日，第一次全国教育工作会议在北京召开，该会议明确提出要改进师范教育，加强教师轮训和在职学习，培养大批称职的教师这一队伍建设措施，以适应新中国教育事业大发展的需要。1951 年 8 月，教育部召开了全国师范教育会议，提出了要"适当地改善小学教师待遇，奖励模范教师，提高教师的政治待遇和社会地位。五年内培养百万名小学教师"的目标要求。在此次会议上，还通过了《师范学校暂行规程》、《关于改善小学教师待遇的指示》、《关于大量培养初等及中等教育师资的决定》等文件。[①] 同时，各级政府还十分关心教师生活，不断提高教师待遇，通过各种措施加强骨干教师的培养。但是，一直以来，我国义务教育师资队伍仍然比较薄弱，教师队伍特别是农村教师队伍中普遍存在素质差、专业水平低、队伍不稳定、教育观念陈旧等问题。另外，由于教师队伍的待遇较低，并且存在长期拖欠教师工资的现象，以致很多优秀学生不愿报考师范院校，教师队伍人才流失现象也比较严重。这种状况与普及义务教育不相适应，严重影响义务教育的质量。特别是"文化大革命"十年浩劫，使我国中小学的教师队伍建设遭到了严重的破坏。党的十一届三中全会以后，通过拨乱反正，教师队伍建设进入了新的发展时期。国家采取多种措施加强教师队伍建设：建立教师节，推动尊师重教；奖励优秀教师，提高教师地位；建立新工资制度，提高教师待遇，等等。由此，中小学师资队伍建设取得了很大的成就，在职教师的工作热情大大提高，很多大专院校的毕业生愿意选择教师职业。与此同时，国家和地方也采取了多种措施来加强教师的培训，使教师队伍的素质有明显提高。

实践证明，积极改善义务教育教师待遇，提高义务教育教师素质，建立一支数量足够、质量合格、结构合理并相对稳定的师资队伍，是实施义

---

① 中华人民共和国教育部编：《共和国教育 50 年》，北京师范大学出版社 1999 年版，第 484 页。

务教育的关键。

三、充分关注处境不利地区和群体的义务教育

义务教育是基础教育的重要组成部分，是国民教育中最普遍、最全面的教育，其地位和性质决定了其对象的全方位性，国家应保证全体公民都能接受义务教育，并都能享有同等质量的义务教育。但我国作为一个发展中国家，经济相对不发达，教育基础设施尚不完善，义务教育资源也相对不足，而优质的义务教育资源更是单薄。另外，由于地区发展不平衡，教育内部、学校之间发展也不平衡，在一定程度上形成了各地区、各群体无法均衡享受义务教育权利、接受应有的义务教育的大环境。新中国成立后，虽然我国的教育事业得到了迅猛的发展，取得了前所未有的成就，但事实上，由于地区差别、城乡差别、性别差异及身体残疾等原因所导致的教育不公平和地区不均衡的现象依然存在。改革开放以来，特别是进入21世纪后，在大力普及义务教育的过程中，国家采取了一定的政策倾斜，通过弱势补偿政策，帮助弱势地区、弱势群体尽早实现义务教育的普及，并不断提高普及的水平。中央和省级政府加大了对西部义务教育的投入力度，并通过东西部对口支援，重点解决西部义务教育阶段的薄弱学校。1998—1999年，中央财政拨款16亿元支持西部义务教育，2000年再增拨8亿元，进一步加大对西部贫困地区教育的扶持力度。进入21世纪，义务教育均衡的问题得到了极大关注，国家将义务教育普及的重心放在了处境不利地区和群体。2001年国务院《关于基础教育改革与发展的决定》首次提出了"均衡发展"的思想，提到要"促进地区、城乡、学校之间的均衡发展，最终实现基础教育全面健康地发展"，均衡发展正式成为了我国基础教育重要的发展方针。2005年5月，教育部下发《关于进一步推进义务教育均衡发展的若干意见》，要求各级教育行政部门有效遏制城乡之间、地区之间和校际教育差距扩大的势头，推进义务教育均衡发展。在政策措施上，国家对中西部贫困地区的义务教育予以了特别的重视，采取了一系列的政策倾斜，如启动"国家贫困地区义务教育工程"，开展东

西部地区学校对口支援工作，设立国家专项教育扶贫资金，推进西部地区"两基"攻坚等，这些措施极大地促进了西部地区和贫困地区义务教育事业的发展。

同时，针对我国义务教育中弱势群体的客观存在，上至中央政府下到各级主管部门，都采取了各种措施来帮助弱势群体接受义务教育。在农民工随迁子女义务教育问题上，推动地方各级政府将进城务工人员子女义务教育纳入公共教育体系，加大教育资源统筹和经费投入力度，为进城务工人员子女平等接受义务教育提供条件。在农村留守儿童问题上，各地纷纷建立和完善农村留守儿童教育和管护机制，保证留守儿童健康成长。同时，还逐步完善助学金或奖学金制度，保证贫困家庭子女不致因贫困而不能入学或中途辍学。

实践证明，关注处境不利地区和群体接受义务教育的状况，一方面有利于我国义务教育普及水平的提高，促进贫困地区和对弱势人群的教育发展，另一方面也有利于维护国家的团结和稳定，体现教育的公平、公正原则。

四、采取因地制宜的义务教育推进策略

我国是一个幅员辽阔的大国，各地区自然地理条件、经济发展水平、文化差异都很大，历史上就形成了一个极不平衡的发展格局。同时，我国又是一个人口大国，教育底子薄，不同的地区其教育基础和条件都不一样。因此，在普及义务教育的过程中，必须综合考虑不同地区的实际情况，区别对待，灵活调整，采取因地制宜的推进策略。回顾数十年我国"普九"的整个过程，我们看到这一思想得到了很好的体现，形成了中国式经验。

早在 20 世纪 80 年代以前，我们主要以普及小学教育为主，而且注意兼顾地区差异。1980 年，《中共中央国务院关于普及小学教育若干问题的决定》提出：普及小学教育应当根据各地区经济、文化基础和其他条件的不同，由各省、市、自治区进行分区规划，提出不同要求，分期分批予

以实现，绝不要搞"一刀切"。该《决定》要求：经济比较发达、教育基础较好的地区，应在 1985 年前普及小学教育，其他地区一般应在 1990 年前基本普及。至于极少数经济特别困难、山高林深、人口稀少的地区，普及期限还可延长一些。在 1985 年的《中共中央关于教育体制改革的决定》中，国家又确定了"有步骤地实行九年制义务教育"的策略。该《决定》提出："由于我国幅员广大，经济文化发展很不平衡，义务教育的要求和内容应该因地制宜，有所不同……地方各级人民代表大会根据本地区的情况，制定本地区的义务教育条例，确定本地区推行九年制义务教育的步骤、办法和年限。"1986 年通过的《义务教育法》也明确规定："国家实行九年义务教育。省、自治区、直辖市根据本地区的经济、文化发展状况，确立推行义务教育的步骤。"

为了在 20 世纪末基本实现普及九年义务教育的目标，1994 年 7 月 3 日颁布的《国务院关于〈中国教育改革和发展纲要〉的实施意见》指出："根据分区规划、分类指导、分步实施的原则，全国不同地区的发展目标和速度可有差异。"同时，因为即使在一个省、自治区、直辖市内，甚至在一个县内，经济文化的发展也不平衡，所以，国家要求在各类地区内，都要坚持从实际出发，划分不同类别、分步骤实施义务教育。各地人民政府和教育行政部门在普及本地区的义务教育过程中，遵循相关法律、法规、文件的规定要求，从本地的实际情况出发，精心规划，创造条件，狠抓落实，按地区、有步骤地实施九年义务教育，到 20 世纪末基本实现"普九"的目标。

进入 21 世纪后，我国进一步遵循从实际出发、因地制宜的指导思想普及和巩固义务教育。为了提高义务教育的普及水平，减轻学生家庭的负担，2001 年开始实行"一费制"改革。"一费制"首先在国家扶贫开发工作重点县等农村贫困地区实行，后在全国范围内实行。在实行"两免一补"政策时，也采用了"分年度、分地区逐步实施"的原则。2003 年 9 月 19 日，温家宝《在全国农村教育工作会议上的讲话》中特别强调指出："地方各级政府和国务院各有关部门都要从实践'三个代表'重要思想和执政为民的高度,把加强农村教育工作摆上重要议事日程,并且结合本地区、本部门实际,制定规划,组织实施,督促检查,狠抓落实。"2005 年,《国务院关于深化农村义务教育经费保障机制改革的通知》中关于免除学杂费和补助生活费是这样规定的:"全部免除农村义务教育阶段学生学杂费,对贫困家庭学生免费提供教科书并补助寄宿生生活费。免学杂费资金由中央和地方按比例分担,西部地区为 8∶2,中部地区为 6∶4;东部地区除直辖市外,按照财力状况分省确定。免费提供教科书资金,中西部地区由中央全额承担,东部地区由地方自行承担。补助寄宿生生活费资金由地方承担,补助对象、标准及方式由地方人民政府确定。"也就是说,不同经济发展水平的地区,中央对其义务教育经费保障的措施也是不同的,这也充分体现了区别对待、因地制宜的原则。

实践证明,考虑不同地区的实际状况,因地制宜,逐步推进的规划和政策,是我国义务教育稳步发展、质量提高的重要保证。

第三章
义务教育的发展趋势

　　回顾60年来我国义务教育走过的风雨历程，审视世界义务教育呈现出的变革趋势，为了使我国在日益激烈的国际竞争中立于不败之地，我们仍有必要不断发展我国的义务教育事业，完善和创新人才培养机制。

第一节　义务教育的政府投入将会进一步加大

　　无论是发达国家还是发展中国家，政府投资对教育（尤其是义务教育）发展起着决定性的作用。近年来，由于中央和省级政府加大了对义务教育经费的投入力度，初步建立了义务教育的经费保障机制，使义务教育学校的经费条件及其他物质条件有了较大改善，办学能力大大增强，较快地实现了普及九年义务教育的目标。如果没有中央及省级政府特别是中央在经费方面的大力支持，可以说很多贫困地区甚至一般地区要完全实现"普九"甚至要实现"普初"都很困难。但是，与世界其他国家相比，我们不得不承认中国教育经费的许多重要指标仍然低于世界平均水平，甚至低于发展中国家的平均水平。

　　衡量一个国家义务教育的投资水平，可以从该国公共教育经费总量水平得到初步判断，因为一般情况下在义务教育投资水平与公共教育经费总水平之间存在着正相关关系。与国际平均水平相比，目前我国公共教育经费的投入还处于比较低的水平。同时，我们知道财政性教育经费占 GDP（国内生产总值，英文 Gross Domestic Product 的缩写）的比例是国际公认的考核各国教育财政投入的主要指标。据统计，1995 年公共教育经费占 GDP 比重（国际上通用的教育支出水平衡量指标）的世界平均水平为 5.2%，其中发达国家为 5.3%，发展中国家为 4.6%。而 20 世纪 90 年代我国财政性教育经费占 GDP 比重一直徘徊在 3% 以下的低水平，远低于世界大部分国家的平均水平。1993 年中共中央、国务院颁布的《中国教育改革和发展纲要》中提出：到 2000 年前实现财政性教育经费占国民生产总值 4%。提出这个目标后，1995 年颁布的《中华人民共和国教育法》、1999 年颁布的《中共中央国务院关于深化教育改革全面推进素质教育的决定》、《全国教育事业"九五"计划和 2010 年发展规划》、教育部《面向 21 世纪教育振兴行动计划》、《全国教育事业第十个五年计划》等都强调了这一目标。2006 年党的十六届六中全会上通过的《中共中央关于构建社会主义和谐社会若干重大问题的决定》中强调：明确各级政府提供教育公共服务的职责，保障财政性教育经费的增长幅度高于财政经常性收入增长幅度，逐步使财政性教育经费占国民生产总值的比例达到 4%。近年来，通过党中央和各级地方政府的努力，这一比重虽然出现了较大幅度的提升，但仍远低于发达国家和世界平均水平。

针对义务教育经费投入不足的现实状况，在未来教育事业的发展中，政府将会承担更多的责任，逐步解决这个问题，促进我国义务教育事业高水平发展。各级政府是义务教育的投资主体，政府的公共教育投资是义务教育投入的主要来源。无论是在发达国家还是发展中国家的多级政府体制中，义务教育经费主要来源于中央和省级政府，而在政府间财政转移支付以后，地方政府的支出比重有较大提高，这表明义务教育的事权主要由地方政府承担，但必须通过有效的政府间转移支付制度来保障其实施义务教育的经费投入。我国将改变当前义务教育总投资中政府公共投资所占比例过低的状况，使义务教育总投资中政府公共经费所占比例提高到国际一般水平。重点强化中央和省级政府的投资责任，改变当前上述两级政府在义务教育公共投资中比例过低、作用过小的状况。中央和省级财政要自上而下地通过建立规范化的转移支付或专项补助制度给予财政支持，以此强化中央和省级政府对全国义务教育的宏观调控能力，提高中央和省级政府对义务教育的财政供给水平，使中央和省级财政在义务教育投资中发挥更大的实际作用。与此同时，将会加大对农村贫困地区现行义务教育投资体制的调整，真正构建农村义务教育保障新机制。我国地区发展不平衡，人均GNP（国民生产总值，英文 Gross National Product 的缩写）在不同地区相差悬殊，地方政府对本地区义务教育的投资也存在很大的差距。为促进广大农村地区教育的发展，缩小城乡差距，国家高度重视农村贫困地区义务教育的投入。2006 年，国家开始对西部地区全面实施农村义务教育保障新机制改革，并于第二年在全国农村地区推广。因此，从改革趋势来看，中央政府和省级政府将会逐渐增加对义务教育的投入，这的确有助于改变过去农村义务教育政府投入不足的情况。但确定高层政府的供给责任和明确以政府投入为主之后，并不意味着地方政府对义务教育没有责任。基层政府将根据本地区的实际状况，进一步履行自己的管理职责，按照《义务教育法》规定，组织本乡镇适龄儿童入学，巩固"两基"成果，合理高效地使用上级政府的教育经费投入。此外，将会根据义务教育工作重心的调整，改变教育经费投入的结构，即经费投入由以往的注重硬件及保障条件建设为主调整为注重质量提高和教师发展为主。

总之，义务教育是整个国民教育的基础，是国家依照法律的规定对适龄儿童和青少年实施的具有一定年限的强迫教育。而义务教育的普及与发展，必须要有强有力的经费保障。政府在义务教育的经费投入中发挥着举足轻重的作用。因此，为了促进我国义务教育事业的更快更好发展，必须强化政府责任，特别要重点加强中央和省级政府对义务教育的财政拨款责任。我们完全有理由相信，教育财政拨款的增长高于财政经常性收入的增长，在校学生平均教育费用逐步增长，教师工资和学生人均公用经费等逐步增长的目标是能够很好地实现的。

第二节　义务教育的均衡发展将会更深入地推进

在国际社会，各个国家都很重视义务教育的均衡发展问题，针对特殊地区和特殊群体制定专门法律或专项政策，从而解决不同地区、不同人群在受教育方面的不公平现象。我国政府充分认识到发展义务教育的重要性，在世界全民教育大会（宗滴恩，1990年3月）、德里宣言（1993年12月）、达喀尔行动框架（2000年4月）和北京宣言（2001年8月）都作出了庄严承诺，要创造各种可能条件使各类未能取得教育机会的人群尽快享有受教育的机会，满足每一个人的基本学习需要。

新中国成立以来，我国的义务教育事业发展快速，实现了较高水平的普及，凸显了各级政府和人民群众长期努力的成效。但是，义务教育不均衡的矛盾依然十分突出，不同地域、不同学校和不同群体之间的教育差异仍然很大。应该看到，我国义务教育发展的不平衡是历史形成的，在短时间内不可能完全消除。但这并不等于说教育发展不平衡是合理的。事实上，农村和城市、东部与中西部、城市重点学校与薄弱学校在发展教育方面，尤其是在普及义务教育方面，如果长期处于一种不平衡状态，这不但会制约中国经济的快速发展，而且会带来较大的社会矛盾和不稳定。所以，尽管我国在义务教育均衡化发展的道路上已经取得了一个又一个成就，但继续推进义务教育的均衡发展，将仍然是我国各级政府和相关部门共同努力的方向。正如《国家教育督导报告2005》所提出的那样，"我国东、中、西部及城乡之间拥有的义务教育公共资源的差距正在缩小，义务教育正朝着均衡发展方向迈进，但推进义务教育均衡发展，缩小差距仍是今后义务教育发展的重要任务"。促进义务教育均衡发展意义重大，它将是我国今后义务教育发展的长期战略。其未来的发展思路主要有以下几点：

第一，牢固树立科学发展观，全方位推进义务教育均衡发展。在义务教育事业的发展中，以和谐、协调为目标，统筹城乡教育发展，重点解决好农村教育问题、西部地区教育问题以及弱势群体教育问题等，全力抓好义务教育的薄弱环节。坚持以人为本，义务教育均衡最终要落实在学生的均衡发展上，这就要求我们采取多种措施和途径办好每一所学校，让每一个学生都能够积极、主动、全面地发展。

第二，努力推进公共财政体制改革，确保政府履行义务教育均衡发展的责任。义务教育不均衡问题主要出现在中、西部欠发达地区和农村，根本原因在于尚未形成保证政府履行投入责任的公共财政体制。在教育投入中，要切实加大中央政府和省级政府对下一级地方政府的财政转移支付力度，加大对农村地区、贫困地区、少数民族地区的财政支持力度，承担起促进义务教育均衡发展、保障教育公平的基本责任，实现义务教育在城乡、地区、学校以及群体之间的均衡发展，公平地向所有公民提供基本的义务教育公共服务。

第三，确立正确的均衡发展理念，科学推进教育均衡。均衡发展不是平均主义，而是要缩小区域之间、学校之间的发展差距。均衡发展也不是一个模式、不是"一刀切"，而是要鼓励办出地方特色、学校特色。不同地区、不同学校，在不同的阶段应有不同的发展重点。党和国家在制定各项方针、政策的过程中要充分考虑各个地方的实际状况，各个地方、各个学校在充分考虑自身现实条件的基础上，也应主动探索资源配置、经费投入、教师流动等方面的保障措施，按照国家制定的义务教育要求和标准，确定均衡发展目标。极少数经济落后地区的教育均衡发展，首先要保证学生有学上，提高普及率；在经济发达地区的教育均衡发展，可以将重点放在质量提升上来。

我们相信，随着我国义务教育均衡发展的逐步推进，我国义务教育的普及和发展水平将越来越高，东、中、西部地区，城乡之间在办学条件、经费投入、师资水平和教育质量上的差距也将缩小。越来越多的儿童和青少年将接受更加高质量、高水平的义务教育，从而真正地实现个人的发展、社会的进步和国家的富强。

第三节　义务教育的普及重点将从数量的
增长转向质量的提升

　　提高义务教育质量是当今世界各国义务教育发展的共同趋势。20 世纪 70 年代以来,世界义务教育发展面对的棘手问题之一,就是妥善处理教育发展规模与质量的关系。对于这个问题,发达国家和发展中国家的侧重点可能不同,发达国家义务教育的重点基本上移至高中阶段,而发展中国家可能更多地追求初中教育的普及率。作为发展中国家的中国,以前的主要压力是普及率的压力,是义务教育的量的扩张问题。现在,情况发生了比较大的变化。自 1986 年国家颁布《义务教育法》以来,经过 20 多年的努力,我国义务教育的普及水平大幅度提高,让所有的孩子上学,这个目标已经基本实现了。但是,所有的孩子上学之后是否都能接受优质的教育,这仍然是一个尚待解决的问题。在我国的一些地方,特别是农村贫困地区,义务教育的质量问题仍然令人担忧。我们应该清醒地认识到,"农村已经实现的基本普及九年义务教育还只是初步的,是低水平、不平衡、不巩固的,其中还存在一些'水分'"①。城市中的义务教育质量也不容忽视。虽然,城市中小学在经费投入、办学条件、师资水平等方面都要明显好于农村地区的学校,但是由于受升学压力的影响,很多学校的应试倾向依然很严重,素质教育依然无法落到实处。这在一定程度上也阻碍了其教育质量的提高。因此,无论是农村地区,还是城市地区,无论是东部发达地区,还是西部落后地区,提升教育质量依然是未来义务教育发展的重要战略目标。

　　我国义务教育发展将逐步实现由量的扩展到质的提高的历史性转变,

---

① 谈松华:《农村教育:现状、困难与对策》,《北京大学教育评论》2003 年第 1 期。

这不仅是我国义务教育发展的必然趋势，也是我国社会发展的现实诉求，更已经成为我国政府和广大人民群众的共识。2006 年《义务教育法（修订案）》明确提出："义务教育必须贯彻国家的教育方针，实施素质教育，提高教育质量，使适龄儿童、少年在品德、智力、体质等方面全面发展，为培养有理想、有道德、有文化、有纪律的社会主义建设者和接班人奠定基础。"2007 年的国务院政府工作报告提出："各级各类学校都要全面贯彻党的教育方针，加强素质教育，深化教育改革，提高教育质量。"当然，义务教育质量的提升不是一朝一夕的事情，它是一个循序渐进的系统工程。一方面，我们要立足于现实的教育状况有针对性地制定政策、措施，另一方面我们也要大胆吸收借鉴国际经验，紧跟世界教育发展的趋势。在提升义务教育的质量上，我们国家需着力解决以下几个方面的问题：

其一，建立完善的义务教育质量标准体系。义务教育质量标准体系包括课程标准、办学标准、教师专业标准、教育教学评估标准、学业成就标准等。国际经验表明，建立完善的义务教育质量标准体系不仅可用来建立教学目标，评价实现这些目标的情况，管理和比较个人、群体和学校的表现，而且为确保所有学生拥有高质量学习的权利奠定基础。另外，它还能提高社会公众对学校工作以及对义务教育阶段的学习和学业成就的理解和信心，而且为教育界内外群体有关教育问题的讨论提供共同的基础。因此，从国家层面建立一个具有高度科学性和规范性的，能体现素质教育和新课程理念的义务教育质量监测体系，将是未来义务教育发展的重点工作。

其二，围绕影响义务教育质量的重要因素制定相应政策。影响义务教育质量的重要因素包括教师、课程、办学条件等。因此，在政策的制定上，一是要提高教师社会地位，建立教师专业标准，采取多种措施不断提高教师专业水平。二是深化课程改革，适时调整义务教育课程内容，促进学生的个性发展和基础学力的培养。三是深化教学改革，提高教学效率，激发学生的兴趣和潜能。四是重视义务教育学校的办学条件和教学环境建设。虽然我们国家在义务教育教师队伍建设、课程教学改革和办学条件改善等方面取得了很大的成就,但是这些方面的工作仍然需要加强。

其三,加强教育过程的科学管理。义务教育体系从理念到学校制度再到公共教育管理,真正转化为学校的教育教学质量则主要来自于对教育过程的专业支持与科学管理。一方面是加强义务教育学校的民主治理与科学管理。在学校民主治理基础上,校长开展的专业性的科学管理更多地体现在对教育教学的管理上,体现在对教师教育教学与专业发展的指导上,体现在对学生学习成就与发展的指导与管理上。另一方面是以提高教育质量为核心,加强公共教育管理的专业性和绩效性,引导教育专业机构对提高义务教育质量提供专业性服务与支持。

其四,加强对学校的督导与评估。对学校的督导和评估重点在于建立内部评估与外部评估有机结合、政府督导与社会评价有机结合的评价机制。学校内部评估的目的在于促进学校建立自我约束、自我发展、不断创新的良性发展机制。政府则为学校提供外部指导和基准信息来支持学校自我评估系统的建立。加强学校的外部评估重点在于加强政府督导的专业性,把督导作为使学校对自己的工作负责的手段,通过督导为学校提供国家教育信息,在知识和信息方面支持学校。加强学校的外部评估的另一个重要方面就是致力于建立学生家长、社区代表等代表学校教育利益的相关各方参与学校评价的机制,例如,建立学校信息公开制度、建立网上信息公开与查询系统等,从而充分发挥家长的监督作用,使学校及校长更多地承担起责任,同时激励教师和学生不断发展。

实现义务教育的"普九"任务之后,儿童平等接受教育的权利得到了有效保证,义务教育的工作重点从数量的增长转为质量的提升已成为重要发展趋势。事实上,只有真正提高义务教育阶段教育教学质量,实现应试教育向素质教育的转变,才能再一次促进义务教育的跨越式发展,才能从根本上实现我国人才培养的目标。

第四节　义务教育的年限将会逐步延长

现今世界各国实行义务教育的年限大体为 6~12 年。一般来说，发达国家实行义务教育的年限较长些，发展中国家实行义务教育的年限则较短些。在终身教育背景下，世界各国义务教育逐渐向学前教育和初中后教育阶段延伸，逐步延长义务教育年限已经成为世界义务教育发展的趋势。20 世纪 70 年代至今，世界义务教育快速发展，发达国家纷纷把义务教育延长至 12 年，发展中国家正努力提高普及义务教育的程度。据联合国教科文组织 1996 年的统计数据显示，实施 10 年义务教育的国家有 37 个，11 年的有 16 个，12 年的有 13 个，实施 10~12 年义务教育的国家共有 66 个。联合国教科文组织统计所 2000 年有关国际义务教育年限的统计报告显示，在有统计数据的 185 个国家和地区中，实行 9 年以上义务教育的国家和地区有 114 个，占总数的 61.6%，而义务教育年限在 10 年以上（包括 10 年）的国家和地区总计也已经达到了 75 个，占了总数的 40.5%。[①] 这些数据表明，义务教育年限由主流年限基准点的 9 年开始逐步加长已成为一个国际性的趋势。

在大多数国家，延长义务教育的年限主要表现在义务教育的一端在逐渐向学前教育方向扩展，而另一端则向初中后教育阶段延伸。作为终身教育的第一阶段，学前教育在国民教育体系中的地位进一步提高，世界各国更加关注学前教育问题。大多数国家都提倡及早开发儿童的智力，强调培养儿童的创造力，发展儿童的个性，为儿童接受小学教育及其以后的全面发展做好准备。为此，许多国家采取措施，把学前教育列为义务教育范围，以提前实施义务教育，把学前教育的后期和义务教育的前期有机地衔

---

① 见刘彦伟、文东茅：《义务教育年限的国际比较》，《教育科学》2006 年第 10 期。

接起来，改变了过去那种学前教育与义务教育相互脱节的情况。此外，许多国家，特别是发达国家的义务教育正继续向后延伸，不仅要普及高中，还要普及职业技术教育。

目前，我国实行义务教育的年限为 9 年。但是，随着我国社会经济的快速发展，普及高中阶段的教育已经多次出现在国家的有关文件中了。《中国教育改革和发展纲要》、《中共中央国务院关于深化教育改革全面推进素质教育的决定》以及党的十六大、十七大报告等都分别提出过普及高中阶段教育的问题。1993 年的《中国教育改革和发展纲要》指出 20 世纪 90 年代各级各类教育发展目标之一是："大城市市区和沿海经济发达地区积极普及高中阶段教育。"1999 年的《中共中央国务院关于深化教育改革全面推进素质教育的决定》规定："在城市和经济发达地区要有步骤地普及高中阶段教育。"2002 年，江泽民在党的十六大报告中指出："形成比较完善的现代国民教育体系……人民享有接受良好教育的机会，基本普及高中阶段教育，消除文盲。"2007 年，胡锦涛在十七大报告中指出，"教育是民族振兴的基石，教育公平是社会公平的重要基础"，"要加快普及高中阶段教育"。从以上的文件、报告中，我们可以发现，普及高中阶段教育已被纳入国家义务教育发展战略中，实现这一目标只是时间的问题。与此同时，把学前教育的部分年段划入义务教育阶段、延长义务教育年限的呼声也越来越高。

其实，我国有些经济发达地区在有效普及九年义务教育的基础上，根据本地区社会、经济发展的实际情况和现实要求，已经开始酝酿和着手延长本地区的义务教育年限。如，在 20 世纪 90 年代后期普及九年制义务教育后，浙江省就提出，到 2005 年基本普及从学前三年到高中三年的"十五"年教育。为突破高中段教育的瓶颈，全省各地不断加大投入，通过推动完全中学实行初高中分离，迁建、扩建高中学校，鼓励、支持社会力量办普通高中等措施，顺利实现了高中段教育的跨越式发展。[1] 又如，上海市在发展高中教育中坚持数量与质量同步发展，注重规模质量效益的有

---

① 金海忠：《基本普及高中段教育：我省还差多远》，http：//zjdaily. zjol. com. cn/gb/node2/node802/node803/node153421/node153523/userobject15ai1552883. html，2003 - 02 - 21。

机统一，坚持体制机制创新，妥善解决了高中入学高峰问题。2002 年，上海高中阶段录取率就达到 98.45%，全面实现了普及高中阶段教育目标。①

从某种意义上来说，义务教育的年限能够在一定程度上体现义务教育发展的水平。一个国家义务教育年限的制定，跟其社会经济的发展密切相关。随着我国社会经济的发展和综合国力的增强，必将会把高中阶段教育或（和）学前教育的部分年段纳入义务教育。需要注意的是，延长义务教育年限是必然的，但一定要基于我国的经济发展水平稳步进行。在现阶段，"我国仍坚持九年义务教育，目前义务教育的重点是巩固九年义务教育和两基攻坚计划（实现西部地区基本普及九年义务教育、基本扫除青壮年文盲）"，但"支持有些地方根据自身财力等状况所做出的普及高中阶段教育的做法"。② 这意味着，一方面，我们应积极鼓励经济发达地区制定适合本地区义务教育发展的政策，适当地延长义务教育年限；另一方面，也要做好经济欠发达地区的义务教育"普九"工作，提高该地区义务教育的普及率，实现义务教育的高质量普及。随着我国义务教育年限的延长，我国的国民素质将得到进一步提高，社会经济也将实现更快的发展。

第五节　义务教育的法制建设将会更加完善

"二战"之后，教育日益成为一项最广泛、最重要的社会公共事业，世界各国对教育的重视也日益加强，越来越多的国家都更加关注教育法制

① 海宣：《上海全面实现普及高中阶段教育目标》，http：//www. edu. cn/20021128/ 3073107. shtml，2002－11－28。
② 中华人民共和国教育部：《普及 12 年义务教育不符国情 支持地方尝试》，http：// news. xinhuanet. com/politics/2009－04/01/content_ 11109739. htm，2009－04－01。

的健全和完善，并把其视为国家对教育进行有效宏观控制和管理的一个最重要的手段之一。各国实施义务教育的成功经验表明：通过立法程序，把国家关于实施义务教育的方针政策、制度措施、实现目标等通过法律形式固定下来，使之成为整个国家的意志和整个社会所遵循的准则，进而得到有效落实和实施，这是发展义务教育事业最有效的措施之一。立足于全球的视角，我们发现当前许多国家的教育法制建设出现了以下的特点或发展趋势：一是法律体系日益完善。在许多国家，教育法律已成为各国宪法之下的一个相对独立完整的法律部门，它有效地调整着作为一种社会现象的教育活动所涉及的各种关系，规范着国家行政机关与教育机构在教育管理过程中发生的各种行为。二是教育法律的执行、监督制度日趋成熟。公民具有较强的法律意识，国家具有严格的教育执法制度。三是教育司法制度比较健全。在教育系统内部，许多国家的中央和地方教育行政部门设有专门机构行使教育行政裁判权和司法仲裁权，负责对涉及教师、校长、教育行政人员的诉讼案件和违法惩处案件作行政惩戒和裁决；在教育系统外部，许多国家均设立了单独的行政仲裁机构，专门受理涉及行政违法行为的诉讼案件。同时，许多国家还独立设立了国家审计机构，负责对包括教育机构在内的公共机构的财政活动进行监督、审计、裁定。

新中国成立以来，特别是改革开放之后，在党和政府的领导下，伴随着《义务教育法》的颁布及各种相关法律法规的制定，我国义务教育阶段的法制建设取得了长足的发展，不仅形成了有中国特色的社会主义义务教育法律体系框架，彻底改变了义务教育无法可依的局面，而且也积累了相当丰富的法制建设经验，这些都为我国义务教育事业的发展提供了有力的法律保障。但是，我们又不得不承认我国义务教育法制建设的基础依然有些薄弱，比如，在立法方面，我国义务教育法律体系仍不完备，结构还不健全。我国义务教育立法虽然形成了基本框架，但是从教育法律的覆盖面看，至今还不够完备；在执法方面，仍然存在有法不依、违法难究的现象，监督执法力度不够；教育司法制度尚显薄弱。与我国司法制度的总体状况相对比，我国目前的教育司法制度还相当薄弱。

为了适应未来社会和教育发展的需要，我们将要不断总结以往的经验、教训，立足于本国义务教育发展现实状况，积极吸收、借鉴他国宝贵经验，进一步加快我国义务教育法制建设的步伐。

首先，在立法上，不断完善我国义务教育的法制体系。逐步形成内容全面、分布平衡、结构合理、形式统一的教育法律体系。

其次，在执法上，应建立严格的执法制度。一是大力开展法律教育。二是建立规范的行政执法体系，提高政府公务员的教育法制观念以及依法行政的能力和水平，从而能够通过法律的手段来保证义务教育的实施。三是进一步完善教育执法监督制度，加大各级人大、政协视察、检察的力度，加大教育督导工作的执法监督力度。

再次，努力加强教育司法建设。

依法治教，是一个国家对教育实施较为成熟管理的标志，是现代教育发展的客观要求，也是教育发展的重要保障。加强义务教育的法制建设将是我国一项坚持不懈的工作。

第 二 编

基础教育教师队伍建设

中华人民共和国成立后，随着社会主义建设事业的发展，教育事业开创了新局面。从此，我国基础教育教师队伍的建设揭开了新的历史篇章。在这60年里，我国教师队伍建设取得了巨大的成就，在探索与发展的过程中积累了成功的经验，也发生过失误，受到过干扰，遭遇过挫折。回溯60年的发展历史，总结所取得的成就与经验，反思失误和挫折，能更好地帮助我们深刻地认识教师队伍建设的新任务，理性地思考面临的新问题，正确地判断未来发展的趋势，科学地选择建设的路径和策略。

第四章
基础教育教师队伍
建设的发展历程

新中国成立后，随着对旧教育的改造，教师作为文化教育领域培养各种人才的主力军肩负着崇高的神圣职责，社会发展对教师队伍的建设提出了新的要求。我国基础教育教师队伍的建设与发展可划分为两个时期：一是新中国成立至改革开放前（1949—1976）教师队伍建设的探索时期，二是改革开放以后（1977—2009）教师队伍建设的振兴与发展时期。

第一节　改革开放前教师队伍建设的探索

从新中国成立到改革开放前近 30 年的时间是我国基础教育教师队伍建设的探索时期。在这个时期的前 17 年，基础教育教师队伍建设受到党和政府的重视，教育部先后举办了全国教育工作会议、全国师范教育会议和全国高等师范教育会议，① 就教师队伍建设作出了重大决策，并发布了

---

① 1949 年 12 月，教育部召开新中国第一次全国教育工作会议；1951 年 8 月 26 日至 9 月 11 日，第一次全国师范教育会议与第一次全国初等教育会议合并举行；1953 年 6 月 5 日，第二次全国教育工作会议召开；1953 年 9 月 28 日至 10 月 13 日，第一次全国高等师范教育会议召开；1956 年 3 月 23 日至 4 月 7 日，第二次全国高等师范教育会议召开。

一系列的有关文件，广泛涉及教师的地位、作用和待遇以及师范院校的调整和师范教育的发展，教师的培训、进修以及教师的思想政治改造与学习等内容；后 10 年教师队伍建设则受到严重冲击与干扰。这个时期教师队伍的建设可划分为三个阶段：一是教师队伍的改造与建设阶段（1949—1957）；二是教师队伍建设的独立探索阶段（1958—1965）；三是教师队伍建设的困境阶段（1966—1976）。

一、教师队伍的改造与建设（1949—1957）

从 1949 年到 1957 年，教师队伍的建设以对原有教师队伍的改造为主。1949 年 9 月 29 日通过的《中国人民政治协商会议共同纲领》为中央人民政府的施政方针，《共同纲领》第五章"文化教育政策"规定："中华人民共和国的文化教育为新民主主义的，即民族的、科学的、大众的文化教育。人民政府的文化教育工作，应以提高人民的文化水平，培养国家建设人才，肃清封建的、买办的、法西斯主义的思想，发展为人民服务的思想为主要任务。"[①] 人民政府开始有计划有步骤地改造旧教育。这一时期，教师队伍的改造与建设包括五个方面：一是教师队伍的补充与扩大；二是教师的政治学习与思想改造；三是教师的在职培训与进修；四是师范院校的调整与师范教育改革；五是教师的社会地位与生活待遇的提高。

（一）教师队伍的补充与扩大

新中国成立以后，全国基础教育发展很快，教师需求量增大，师范教育无法满足基础教育对合格师资的数量需求。1950 年 7 月，政务院《关于救济失业教师和处理学生失学问题的指示》规定："尽可能举办中小学师资训练班，及其他各种训练班，吸收失业的中小学教师，施以政治与思想教育并辅以各种业务教育。毕业后一部分可以分配工作，另一部分待将

---

① 中央教育科学研究所编：《中华人民共和国大事记（1949—1982）》，教育科学出版社 1983 年版，第 3 页。

来安排教育工作岗位。"① 1951 年 8 月，全国有幼儿园 2 146 所，儿童 145 900 人；小学 438 711 所，学生 35 872 667 人。估计 5 年内全国至少需要增加小学教师 1 000 000 人，工农教育教师 150 000～200 000 人，中等学校教师 130 000 人。1949 年高等师范院校毕业生仅有 1 890 人，中等师范学校毕业生 48 000 人；1950 年分别是 624 人和 52 594 人；1951 年分别是 1 206 人和 34 683 人。1951 年 8 月《人民教育》杂志发表文章《大力稳定和发展小学教育，培养百万人民教师》，反映出当时教师数量需要增加的急迫形势。1951 年 8 月教育部部长马叙伦在第一次全国初等教育与师范教育会议上指出，当时的师资问题是数量不足，质量不高。各级学校师资普遍地感到缺乏，初等教育师资缺得更多，中等师范学校也远不能完成供应任务。面对教师队伍亟须扩充的难题，只好采取应急措施从社会上聘用非师范毕业生担任教师，吸收社会待业青年知识分子和具有一定知识文化的家庭妇女加以短期训练，各级师范学校在校生提前分配就职等措施。教师队伍数量上去了，质量问题却凸显出来。中小学部分教师存在知识化程度较低、教育经验不足等问题。"上完小学教小学"的大有人在，甚至有些教师是没有上完小学就教小学了。所以马叙伦强调，要多办各种短期师资训练班和速成班，以达到供应大量师资的目的。

（二）教师的政治学习与思想改造

早在 1942 年，毛泽东在延安文艺座谈会上就指出："拿未曾改造的知识分子和工人农民比较，尽管他们的手是黑的，脚上有牛屎，还是比资产阶级和小资产阶级知识分子都干净……我们的知识分子出身的文艺工作者，要使自己的作品为群众所欢迎，就得把自己的思想感情来一个变化，来一番改造。没有这个变化，没有这个改造，什么事情都是做不好，都是格格不入的。"② 这里提到的尽管是文艺界的知识分子，但也道出了新中国成立后中小学教师思想改造的历史必然性。新中国成立后，面对社会政

---

① 中央教育科学研究所编：《中华人民共和国大事记（1949—1982）》，教育科学出版社 1983 年版，第 22 页。

② 《毛泽东著作选读（下册）》，解放军文艺出版社 1984 年版，第 528 页。

治经济制度本质上的改变，教师们原有的教育思想观念客观上需要接受改造。当时的教育部副部长钱俊瑞曾指出，新中国成立两年来的经验表明，如果教育领域中的英美资产阶级思想、个人主义、客观主义宗派观点得不到确实的改造，那么一切教育政策与规章难免不成为空文，一切教育工作都难于进行，一切教育目标难于实现。在这样的认识氛围中，教师的思想学习与改造就具有现实的合理性。

中小学教师尽管在政治上被承认是工人阶级的一部分，但还是被认为受到的是旧教育，需要学习新思想，改造旧思想。为此，在党和政府的领导下，中小学教师参加了思想政治改造运动。从 1950 年开始组织教师在职进修，当时各地中小学通过暑假教师学习会、业余学习组织或教师轮训班，组织教师学习政治理论。1950 年钱俊瑞在《改造旧教育、建设新教育》的报告中指出："现在和今后若干年内，应该加强对青年学生和旧知识分子的革命政治教育。"[①]《关于 1950 年全国教育工作总结》中提到，在全国范围内实行了革命的政治思想教育，全国教育机关配合各方面，普遍地对学生和群众进行了政治思想教育；各大行政区举办人民革命大学，进行了团结改造知识分子的工作。这一工作使全国教师、学生及其他知识分子以及全国人民在政治思想上提高了一步，在肃清封建的、买办的、法西斯分子的思想，建立革命的人生观，发展为人民服务的思想方面获得了巨大的成绩。1950 年，参加各种政治学习的中小学教师在 500 000 人以上。

全国教师的思想学习与改造作为一场运动始于 1951 年底，首先在北京、天津各高等学校中开始，接着迅速地在整个教育界开展。《关于第一次全国师范教育会议的报告》强调："对现任教师要加强在职学习。学习内容，包括思想教育、政治理论、时事、政策以及业务和文化补习，以思想教育、政治学习（包括理论、政策）为重点。""已完成土改地区的教

---

① 中央教育科学研究所编：《中华人民共和国大事记（1949—1982）》，教育科学出版社 1983 年版，第 14 页。

师，拟以学习中国共产党的历史为主。"这次会议强调用马克思主义、列宁主义和毛泽东思想来培养师资，使全国教师逐渐成为马克思主义者。会议规定不论正规师范或短期训练、函授教育或在职学习，都应以学习马列主义、毛泽东思想为最重要的课程。同时要从工农干部中有计划地培养新的师资，以逐渐改变教师的成分。通过学习马列主义和毛泽东思想，学习党和政府的有关政策，中小学教师普遍提高了思想政治水平。此外，通过组织讨论《武训传》，批判了"超阶级"的教育观点。

到 1952 年秋季开学以前，全国广大教师基本上都参加过这次思想改造学习运动。据统计，全国参加这次学习的教职员工在中等学校占75%。在这次学习运动中，广大教师运用讨论、批评和自我批评的方式，联系学校实际，"政治思想水平都得到了进一步的提高，为逐步确立工人阶级思想在各级学校中的领导地位，树立为人民服务的思想，进一步在各级学校开展教育改革，创造了有利的条件"[1]。但是，在教师的政治学习与思想改造的活动中，也存在一些方式方法问题。1951 年 9 月周恩来发表《关于知识分子的改造问题》，指出改造有一个从民族立场到人民立场，再到阶级立场的逐步过程，不能急躁。

自新中国成立以后，中小学教师的思想学习与改造持续进行，一直持续到"文化大革命"，进入极"左"化状态。

（三）教师的在职培训与进修

新中国成立后，人民政府十分重视中小学在职教师的培训和进修，把培训在职教师、提高教师质量作为改革和发展教育的一项重要措施。1949 年的第一次全国教育工作会议，针对师资的数量不足和质量不高的问题，提出了加强教员轮训和在职学习的任务。在 1951 年 8 月的第一次全国师范教育会议上首次专门讨论了提高在职教师质量的问题。1952 年 7 月教育部召开的中小学行政会议上又对这一问题进行了讨论，还由各地区介绍

---

① 宋嗣廉、韩力学主编：《中国师范教育通览（上卷）》，东北师范大学出版社 1998 年版，第 143 页。

了典型经验，会后建议各地应建立起经常的系统的提高教师质量的业余学习制度，逐步地普遍地建立教师业余进修学校，举办函授、刊授等。

1953 年 9 月，教育部发出《关于中小学教师进修问题的通报》，要求各大行政区选择一个适当的城市筹办教师业余学校若干所，各省市教育部门直接筹办或委托师范学院举办函授学校一所。有中小学教师迫切进修的愿望和各地教育行政部门对在职培训的重视，很快出现了教师在职进修的各种组织形式，比如业余学校、函授学校（如西北函授师范学校、山西函授师范学院等）、星期日学校等。此外，还有业余学习班、业余通讯网、学习互助组、流动图书馆等学习形式。据不完全统计，到 1952 年底，全国有中小学教师业余学习班 1 280 处，仅沈阳、辽东、北京 3 所函授师范学校就有学员 4 800 余人。① 到 1953 年，全国已建立教师进修学院 22 所。

为了进一步改进在职教师的培训和进修工作，1954 年 6 月教育部指示各地举办小学教师轮训班，主要任务是将当时占小学教师总数 40% 的不及初级师范毕业水平的人培训到初级师范程度。同年 9 月，教育部又发出关于改进中小学教师进修学院工作的通知。通知指出，当时中学教师进修学院的主要任务是，招收实际程度不及师专毕业水平的初中教师，系统地提高他们的专业科学知识水平，使之在 3 年内基本达到师专程度。1955年 7 月，教育部再次发出加强小学教师在职业余学习文化补习的指示，要求争取在若干年内，有计划地将小学教师提高到相当于中级师范学校毕业的程度。

自新中国成立到 1957 年，我国中小学教师培训工作有了很大的发展，各地纷纷举办教师进修学院或学校，各级师范学校设立了函授部，并采取多种形式进行师资培训工作。如河北省到 1954 年，已初步形成省、专区、县、学校四级培训网，有各级教师进修学院 94 所，各专区都建立了教师进修分院或教师进修指导站，各中等师范学校函授部已在各县设立了函授

---

① 陈选善：《三年来的师范教育》，《人民教育》1953 年 1 月号。

辅导站。从 1952 年到 1957 年，全省参加系统进修的小学教师占 1957 年小学专任教师总数的 75.2%，其中多数达到了初级师范毕业文化程度；中学教师参加相当专科进修的占未达到专科毕业水平教师的 67%。

（四）师范院校的调整与教师教育改革

从 1949 年到 1957 年，是旧师范教育的改造与调整阶段。旧中国遗留下来的师范教育机构不仅数量少，基础薄弱，而且系统紊乱，结构与布局失调。因此，就全国范围来说，师范教育面临的首要问题是进行改造、恢复、调整，并开展教师教育改革，培养人民教师。师范院校的调整与教师教育改革主要包括以下三方面的内容：

第一，确立了师范院校调整与改造的方针政策。1949 年 12 月，新中国第一次全国教育工作会议讨论了改革北京师范大学和各地师范学校的问题。针对国民党统治时期遗留下来的各级师范学校，制定了一系列的调整与改造政策。1950 年 1 月，教育部颁布《关于改革北京师范大学的决定》，5 月颁发《北京师范大学暂行规程》。上述《决定》和《规程》为当时全国高等师范教育的改造和建设确定了框架。1951 年 8 月的全国师范教育会议明确师范教育工作方针是"正规师范教育与大量短期训练相结合"，肯定了师范教育是培养和提高各级师资的关键；为解决日益迫切的大量师资需求问题，会议提出了调整、整顿和发展各级师范学校的任务；为实现当时提出的培养一百万人民教师的目标，会议建议办大量短期训练班。这次会议确定了各级师范学校的地位和师范教育的方针任务，并就高等师范学校调整设置原则、师范学校设置计划、教育学课程纲要等进行了讨论，有力地推动了当时师范教育的改造与恢复。

1951 年 10 月教育部颁布《关于学制改革的决定》，1952 年 7 月试行《关于高等师范学校的规定（草案）》和《师范学校暂行规程（草案）》。这是新中国成立后首次对师范教育的任务、制度做出明确要求和规定，为新中国的师范教育体制奠定了基础，为各级师范学校的改造和建设指明了方向。（1）师范学校分幼儿师范学校、初级师范学校、中等师范学校、师范专科学校、师范学院或师范大学，首次以法令的形式规定师范院校为独立设置,并对其体制作了原则规定。(2)强调各级师范学校培养的新师资必须是用马列主义、毛泽东思想武装起来的、熟悉业务的、全心全意为人民服务的人民教师。(3)高等师范学校附设培训师资的夜校以及师资训练班、函授部,在各级师范学校附设中学、小学及幼儿园。(4)师范院校学生享受人民助学金。(5)私人或私人团体不得设立师范学校或任何师资训练机关。

第二,完成了师范院校的院系调整。调整高等师范院系设置实际上从1949 年底就已开始。1950 年第一次全国高等教育会议明确提出,要在统一的方针下,按照必要和可能,初步地调整全国公私立高等学校或某些院系。[①] 1951 年 8 月第一次全国师范教育会议对高等师范院系调整进一步提出了原则性建议,确定了各级师范学校的培养方向和任务,拟定了全国中等师范学校的设置计划和高等师范学校的调整设置原则。1951 年 11 月提出院系调整以培养工业建设人才和师资为重点。1952 年底,以独立设置高等师范学校的院系调整目标基本实现。与此同时,中等师范教育也进行了调整,它主要由中级师范学校、初级师范学校、幼儿师范学校和师范速成班构成。1953 年 11 月政务院发布的《关于改进和发展高等师范教育的指示》提出:今后数年高等师范教育工作应采取在整顿、巩固现有高等师范教育的基础上,根据需要和可能,有计划、有准备地予以大力发展的方针。1956 年的《关于试行师范学校规程的指示》规定:中等师范学校的设置、变更与停办,都由省、市、自治区人民委员会决定,并报教育部备案。

经过对旧师范的改造以及随后的院系调整,至 1957 年,我国已初步建立起新的师范教育体制,各级师范教育事业都有了长足的发展。在我国普及教育任务十分艰巨、教师严重不足、师范教育很不发达的情况下,强调独立设置师范教育系统,虽然是仿照苏联的师范教育发展模式,但有利

---

① 宋嗣廉、韩力学主编:《中国师范教育通览(上卷)》,东北师范大学出版社 1998 年版,第 132 页。

于解决当时教师奇缺的难题，基本符合国情，是必要且及时的。

第三，进行了师范院校的教育教学改革。1950 年的《北京师范大学暂行规程》指出，为肃清封建的、买办的、法西斯主义思想残余，发展为人民服务的思想，树立科学唯物主义的世界观，规定政治课为本科各系共同必修课，约占全部课程的 15%。开设的革命政治课和有关理论课有：辩证唯物论与历史唯物论（包括社会发展简史）、新民主主义论（包括近代中国革命史）、政治经济学、文教政策与法令。中等师范学校也设置了政治课，讲授共同纲领、中国革命常识、时事政治等。对专业课程强调理论联系实际。1952 年起开始普遍建立教学小组和教学研究组（室），进行教学研究和教学改革。这一系列举措为建立新的教学秩序、转向以教学为重心、提高教育教学质量创造了条件。但是也存在诸种问题，如忽视生产劳动、脱离中小学实际、教学方法机械呆板、偏重灌输等。1956 年的第二次全国高等师范教育会议认为，高师科学研究应着重教育科学研究，要研究普通教育和师范教育中的重要问题，高等师范教科书是一项重要的科学研究。

1952 年教育部委托北京师范大学草拟《师范学院教学计划（草案）》，要求各地参照执行。1953 年大规模的政治运动后，各级师范学校的教学计划和教学改革就提上议事日程。同年 6 月的第二次全国教育工作会议和 9 月的全国高等师范教育会议阐述了高等师范学校系统教学改革的迫切性、教学改革的基本方针和目的要求。当时确定，实施全面、系统的教学改革时，应认真学习苏联先进的教育理论和经验，并密切结合中国实际；应着重教学内容的改革，首先解决教学计划、教学大纲和教科书问题，同时相应地进行教学形式和方法的改革；教学改革必须有计划、有步骤、实事求是地稳步推进。1954 年 4 月教育部正式颁发《师范学院暂行教学计划》，教学计划包括政治理论科目、教育科目、专业科目和教育实习 4 个部分。同年 8 月还颁布《关于"师范专科学校暂行教学计划"暨"中等学校师资短训班教学计划"（草案）的实施步骤及注意事项》。随后，教育部又组织了教学大纲和教材的编写。

(五)教师的社会地位与生活待遇的提高

新中国成立初期,国家财政经济困难,加上抗美援朝战争的影响,各地教育经费普遍紧张。但党和政府还是高度重视教师在国家建设中的地位和作用,重视提高他们的政治地位和生活待遇,也对他们的工作职责提出了明确的要求,教师们的工作热情高涨。

1949 年 11 月 2 日《人民日报》发表《谈谈教育工作者工会》一文,明确指出教育工作者是工人阶级的一部分。1950 年 8 月政务院通过的《关于划分农村阶级成分的决定》规定,作为职员的中小学教师是工人阶级的一部分。1951 年,《人民日报》发表教育部长马叙伦和中国教育工会主席吴玉章关于"五一"劳动节作为教师节的书面谈话,指出全体教师和全体教育工作者已成为工人阶级的一部分。1957 年,毛泽东《在中国共产党全国宣传工作会议上的讲话》中指出,五百万左右的知识分子中,绝大多数人都是爱国的,爱我们的中华人民共和国,愿意为人民服务,为社会主义的祖国服务。教育部部长马叙伦在 1951 年的全国初等教育和师范教育会议上指出,目前由于国家财政经济的限制,教师待遇还不能很大提高,但这将会随着全国人民生活水平的提高而逐步改善;至于教师的社会地位,也将会随着教师本身的努力更加面向群众,依靠群众,随着人民教育事业的发展而逐步得到人民的尊重。这次会议通过了《关于改善小学教师待遇的指示》。1952 年,教育部发出关于全国各级各类学校教职员工资调整的通知,和 1951 年相比,中等学校教师工资增加 25.5%,初等学校增加 37.4%。1956 年全国进行工资改革,小学教师的月平均工资比调整前提高 32.88%,整个教育事业单位的教职工工资提高 28.72%。[①]

综上所述,从中华人民共和国成立到 1957 年"反右运动"前,我国的教师队伍建设是以"改造"为主旋律,重点体现在对教师队伍的政治思想改造和师范院校的改造与调整方面。面对旧有的教师队伍和新教师的

---

① 卜玉华:《回溯与展望:中国中小学教师发展的世纪转型》,山东教育出版社 2007 年版,第 171 - 172 页。

补充，政治思想的学习与改造具有现实合理性。当时正规的师范教育与在职培训都重视政治思想的学习，学习新思想、改造旧思想成为教师队伍建设的重点内容。

二、教师队伍建设的独立探索（1958—1965）

社会主义改造基本完成以后，党领导全国各族人民开始转入全面的大规模的社会主义建设。教师队伍的建设也步入了独立探索时期（1958—1965）。这一时期可分为 20 世纪 50 年代末的"教育大革命"和 60 年代上半期的调整两个时段。1958 年，中国共产党制定了"鼓足干劲，力争上游，多快好省地建设社会主义"的总路线。这反映了广大人民群众迫切要求改变我国经济、文化落后状况的普遍愿望，但忽视和违背了客观的经济、文化发展规律，夸大了主观意志和主观努力的作用，以盲目冒进、浮夸风、瞎指挥、高指标为标志的"左"倾错误泛滥于全国各个领域。1961 年不得不进行全国性的大规模调整。教师队伍建设的探索也深受总路线和"左"倾错误的影响而遭遇了挫折。

1957 年反右斗争扩大化之后，我国教师队伍的建设开始摆脱"以俄为师"的发展思路，力图独立探索符合国情的新路子，但是在"左"的指导思想下，师范教育盲目发展，不仅没有达到预定的目标，反而使教师队伍建设受到损害。20 世纪 60 年代上半期的教师队伍建设是在纠正"左"的错误和"调整、巩固、充实、提高"的八字方针指导下进行的。教师队伍建设工作的重点体现在如下方面：重建教师失落的社会政治地位，压缩过大的师范教育规模；修订师范院校教学计划，改革教育教学；稳步促进师资培训工作的发展。

（一）教师社会政治地位的失落与回升

1957 年的"反右运动"可以说是知识分子思想改造的继续并走向极端化的表现，对中小学教师队伍建设产生了严重冲击。《关于建国以来党的若干历史问题的决议》指出，反右派斗争被严重地扩大化了，把一大批知识分子错划为"右派分子"，造成了不幸的后果。反右派斗争催生了第二年的"大跃进"运动并预演了几年后的"文化大革命"。反右派斗争是中国全面向"左"转的转折点，"文化大革命"则是中国向"左"的"大跃进"，是"左"的极端化时期。

从 1957 年到 1960 年，我国广大教师相继参加了反右派斗争、"向党交心"运动、"拔白旗、插红旗"运动、反右倾运动等群众性的政治运动。这些运动的出发点是加速提高教师的思想政治觉悟，从形式上探索符合中国国情的教育发展道路，但是受到"左"倾思想的影响，对广大教师思想改造上取得的成绩认识不足，而对其中的问题看得过于严重，未认识到思想觉悟的提高是一个长期的过程，严重混淆了两类不同性质的矛盾，表现在师资队伍建设方面是反右扩大化。比如，河南省错划为右派的教师有 4.1 万人，占全省右派总数 7 万人的 58%；广东省有教师右派 1.3 万人，占全省右派总数 3.7 万人的 35%。[①]"反右运动"把学术问题、生活问题、世界观问题和政治立场问题的批判与讨论混在一起，加上运动中简单粗暴的方式方法，在很大程度上挫伤和打击了教师的积极性。

但这一问题很快就得到了党和政府的重视。1960 年 4 月全国师范教育改革座谈会认为，全国各地的广大教师经过历次政治运动、劳动锻炼、理论学习、文化进修和教学实践，政治上有了显著的进步。同年 6 月，党和国家领导人出席了"全国文教群英会"，上海市民办小学教师吴佩芳、南京市小学教师斯霞、哈尔滨市中学教师杨治周、新疆维吾尔教师以乃提·伊敏、西藏小学教师扎西卓玛等受到表彰。[②] 1962 年召开的全国科学技术会议上，周恩来作了《关于知识分子问题的报告》。他指出：党对旧知识分子采取团结、教育和改造的方针。知识分子属于人民队伍，是劳动者。党对知识分子是信任的。过去批评错了的，多了的，过了的，向同志们道歉，还要改正。副总理陈毅也说，知识分子是为无产阶级服务的脑力

① 1979 年 5 月 4 日教育部编的《教育简报》增刊第一期。见中央教育科学研究所编：《中华人民共和国大事记（1949—1982）》，教育科学出版社 1983 年版，第 200 页。

② 中央教育科学研究所编：《中华人民共和国大事记（1949—1982）》，教育科学出版社 1983 年版，第 277 页。

劳动者，应该取消资产阶级知识分子的帽子。在同年二届全国人大三次会议的《政府工作报告》中，周恩来再次强调，知识分子的大多数是属于劳动人民的知识分子。国家领导人的这些讲话在一定程度上恢复甚至提升了教师的社会政治地位。同时，从经济上给予具体关心。1960年3月国务院通过《关于评定和提升全日制中小学教师工资级别的暂行规定》，提出对有卓越贡献的中小学教师给予精神和物质的奖励。随后，25%的中小学教师提升了工资。1963年拟订了《小学教师教龄津贴暂行办法（草案）》（后因故没有落实）。1961年商业部、教育部联合发出通知，农村小学教师的副食品和生活日用品的供应，享受同当地生产干部的同等待遇。1960年5月，中共中央、国务院还发出《关于保证学生、教师身体健康和劳逸结合问题的指示》，要求各级党组织关心教师的身体健康。1961年1月，教育部派人到各地调查了解教师的健康状况。这一系列做法可以说是"反右运动"之后对中小学教师的极大慰藉，也是教师政治地位回升的标志。

（二）师范教育的盲目发展与调整控制

1958年3月，教育部在第四次全国教育行政会议上，一反一年前对我国教育发展形势的分析和估计，提出了"反对保守思想，促进教育事业的大跃进"。同年5月，中国共产党举行八大二次会议，会上修改了八大一次会议关于国内主要矛盾的论断，肯定国内当时的主要矛盾是无产阶级和资产阶级的矛盾，还通过毛泽东倡议的总路线。此次会议之后，全国发动了"大跃进"运动。同年9月，《中共中央国务院关于教育工作的指示》要求："全国应在三到五年的时间内，基本完成扫除文盲、普及小学教育、农业合作社社社有中学和使学龄前儿童大多数都能入托儿所和幼儿园的任务；应当大力发展中等教育和高等教育，争取在15年左右的时间内，基本上做到全国青年和成年，凡是有条件和自愿的，都可以接受高等教育。"[1] 这个雄心勃勃的教育发展目标迫切需要解决师资的培养和提高

---

[1]　宋嗣廉、韩力学主编：《中国师范教育通览（上卷）》，东北师范大学出版社1998年版，第147页。

问题。师范教育盲目发展，甚至提出了"县县办师范"的口号。1960 年，全国高等师范学校发展到 227 所，比 1957 年增加了 3.9 倍；在校学生数达 204 498 人，比 1957 年增加了 55%。中等师范学校达 1 964 所，比 1957 年增加了 3.3 倍；在校学生数达 838 480，比 1957 年增加 2.8 倍。这样的急剧增长显然带有很大的盲目性，结果造成许多师范学校因师资和设备不足而教学质量低下，或者基本上名存实亡，有的甚至只有一个校名和校牌，给师范教育的正常发展带来了不小的危害。

从 1960 年下半年起，党和政府开始纠正"左"的错误。1960 年 11 月，召开了全国文教会议，检查和批评了文教领域的"共产风、浮夸风、强迫命令风、干部特殊风和瞎指挥风"。1961 年 1 月，正式通过了"调整、巩固、充实、提高"的八字方针。1961 年 10 月，教育部召开第二次全国师范教育会议，初步总结了 1952 至 1958 年、1958 至 1960 年师范教育发展的主要经验与教训，对于"大跃进"时期师范教育发展规模过大的问题，会议也取得了共识。从 1961 至 1965 年，我国各级师范学校根据客观需要和学校办学条件，分别采取停办、合并或巩固、充实等措施，逐步进行了调整，使各级师范学校数和在校学生数都逐年减少，把发展过快和规模过大的师范教育加以控制。高等师范学校数从 1960 年到 1964 年压缩了近 3 倍，中等师范学校数压缩了近 4 倍（见表 4 – 1）。

表 4 – 1　1960—1965 年师范院校规模的调整与压缩

	年份	1960	1961	1962	1963	1964	1965
高等师范院校	学校数（所）	227	163	110	61	59	59
	学生数（人）	204 498	186 841	137 561	114 296	47 462	94 268
中等师范学校	学校数（所）	1 964	1 072	558	490	486	394
	学生数（人）	838 480	462 068	182 219	130 661	134 298	155 004

［资料来源：《中国教育年鉴（1949—1981）》］

（三）师范院校教学计划的修订与教育教学改革

1958 年提出"教育大革命"之后，各地师范学校一般都停止使用原有的教材，有的对原有教材大减大裁，有的自编了一些教材，使中等师范学校的教学处于无序状态。各地高师院校自行调整，一些新办院校实际上根本没有教学计划，至于所用教材则是各取所需。1958—1960 年师范院校教学计划的主要特点是：将生产劳动列入教学计划，加强学生的实践活动；压缩专业课和文化课，调整有关课程的教学时数，大幅度减少教育类等公共课时数。政治课方面，反右派斗争开始后，政治理论课以《关于正确处理人民内部矛盾的问题》为主要教学内容。各级师范学校以政治思想考核代替政治课考试。劳动教育课要求贯彻教育与生产劳动相结合的方针，重视勤工俭学、半工半读，主张学校办工厂和农场，提出教学、生产劳动、科学研究三结合，师范院校的师生下厂、下乡开展"现场教学"，"以任务带教学"，学校基本的教学工作处于停顿状态。教育专业训练方面，"师范性"被错误地认为是"落后性"，教育课程门数和教学时数被大大减少，甚至一度被取消，心理学和教育学受到批判。教育学课程后来变为"教育方针、政策"课，只讲毛泽东教育思想、党的教育方针和中国的先进教育经验，教育实习也被取消了。1960 年 4 月，教育部在河南新乡召开师范教育改革座谈会，会议继续秉持"大跃进"和"教育大革命"的精神，讨论了师范教育中所谓的"少慢差费"问题，要求大大提高科学文化知识程度，适当减少教学时数，增加学生自习时间。这些错误的指导直到 1961 年 10 月召开第二次全国师范教育会议才得到纠正。

第二次全国师范教育会议指出，师范院校是培养师资的主要阵地，毕业生要为人师表，政治思想水平和道德品质应该有更高的要求，文化科学知识的基础应该宽厚，达到相当于综合大学同科的水平，此外，还应掌握专门的教育理论知识和技能技巧。

（四）教师的在职培训、进修与管理

1958 年"大跃进"之后，全国中小学教育事业发展过快，教师严重不足，加上教师参加生产劳动和社会活动过多，师资的培训工作几乎停顿。1960 年的情况是:"根据几个省市的统计,未达中师毕业的小学教师占 80% 以上,未达高师专科毕业的初中教师占 70% 以上,未达高师本科毕业的高中教师占 60% 以上。在业务能力上能够较好地完成教学任务的仅占 20%,一般能胜任的占 60%,不能胜任的还占 20%。"[①] 而当时中小学教学改革已在全国范围内展开,教材内容逐级下放,并增加了大量的现代科学知识,某些学科的体系还要根本改变。这一新情况,不仅使原来感到教课困难的许多教师更加不能胜任工作,而且也使许多原来熟悉本门业务的教师面临新的困难。因此提高在职教师的水平是当时一项极其艰巨繁重的战略性任务。

1961 年 10 月的全国师范教育会议总结了师资培养和提高的经验,明确了亟待解决的问题。通过贯彻"调整、巩固、充实、提高"的方针,对各级教师的思想改造和业务进修都加强了领导,师资培训工作走上逐步发展的轨道:(1)重视在职教师培训和进修工作,教育部和各省、市、自治区教育厅、局进一步健全教师进修制度,严格保证教师进修的时间和条件,并且努力改进教师进修院校和其他教师进修组织的工作。(2)建立健全和充实教师进修机构。从省到市县到学校,层层建立和健全教师进修机构或组织,全日制和半日制的进修由教师进修院校负责,业余制的进修由工农师范负责。鼓励高师院校和综合大学都积极参加假期培训工作,还组织讲师团分赴各地帮助训练教师。(3)系统提高与解决当前教学中的实际困难相结合,培养骨干教师与普遍提高相结合,长期培养与短期训练相结合,在职进修与离职学习相结合,函授与面授相结合,校内学习与校外学习相结合,政治学习与文化业务相结合。(4)采取群众路线和群众运动,培养典型,树立标兵,召开现场会,组织检查和竞赛,举办假期讲习班、短训班、轮训班、函授等中短期培训方式。重视教研活动,有计划地开展观摩教学、互相听课、集体备课活动。(5)鼓励和要求教师自

---

① 宋嗣廉、韩力学主编:《中国师范教育通览(上卷)》,东北师范大学出版社 1998 年版,第 159 页。

学。根据不同的对象提出不同的要求，实事求是地制订学习计划。同时建立学习小组，制订学习公约，选举学习小组长，聘请兼职的学习辅导员。精简会议以保证教师的学习时间，充分利用寒暑假，大办在职教师短训班。据教育部统计，经过几年的培训，到 1965 年，全国高中教师达到大学本科毕业程度的比例为 70.3%，初中教师达到大专以上程度的比例为 71.9%，小学教师达到中师程度以上的比例为 47.7%。教师队伍建设逐渐走上了稳步发展的轨道。

三、教师队伍建设的困境（1966—1976）

1966 年 5 月至 1976 年 10 月，在十年的"文化大革命"中，教育领域成为重灾区，教师队伍的建设工作受到严重的干扰和破坏，陷入了困境。

（一）教师的社会政治地位被颠覆

"文化大革命"对所谓"反动学术权威"的批判，使许多有才能、有成就的知识分子遭到打击和迫害，广大中小学教师也受到了政治上的歧视。1971 年的《全国教育工作会议纪要》提出了"两个基本估计"，即所谓"文化大革命"前 17 年教育战线是"资产阶级专了无产阶级的政"，是"黑线专政"；知识分子和教师队伍的大多数"世界观基本上是资产阶级的"，是"资产阶级知识分子"。这个《纪要》成了打击、迫害教师的行动纲领，广大教师的政治处境持续恶化。

（二）教师的培养和培训工作受到破坏

"文化大革命"开始不久，1966 年 7 月，北京师范大学党委被打成"黑党委"。1967 年 3 月，当时的中央文革小组组长陈伯达就提出："师范学校是资本主义制度下的产物，师范大学要不要办，可以讨论。"[1] 同年 7 月 18 日，《人民日报》的文章《打倒修正主义教育路线的总后台》全文否定新中国成立后 17 年的教育工作，进一步否定师范教育。师范院校一

---

[1]　中央教育科学研究所编：《中华人民共和国教育大事记（1949—1982）》，教育科学出版社 1983 年版，第 412 页。

度成了被"彻底砸烂"的对象。从 1966 年到 1969 年，全国各地师范院校停止招生，绝大部分高等师范院校被迫停办、撤销、合并或搬迁，校舍被占，大量图书资料和仪器设备被毁坏和散失，教师队伍被拆散，高等师范专科学校几乎全部被"砍掉"。全国许多中等师范学校或被改为普通中学，或被裁并，或被迫下迁农村。各级教育学院和教师进修学院以及函授教育遭到全面破坏。就全国范围来说，师范教育几乎停顿了 4 年。据统计，到 1969 年，全国中等师范学校虽有 373 所，只比 1965 年时减少 59 所，但学生数只有 1.5 万人，仅为 1965 年时学生数 15.5 万人的 9.67%。这表明当时的师范教育遭受严重破坏而萎缩，有些师范院校甚至名存实亡。原有的教师进修院校和高等师范院校的函授部几乎被砍光了，教师通过在职进修提高文化素养不再可能。

在"文化大革命"中，反对师范院校的任务是培养中小学教师，主张把师范学校改为"政治大学"，培养"毛泽东思想宣传员，阶级斗争的战斗员，农业学大寨的好社员，忠于党的教育事业的好教员"。[1] 4 年的本科学制被缩短为 2~3 年，中等师范学校的学制被缩短为 2 年。基础理论课和专业课被减少、压缩、砍并。有的师范院校只设毛泽东思想课、军事体育课、农业基础课、专业课 4 门课程。在教学上，文科要以所谓"大批判"、"批林批孔"、"评法批儒"等战斗任务组织教学，理科要"结合生产任务、科研任务及典型产品来组织教学"。高等师范两年毕业的文科学生真正在校学习的时间不到 8~9 个月，三年毕业的理科学生在校学习的时间不到 12~13 个月，严重降低了教师职前教育的质量。

"文化大革命"后，中小学学生数大量增加。到 1977 年，普通中学在校生数由 1965 年的 933.8 万人，猛增为 6 779.9 万人，增加 6.3 倍，其中初中增加 5.2 倍，高中增加 13.8 倍。[2] 这一现状迫切需要教师随之增

---

[1] 宋嗣廉、韩力学主编：《中国师范教育通览（上卷）》，东北师范大学出版社 1998 年版，第 163 页。

[2] 刘英杰主编：《中国教育大事典（1949—1990）（上）》，浙江教育出版社 1993 年版，第 336 页。

加。但是高等师范院校停止招生长达 4 年（1966—1969）之久，只得让社会上大量没有接受过师范专业教育的人员充入教师队伍，导致教师队伍整体上的文化素质和业务水平大幅度下降。根据 1978 年的统计，全国高中教师中，中等学校毕业及以下程度的占 46.8%。初中教师中，中等学校毕业及以下程度的占 90.2%。① 在"文化大革命"期间，全国师范教育系统少培养了近百万中小学教师，从而造成各级学校教师的严重短缺，成为阻碍教育事业发展的瓶颈。

总之，"文化大革命"期间，中小学教师队伍的建设遭到极大破坏，一方面，由于教师被视为"臭老九"、"资产阶级在学校的代理人"和"无产阶级专政的对象"，极大地挫伤了教师的积极性，师范院校的发展也跌入低谷；另一方面，由于政治挂帅，狠批"白专道路"，教师再也不敢也无法深入钻研业务，教师的专业素质和业务能力大大下降。"文化大革命"10 年间，师资队伍严重不合格，是新中国成立以来教师队伍建设最困难的时期。

第二节　改革开放以来教师队伍建设的振兴与发展

1977 年 10 月 12 日，国务院正式宣布当年立即恢复高考。这个重大决策是"文化大革命"后科教领域拨乱反正的开端，对教师队伍建设包括师范教育的恢复与振兴具有重要意义和深远影响。1978 年 12 月，中国共产党召开十一届三中全会，开始全面地把工作重点转移到社会主义现代化建设上来，从此我国步入改革和开放的新时代。师范教育获得了快速发展，教师队伍建设得以重建和恢复，走向振兴与发展的加速轨道。改革开

---

① 中华人民共和国教育部计划财务司编：《中国教育成就统计资料（1949—1983）》，人民教育出版社 1984 年版，第 195 页。

放 30 年，教师队伍建设可以分为三个阶段：教师队伍建设的恢复发展（1977—1991）；教师队伍建设的振兴发展（1992—1998）；教师队伍建设的加速发展（1999 年至今）。

一、教师队伍建设的恢复发展(1977—1991)

这一时期的教师队伍建设工作主要体现在：充分肯定中小学教师的社会作用，重新确立教师的社会地位；尊师重教，提高教师的生活待遇，调动教师的积极性；建立和健全教师职前教育体系，大力发展师范教育；恢复和创新教师在职培训体系，实施补偿性的在职教育。

（一）充分肯定中小学教师的社会作用

1977 年 8 月，邓小平在科学和教育工作的座谈会上指出：“我们国家要赶上世界先进水平，从何着手呢？我想，要从科学和教育着手。”又说：“科研是靠教育输送人才的，一定要把教育办好。”还说：“要研究如何提高教师水平……要加强师资培训工作。”[1] 他明确指示：“师范大学要办好，省市管的师范院校，教育部也要经常派人去检查。不办好师范教育，教师就没有来源。”[2] 1978 年 4 月，教育部召开全国教育工作会议，邓小平讲话时强调：“一个学校能不能为社会主义建设培养合格的人才，培养德智体全面发展、有社会主义觉悟的有文化的劳动者，关键在教师。”[3] “教育战线任务愈来愈重，各级教育部门不能不努力提高现有教师队伍的教学能力和教学质量。”邓小平的上述讲话充分肯定了中小学教师在社会主义事业建设中的重要作用，为改革开放以后教师队伍的恢复和发展奠定了政治基础。根据党中央指示和邓小平讲话精神，教育部制定了一系列的落实知识分子政策的措施，如为“文化大革命”时期教师的冤假错案平反，制订《关于评定特级教师的暂行规定》（1978），设立教师节（1985），等等。

---

① 邓小平：《邓小平文选（第 2 卷）》，人民出版社 1994 年版，第 48－55 页。
② 中共中央文献研究室编：《邓小平论教育》，人民教育出版社 1995 年版，第 55 页。
③ 中共中央文献研究室编：《邓小平论教育》，人民教育出版社 1995 年版，第 72 页。

（二）尊师重教，提高教师的生活待遇

1977 年邓小平在科学和教育工作的座谈会上指出："我们要把从事教育工作的与从事科研工作的放到同等重要的地位，使他们受到同样的尊重，同样的重视。一个小学教师，把全部精力放到教育事业上，就是很可贵的。要当好一个小学教师，付出的劳动并不比一个大学教师少，因此，小学教师同大学教师一样光荣。"① 这反映出党和政府领导人对教师的充分尊重。"对知识分子除了精神上的鼓励，还要采取其他一些鼓励措施，包括改善他们的物质待遇。教育工作者的待遇应当同科研人员相同。"② 1978 年 3 月，邓小平指出："现在小学教员的工资太低。一个好的小学教员，他付出的劳动是相当繁重的，要提高他们的工资。将来有些教得很好的小学教员，工资可以评为特级。"③ 这以后，我国教师工资制度逐步完善，教师的待遇逐步提高，除了按照教师职务工资确定级别外，先后建立了教龄津贴、班主任津贴、特级教师津贴以及将中小学教师工资提高 10% 的措施等。

（三）建立和健全教师职前教育体系

在我国改革开放和社会主义现代化建设的过程中，党和政府重新确立了师范教育的重要地位和作用。1978 年 10 月颁发的《关于加强和发展师范教育的意见》指出："大力发展和办好师范教育，建设一支又红又专的教师队伍是发展教育事业、提高教育质量的基本建设，百年大计。"④ 要求各地建立师范教育网，积极扩大招生。1980 年 6 月的第四次全国师范教育会议认真总结了 30 年来师范教育的基本经验，再次提出了师范教育在整个教育事业中的"工作母机"地位，要求把发展师范教育作为发展整个教育的基本建设首先抓好，重申各级各类师范的基本任务是培养合格

---

① 中共中央文献研究室编：《邓小平论教育》，人民教育出版社 1995 年版，第 31 页。
② 中共中央文献研究室编：《邓小平论教育》，人民教育出版社 1995 年版，第 33 页。
③ 中共中央文献研究室编：《邓小平论教育》，人民教育出版社 1995 年版，第 64 页。
④ 宋嗣廉、韩力学主编：《中国师范教育通览（上卷）》，东北师范大学出版社 1998 年版，第 163 页。

教师。会议通过了《关于办好中等师范教育的意见》等重要文件。1983
年，教育部根据中共中央发出的《关于加强和改革农村学校教育若干问
题的通知》的精神，颁布了《关于调整和加强管理中小学教师队伍的意
见》。经过几年的努力，教师队伍建设较快地得到了恢复和发展。1987
年，全国高等师范学校达 260 所，招生 189 454 人，在校生 507 693 人，创
历史新高。① 20 世纪 80 年代共培养了 121 万高等师范毕业生。

随着中小学教育改革的推进，对教师的要求越来越高。1985 年 5 月
颁布的《中共中央关于教育体制改革的决定》提出："建立一支有足够数
量的、合格而又稳定的师资队伍，是实行义务教育、提高基础教育水平的
大计。""必须对现有的教师进行认真的培训和考核，把发展师范教育和
培训在职教师作为发展教师事业的战略措施。"同年 11 月，国家教委召开
全国中小学师资工作会议。1986 年 3 月国家教委下达《关于加强和发展
师范教育的意见》。同年 4 月颁布的《义务教育法》规定："国家采取措
施加强和发展师范教育，加速培养和培训师资。"此后，相继颁布了一些
重要的法规政策，探索和改革师范教育的新路子，使我国教师的职前教育
进入迅速而良性发展的新时期。

到 20 世纪 90 年代初，我国建立了比较完善的教师职前教育的体系。
高等师范学校已形成专科、本科、研究生三个层次。同时，到 1989 年，
全国还建立有 10 所高等技术师范学院，其中本科 7 所，为职业院校培养
教师。此外，还重建或新建了民族师范院校。中等师范学校到 1990 年达
到 1 026 所，在校学生达到 67.7 万人。②

（四）恢复和创新教师在职培训体系

"文化大革命"后期，全国各地补充了 400 万中小学教师，大多数是
"文化大革命"期间的高中、初中毕业生，不具备当教师的合格学历，有

---

① 刘英杰主编：《中国教育大事典（1949—1990）（上）》，浙江教育出版社 1993 年版，第
800 页。
② 宋嗣廉、韩力学主编：《中国师范教育通览（上卷）》，东北师范大学出版社 1998 年版，
第 168 页。

的地方出现了小学毕业教小学、初中毕业教初中的现象，有 30% 左右的教师不能胜任教育教学工作。① 据 1977 年年底统计，当时小学教师合格率为 47.1%，初中教师合格率仅为 9.8%，高中教师合格率为 45.9%。1977 年 8 月，邓小平强调："要研究如何提高教师水平。前几年教师不敢教，责任不在他们。现在要敢于教，还要善于教。要做到这一点，就要加强师资培训工作。要请一些好的教师当教师的教师，大学教师要帮助中学教师提高水平。"② 1977 年教育部召开了中小学教师培训工作座谈会，部署了中小学在职教师的培训工作。同年年底教育部发出《关于加强中、小学在职教师培训工作的意见》，要求在 3 年内，使中、小学在职教师能达到国家规定的文化标准。1980 年教育部发出《关于进一步加强中小学在职教师培训工作的意见》，指出："中小学教师队伍中，新教师多、民办教师多，文化水平没有达到国家规定标准的多。这是我国建国以来中小学师资质量最低的时期。这种情况，严重影响了中小学教育质量的提高。"③ 为此，力争在 1985 年，使多数小学、初中和高中教师的业务水平达到中师、师专、本科的毕业程度。当时，教育学院、教师进修学院和教师进修学校成为培训中小学在职教师的主要基地。1979 年底，全国有教育学院和教师进修学院 34 所，高等师范学校附设的函授部有 44 个，参加进修的中学教师达到 863 000 人，占应进修教师的 35%，参加进修的小学教师有 1 375 000 人，占应进修教师的 47%。④ 1980—1984 年开展了以教材教法过关为重点的培训，1984—1990 年开展了以学历补偿为重点的培训。1990 年以后，开始了学历达标后的继续教育。1987 年中国教育电视台开播，参与中小学师资的培训工作。1990 年全国有（教师）教育学院 265 所，进修学校 2 019 所，在职进修教师 78 万人。在职教师的学习方式日益

---

① 苏林、张贵新主编：《中国师范教育十五年》，东北师范大学出版社 1996 年版，第 7 页。
② 中共中央文献研究室编：《邓小平论教育》，人民教育出版社 1995 年版，第 37 页。
③ 国家教育委员会师范教育司编：《师范教育文件选编（1980—1987）》，东北师范大学出版社 1989 年版，第 608 页。
④ 中央教育科学研究所编：《中华人民共和国教育大事记（1949—1982）》，教育科学出版社 1983 年版，第 500 页。

多样化,有正规短训班、教材教法短期培训班、函授班、业余大学、电视大学、广播讲座、自学等。

总之,"文化大革命"结束后,党和政府通过拨乱反正,平反冤假错案,设立教师节,肯定了教师的社会作用,提升了教师的社会地位;通过增加工资,改善教师福利待遇,调动了教师的积极性;通过恢复高考制度,发展师范教育;同时通过创建新的在职培训方式,提高了教师队伍的业务水平。

二、教师队伍建设的振兴发展(1992—1998)

1992 年 10 月,中共十四大召开,大会确立了建设有中国特色社会主义理论在全党的指导地位,明确了 20 世纪 90 年代我国改革和建设的主要任务,提出经济建设转到依靠科技进步和提高劳动者素质的轨道上来。为此,党和政府作出了一系列关于教育发展和改革的重大决策。

1993 年 2 月,党中央国务院发布了《中国教育改革和发展纲要》(以下简称《纲要》);1994 年,召开了全国教育工作会议,进一步动员全党全社会认真实施《纲要》;1995 年在全国科学大会上提出了"科教兴国"的发展战略;1996 年,在制定国民经济和社会发展"九五"计划和 2010 年远景目标的过程中,提出了中长期教育发展目标的总体思路。1997 年,中共十五大报告明确提出:"发展教育和科学,是文化建设的基础工程。培养同现代化要求相适应的数以亿计高素质的劳动者和数以千万计的专门人才,发挥我国巨大人力资源的优势,关系到 21 世纪社会主义事业的大局。"并就跨世纪中国教育的发展与改革进行了具体的部署。由此,教师队伍建设受到高度重视,走上了发展的新阶段。

《纲要》将"教师队伍建设"单列为一个标题,以此凸显教师的地位和作用,也为未来教师队伍建设提出了规划和方向。《纲要》强调:"振兴民族的希望在教育,振兴教育的希望在教师。建设一支具有良好政治业务素质、结构合理、相对稳定的教师队伍,是教育改革和发展的根本大计。要下决心,采取重大政策和措施,提高教师的社会地位,大力改善教师的工作、学习和生活条件，努力使教师成为最受人尊重的职业。"《纲要》认为师范教育是培养中小学师资的"工作母机"，要进一步加强师资培养培训工作。《纲要》从职业道德、师资培养培训、教师工资待遇及教师福利、编制任用、民办教师和对优秀教师的奖励7个方面对教师队伍建设提出了要求。同年颁布的《教师法》，就教师的权利和义务、资格和任用、培养和培训、待遇和奖励及法律责任做出了明确的规定，强调了教师职业的社会作用和教师队伍建设的重要性。"教师是履行教育教学职责的专业人员，承担教书育人、培养社会主义事业建设者和接班人、提高民族素质的使命。教师应当忠诚于人民的教育事业。""各级人民政府应当采取措施，加强教师的思想政治教育和业务培训，改善教师的工作条件和生活条件，保障教师的合法权益，提高教师的社会地位。全社会都应当尊重教师。"①

《纲要》和《教师法》颁布之后，国家教委等有关部门又颁布了一系列与教师队伍建设密切相关的政策法规。如1993年的《特级教师评选规定》、《关于加强中小学骨干教师培训工作的意见》、《关于加强高师函授、卫星电视教育、自学考试相沟通培训中学教师教学和管理工作的意见》、《国务院关于贯彻实施〈中华人民共和国教师法〉若干问题的通知》，1994年的《中小学贯彻〈事业单位工作人员工资制度改革方案〉的实施意见》、《全国中小学校长岗位培训评估工作指导意见》、《关于开展小学新教师试用期培训的意见》，1995年的《中华人民共和国教育法》、《关于开展在职小学教师进修师范专科学历工作的通知》，1997年的《中小学教师职业道德规范（修订）》、《实行全国中小学校长持证上岗制度的规定》，1998年的《教师教育工作者奖励规定》、《面向21世纪教育振兴行动计划》。这些制度性文件和法规从多个层面规范了我国教师职业的秩序，明确了教师的权利与义务，对提高我国教师队伍质量，起到了极大的推动作用。

---

① 苏林、张贵新主编：《中国师范教育十五年》，东北师范大学出版社1996年版，第31页。

三、教师队伍建设的加速发展(1999年至今)

1999 年《中共中央国务院关于深化教育改革全面推进素质教育的决定》第三部分就"优化结构,建设全面推进素质教育的高质量的教师队伍"进行了全面部署,提出:"把提高教师实施素质教育的能力和水平作为师资培养、培训的重点。""在大中小学培养一批高水平的学科带头人和有较大影响的教书育人专家,造就一支符合时代要求、能发挥师范作用的骨干教师队伍。"这一阶段教师队伍建设任务主要表现在如下几方面:(1) 改革和发展师范教育,提高教师职前培养质量;(2) 重视教师的继续教育,全面培训中小学教师;(3) 实施教师资格制度,依法管理教师队伍;(4) 培养教育硕士,提升教师专业素养;(5) 加强农村教师队伍建设,建设城乡均衡发展的教师队伍;(6) 修订《中小学教师职业道德规范》,强调师德建设的规范化。

(一)提高教师职前培养质量

要提高教师职前培养质量,一是建立开放的教师教育体系,二是吸引高质量的生源。

《中共中央国务院关于深化教育改革全面推进素质教育的决定》指出:"加强和改革师范教育,大力提高师资培养质量。调整师范学校的层次和布局,鼓励综合性高等学校和非师范类高等学校参与培养、培训中小学教师的工作,探索在有条件的综合性高等学校中试办师范学院。"这反映出在 21 世纪里我国开始重视建立开放的教师教育体系,其目的在于进一步提高教师培养的质量。进入 20 世纪 90 年代中期以后,高等师范教育与规模逐渐由外延式增长转变为内涵式增长,独立设置的高等师范院校有所减少,但中小学师资培养的整体规模仍在继续大幅度扩大。师范院校的地域结构和层次结构有大的调整,职前教育的重心开始上移,高师本科院校有较大的发展,专科教育得到加强,过大的中师办学规模合理收缩,资源重组效益明显。

提高教师培养质量的另一重大举措是国务院决定在教育部直属师范大

学率先实行师范生免费教育。从 2007 年秋季新生入学起，在北京师范大学等 6 所大学实行师范生免费教育。师范生在校学习期间免除学费，免缴住宿费，并补助生活费。所需经费由中央财政安排。近代中国在相当长时间内实行的师范生免费教育制度重新返回大学校园。"采取这一重大举措，就是要进一步形成尊师重教的浓厚氛围，让教育成为全社会最受尊重的事业；就是要培养大批优秀的教师；就是要提倡教育家办学，鼓励更多的优秀青年终身做教育工作者。"2008 年教育部启动实施"国家教师教育创新平台建设计划"，积极支持有条件的地方试行师范生免费教育，为尽早推行师范教育全免费创造了有利条件，旨在吸引优秀高中毕业生报考师范院校，从事教师职业。

（二）结合基础教育课程改革全面培训教师队伍

2001 年颁布的《基础教育课程改革纲要》提出："师范院校和其他承担基础教育师资培养和培训任务的高等学校和培训机构应根据基础教育课程改革的目标与内容，调整培养目标、专业设置、课程结构，改革教学方法。中小学教师继续教育应以基础教育课程改革为核心内容。地方教育行政部门应制定有效、持续的师资培训计划，教师进修培训机构要以实施新课程所必需的培训为主要任务，确保培训工作与新一轮课程改革的推进同步进行。"新课程的实施对教师教育特别是教师的在职培训提出了新的要求。2001 年，北京师范大学等 9 所师范大学完成了教育部组织的首期基础教育新课程骨干培训者国家级培训，使 3 038 名学员对基础教育课程改革的背景、内容、计划有了充分的认识，研究了适应新课程要求的培训模式，进一步明确了开展新课程师资培训的思路。其他高等学校也积极参与教师的培养培训。这次培训密切结合基础教育改革发展动态，充分发挥教师的主体意识和创新精神，提高了教师实施素质教育的实践能力，取得了明显效果。

2003 年 9 月，教育部依据《2003—2007 教育振兴行动计划》的要求启动实施了全国教师教育网络联盟计划（教师网联），其宗旨是促进教师教育体系（人网）、卫星电视网（天网）、计算机互联网（地网）系统集成，优质资源共建共享，力求大规模、高质量、高效益地培训教师。2004年 9 月教育部发表《关于加快推进全国教师教育网络联盟计划组织实施新一轮中小学教师全员培训的意见》，要求大力推进县级教师培训机构的改革与建设，将教师的集中培训与校本研修相结合，实施 1 000 万中小学教师新一轮全员培训，200 万中小学教师学历学位提高培训，100 万骨干教师培训。

2004 年教育部发布《关于进一步加强基础教育新课程师资培训工作的指导意见》。该《意见》要求"进一步探索新时期教师培训工作的新途径、新方法、新模式，不断完善教师继续教育体系和制度，增强教师培训的针对性和实效性"。教育部还先后组织实施 2007 年暑期西部农村教师国家级远程培训以及援助新疆、西藏中小学教师的培训计划。2008 年 7 月，为帮助和支持四川汶川地震灾区中小学教师队伍建设，教育部决定组织实施"援助地震灾区中小学教师培训计划"，主要内容包括：组织实施地震灾区中小学教师暑期国家级培训、组织实施地震灾区中小学教师心理康复教育国家级培训、把支持地震灾区中小学教师培训纳入各地对口支援计划。同年暑假，教育部还组织实施"中西部农村义务教育学校教师国家级远程培训计划"以及"中小学班主任国家级专项培训计划"。

(三)实施教师资格制度，依法管理教师队伍

教师资格制度是国家对教师实行的特定的职业许可制度。为保证教师素质，许多国家对教师的资格标准都有严格的规定，只有具备教师资格的人员，方可在各级各类学校和其他教育机构中从事教育教学工作。我国于1993 年颁布的《教师法》首次以国家法律形式，明确规定国家实行教师资格制度。1995 年国务院颁发《教师资格条例》，国家教委于 1996 年下发了《教师资格认定的过渡办法》。1998 年，教育部在上海、江苏、湖北、广西、四川、云南的部分地市进行了教师资格认定试点工作。2000年 9 月教育部发布《〈教师资格条例〉实施办法》。该《实施办法》从资格认定条件、资格认定申请、资格认定和资格证书管理等几方面对申请教师资格者进行考查、认定和管理。教育部随后还颁布了《关于首次认定教

师资格工作若干问题的意见》和《教师资格证书管理规定》等相关文件。

教师资格条例的实施在教师队伍建设过程中具有极为重要的意义：（1）是国家依法治教，使教师的任用走上科学化、规范化和法制化轨道的前提，是依法管理教师队伍、把住教师队伍入口关，从根本上提高教师队伍整体素质的法律手段。（2）是形成开放式教师培养体系的重要环节和制度保障，有利于形成高质量的教师储备队伍，为社会人员从教开辟一条渠道，吸引优秀人才从教。（3）是推动教育人事改革、实施教师聘任制、调整整顿教师队伍的制度性措施，有利于解决不合格教师问题，优化教师队伍。（4）是全社会尊师重教的标志，有利于体现教师的职业特点，提高教师社会地位和待遇，使教师地位、教师队伍素质和教育质量形成良性循环。

（四）培养教育硕士，提升教师专业素养

教育硕士学位是一种具有教师职业背景的专业性学位。20世纪90年代中叶，国务院学位委员会和教育部从国际教师教育的发展趋势和我国基础教育改革对优质教师资源需要的战略高度出发，提出了在我国设置教育硕士专业学位的构想。1997年9月，首批教育硕士入学就读，由此开启了我国教育硕士专业学位教育发展的历史。教育硕士学位研究生教育是以优秀中小学教师为对象，对其进行专门的、高水平的教师职业训练，使其树立科学的现代教育观，具有较高的教育理论素养以及从事基础教育教学的能力，并掌握现代教育教学技术与方法，成为基础教育教学和管理工作需要的高层次人才。教育硕士专业学位的设置和教育硕士的培养有助于推进教师专业化进程，优化基础教育教师队伍结构，培养高素质教师，是我国教师队伍建设中的重大举措，是加快教师队伍建设的重要标志。

目前全国教育硕士专业学位研究生培养单位已达57个，现有教育管理、各学科教学、现代教育技术、小学教育、科学技术教育、心理健康教育等6个专业，共17个专业方向，已初步形成了我国教育硕士专业学位专业设置框架。

（五）建设城乡均衡发展的教师队伍

长期以来，我国城市与农村的二元分割体制导致了城乡教师队伍建设的失衡，农村教师队伍建设没有得到足够的重视。加强农村学校教师队伍建设，解决农村教师匮乏、结构性失衡和整体素质偏低问题，是新时期教师队伍建设的重要工作。2005 年 10 月党的十六届五中全会提出"切实提高师资特别是农村师资水平"。党和政府就农村教师队伍建设采取了一系列的措施。教育部于 2004 年全面启动了"农村学校教育硕士师资培养计划"，吸引国家和省属重点大学优秀应届本科毕业生到贫困地区农村学校任教；2006 年教育部、财政部、人事部和中央编办联合推出农村义务教育阶段教师特设岗位计划，公开招聘高校毕业生到西部偏远、落后地区的农村中小学任教；同年，又推出城镇教师支援农村教育计划活动；2007 年教育部提出《关于大力推进师范生实习支教工作的意见》，要求各地将师范生实习支教与加强农村教师队伍建设紧密结合。2007 年教育部开始组织实施新一轮中小学教师培训计划（2008—2012），全面实施中小学班主任培训计划，启动实施中西部农村教师专业培训计划。这些重大举措都是为了进一步提高农村教师队伍的整体素质。

在市场经济条件和开放环境下，学校教育和师德建设工作面临许多新情况新问题和新的挑战；人民大众对于优质教育日益增长的需求，对教师素质提出了新的更高的要求。教师队伍的师德水平和全面素质亟待进一步提高，师德建设工作亟待进一步加强和改进，师德建设的制度环境亟待进一步改善。早在 1997 年国家教委和全国教育工会曾联合印发《中小学教师职业道德规范》。新修订的《规范》包括爱国守法、爱岗敬业、关爱学生、教书育人、为人师表、终身学习 6 个条目，它的基本内容继承了我国的优秀师德传统，并充分反映了新形势下经济、社会和教育发展对中小学教师应有的道德品质和职业行为的基本要求，许多内容是《教师法》相关条文的具体化。2005 年教育部发布《关于进一步加强和改进师德建设的意见》，2008 年教育部、教科文卫体工会全国委员会重新修订了《中小学教师职业道德规范》，标志着党和政府对教师师德建设的高度重视，也意味着我国师德建设跨入了一个向制度化、标准化、系统化发展的新阶段。

第五章
基础教育教师队伍
建设的成就

新中国成立 60 周年来，我国教师队伍建设取得了举世瞩目的成就。教师职前教育、入职教育和在职教育构成了教师教育的一体化体系，教师培养层次的重心实现了实质性的提升，从中师、专科、本科学历结构层次上升为专科、本科、研究生的学历层次结构，而且培养规模在改革开放后迅速扩大，从数量上能够基本满足基础教育的需要。在教师队伍的质量方面，走过了以掌握文化知识为主到加强教学技能培养再到提升专业发展水平的三个阶段。此外，教师的职称结构也获得了极大的改善。涌现了一大批优秀的教师，他们热爱教育事业，爱岗敬业，不仅辛勤工作，而且具有奉献精神。在社会发展的转型时期，广大教师以自己的实际行动赢得了全社会的尊重和敬意。

新中国成立后，基础教育教师队伍建设取得的成就主要表现在教师队伍规模的扩大、教师队伍结构的改善和教师队伍整体素养的提升等三个方面。

第一节 教师队伍规模的扩大

一、教师教育院校的发展

（一）教师教育院校发展的基本情况

教师教育包括中小学教师的职前培养和在职培训。教师教育院校包括独立设置的师范院校和综合性高校中的教师教育机构，有时还包括中等师范学校和非师范性的中等专业学校。2007 年，我国已形成了独立设置的师范院校与综合性大学师范院校并存的教师教育体系，共有教师教育院校 2 742 所，师范院校和非师范院校都参与教师教育，几乎是各占半壁江山。从院校数量看，非师范院校是师范院校的 6.5 倍，但是师范院校的在校师范生平均数是非师范院校在校师范生平均数的 6 倍。参见表 5 - 1。

表 5 - 1　2007 年教师教育院校和学生数量

统计 项目院校类型	院校数量 （所）	招收师范生 数（万人）	毕业师范生 数（万人）	在校师范生 数（万人）	在校师范生 平均数（人）
教师教育院校	2 742	71.5	76.0	248.5	906
师范院校	366	32.7	35.2	119.1	3 254
非师范院校	2 376	38.8	40.8	129.3	544

（资料来源：朱旭东、胡艳主编：《中国教育改革 30 年·教师教育卷》，北京师范大学出版集团、北京师范大学出版社 2009 年版，第 80 - 81 页）

1949 年，全国独立设置的高等师范院校只有 12 所，在校学生 12 039 人；另有附设于大学的师范学院 3 所，在校学生 4 363 人。中等师范学校 610 所，在校学生 151 750 人，其中初级师范学校 289 所，在校学生 90 380 人；中级师范学校 321 所，在校学生 61 370 人。在校学生总计 168 152 人。[①] 高等师范院校毕业生 1890 人，中等师范学校毕业生 48 000 人，总计 49 890 人。旧中国遗留下来的师范院校，不仅数量少，基础薄弱，而且系统紊乱，结构与布局失调，设施简陋，教学脱离国情。整个师范教育缺乏内在的生气

[①]　宋嗣廉、韩力学主编：《中国师范教育通览（上卷）》，东北师范大学出版社 1998 年版，第 130 页。

与发展的活力。在这样薄弱的基础上,经过近60年的发展,我国教师教育院校数量和学生数量有了极大的增长。2007年在校生数248.5万,约为1949年16.8万的14.8倍;2007年毕业生数量76万,约为1949年5万的15.5倍。

表5-2 2007年教师教育院校及在校学生数

院校类型		院校数（所）	在校师范生（人）		
			本科生	专科生	中师生
师范院校	师范大学	38	313 017	31 419	—
	师范学院	59	361 128	74 079	—
	教育学院	28	5 051	40 523	—
	师范专科学校	45	—	147 914	—
	中等师范学校	196	—	—	218 072
	合计	366	679 196	293 935	218 072
非师范院校	综合大学	70	137 995	26 934	—
	综合学院	128	265 233	182 794	—
	独立学院（民办）	35	59 833	3 161	—
	其他	33	5 430	22 616	—
	高等专科学校(除师专外)	6	—	6 891	—
	高等职业学校	102	—	109 680	—
	调整后中职	241	—	—	35 334
	中等技术学校	230	—	—	45 110
	成人中等专业学校	259	—	—	70 551
	职业高中学校	919	—	—	168 413
	其他机构（教学点）	353	—	—	153 392
	合计	2 376	468 491	352 076	472 800
总计		2 742	1 147 687	646 011	690 872

说明:"其他"指分校、大专班、民办高职。

（资料来源:朱旭东、胡艳主编:《中国教育改革30年·教师教育卷》,北京师范大学出版集团、北京师范大学出版社2009年版,第81页）

综观60年教师教育的发展,我国教师教育院校不仅在数量上取得了极大的发展,而且经过多次改革和调整,其质量也日益提高。20世纪90

年代之后，随着教师职前教育与在职教育的一体化，教师教育这一具有时代内涵的核心概念也得到了教育界内外的普遍承认。目前，我国已经建立起基本符合我国现阶段国情的教师教育体系，参见表 5 - 2。从表中可以看出我国目前教师职前教育的基本情况：（1）从学历层次结构看，本科、专科和中师的比率分别是 36.2%、27.2%、36.6%。（2）师范院校的师范生其本科、专科和中专的比率分别是为 57.0%、24.7%、18.3%，说明师范院校以培养本科生为主，师范院校的培养层次比非师范院校要高。（3）非师范院校有九种类型的教师教育机构培养中小学教师，分本科、专科和中专 3 个层次，综合性大学以培养本科师范生为主，地方的综合性学院以培养本、专科师范生为主。（4）非师范院校中培养专科层次的师范生主要是高等职业学校。（5）培养中师生的学校不仅类型多，而且数量大。

（二）独立设置的师范院校体系及其发展

我国独立设置的师范院校包括高等师范院校和中等师范学校，其中高等师范院校又包括师范大学、师范学院和高等师范专科学校。1949 年新中国成立后，参照苏联的教师培养模式，设置了独立的师范教育体系。师范院校培养教师，重点在职前教育；教育学院和教师进修学院以及教师进修学校培训教师，重点在在职教育。我国独立设置的师范教育体系几十年来支撑了庞大的中小学教育，为中小学教师队伍建设作出了历史贡献。随着 20 世纪末开始的高等院校的调整与合并，多数教育学院和教师进修学院并入到师范院校或综合性高等院校，教师职前培养与在职培训分割的局面得到逐步改变，教师教育的一体化进程加快。

历史地看，党和政府基于国家教育事业建设发展的需要，一直重视师范院校的建设和发展。1951 年 8 月，《人民教育》杂志发表社论《大力稳定和发展小学教育，培养百万人民教师》。社论指出，师范教育好比工业中的重工业，机器中的工作母机，它是国家教育建设的根本，是全部教育工作中的中心环节。1978 年 12 月党的十一届三中全会之后，随着党和国家工作重点转移到社会主义现代化建设上来，全社会都意识到，社会发展与现代化建设依赖人才，人才培养取决于教育，而教育的发展和质量，关键在于教师。因此，培养教师的师范院校受到广泛的重视，师范教育得到了优先而快速的发展。

1978 年，国务院批准恢复和新建高等师范学校 102 所，当年的全国高等师范院校总数达到 157 所，在校生总数达 25.0 万人。1988 年，全国高等师范院校达到 262 所，创下了历史新高，在校生总数为 49.1 万人。2007 年，全国高等师范院校为 170 所，在校生达 97.3 万人。改革开放 30 年来，本科层次的师范大学和师范学院在数量上增加，而师范专科学校的数量在急剧减少。从区域看，东部地区师范大学增加最多，中部地区师范学院增加最多，西部地区师范专科学校保留最多。师范院校的这一发展结果与我国改革开放 30 年以来区域经济发展基本相吻合。东部沿海发达地区由于基础教育相对发达，义务教育阶段补充的教师以本科师范为主，同时，较好的经济基础也为高等师范学校的升格和转型提供了经济上的支撑。西部地区由于经济发展缓慢，义务教育阶段新补充的教师还需要大量的专科师范生，保留的高等师范专科学校相对较多。参见表 5-3。

表 5-3　1982—2007 年全国高等师范院校区域分布

院校	师范大学			师范学院			师范专科学校		
年份	1982	1989	2007	1982	1989	2007	1982	1989	2007
东部	4	10	16	17	17	12	—	54	8
中部	5	9	10	17	18	30	—	66	15
西部	2	10	12	12	8	17	—	59	22
合计	11	29	38	46	43	59	102	179	45

说明：东部地区包括北京、天津、河北、辽宁、上海、江苏、浙江、福建、山东、广东和海南等 11 个省（市），中部地区包括山西、吉林、黑龙江、安徽、江西、河南、湖北、湖南等 8 个省，西部地区包括四川、重庆、贵州、云南、广西、西藏、陕西、甘肃、青海、宁夏、内蒙古、新疆等 12 个省（自治区）。
（资料来源：朱旭东、胡艳主编：《中国教育改革 30 年·教师教育卷》，北京师范大学出版集团、北京师范大学出版社 2009 年版，第 85 页）

1976 年，各地为了解决普及小学教育所急需的大量师资问题，积极恢复和发展中等师范教育。1978 年，全国共有中等师范学校 1 064 所，在校师范生 30.0 万人。1980 年的全国师范教育会议提出建立一个健全的师范教育体系，教育部颁布《关于办好中等师范教育的意见》。1985年召开全国中小学师资工作会议，强调办好中等师范教育。从1978—1998年的20年间，我国中等师范学校保持缓慢下降的态势，1999年有815所中等师范学校。世纪之交由于大规模的教师教育院校结构调整，在开放教师教育体系、提升办学层次的原则指导下，中等师范教育出现了历史性的变化。有的师范院校升格或合并到高一级的院校，没有改变师范教育的性质；有的转变为非师范性质的学校或与更高层次的非师范院校合并；有的仍然保留师范学校的性质，继续独立地进行中等师范教育。到2007年，只有196所中等师范学校。

表5-4 1999—2005年中等师范学校的变化情况

变化情况	师范学校数量（所）	所占比率（%）	变化情况	师范学校数量（所）	所占比率（%）
升格或并入师专	56	7	并入高职院校	85	10
并入综合性学院	71	9	转为培训机构	54	7
并入综合性大学或师范大学	35	4	转为中学或其他学校	228	28
并入师范学院	36	4	保留中师学校	250	31

（资料来源：朱旭东、胡艳主编：《中国教育改革30年·教师教育卷》，北京师范大学出版集团、北京师范大学出版社2009年版，第88-89页。个别数据有所修正）

改革开放30年来，我国本科层次的高等师范教育持续扩张，专科层次的高等师范教育和中等师范教育急剧收缩。师范院校的扩张和收缩具有明显的区域差别。20世纪基础教育的改革和发展，以及教师专业化的国际潮流的影响，促进了师范教育办学层次的提高。师范教育的这一发展结局应该说具有时代的合理性。20世纪末，我国基本普及义务教育，小学和中学教师队伍的数量基本得到满足。由于实行计划生育政策，学龄人口的数量持续下降，20世纪90年代末高等教育的扩招导致师范教育专业的本科毕业生大幅增长，从而使大专层次和中专层次师范毕业生的需求减弱。高等师范专科学校和中等师范学校的收缩成为必然趋势。历史地看，我国的中师教育具有"优秀生源，全科教育，重视教师养成，强化教师专业训练，强调一专多能和综合素质的培养"的特点，培养了成千上万的合格的小学教师，为小学教育事业的发展作出了历史性的贡献。

（三）非师范院校教师教育专业的发展

1998 年教育部在《面向 21 世纪教育振兴行动计划》中指出："要加强和改革师范教育，提高新师资的培养质量，实力较强的高等学校要在新师资培养以及教师培训中做出贡献。"1999 年《中共中央国务院关于深化教育改革全面推进素质教育的决定》也指出："加强和改革师范教育，大力提高师资培养质量。调整师范学校的层次和布局，鼓励综合性高等学校和非师范类高等学校参与培养、培训中小学教师的工作，探索在有条件的综合性高等学校中试办师范学院。"同年教育部的《关于师范院校布局结构调整的几点意见》中指出，"以师范院校为主体，其他高等学校积极参与，中小学教师来源多样化"是我国师范教育发展的趋势。这些政策使非师范院校参与教师教育步入合法性轨道，综合性高校开始投入到教师教育发展的事业之中。

在开放教师教育体系政策的鼓励和支持下，原来的一些师范院校合并改建为综合性高校，也有综合性大学新设教育学院或教师教育专业，非师范院校设置教师教育专业的趋势发展很快。2007 年全国有 70 所综合大学培养师范生，其中浙江大学、同济大学、西安交通大学和兰州大学为"985 工程"大学，还有 14 所"211 工程"大学。综合大学新设教师教育专业有利于教师教育充分利用重点高校的优质教育资源，有助于提高师范生的整体素质和综合能力，有益于探索教师教育专业发展的新思路和新模式。2007 年全国有 128 所学院培养师范本科生，其中 106 所还培养师范专科生。综合学院培养教师强化了教师教育的开放性，提升了教师教育的大学化水平。此外，全国还有 35 所民办独立学院培养本科师范生和专科师范生，21 所民办高等职业学校或大学分校培养大专师范生，培养中师生的中等专业学校达 2 002 所。[①] 上述事实表明，非师范院校参与教师教育

---

① 朱旭东、胡艳主编：《中国教育改革 30 年·教师教育卷》，北京师范大学出版社集团、北京师范大学出版社 2009 年版，第 92 - 102 页。

是全方位的，办学主体多元化，培养对象层次化，开设专业多样化。非师范院校参与教师教育的热情高，这有利于拓宽教师资源配置的渠道，从长远看，有利于优质的高等教育资源投入到教师教育之中。

（四）师范毕业生数量的增长

从 1949 到 2007 年底，我国普通师范毕业生数量从整体上看在不断增长，但"文化大革命"时期受到干扰和破坏，高等师范院校的师范毕业生数量减少。从 1966 年到 1976 年，本、专科毕业生仅 172 077 人。如果以 1977 年恢复高考招生为界线，可以更清楚地看出师范毕业生增长的幅度。第一，本专科师范生数量的变化。从 1949 年到 1976 年 28 年中本专科毕业生累计数为 564 108 人，从 1977 到 2007 年 31 年中本专科毕业生累计数为 5 822 699 人，后者是前者的 10.3 倍。第二，中师生数量的变化。从 1949 年到 1976 年中师毕业生累计数为 2 098 896 人，从 1977 到 2007 年中师毕业生累计数为 6 929 059 人，后者是前者的 3.3 倍。第三，师范生数量的变化。从 1949 年到 1976 年师范毕业生累计数为 2 663 004 人，从 1977 到 2007 年师范毕业生累计数为 12 751 758 人，后者是前者的 4.8 倍。参见表 5 –5。

表 5 –5   全国普通师范毕业生人数

年份	本专科合计	本科毕业生	专科毕业生	中师毕业生	总合计
1949—1957	72 322	72 322		608 427	680 749
1958—1965	319 709	183 983	135 726	750 635	1 070 344
1966—1976	172 077	172 077		739 834	911 911
1977—1985	660 707	660 707		1 480 371	2 141 078
1986—1997	2 005 031	2 005 031		2 816 493	4 821 524
1998—2007	3 156 961	1 446 095	1 710 866	2 632 195	5 789 156
累计	6 386 807	6 386 807		9 027 955	15 414 762

说明：1966—1976 年的统计结果缺 1971 年的本科和专科毕业生的统计数字。

（资料来源：根据历年《中国教育年鉴》数据整理而成）

二、教师队伍人数的增长

在新中国 60 年的发展历程中，中小学教师队伍的数量一直在变化，整体上是呈现增长的趋势。中小学教师队伍绝对数量的增加为我国基础教育的发展特别是义务教育的实施提供了最基本的条件。2007 年小学教师数量是 1949 年的 6.71 倍，初中教师是 1949 年的 65.86 倍，高中教师是 1949 年的 103.08 倍。高中教师数量增加最多，其次是初中教师，小学教师增加的数量相对小一些。这表明新中国成立以后，我国中学教育发展很快。因为教师队伍数量的迅速增加，我国基础教育的生师比整体上呈现下降的态势。小学的生师比从新中国成立初的 30∶1 以上下降到目前的 20∶1 以下。初中的生师比从新中国成立初最高的 28∶1 以上下降到目前的 18∶1 以下。高中的生师比从新中国成立初最高的 23∶1 以上下降到目前的 18∶1 以下。

就小学教师队伍数量的变化情况来说，如果以 1949 年小学教师的数量为 1 个单位，那么小学教师数量的这种变化关系就如表 5-6 所示。整体上看，小学教师的数量基本上在不断增长。在 1958、1959、1960 年受"大跃进"影响而有较大的增幅，1961、1962 年因处于经济困难时期小学教师数量有所减少，1966—1967 年受"文化大革命"干扰也有所减少，1982—1985 年间和 2000—2006 年间受计划生育政策的影响导致小学生数量减少，从而导致教师数量减少。小学民办教师数量以 20 世纪 70 年代末为界，1980 年以前，民办教师数量基本上是在不断增加，但是从 1980 年起，民办教师数量开始逐步减少。详情参见表 5-7 和表 5-8。

表 5-6　小学教师数量的变化

年份	1949	1957	1965	1976	1986	1992	1999	2007
人数（万人）	83.60	188.40	385.70	528.90	541.40	552.65	586.05	561.26
倍数	1	2.25	4.61	6.33	6.48	6.61	7.01	6.71

（资料来源：根据历年《中国教育年鉴》数据整理而成）

表 5 – 7 1949—1976 年小学教师队伍数量的变化与生师比

年份	小学教职工		专任教师		其中民办教师		生师比
	总数 （万人）	比上年 增减 （万人）	总数 （万人）	比上年 增减 （万人）	总数 （万人）	比上年 增减 （万人）	
1949	84.9	—	83.6	—	10.5	—	29.2:1
1950	91.5	6.6↑	90.1	6.5↑	22.5	12.0↑	32.1:1
1951	127.6	36.1↑	122.2	32.1↑	42.5	20.0↑	35.1:1
1952	152.8	25.2↑	143.5	21.3↑	7.0	35.5↓	35.6:1
1953	166.5	13.7↑	155.4	11.9↑	4.3	2.7↓	33.3:1
1954	165.9	0.6↓	155.5	0.1↑	5.8	1.5↑	33.0:1
1955	169.6	3.7↑	159.3	3.9↑	7.6	1.8↑	33.3:1
1956	184.3	14.7↑	174.9	15.5↑	9.1	1.5↑	36.3:1
1957	198.1	13.8↑	188.4	13.5↑	14.1	5.0↑	34.1:1
1958	233.9	35.8↑	225.7	37.3↑	55.6	41.5↑	38.3:1
1959	259.0	25.1↑	250.3	24.6↑	62.4	6.8↑	36.4:1
1960	286.1	27.1↑	269.3	19.0↑	68.1	5.7↑	34.8:1
1961	267.5	18.6↓	255.4	13.9↓	40.3	27.8↓	29.7:1
1962	262.0	5.5↓	251.1	4.3↓	50.6	10.3↑	27.6:1
1963	270.1	8.1↑	260.1	9.0↑	56.1	5.5↑	27.5:1
1964	321.4	51.4↑	310.8	50.7↑	99.6	43.5↑	29.9:1
1965	407.5	86.1↑	385.7	74.9↑	175.1	75.5↑	30.1:1
1966	349.4	58.1↓	322.1	63.6↓	—		32.1:1
1967	346.9	2.5↓	319.6	2.5↓	—		32.1:1
1968	353.4	6.5↑	325.5	5.9↑	—		30.8:1
1969	378.4	25.0↑	348.7	23.2↑	—		28.9:1
1970	390.9	12.5↑	361.2	12.5↑	—		29.1:1
1971	443.3	52.4↑	409.5	48.3↑	—		27.4:1
1972	470.3	27.0↑	439.8	30.3↑	245.0		28.5:1
1973	501.3	31.0↑	467.9	28.1↑	267.8	22.8↑	29.0:1
1974	530.4	29.1↑	494.4	26.5↑	291.8	24.0↑	29.3:1
1975	554.3	23.9↑	520.4	26.0↑	320.8	29.0↑	29.0:1
1976	564.1	9.8↑	528.9	8.5↑	341.6	20.8↑	28.4:1

说明：表中↑符号表示该年度人数比上年度增加，↓符号表示该年度人数比上年度减少。后面的表格不再重复说明。

（资料来源：中华人民共和国教育部财务司编：《中国教育成就统计资料（1949—1983）》，人民教育出版社 1984 年版，第 188 – 191 页、213 – 217 页）

表5－8　1977—2007年小学教师队伍数量的变化与生师比

年份	小学教职工		专任教师		其中民办教师		生师比
	总数	比上年增减	总数	比上年增减	总数	比上年增减	
	（万人）	（万人）	（万人）	（万人）	（万人）	（万人）	
1977	559.00	5.10↓	522.60	6.25↓	343.90	2.30↑	28.03:1
1978	562.00	3.00↑	522.55	0.05↓	342.00	1.90↓	27.98:1
1979	587.50	25.50↑	538.20	15.65↑	343.50	1.50↑	27.24:1
1980	625.40	17.90↑	549.94	11.74↑	337.50	6.00↓	26.59:1
1981	616.46	11.06↑	558.01	8.07↑	325.20	12.30↓	25.68:1
1982	611.29	5.17↓	550.46	7.55↓	298.06	28.14↓	25.40:1
1983	606.00	5.29↓	542.46	8.00↓	288.80	9.26↓	25.04:1
1984	602.98	3.02↓	536.96	5.50↓	295.13	6.33↓	25.24:1
1985	602.10	0.87↓	537.68	0.72↑	275.90	19.23↓	24.87:1
1986	606.50	4.40↑	541.40	3.72↑	274.00	1.90↓	24.34:1
1987	608.47	1.97↑	543.38	1.98↑	253.80	20.20↓	23.62:1
1988	614.20	5.73↑	550.13	6.75↑	246.80	7.00↓	22.78:1
1989	619.50	5.30↑	554.40	4.27↑	237.20	9.60↓	22.30:1
1990	624.00	4.50↑	558.18	3.78↑	230.60	6.60↓	21.90:1
1991	619.35	4.64↓	553.23	4.96↓	216.95	13.65↓	20.98:1
1992	619.90	0.55↑	552.65	0.57↓	204.50	12.45↓	20.10:1
1993	621.84	1.93↑	555.16	2.51↑	192.97	11.52↓	22.40:1
1994	627.14	5.30↑	561.13	5.97↑	181.66	11.31↓	22.90:1
1995	632.42	5.31↑	566.41	5.28↑	163.20	18.51↓	23.30:1
1996	638.58	6.16↑	573.58	7.17↑	140.20	23.00↓	23.74:1
1997	643.63	5.05↑	579.36	5.78↑	110.82	29.38↓	24.16:1
1998	644.56	0.93↑	581.94	2.58↑	80.27	30.53↓	24.00:1
1999	647.12	2.56↑	586.05	4.11↑	49.66	30.63↓	23.12:1
2000	645.49	1.63↓	586.03	0.02↓	27.72	21.94↓	22.21:1
2001	637.97	7.52↓	579.77	6.26↓	—	—	21.64:1
2002	634.02	3.95↓	577.89	1.88↓	—	—	21.04:1
2003	625.62	8.40↓	570.28	7.61↓	—	—	20.50:1
2004	617.14	8.48↓	562.89	7.39↓	—	—	19.98:1
2005	613.22	3.92↓	559.25	3.64↓	—	—	19.43:1
2006	612.00	1.22↓	558.76	0.49↓	—	—	19.17:1
2007	613.38	1.38↑	561.26	2.50↑	—	—	18.82:1

（资料来源：根据历年《中国教育年鉴》数据整理而成）

初中教师数量的变化与小学教师数量的变化有类似的地方，1961—1962 年间、1979—1984 年间、2005 年后 3 个时间段内专任教师有所减少。民办教师数量在 20 世纪 70 年代末以前是增加与减少交替进行，但是从 1978 年之后则持续减少。参见表 5 - 9、表 5 - 10 和表 5 - 11。

表 5 - 9 初中教师数量的变化

年份	1949	1957	1965	1986	1991	1999	2007
人数（万人）	5.26	19.37	37.92	223.90	251.70	314.80	346.43
倍数	1	3.68	7.21	42.57	47.85	59.85	65.86

（资料来源：根据历年《中国教育年鉴》数据整理而成）

表 5 - 10 1949—1976 年初中教师队伍数量的变化与生师比

年份	专任教师		其中民办教师		生师比
	总数（万人）	比上年增减（万人）	总数（万人）	比上年增减（万人）	
1949	5.26	—	2.21	—	15.8:1
1950	5.70	0.44 ↑	1.91	0.3 ↓	18.7:1
1951	6.42	0.72 ↑	2.03	0.12 ↑	21.5:1
1952	8.14	1.72 ↑	1.24	0.73 ↓	27.4:1
1953	10.37	2.23 ↑	7.75	6.51 ↑	26.8:1
1954	11.51	1.14 ↑	0.87	6.85 ↓	27.0:1
1955	12.28	0.77 ↑	0.93	0.06 ↑	27.0:1
1956	15.23	2.95 ↑	0.13	0.80 ↓	28.8:1
1957	19.37	4.14 ↑	1.62	1.49 ↑	27.8:1
1958	25.41	6.04 ↑	4.14	2.52 ↑	28.9:1
1959	28.73	3.32 ↑	2.85	1.29 ↓	27.0:1
1960	34.57	5.84 ↑	1.49	1.36 ↓	24.8:1
1961	33.49	1.08 ↓	0.77	0.72 ↓	20.9:1

续表

| 年份 | 专任教师 | | 其中民办教师 | | 生师比 |
	总数 （万人）	比上年增减 （万人）	总数 （万人）	比上年增减 （万人）	
1962	31.84	1.65 ↓	2.10	1.33 ↑	19.4:1
1963	34.03	2.19 ↑	2.58	0.48 ↑	18.8:1
1964	36.27	2.24 ↑	3.74	1.16 ↑	20.1:1
1965	37.92	1.65 ↑	2.18	1.56 ↓	21.2:1
1966	—	—	—	—	21.0:1
1967	—	—	—	—	20.3:1
1968	—	—	—	—	19.9:1
1969	—	—	—	—	21.4:1
1970	—	—	—	—	22.4:1
1971	—	—	—	—	24.8:1
1972	126.44	—	35.47	—	21.5:1
1973	127.37	0.93 ↑	31.07	4.40 ↓	19.8:1
1974	132.44	5.07 ↑	35.44	4.37 ↑	20.0:1
1975	156.17	23.73 ↑	51.66	16.22 ↑	21.1:1
1976	203.46	47.29 ↑	88.68	37.02 ↑	21.4:1

（资料来源：根据历年《中国教育年鉴》数据整理而成）

表 5-11 1977—2007 年初中教师队伍数量的变化与生师比

| 年份 | 专任教师 | | 其中民办教师 | | 生师比 |
	总数 （万人）	比上年增减 （万人）	总数 （万人）	比上年增减 （万人）	
1977	236.11	32.65 ↑	134.67	45.99 ↑	21.08:1
1978	244.07	7.96 ↑	120.09	14.58 ↓	20.46:1
1979	241.02	3.05 ↓	107.24	12.85 ↓	19.13:1

年份	专任教师		其中民办教师		生师比
	总数（万人）	比上年增减（万人）	总数（万人）	比上年增减（万人）	
1980	244.90	3.88↑	84.35	22.90↓	18.53:1
1981	234.05	10.85↓	64.97	19.38↓	17.70:1
1982	221.47	12.58↓	57.40	7.57↓	17.56:1
1983	214.58	6.89↓	49.53	7.87↓	16.26:1
1984	209.74	4.84↓	43.27	14.13↓	18.42:1
1985	215.99	6.25↑	41.35	1.92↓	18.36:1
1986	223.90	7.91↑	42.49	1.14↑	18.39:1
1987	232.68	8.78↑	38.87	3.62↓	17.95:1
1988	240.30	7.62↑	36.45	2.42↓	16.71:1
1989	242.70	2.40↑	33.04	3.41↓	15:81:1
1990	247.98	5.28↑	30.57	2.47↓	15.66:1
1991	251.67	3.69↑	27.57	3.00↓	15.73:1
1992	256.50	4.83↑	25.34	2.23↓	15.85:1
1993	260.79	4.29↑	22.47	2.88↓	15.70:1
1994	268.69	7.90↑	19.98	2.40↓	16.10:1
1995	278.37	9.68↑	16.60	3.38↓	16.70:1
1996	289.27	10.90↑	13.48	3.12↓	17.20:1
1997	298.16	8.89↑	9.98	3.50↓	17.37:1
1998	305.47	7.31↑	6.54	3.44↓	17.58:1
1999	314.81	9.33↑	4.15	2.43↓	18.23:1
2000	324.86	10.05↑	2.49	1.66↓	19.03:1
2001	334.83	9.97↑	—	—	19.24:1
2002	343.03	8.20↑	—	—	19.29:1
2003	346.67	3.64↑	—	—	18.65:1
2004	347.68	1.01↑	—	—	17.80:1
2005	347.18	0.50↓	—	—	17.15:1
2006	346.35	0.83↓	—	—	17.15:1
2007	346.43	0.08↓	—	—	16.52:1

（资料来源：根据历年《中国教育年鉴》数据整理而成）

　　高中教师的数量整体上也在不断增长，但是在 1962—1967 年期间、1979—1983 年期间、1993—1994 年期间高中教师数量有所减少。这种变化与我国的经济发展程度有关。20 世纪 60 年代初以及"文化大革命"中，由于上学费用不高，学生人数激增，高中教师人数增加较多较快。1978—1984 年改革开放初期，可能由于人们渴望改善经济，保证基本的生活费用，使得学生人数减少，导致高中教师人数减少，但是随着改革开放的深入和国家经济的发展，人们的基本生活条件得到改善，上学人数增加，高中教师的人数基本上呈增加状态。高中民办教师的数量在 1965 年之前波动较大，在 1978 年之后则持续减少。参见表 5 - 12、表 5 - 13 和表 5 - 14。

表 5 - 12　高中教师数量的变化

年份	1949	1957	1965	1976	1986	1991	1999	2007
人数（万人）	1.40	4.01	7.79	69.43	51.82	57.61	69.24	144.31
倍数	1	2.86	5.56	49.59	37.01	41.15	49.48	103.08

（资料来源：根据历年《中国教育年鉴》数据整理而成）

表 5 - 13　1949—1976 年普通高中教师队伍数量的变化与生师比

年份	专任教师		其中民办教师		生师比
	总数（万人）	比上年增减（万人）	总数（万人）	比上年增减（万人）	
1949	1.40	—	6 145	—	14.8:1
1950	1.22	0.18 ↓	4 664	1 481 ↓	19.6:1
1951	0.90	0.32 ↓	2 615	2 049 ↓	20.5:1
1952	1.25	0.35 ↑	1 633	982 ↓	20.8:1
1953	1.71	0.46 ↑	715	918 ↓	21.1:1
1954	2.29	0.58 ↑	874	159 ↑	20.9:1
1955	2.63	0.34 ↑	996	122 ↑	22.0:1
1956	3.49	0.86 ↑	193	803 ↓	22.5:1
1957	4.01	0.52 ↑	691	498 ↑	22.6:1

续表

| 年份 | 专任教师 | | 其中民办教师 | | 生师比 |
	总数 （万人）	比上年增减 （万人）	总数 （万人）	比上年增减 （万人）	
1958	5.10	1.11 ↑	779	88 ↑	23.1:1
1959	6.30	1.20 ↑	489	290 ↓	22.8:1
1960	7.98	1.68 ↑	836	347 ↑	21.0:1
1961	8.27	0.29 ↑	251	585 ↓	18.5:1
1962	8.11	0.16 ↓	1 737	1 486 ↑	16.5:1
1963	8.01	0.10 ↓	2 060	323 ↑	15.4:1
1964	7.89	0.12 ↓	1 992	68 ↓	15.8:1
1965	7.79	0.10 ↓	1 219	773 ↓	16.8:1
1966	6.6	1.19 ↓	—	—	20.7:1
1967	6.3	0.30 ↓	—	—	20.3:1
1968	7.1	0.80 ↑	—	—	19.8:1
1969	8.3	1.20 ↑	—	—	22.7:1
1970	15.1	6.80 ↑	—	—	23.2:1
1971	29.2	14.10 ↑	—	—	19.1:1
1972	39.32	10.12 ↑	15 126	—	22.8:1
1973	42.22	2.90 ↑	12 708	2 418 ↓	21.9:1
1974	45.76	3.54 ↑	15 402	2 694 ↑	21.9:1
1975	53.04	7.28 ↑	33 272	17 870 ↑	21.9:1
1976	69.43	16.39 ↑	100 190	66 918 ↑	21.4:1

（资料来源：根据历年《中国教育年鉴》数据整理而成）

表 5 - 14　1977—2007 年普通高中教师队伍数量的变化与生师比

| 年份 | 专任教师 | | 其中民办教师 | | 生师比 |
	总数 （万人）	比上年增减 （万人）	总数 （万人）	比上年增减 （万人）	
1977	82.56	13.13 ↑	139 016	38 826 ↑	—
1978	74.13	8.43 ↓	87 129	51 887 ↓	—
1979	66.74	7.39 ↓	46 092	41 037 ↓	19.4:1

续表

年份	专任教师		其中民办教师		生师比
	总数（万人）	比上年增减（万人）	总数（万人）	比上年增减（万人）	
1980	57.07	9.67 ↓	16 052	30 040 ↓	17.0:1
1981	49.44	7.63 ↓	6 978	9 074 ↓	14.5:1
1982	46.58	2.86 ↓	4 506	2 472 ↓	13.8:1
1983	45.11	1.47 ↓	3 316	1 190 ↓	13.9:1
1984	45.93	0.81 ↑	3 181	135 ↓	15.02:1
1985	49.17	3.24 ↑	2 940	241 ↓	15.07:1
1986	51.82	2.65 ↑	3 075	135 ↑	14.92:1
1987	54.39	2.57 ↑	2 385	690 ↓	14.23:1
1988	55.69	1.30 ↑	2 103	282 ↓	13.40:1
1989	55.39	0.30 ↓	1 893	210 ↓	12.93:1
1990	56.23	0.84 ↑	1 690	203 ↓	12.76:1
1991	57.36	1.13 ↑	1 777	87 ↑	12.61:1
1992	57.61	0.25 ↑	1 421	356 ↓	12.24:1
1993	55.90	1.71 ↓	1 261	160 ↓	14.96:1
1994	54.68	1.22 ↓	859	402 ↓	12.20:1
1995	55.05	0.37 ↑	850	9 ↓	13.40:1
1996	57.21	2.16 ↑	614	236 ↓	13.45:1
1997	60.51	3.30 ↑	620	6 ↑	14.05:1
1998	64.24	3.73 ↑	413	207 ↓	14.60:1
1999	69.24	5.00 ↑	243	170 ↓	15.16:1
2000	75.69	6.45 ↑	258	15 ↑	15.87:1
2001	84.00	8.31 ↑	—	—	16.73:1
2002	94.60	10.6 ↑	—	—	17.80:1
2003	107.06	12.46 ↑	—	—	18.35:1
2004	119.07	12.01 ↑	—	—	18.65:1
2005	129.95	10.88 ↑	—	—	18.54:1
2006	138.72	8.77 ↑	—	—	18.13:1
2007	144.31	5.59 ↑	—	—	17.48:1

（资料来源：根据历年《中国教育年鉴》数据整理而成）

　　新中国成立以来，我国中小学教师队伍数量的增加和波动反映出我国社会政治、经济以及人口数量对教师队伍建设的影响。一般来说，经济平稳发展、政治局势稳定、个人教育经费支出较少，学生人数就会增加，教师队伍的规模就增大。如果经济发展刚起步或受到严重损失，个人教育经费支出较多，政治发生动荡，教师队伍就会因学生人数减少而萎缩。人口数量、经济发展程度、政治稳定程度、个体支出费用的数量对中小学教师队伍数量的影响综合起作用。我国处于社会主义初级阶段的国情决定了民办教师存在的合理性。新中国成立之后的前 30 年，民办教师的数量在整个教师队伍中的比重比较大，民办教师的文化水平相对较低，获取的报酬也相对低，但是他们对我国教育事业的贡献是巨大的。十一届三中全会之后，民办教师的数量逐步减少，逐渐退出了教育舞台，但是他们的贡献应该铭刻在教育史册上。

　　新中国成立以后，我国人口数量稳步增长，且增长的幅度较大。20世纪 70 年代初逐步开始实行计划生育，一个家庭两个孩子。80 年代初开始实行独生子女政策，新生人口数量急剧减少，但是学生的绝对数量还是相当大。目前我国人口发展的基数大、增减的幅度大，这一特点给基础教育规模的稳步发展提出了相应的要求，在学生入学的高峰期，需要较多的教师，而在低峰期，需要的教师数量又比较少，教师队伍的建设就需要有一种应变的机制。党和政府根据基础教育的入学人数及时扩大教师队伍规模或缩小规模，在教师数量上基本上满足了基础教育发展的需要。这是我国教师队伍建设的一个伟大成就，也是我国教师队伍建设的基本特点之一。

第二节 教师队伍结构的改善

一、教师队伍的学历结构

我国的《教师法》对教师的学历做了明确的规定：取得小学教师资格，应当具备中等师范学校毕业及其以上学历；取得初级中学教师，初级职业学校文化、专业课教师资格，应当具备高等师范专科学校或者其他大学专科毕业及其以上学历；取得高级中学教师资格、职业高中文化课、专业课教师资格，应当具备高等师范院校本科或者其他大学本科毕业及其以上学历。不具备规定的教师资格学历的公民，申请获取教师资格，必须通过国家教师资格考试。新中国成立60年来，我国中小学教师队伍的学历结构整体上呈现不断提升和改善的态势。20世纪50年代我国师范教育有4个层次，即初师、中师、师专、本科。在20世纪60年代，初师被中师替代，形成中师、师专、本科3个层次。1977年全国恢复高考之后，中小学教师学历合格的比例逐年提升。

20世纪70年代末改革开放以后，我国对教师学历提出了明确的要求：小学教师具有中师学历，初中教师具有专科学历，高中教师具有本科学历。对不具备合格学历的教师实行考核合格的证书制度。20世纪90年代，沿海发达地区开始培养专科学历的小学教师、本科学历的初中教师。1993年的《中国教育改革与发展纲要》提出："到本世纪末，通过师资补充和在职培训，小学和初中教师具有专科和本科学历者的比重逐步提高。"1998年的《面向21世纪教育振兴行动计划》提出："2010年前后，具备条件的地区争取使小学和初中专任教师的学历分别提升到专科和本科层次，经济发达地区高中专任教师和校长中获硕士学位者应达到一定比率。"1997年教育硕士学位的设置进一步扩大了中小学教师队伍学历层次提高的空间。教师学历层次结构的重心已逐步上移,三级师范(师范本科、师范专科、中等师范)正向二级师范(师范本科、师范专科)过渡,学历层次结构由中师、专科、本科提升到专科、本科、研究生。21 世纪初,中小学教师具有硕士学位的人数在增加,个别还具有博士学位。目前国家已经决定设置教育博士学位,这将进一步提升基础教育的教师学历。

21 世纪初,小学教师的培养开始提升到本科层次,甚至研究生层次,如北京市 1998 年起小学教师学历逐步提高到本科水平,1999 年中师全部停止招生。从 1997 年到 2007 年,教育硕士累计招生约 6.5 万人,先后有 3 万多人获得教育硕士专业学位。在教育硕士学员中,涌现出成千上万名中小学骨干教师,产生了一大批中小学特级教师和学科带头人,产生了 2 140 多名中小学校长和地方教育局长。中小学骨干教师学历的提升为基础教育持续健康发展提供了重要条件。

表 5-15　中小学教师学历合格率的分期变化(%)

年份	1953	1957	1963	1978	1986	1991	1999	2003	2007
小学	12.5	14.4	89.80	47.1	62.8	80.6	95.9	97.9	99.1
初中	53.5	51.5	73.7	9.8	29.2	51.8	85.5	92.0	97.2
高中	68.8	47.6	59.3	45.9	39.3	47.2	65.9	75.7	89.3

(资料来源:根据历年《中国教育年鉴》数据整理而成)

(一)小学专任教师学历的提升

1949 年以后,总体上我国小学教师的学历合格率在不断地提高,唯"文化大革命"期间学历合格率不升反降,但在 1978 年之后小学教师的学历合格率开始持续性地提高,参见表 5-16。在 20 世纪 90 年代以后具有专科和本科学历的小学教师比率急剧上升,小学教师大学化日益成为现实,这对于提高小学教育质量提供了重要的保障。1991 年小学教师具有大学本科及以上学历的仅 0.10%,具有专科学历的仅 2.5%,到 2000 年分别上升到 1% 和 19.04%,到 2006 年分别上升到 9.17% 和 52.89%。在 2006 年小学教师具有本科学历的比率是 1991 年的 91.7 倍,具有专科学历的比率是1991年的21.2倍，参见表5-17。

表5-16　1978—2007年中小学教师合格率的变化（％）

年份	小学教师	初中教师	高中教师	年份	小学教师	初中教师	高中教师
1978	47.1	9.8	45.9	1993	84.7	59.5	51.1
1979	47.0	10.6	50.8	1994	86.6	63.8	53.4
1980	49.9	12.7	35.9	1995	88.9	69.1	55.2
1981	51.8	17.6	36.0	1996	90.9	75.5	58.0
1982	54.5	23.3	38.9	1997	93.1	80.3	60.7
1983	56.1	23.9	40.4	1998	94.6	83.4	63.5
1984	58.5	25.8	40.2	1999	95.9	85.5	65.9
1985	60.6	27.5	39.6	2000	96.9	87.0	68.4
1986	62.8	29.2	39.3	2001	96.8	88.7	70.7
1987	65.6	32.7	40.1	2002	97.4	90.3	72.9
1988	68.1	37.8	41.4	2003	97.9	92.0	75.7
1989	71.4	43.4	43.5	2004	98.3	93.8	79.6
1990	73.9	48.5	45.5	2005	98.6	95.2	83.5
1991	80.6	51.8	47.2	2006	98.9	96.3	86.5
1992	82.7	55.6	49.1	2007	99.1	97.2	89.3

（资料来源：根据历年《中国教育成就统计资料》和《中国教育事业统计年鉴》数据整理而成）

表5-17　1991—2006年小学专任教师学历结构的变化（％）

年份	本科及以上	专科	中师或高中	高中以下	年份	本科及以上	专科	中师或高中	高中以下
1991	0.10	2.50	78.00	19.30	1999	0.74	15.52	79.62	4.10
1992	0.16	2.98	79.56	17.31	2000	1.00	19.04	76.81	3.14
1993	0.18	3.57	80.98	15.27	2001	1.60	25.79	69.41	3.19
1994	0.22	4.32	82.05	13.41	2002	2.17	30.92	64.30	2.61
1995	0.27	5.35	83.23	11.15	2003	3.09	37.43	57.33	2.15
1996	0.32	7.20	83.39	9.09	2004	4.60	44.16	49.55	1.69
1997	0.41	9.66	83.00	6.93	2005	6.73	49.63	42.26	1.38
1998	0.54	12.30	81.75	5.41	2006	9.17	52.89	36.80	1.13

（资料来源：根据历年《中国教育事业统计年鉴》数据整理而成）

(二) 初中专任教师的学历提升

初中教师的学历合格率在 1953 年达到 53.5%，1961 年为 51.3%。这期间的比率基本保持在 50% 左右，同期具有本科学历的教师比率则从 32.2% 下降到 9.3%，具有专科学历的教师比率从 21.3% 上升到 42.1%。1978 年具备合格学历的初中教师仅为 9.8%，是历史的最低点，这是 "文化大革命" 十年动乱造成的恶果。1977 年恢复高考之后，具备合格学历的初中教师比率逐年上升，到 2007 年达到 97.2%。其中具备本科学历的初中教师比率在 1981 年为 4.2%，1990 年为 6.8%，同期具有专科学历的教师比率从 13.3% 上升到 41.7%。1991 年，具备本科学历的初中教师比率为 7.29%，到 2006 年上升到 41.10%，同期具有专科学历的教师比率从 44.51% 上升到 55.39%。整体上看，"文化大革命" 之前，初中教师学历的合格率几乎没有什么变化。1977 年恢复高考制度之后，初中教师的学历合格率尽管开始还很低，但是每年都在提高，具有本科学历的教师人数增幅比较大。目前初中教师的学历合格率基本达到标准。

表 5 - 18　1953—1963 年初中专任教师学历结构的变化（%）

年份	本科	专科	中师及以下	年份	本科	专科	中师及以下
1953	32.2	21.3	46.5	1958	10.0	40.5	49.5
1954	30.6	19.9	49.5	1959	7.3	34.0	58.7
1955	31.2	19.2	49.6	1961	9.3	42.1	48.6
1956	12.0	35.0	52.0	1962	19.9	48.6	31.5
1957	12.3	39.2	48.8	1963	28.3	46.4	25.3

（本表缺 1960 年的数据。资料来源：中华人民共和国教育部计划财务司：《中国教育成就统计资料（1949—1983）》，人民教育出版社 1984 版，第 196、222 页）

表5－19　1981—2006年初中专任教师学历结构的变化（%）

年份	本科及以上	专科	中师或高中	年份	本科及以上	专科	中师或高中
1981	4.20	13.30	82.40	1994	8.95	54.89	36.16
1982	5.30	18.00	76.70	1995	9.43	59.70	30.87
1983	5.50	18.40	76.10	1996	9.97	65.56	24.47
1984	5.50	20.40	74.20	1997	10.61	69.88	19.51
1985	5.40	22.10	72.50	1998	11.38	72.05	16.57
1986	5.10	24.10	70.80	1999	12.44	73.19	14.37
1987	5.30	27.40	67.30	2000	14.18	72.93	12.89
1988	5.70	32.10	62.20	2001	16.87	71.89	11.24
1989	6.30	37.10	56.60	2002	19.74	70.62	9.64
1990	6.80	41.70	51.50	2003	24.69	68.21	7.10
1991	7.29	44.51	48.20	2004	29.13	64.66	6.21
1992	7.81	47.81	44.38	2005	35.31	59.94	4.75
1993	8.38	51.16	40.46	2006	41.10	55.39	3.51

（资料来源：根据历年《中国教育年鉴》数据整理而成）

（三）高中专任教师学历的提升

高中教师的学历合格率在1953年高达68.8%，此后一直呈下降趋势，到1963年为59.3%，1979年为50.8%，1980年为35.9%，为历史的最低点，此后开始逐步上升，到2007年提升到89.3%。2001年具有研究生学历的教师比率为0.63%，到2007年提升到1.77%。

表5－20　1953—1963年高中专任教师学历结构的变化（%）

年份	本科	专科	中师及以下	年份	本科	专科	中师及以下
1953	68.8	17.4	13.8	1958	42.4	43.8	13.8
1954	68.5	17.8	13.7	1959	40.4	44.7	41.9
1955	67.4	18.7	13.9	1961	44.0	45.6	10.5
1956	44.3	41.5	14.2	1962	54.6	38.6	6.8
1957	47.6	39.8	12.6	1963	59.3	35.1	5.6

（资料来源：中华人民共和国教育部计划财务司：《中国教育成就统计资料（1949—1983）》，人民教育出版社1984版，第195、222页）

表 5 - 21　1978—2000 年高中教师学历结构的变化（%）

年份	本科	专科	中师及以下	年份	本科	专科	中师及以下
1978	45.9	7.3	46.8	1990	45.5	46.7	7.80
1979	50.8	7.2	42.0	1991	47.20	45.34	7.47
1980	35.9	28.8	35.3	1992	49.12	44.56	6.32
1981	36.0	34.8	29.2	1993	51.09	43.37	5.54
1982	38.9	37.2	23.9	1994	53.38	41.83	4.79
1983	40.4	38.0	21.6	1995	55.20	40.68	4.11
1984	40.2	40.3	19.5	1996	57.95	38.71	3.33
1985	39.6	43.4	17.0	1997	60.73	36.57	2.70
1986	39.3	45.7	15.0	1998	63.49	34.39	2.12
1987	40.1	47.1	12.8	1999	65.85	32.46	1.68
1988	41.4	47.8	10.8	2000	68.43	30.23	1.35
1989	43.5	47.4	9.1				

（资料来源：根据历年《中国教育成就统计年鉴》和《中国教育事业统计年鉴》数据整理而成）

表 5 - 22　2001—2007 年高中教师学历结构的变化（%）

年份	研究生毕业	本科毕业	专科毕业	高中阶段	高中阶段毕业以下
2001	0.63	70.08	28.38	0.88	0.03
2002	0.79	72.07	26.43	0.69	0.02
2003	0.86	74.84	23.73	0.55	0.02
2004	1.03	78.57	20.00	0.39	0.01
2005	1.18	82.28	16.23	0.30	0.01
2006	1.38	85.08	13.28	0.25	0.01
2007	1.77	87.53	10.50	0.19	0.01

（资料来源：中华人民共和国教育部：《教育统计资料（1998—2006）》，http://www.moe.edu.cn；国家教育发展研究中心编著：《2008 年中国教育绿皮书——中国教育政策年度分析报告》，教育科学出版社 2008 年版，第 38 页）

二、教师队伍的职称结构

1986 年国家教委制定了《中学教师职务试行条例》、《小学教师职务试行条例》及《关于中小学教师职务试行条例实施意见》。各省、自治区、直辖市和国务院有关部委，根据各自的实际情况分别制定了实施细则。中小学教师专业技术职务的评审工作由省、地、县三级教育行政部门领导，并分别设立中学教师职务评审委员会。上述文件规定：小学教师职务设小学高级教师、小学一级教师、小学二级教师、小学三级教师，以及所谓的"小中高"①。中学教师职务设中学高级教师、中学一级教师、中学二级教师、中学三级教师。教师专业技术职务的评聘有利于调动和发挥中小学教师为新中国教育事业服务的积极性和创造性，激励教师不断提高政治思想觉悟、文化业务水平和履行职责的能力，努力完成本职工作。教师的专业职称基本反映出其政治思想、文化专业知识水平、教育教学能力、工作成绩和履行职责等方面的情况。中小学教师队伍的职称结构在某种程度上反映出教师队伍的整体素质水平，教师队伍职称结构的改善反映出我国教师队伍建设所取得的成就。

(一)小学教师队伍职称结构的改善

小学专任教师队伍的职称结构在 20 世纪 90 年代开始逐步改善。小学中高级的教师职称在逐步提升，而初级教师职称所占的比率则在逐步下降。从 1991 年到 2007 年，中教高级从 0.03% 提高到 0.60%，小教高级从 10.57% 提高到 47.59%，小学中级职称由 36.72% 提高到 40.21%。小学二级教师从 24.70% 下降到 5.77%，小学三级教师从 7.17% 到 0.40%，未定级的教师从 20.81% 下降到 5.43%。

---

① 在小学任教、教育教学水平和能力高于小学高级教师任职条件、从事基础教育教学研究的小学教师可以申报中学高级教师职务，凡具备中学高级教师职务任职条件的中学教师，到小学任教并从事基础教育教学的研究者可以申报中学高级教师。这一职务简称"小中高"。

表5-23　1991—2007年小学专任教师职称结构的变化

年份	中教高级		小教高级		小教一级		小教二级		小教三级		未定级	
	人数	%	人数	%	人数	%	人数	%	人数	%	人数	%
1991	1 887	0.03	584 597	10.57	2 031 394	36.72	1 366 623	24.70	396 625	7.17	1 151 126	20.81
1992	1 415	0.02	574 677	10.39	2 082 354	37.62	1 425 409	25.76	366 122	6.62	1 076 514	19.48
1993	2 274	0.04	657 472	11.84	2 311 510	41.64	1 354 816	24.40	296 714	5.34	988 811	16.73
1994	3 035	0.05	855 632	15.25	2 470 054	44.02	1 238 511	22.07	232 724	4.15	811 368	14.46
1995	3 687	0.07	994 581	17.56	2 560 377	45.20	1 159 991	20.48	192 155	3.39	753 266	13.30
1996	4 135	0.07	1 128 404	19.67	2 637 278	45.98	1 077 681	18.79	160 860	2.80	727 252	12.68
1997	4 750	0.08	1 256 189	21.68	2 718 405	46.92	1 009 844	17.43	122 755	2.12	681 618	11.77
1998	5 642	0.10	1 362 300	23.41	2 747 562	47.21	974 491	16.75	89 871	1.54	639 524	10.99
1999	6 115	0.10	1 489 690	25.42	2 738 706	46.73	971 018	16.57	70 908	1.21	584 018	9.97
2000	7 182	0.12	1 591 414	27.16	2 720 904	46.43	947 192	16.16	64 148	1.09	529 476	9.03
2001	10 398	0.18	1 714 351	29.57	2 659 260	45.87	870 120	15.01	44 922	0.77	498 695	8.60
2002	13 223	0.23	1 888 770	32.68	2 594 934	44.90	802 297	13.88	44 113	0.76	435 516	7.55
2003	15 813	0.28	2 037 609	35.57	2 534 656	44.45	703 780	12.34	39 083	0.69	371 809	6.52
2004	18 277	0.32	2 191 733	38.94	2 458 818	43.68	596 178	10.59	31 558	0.56	332 296	5.90
2005	23 312	0.42	2 356 538	42.14	2 371 031	42.40	493 783	8.83	29 328	0.52	318 461	5.67
2006	28 212	0.50	2 530 930	45.30	2 307 148	41.29	387 455	6.93	23 818	0.43	309 994	5.55
2007	34 001	0.60	2 671 043	47.59	2 256 727	40.21	323 674	5.77	22 203	0.40	304 915	5.43

(资料来源：根据历年《中国教育事业统计年鉴》数据整理而成)

(二)初中教师队伍职称结构的改善

初中阶段具有中学中高级职称的教师人数在逐步提升，而初级教师职称所占的比率则在逐步下降。从1991年到2007年，中学高级教师人数从0.91%提高到8.81%，中教一级由从16.65%提高到39.89%，中教二级由34.61%提高到38.67%。中教三级从23.91%下降到5.72%，未定级的从23.88%下降到6.91%。

表 5 - 24　1991—2007 年普通初中专任教师职称结构的变化

年份	总人数	高级		一级		二级		三级		未定级	
		人数	%	人数	%	人数	%	人数	%	人数	%
1991	2 516 659	22 947	0.91	418 924	16.65	871 101	34.61	602 783	23.91	600 904	23.88
1992	2 564 987	23 451	0.91	415 253	16.19	931 644	36.32	623 400	24.30	571 239	22.27
1993	2 607 855	29 422	1.13	458 425	17.59	1 074 265	41.19	561 422	21.53	484 321	18.57
1994	2 686 868	45 996	1.71	537 110	19.20	1 182 974	44.03	485 537	18.07	435 251	16.20
1995	2 783 721	56 187	2.02	588 497	21.14	1 240 862	44.58	446 492	16.04	451 683	16.23
1996	2 892 688	67 743	2.34	638 902	22.09	1 286 305	44.47	416 027	14.38	483 711	16.72
1997	2 981 630	76 687	2.57	697 686	13.40	1 308 327	43.88	415 158	13.92	483 772	16.23
1998	3 054 658	82 856	2.71	755 354	24.73	1 332 296	43.62	416 512	13.64	467 640	15.31
1999	3 148 117	94 979	3.02	822 787	26.14	1 374 344	43.66	414 690	13.17	441 317	14.02
2000	3 248 608	106 374	3.27	887 196	27.31	1 426 203	43.90	406 653	12.52	422 182	13.00
2001	3 348 396	121 807	3.64	957 931	28.43	1 460 828	43.63	399 815	11.94	414 015	12.36
2002	3 430 307	145 354	4.24	1 041 010	27.32	1 476 868	43.05	386 893	11.28	380 182	11.08
2003	3 466 735	169 283	4.88	1 119 241	32.29	1 477 150	42.61	358 052	10.33	343 009	9.89
2004	3 476 784	195 655	5.63	1 193 067	34.32	1 455 039	41.85	323 206	9.30	309 817	8.92
2005	3 471 839	227 860	5.56	1 266 994	36.49	1 417 441	40.83	274 842	7.90	284 702	8.20
2006	3 463 478	267 523	7.72	1 331 390	38.44	1 370 002	39.56	229 740	6.63	264 823	7.65
2007	3 464 296	305 047	8.81	1 381 810	39.89	1 339 779	38.67	198 175	5.72	239 485	6.91

（资料来源：根据历年《中国教育事业统计年鉴》数据整理而成）

（三）高中教师队伍职称结构的改善

高中阶段具有中学中高级职称的教师人数在逐步提升，而初级教师所占的比率则在逐步下降。从 1991 年到 2007 年，中学高级教师人数从 11.78% 提高到 21.27%，中教一级由从 28.63% 提高到 33.78%，中教二级从 31.60% 提高到 34.02%。中教三级从 11.66% 下降到 2.16%，未定级的从 16.34% 下降到 8.77%。

表 5 - 25　1991—2007 年普通高中专任教师职称结构的变化

年份	总人数	高级		一级		二级		三级		未定级	
		人数	%	人数	%	人数	%	人数	%	人数	%
1991	573 262	67 491	11.78	164 137	28.63	181 138	31.60	66 839	11.66	93 657	16.34
1992	576 145	64 380	11.17	161 197	27.98	205 788	35.72	62 669	10.88	82 111	14.25
1993	558 976	69 800	12.49	165 988	29.70	219 981	39.35	45 421	8.13	57 786	10.34
1994	546 839	81 231	14.85	173 455	31.72	216 102	39.52	32 078	5.87	43 973	8.04
1995	550 521	86 622	15.73	182 189	33.09	210 956	38.32	25 740	4.68	45 014	8.18
1996	572 071	92 134	16.11	195 549	34.18	209 851	36.68	23 663	4.14	50 874	8.89
1997	605 132	96 586	15.96	215 169	35.56	212 778	35.16	24 277	4.01	56 322	9.31
1998	642 442	100 574	15.65	235 734	36.69	219 001	34.09	26 053	4.06	61 080	9.51
1999	692 439	111 085	16.04	258 279	37.30	232 660	33.60	27 101	3.91	63 314	9.14
2000	756 850	123 187	16.28	282 778	37.36	254 624	33.64	28 008	3.70	68 253	9.02
2001	840 027	141 178	16.81	309 419	36.83	284 081	33.82	28 413	3.38	76 936	9.16
2002	945 995	165 394	17.48	342 022	36.15	315 559	33.36	31 842	3.37	91 178	9.64
2003	1 070 575	191 670	17.90	377 317	35.24	350 104	32.70	33 982	3.17	117 502	10.98
2004	1 190 681	220 147	18.49	409 234	34.37	387 437	32.54	37 491	3.15	136 372	11.45
2005	1 299 460	250 697	19.29	443 010	34.09	425 534	32.75	37 611	2.89	142 608	10.98
2006	1 387 182	282 510	20.37	469 453	33.84	460 354	33.19	35 165	2.53	139 700	10.07
2007	1 443 104	306 953	21.27	487 537	33.78	490 905	34.02	31 227	2.16	126 482	8.77

(资料来源：根据历年《中国教育事业统计年鉴》数据整理而成)

三、教师队伍的年龄结构

教师队伍的年龄结构是教师队伍建设的一个重要维度。就个体而言，教师的成长和发展都有一个过程，在不同的发展阶段教师有不同的特点和优势，也有弱势和不足。就教师队伍整体而言，需要有一个平稳的交替和演进过程。换言之，要有一个良好的年龄结构以保证教师队伍的稳定发展，这就要求各年龄段的教师人数基本均衡。

新中国成立以后，随着基础教育的普及和发展，中小学教师人数急剧增加，参见表 5 - 7 到表 5 - 14 中的数据。教师队伍规模的扩大主要是靠新增加青年教师。在这种情况下，从 20 世纪 50 年代开始，年轻教师在整个教师队伍中的比例一直较大。20世纪90年代之前，教师队伍的年龄结构没有详尽的数据可查，因此，下面对教师队伍年龄结构的分析都是基于1991—2007年的数据资料。

（一）小学教师队伍年龄结构的变化

20世纪90年代以后，我国小学教师队伍的人数从1993年开始持续上升，到2000年则开始持续下降。从1991年到2007年这17里，小学教师队伍的年龄结构及其变化具有如下特点：

25岁及以下的教师人数在90年代持续增加，到2000年达到高峰，随后开始逐步下降；26～30岁年龄段的教师人数在90年代初开始下降，1996年以后一直在上升；31～35岁年龄段的教师人数在90年代初开始下降，1994—1997年则开始增加，1998年之后连续5年开始下降，2003年开始持续增加；36～40岁年龄段的教师人数基本上是持续下降；41～50岁年龄段的教师人数虽有变化，但是基本上保持了平衡状态；51～60岁年龄段的教师人数则呈现上升的状态，且上升幅度较大。这表明，我国小学生人数已经比较稳定，没有明显增长，所以年轻教师增长不显著。（见表5－26）

表5－26　1991—2007年小学教师不同年龄段的人数

年份	合计	25岁及以下	26～30岁	31～35岁	36～40岁	41～45岁	46～50岁	51～55岁	56～60岁	61岁以上
1991	5 532 252	952 064	883 792	908 193	900 509	745 571	624 932	408 512	103 630	5 049
1992	5 526 491↓	978 255↑	875 238↓	847 523↓	914 307↑	741 436↓	615 052↓	441 303↑	109 652↑	3 725↓
1993	5 551 597↑	985 061↑	846 380↓	829 022↓	931 670↑	752 300↑	610 426↓	474 154↑	119 275↑	3 309↓
1994	5 611 324↑	984 061↓	822 852↓	831 248↑	932 823↑	776 020↑	619 970↑	505 536↑	135 444↑	3 370↑
1995	5 664 057↑	998 654↑	813 084↓	835 774↑	896 868↑	802 438↑	636 978↑	527 516↑	149 600↑	3 145↓
1996	5 735 790↑	1 026 453↑	829 401↑	837 971↑	846 089↑	835 363↑	652 738↑	533 188↑	171 288↑	3 304↑
1997	5 793 561↑	1 049 140↑	836 467↑	841 943↑	784 661↓	872 794↑	666 229↑	540 816↑	197 763↑	3 748↑
1998	5 819 390↑	1 085 248↑	858 549↑	817 671↓	750 154↓	893 732↑	669 758↑	529 064↓	211 710↑	3 504↓

续表

年份	合计	25 岁及以下	26 ~ 30 岁	31 ~ 35 岁	36 ~ 40 岁	41 ~ 45 岁	46 ~ 50 岁	51 ~ 55 岁	56 ~ 60 岁	61 岁以上
1999	5 860 455 ↑	1 142 025 ↑	865 961 ↑	792 958 ↑	753 906 ↑	887 159 ↓	679 905 ↓	518 848 ↓	216 791 ↑	2 902 ↓
2000	5 860 316 ↓	1 150 901 ↑	868 686 ↑	776 703 ↓	765 404 ↑	845 712 ↓	695 354 ↓	529 886 ↑	224 697 ↑	2 973 ↑
2001	5 797 746 ↓	1 128 595 ↓	846 177 ↓	727 466 ↓	746 425 ↓	764 869 ↓	761 839 ↑	578 886 ↑	239 339 ↑	4 150 ↑
2002	5 778 853 ↓	1 081 955 ↓	875 818 ↑	751 674 ↑	756 451 ↑	700 238 ↓	801 062 ↑	578 819 ↓	229 402 ↓	3 434 ↓
2003	5 702 750 ↓	978 627 ↓	906 758 ↑	784 258 ↑	721 448 ↓	674 801 ↓	825 681 ↑	584 136 ↑	223 672 ↓	3 369 ↓
2004	5 628 860 ↓	854 958 ↓	950 054 ↑	802 691 ↑	693 011 ↓	693 464 ↑	814 907 ↓	592 652 ↑	224 369 ↑	2 754 ↓
2005	5 592 453 ↓	731 494 ↓	1 003 664 ↑	827 291 ↑	691 056 ↓	716 069 ↑	762 434 ↓	619 059 ↑	238 469 ↑	2 917 ↑
2006	5 587 557 ↓	623 712 ↓	1 040 426 ↑	849 044 ↑	713 110 ↑	738 758 ↑	702 369 ↓	662 959 ↑	254 640 ↑	2 539 ↓
2007	5 612 563 ↓	525 853 ↓	1 064 361 ↑	885 742 ↑	744 490 ↑	760 531 ↑	645 469 ↓	716 741 ↑	267 045 ↑	2 331 ↑

(资料来源:根据历年《中国教育事业统计年鉴》数据整理而成)

表 5 - 27 反映了不同年龄段小学教师人数的百分比。从表中可以看出,25 岁及以下的教师人数在 1999 年高达 19.5%,2003 年下降到 17.2%,2007 年低至 9.4%;26 ~ 30 岁年龄段的教师人数比例在 2007 年最高,达到 19%;31 ~ 55 岁年龄段的教师人数比例相对均衡。超过 70% 的教师处于 45 岁以下年龄。这表明小学教师的年龄结构整体上比较合理。

表 5 - 27 小学教师不同年龄段人数的百分比

年份	合计	25 岁及以下	26 ~ 30 岁	31 ~ 35 岁	36 ~ 40 岁	41 ~ 45 岁	46 ~ 50 岁	51 ~ 55 岁	56 ~ 60 岁	61 岁以上
1991	100	17.2	16.0	16.4	16.3	13.5	11.3	7.4	1.8	0.1
1995	100	17.6 ↑	14.4 ↓	14.8 ↓	15.8 ↓	14.2 ↑	11.2 ↓	9.3 ↑	2.6 ↑	0.1
1999	100	19.5 ↑	14.8 ↑	13.5 ↓	12.9 ↓	15.1 ↑	11.6 ↑	8.9 ↓	3.7 ↑	0.0
2003	100	17.2 ↓	15.9 ↑	13.8 ↑	12.6 ↓	11.8 ↓	14.5 ↑	10.2 ↑	3.9 ↑	0.1
2007	100	9.4 ↓	19.0 ↑	15.8 ↑	13.2 ↑	13.6 ↑	11.5 ↓	12.8 ↑	4.7 ↑	0.0

(注:本表是根据表 5 - 26 的部分数据整理而成)

（二）初中教师队伍年龄结构的变化

从20世纪90年代开始，我国初中教师队伍人数基本上持续增加，只是到了2006年因学生人数的减少，教师人数才有所下降。从1991年的251万多，到2005年增加到347万多。从1991年到2007年，初中教师人数增加了37.7%。在这17年，随着教师人数的增加以及教师年龄的增长，教师的年龄结构发生了变化，如表5-28所示。25岁及以下的教师人数从1995年到1999年持续增加，从2000年到2007年则持续下降；26～30岁年龄段的教师人数从1992年到2003年持续增加，从2004年开始持续下降；31～35岁年龄段的教师人数从1993年到2007年则持续上升；36～40岁年龄段的教师人数从1998年开始持续上升；41～45岁年龄段的教师人数从1995到1999年持续上升，然后开始下降，到2003年又开始增加；46～55岁年龄段教师人数的增减交替进行，数量变化不大，基本上是均衡的；56～60岁年龄段的教师人数也是增减交替进行。目前从整体上看，初中教师以40岁以下的教师为主体，年龄结构较好，即年轻的较多，中年的最多，老年的最少。

表5-28　1991—2007初中教师不同年龄段的人数

年份	合计	25岁及以下	26～30岁	31～35岁	36～40岁	41～45岁	46～50岁	51～55岁	56～60岁	61岁以上
1991	2 516 659	653 550	535 572	329 471	292 793	267 758	210 707	173 430	51 739	1 639
1992	2 564 987↑	660 390↑	580 555↑	320 894↓	301 499↑	253 472↓	210 818↑	178 565↑	57 584↑	1 210↓
1993	2 607 855↑	639 648↓	618 498↑	337 974↑	309 921↑	240 747↓	215 416↑	179 174↑	65 463↑	1 014↓
1994	2 686 868↑	619 720↓	657 492↑	380 247↑	311 972↑	238 617↓	223 726↑	178 853↓	74 510↑	1 731↑
1995	2 783 721↑	644 776↑	695 231↑	421 884↑	300 270↓	240 769↑	225 727↑	173 916↓	79 473↑	1 675↓
1996	2 892 688↑	669 615↑	728 327↑	473 301↑	289 591↓	250 179↑	222 276↓	172 007↓	85 362↑	2 030↑
1997	2 981 630↑	687 563↑	748 681↑	530 851↑	280 553↓	261 049↑	210 994↓	172 303↑	87 507↑	2 129↑
1998	3 054 658↑	698 527↑	766 003↑	568 473↑	293 647↑	270 362↑	198 831↓	172 037↓	84 733↓	2 045↓
1999	3 148 117↑	714 951↑	774 386↑	603 803↑	330 758↑	272 784↑	196 224↓	172 250↑	80 853↓	2 108↑

续表

年份	合计	25 岁及以下	26~30岁	31~35岁	36~40岁	41~45岁	46~50岁	51~55岁	56~60岁	61 岁以上
2000	3 248 608 ↑	705 588 ↓	793 232 ↑	649 128 ↑	375 277 ↑	267 435 ↓	196 489 ↑	178 435 ↑	80 681 ↑	2 343 ↑
2001	3 348 396 ↑	690 169 ↓	835 388 ↑	691 309 ↑	428 534 ↑	245 826 ↓	202 169 ↑	173 388 ↓	78 341 ↓	3 272 ↑
2002	3 430 307 ↑	659 611 ↓	860 530 ↑	714 532 ↑	484 828 ↑	243 927 ↓	218 208 ↑	165 934 ↓	79 535 ↑	3 202 ↓
2003	3 466 735 ↑	613 759 ↓	867 547 ↑	735 490 ↑	517 829 ↑	258 604 ↑	230 407 ↑	158 212 ↓	81 966 ↑	2 921 ↓
2004	3 476 784 ↑	552 327 ↓	865 069 ↓	739 944 ↑	552 089 ↑	294 126 ↑	232 906 ↑	154 108 ↓	83 501 ↑	2 714 ↓
2005	3 471 839 ↓	479 134 ↓	850 839 ↓	753 618 ↑	584 672 ↑	332 659 ↑	224 875 ↓	157 671 ↑	85 979 ↑	2 392 ↓
2006	3 463 478 ↓	419 665 ↓	819 958 ↓	766 619 ↑	612 481 ↑	375 205 ↑	214 550 ↓	166 884 ↑	85 979	2 137 ↓
2007	3 464 296 ↓	360 302 ↓	785 907 ↓	784 963 ↑	630 286 ↑	428 136 ↑	209 418 ↓	181 508 ↑	81 831 ↓	1 945 ↓

（资料来源：根据历年《中国教育事业统计年鉴》数据整理而成）

从表 5–29 可以看出，就不同年龄段初中教师人数占总人数的百分比而言，从 1991 年到 2007 年这 17 年里，初中教师的年龄结构及其变化具有如下特点：

第一，整体上看，现在的初中教师队伍具有年轻化的特点。40 岁以下中青年教师约占初中教师队伍总人数的 3/4。1991 年，40 岁及以下的中青年教师比例为 71.9%，1995 年为 74.1%，1999 年为 76.9%，2003 年为 78.8%，2007 年为 74%。与此同时，40 岁以上的教师群体只占教师总数的 1/4。

第二，在 2003 年和 2007 年，25 岁及以下的教师比例下降，主要原因可能在于学生人数的减少。这两年里 26~35 岁的教师比例增加。这部分教师有教学经验，加上年龄优势，从而在 21 世纪初的课程改革中发挥了积极的作用。

第三，目前中青年教师占有较大的比例，教师的年龄结构呈现较好的特点，26~45 岁年龄段的教师既有教学经验，又有健康的体力和旺盛的精力。但是在未来 20 年里这部分教师必然先后进入 40 岁以上的年龄群体，到时 40 岁以上的教师就会占有较大的比例，教师群体可能逐步呈现老化的特点，不利于教师年龄结构的平稳变化。

表5-29 初中教师不同年龄段人数的百分比

年份	合计	25 岁及以下	26~30 岁	31~35 岁	36~40 岁	41~45 岁	46~50 岁	51~55 岁	56~60 岁	61 岁以上
1991	100	25.9	21.3	13.1	11.6	10.6	8.4	6.9	2.1	0.1
1995	100	23.2↓	24.9↑	15.2↑	10.8↓	8.6↓	8.1↓	6.2↓	2.9↑	0.1
1999	100	22.6↓	24.6↓	19.2↑	10.5↓	8.7↑	6.2↓	5.5↓	2.6↓	0.1
2003	100	17.7↓	25.0↑	21.2↑	14.9↑	7.5↓	6.6↑	4.6↓	2.4↓	0.1
2007	100	10.4↓	22.7↓	22.7↑	18.2↑	12.3↑	6.0↓	5.2↑	2.4↓	0.1

（注：本表是根据表5-28的部分数据整理而成）

（三）高中教师队伍年龄结构的变化

20世纪90年代以后，我国高中教师人数持续增加，从1991年的57万多人，到2007年144万多人，增加了151.6%。因为吸收了较多的年轻教师，所以整体上看高中教师队伍的年龄结构具有年轻化的特点。表5-30显示，从各年龄段的人数看，45岁以下的高中教师人数在普遍增加；46~50岁年龄段的高中教师在2002年开始持续增加；51~55岁年龄段的教师从1991到2004年持续下降，2005年则开始上升；56~60岁年龄段的教师到1995年持续增加，之后开始下降，到2001年又开始上升。

表5-30 1991—2007年高中教师不同年龄段的人数

年份	合计	25 岁及以下	26~30 岁	31~35 岁	36~40 岁	41~45 岁	46~50 岁	51~55 岁	56~60 岁	61 岁以上
1991	573 562	113 645	145 685	60 372	46 072	56 288	59 939	67 210	23 235	916
1992	576 145↑	107 694↓	158 923↑	63 175↑	47 680↑	49 416↓	58 236↓	64 145↓	26 161↑	715↓
1993	558 976↓	92 742↓	156 747↓	71 663↑	49 534↑	42 366↓	57 060↓	58 799↓	29 390↑	675↓
1994	546 839↓	77 653↓	149 639↓	88 704↑	50 601↑	38 043↓	54 621↓	53 474↓	32 936↑	1 168↑
1995	550 521↑	75 077↓	144 778↓	106 072↑	50 505↓	37 549↓	51 672↓	49 797↓	33 834↑	1 237↑
1996	572 071↑	78 218↑	143 839↓	125 267↑	53 475↑	40 045↑	47 501↓	48 019↓	34 470↑	1 237
1997	605 132↑	85 360↑	146 411↑	147 289↑	56 723↑	43 587↑	42 386↓	47 945↓	33 725↓	1 706↑

续表

年份	合计	25 岁及以下	26～30 岁	31～35 岁	36～40 岁	41～45 岁	46～50 岁	51～55 岁	56～60 岁	61 岁以上
1998	642 442 ↑	93 648 ↑	152 352 ↑	161 107 ↑	69 220 ↑	48 292 ↑	37 888 ↓	47 410 ↓	30 349 ↓	2 176 ↑
1999	692 439 ↑	105 373 ↑	157 462 ↑	172 069 ↑	90 251 ↑	51 768 ↑	37 048 ↓	47 287 ↓	28 400 ↓	2 781 ↑
2000	756 850 ↑	113 450 ↑	168 998 ↑	185 873 ↑	117 242 ↑	55 522 ↑	38 019 ↓	46 405 ↓	27 801 ↓	3 540 ↑
2001	840 027 ↑	124 384 ↑	187 697 ↑	203 077 ↑	150 949 ↑	57 839 ↑	40 311 ↑	42 566 ↓	27 938 ↑	5 266 ↑
2002	945 995 ↑	145 809 ↑	210 389 ↑	219 932 ↑	183 685 ↑	65 588 ↑	45 584 ↑	39 889 ↓	29 342 ↑	5 777 ↑
2003	1 070 575 ↑	179 571 ↑	235 904 ↑	240 488 ↑	208 001 ↑	80 984 ↑	51 731 ↑	36 991 ↓	31 267 ↑	5 638 ↓
2004	1 190 681 ↑	206 026 ↑	265 714 ↑	252 586 ↑	230 121 ↑	107 358 ↑	56 114 ↑	35 882 ↓	31 514 ↑	5 366 ↓
2005	1 299 460 ↑	218 177 ↑	296 840 ↑	265 509 ↑	248 837 ↑	137 235 ↑	59 303 ↑	37 327 ↑	31 236 ↓	4 996 ↓
2006	1 387 182 ↑	220 070 ↑	323 127 ↑	277 344 ↑	262 084 ↑	167 737 ↑	62 928 ↑	40 207 ↑	29 233 ↓	4 529 ↓
2007	1 443 104 ↑	201 415 ↓	347 973 ↑	287 710 ↑	269 613 ↑	196 708 ↑	66 313 ↑	43 822 ↑	25 865 ↓	3 685 ↓

(资料来源：根据历年《中国教育事业统计年鉴》数据整理而成)

表 5－31　高中教师不同年龄段人数的百分比

年份	合计	25 岁及以下	26～30 岁	31～35 岁	36～40 岁	41～45 岁	46～50 岁	51～55 岁	56～60 岁	61 岁以上
1991	100	19.8	25.4	10.5	8.0	9.8	10.5	11.7	4.1	0.2
1995	100	13.7 ↓	26.3 ↑	19.3 ↑	9.2 ↑	6.8 ↓	9.4 ↓	9.0 ↓	6.1 ↑	0.2
1999	100	15.2 ↑	22.7 ↓	24.8 ↑	13.1 ↑	7.5 ↑	5.4 ↓	6.8 ↓	4.1 ↓	0.4 ↑
2003	100	16.8 ↑	22.0 ↓	22.5 ↑	19.4 ↑	7.6 ↑	4.8 ↓	3.5 ↓	2.9 ↓	0.5 ↑
2007	100	14.0 ↓	24.1 ↑	19.9 ↑	18.7 ↓	13.6 ↑	4.6 ↓	3.0 ↓	1.8 ↓	0.3 ↓

(注：本表是根据表 5－30 的部分数据整理而成)

从表 5－31 可以看出，从 1991 年到 2007 年这 17 年里，就不同年龄段高中教师人数占总人数的百分比而言，高中教师的年龄结构及其变化具有如下特点：

第一，中青年教师占教师总数的比例极大。45 岁及以下的教师占教师总数的比例由 1991 年的 73.5% 上升到 2007 年的 90.3% 。其中，1995 年为 75.3% ，1999 年为 83.3% ，2003 年为 88.3% 。

第二，2007 年 25 岁及以下的教师占总数的 14% ，26~40 岁的教师比例为 62.7% 。41~60 岁的教师比例为 23% 。高中教师队伍的年龄结构类似于橄榄球形状，即中间大、两头小，这一结构具有当下的优势。中青年教师有教学经验，身体健康，精力旺盛，教学有创新意识，但是也具有潜在的问题，随着岁数的增加，体力和精力的下降，在未来 20~30 年里，教师队伍可能出现逐渐老化的特点。

从上面的数据分析可以发现，20 世纪 90 年代以来，我国教师队伍的年龄结构在逐步走向均衡，整体上看，中小学教师的年龄结构大致类似于橄榄形状，25 岁及以下的教师人数比例正逐步减少，26~45 岁年龄段的教师人数比例偏大许多，45 岁以上的教师人数比例偏小。小学教师的年龄结构相对于中学教师更均衡一些。2007 年的教师年龄结构应该说还不是最优化的年龄结构，因为目前的中青年教师在未来 20~30 年里会逐步步入老年阶段，到时老教师所占的比例会逐步增加，不利于教师队伍年龄结构的均衡化。因此，教师的年龄结构需要通过教师准入政策、教师编制、学生班级规模的调控等措施加以合理的调整，促进各年龄段教师的相对平衡。

第三节　教师队伍整体素养的提升

新中国成立以来，教师队伍不但在学历结构和职称结构方面有明显的改善，而且其职业道德素养不断得到加强，其专业素养水平持续提高。对教师队伍整体素质的提高，党和政府给予了充分的肯定。

1957 年 3 月，毛泽东在中国共产党全国宣传工作会议上指出："在这五百万左右的知识分子中，绝大多数是爱国的，爱我们的中华人民共和国，愿意为人民服务，为社会主义的国家服务。"① 1962 年 3 月，周恩来在《政府工作报告》中指出："我国的知识分子，在社会主义建设的各个战线上，作出了宝贵的贡献，应当受到国家和人民的尊重。"② 毛泽东和周恩来所提到的知识分子无疑包括了当时的中小学教师，反映出我国广大中小学教师在新中国成立初期思想与政治素养的提高。

1978 年 4 月在全国教育工作座谈会上，邓小平说："二十多年来，我们已经建立了一支人民教师队伍。全国有教师 900 多万人。绝大多数教职员工热爱党热爱社会主义，勤勤恳恳为社会主义教育事业服务，为民族、为国家、为无产阶级立了很大功劳。"③ 1985 年《中共中央关于教育体制改革的决定》指出："我国已有近千万人的教师队伍，长时间来，他们中的绝大多数人，无论生活如何清苦，无论经历什么政治风雨，都始终不渝地坚信党、热爱社会主义祖国、忠于人民的教育事业，不愧为人师表。"④ 2002 年 9 月，江泽民在庆祝北京师范大学建校一百周年大会上指出："长期以来，我国广大教师，特别是广大农村和边远贫困地区的教师，在艰苦清贫的条件下恪尽职守，默默耕耘，为祖国的教育事业无私奉献，涌现出了许多可歌可泣的先进人物，充分体现了陶行知先生当年倡导的'捧着一颗心来，不带半根草去'的崇高精神。这种平凡而又伟大的精神，永远值得我们学习和发扬！"⑤ 2007 年教师节前夕，胡锦涛在全国优秀教师代表座谈会上充分肯定了教师"学为人师、行为世范，默默耕耘、无私奉献的高尚精神"，这是对教师队伍建设取得重大成就的高度认可和赞

---

① 《中国教育大系》编纂出版委员会编：《中国教育大系·马克思主义与中国教育（下）》，湖北教育出版社 1994 年版，第 167 页。

② 《中国教育大系》编纂出版委员会编：《中国教育大系·马克思主义与中国教育（下）》，湖北教育出版社 1994 年版，第 228 页。

③ 《中国教育大系》编纂出版委员会编：《中国教育大系·马克思主义与中国教育（下）》，湖北教育出版社 1994 年版，第 250 页。

④ 苏林、张贵新主编：《中国师范教育十五年》，东北师范大学出版社 1996 年版，第 17 页。

⑤ 国家教育委员会政策法规司编：《十一届三中全会以来重要教育文献选编》，科学教育出版社 1992 年版，第 188 页。

颂。教师队伍整体素养的提高表现在许多方面，其中突出的是职业道德和专业发展两个方面的变化。

一、教师的职业道德素养日益提高

教师是学生成长的引路人，教师的职业道德水平直接关系到亿万青少年的健康成长，关系到国家的前途命运和民族的未来。新中国成立以来，党和国家十分重视师德建设。《教师法》和《中小学教师职业道德规范》等法律法规为提升教师职业道德提出了明确的要求。长期以来，广大教师教书育人，敬业奉献，赢得了全社会的尊重，教师队伍中不断涌现出一批又一批热爱教育事业的模范人物。

很多优秀教师甘为人梯，乐于奉献，做到"静下心来教书，潜下心来育人"。他们默默无闻地奉献，"化作春泥更护花"，像蜡烛一样燃烧自己照亮别人，像园丁一样辛勤浇灌幼苗。社会对教师的这些赞美之词在一定程度上反映出新中国广大教师的精神面貌。北京第二实验小学特级教师霍懋征、江苏特级教师斯霞是其中杰出的代表。他们淡泊名利、志存高远，"任你红尘滚滚，我自清风朗月"；他们勤恳敬业，一辈子献身于人民的教育事业，他们的事迹在教育界产生了积极的巨大的影响。霍懋征出生在一个教师家庭，她自幼就对将来成为一位好教师充满了向往。1943年，霍懋征从北京师范大学数理系毕业，选择了到北京师范大学第二附属小学（现北京第二实验小学）当一名小学老师。数十年来，她经历了共和国教育改革的全过程，在小学的校园里和课堂上为教育教学改革积累了丰富经验。1956年，她被评为北京市特级教师，周恩来握着她的手，称她为"国宝"。斯霞从青春到耄耋，一往情深地坚持做一名小学教师，把自己的一生心甘情愿地献给了小学教育事业。70余年如一日，爱岗敬业，对学生无微不至地关爱。"我做了一辈子小学老师"，这是斯霞最大的自豪。学校、学生成了她生命不可缺少的部分，她的生命也与学校、学生融合在一起。"童心母爱"构建了斯霞老师的教育思想和风格。

我国广大农村和边远贫困地区的教师在艰苦清贫的生活环境里恪尽职

守,默默耕耘,为祖国的教育事业无私奉献。四川教师李桂林、陆建芬夫妻就是其中的优秀代表。1990 年,李桂林、陆建芬夫妻来到甘洛县乌史大桥乡二坪村,这是凉山北部峡谷绝壁上的彝寨,村民上下绝壁都要攀爬 5 架木制的云梯,进出极为艰难。村庄的落后与贫苦深深地震撼了这对彝族夫妻。李桂林决定扎根二坪村从教,得到了妻子陆建芬的支持。夫妻俩被评为 2008 年感动中国人物。"感动中国"组委会的颁奖词说:在最崎岖的山路上点燃知识的火把,在最寂寞的悬崖边拉起孩子们求学的小手,19 年的清贫、坚守和操劳,沉淀为精神的沃土,让希望发芽。像他们这样长期坚持在山区最艰难的环境里从事教育工作、默默耕耘在边远落后地区的教师有成千上万。在 2008 年 5 月 12 日发生的汶川大地震中,震区广大教师奋不顾身地保护学生,表现了无私的献身精神。教师们舍生忘死,抢救学生,有的牺牲了宝贵的生命。谭千秋、袁文婷就是其中可歌可泣的英雄教师,他们以师者的本色展示了人民教师的职业操守,以自己的宝贵生命诠释了爱与责任的师德灵魂。地震发生时,谭千秋正在上课,危急时刻,他用双臂将 4 名学生紧紧地掩护在身下。13 日晚上,当人们从废墟中将他扒出来时,他的双臂还张开着,趴在讲台上。4 名学生在他的保护下成功获救。什邡市师古镇民主中心小学教师袁文婷在地震中为营救学生英勇牺牲,时年 26 岁。地震发生时,袁文婷一次又一次地冲进教室,柔弱的双手抱出 13 个孩子。在最危难的一刻,他们用自己的无私无畏向世人展示着人民教师高尚的道德情操,他们用自己的生命铸就了师魂。

1983 年 4 月召开的全国"五讲四美、为人师表"活动先进代表大会,有 857 名优秀教师受到党和国家的表彰;1984 年 4 月由京沪 7 个报社联合举办的评选全国优秀班主任活动,受奖的有 2 913 名优秀班主任。① 2007 年教育部、人事部联合表彰 800 名"全国模范教师"和"全国教育系统先进工作者",其中获得"全国模范教师"的中小学教师有 543 人。同时

---

① 《中国教育大系》编纂出版委员会编:《中国教育大系·马克思主义与中国教育(下)》,湖北教育出版社 1994 年版,第 1292 页。

教育部还表彰了"全国优秀教师"和"全国优秀教育工作者"2 004 名，其中中小学"全国优秀教师"1 369 人，全国优秀教师工作者 88 人。教师队伍涌现出了以特级教师、师德标兵为主要代表的优秀教师群体，引领了教师队伍素养的全面提升。

党和政府对教师队伍建设取得的成就表示认可和尊重的同时，也对广大教师提出了新的期望。胡锦涛殷切希望"广大教师要忠诚于人民教育事业，树立崇高的职业理想和坚定的职业信念，把全部精力和满腔真情献给教育事业，做爱岗敬业的模范。要关爱每一名学生，关心每一名学生的成长进步，以真情、真心、真诚教育和影响学生，努力成为学生的良师益友，成为学生健康成长的指导者和引路人。""不断加强师德修养，把个人理想、本职工作与祖国发展、人民幸福紧密联系在一起，树立高尚的道德情操和精神追求，甘为人梯，乐于奉献，静下心来教书，潜下心来育人，努力做受学生爱戴、让人民满意的教师。"这种期望实质上也反映了新时代对教师提出的更高要求，是教师队伍建设需要努力实现的目标和方向。

二、教师的专业发展水平持续提升

教师专业素养是当代教师质量的集中表现，教师的专业化发展水平是衡量教师队伍建设的重要标志之一，促进教师的专业发展是教师队伍建设的重要维度。1966 年国际劳工组织、联合国教科文组织联合发表的《关于教员地位的建议》提出了教师专业地位的问题。20 世纪 80 年代，教师的专业发展与专业素养问题成为教育领域内的中心主题之一。美国发表的一系列报告都探讨了如何提高教师专业素养的思路与对策。教师的专业素养至少包括专业理论知识、基于自律的师德以及对教师职业的理性认识。具体说，教师应该有：（1）与时代精神相通的教育理念；（2）当代科学与人文的基本知识和工具性学科的扎实基础，具备 1～2 门学科的专门性知识与技能、教育学科类知识素养；（3）理解他人和与他人交往的能力、管理学生的能力、研究教育问题的能力。新中国成立 60 年来，特别是随着 20 世纪 90 年代素质教育的实施以及 21 世纪之初基础教育课程改革，通过教师教育专业教学计划的调整及教育教学改革、教师的在职进修和培训、校本课程的实施与对教育实践活动反思等，我国中小学教师的专业素养不断得到强化和提高。

历史地看，新中国成立之初，出于基础教育普及的需要，大量没有受过师范教育的人员进入教师队伍，虽然他们不乏教学热情，但是却缺乏基本的教学能力。对于如何上课，如何维持基本的课堂纪律，他们感到茫然失措。"文化大革命"期间，又补充了大量未经过师范专业训练的不合格的教师，导致教师队伍整体素质的持续下降。

在 20 世纪 80 年代初，教师的文化基础差，当时"教师知识结构单一，专业不专，基础薄弱，视野狭窄；大多数教师没有学过教育学和心理学，缺乏起码的教育理论知识"[1]，即使师范院校的毕业生走上工作岗位时，也还不能达到完全合格的要求。各级教育主管部门对不能胜任教学岗位的教师及时开展补偿性的培训，通过离职进修、在职培训和自学考试等途径在一定程度上提高了教师的知识水平。20 世纪 90 年代，素质教育的提出和实施对教师的专业素养有了时代的新要求，教师队伍学历结构的重心上移。1993 年颁布《教师法》，1995 年颁发《教师资格条例》，1997 年设置教育硕士学位，师范院校改革办学模式，这些举措有力地提高了教师的教育教学能力水平。这个时期出现了很多优秀的教师。"对人类的热爱和博大的胸怀，对教师成长的关怀和敬业奉献的崇高精神，良好的文化素养，复合的知识结构，在富有时代精神和科学性的教育理念指导下的教育能力和研究能力，在实践中凝聚生成的教育智慧，这就是我们期望的未来教师的风采。在我们的身边已经能够找到这样的教师。"[2]

21 世纪初，教师队伍建设进入了以促进教师专业发展为导向的新阶段。教师教育的改革与基础教育的课程改革结合在一起极大地推动了教师专业素养的提升，"新基础教育课程改革是当前我国推进素质教育的重大

---

[1] 刘星：《"三个面向"与师资培训》，《教育实践与研究》1985 年第 4 期，见瞿葆奎主编：《教育学文集·教师》，人民教育出版社 1991 年版，第 345 页。

[2] 叶澜：《新世纪教师专业素养初探》，《教育研究与实验》1998 年第 1 期。

举措，它呼唤教师教育培养出高素质、专业化的新型教师"①。具体地说，有如下因素促进了教师的专业化：教师教育的大学化走向，教师教育课程体系的改革，对国外教师专业发展理论的研究，素质教育的深化与基础教育课程改革，立体化的在职培训体系与多样化的培训方式，教师职业道德建设与农村教师队伍建设的加强，教育硕士规模的扩大，学校管理体制与教师职务评聘的改革。教师队伍专业素养的提升表现在：（1）有多学科的知识视野；（2）有教育理论的思维能力；（3）有对教育教学实践的反思能力；（4）有对教育问题的研究能力；（5）教育技术素养的加强。

---

① 袁贵仁：《全面落实以人为本的科学发展观，努力建设高素质的教师队伍》，参见教育部师范教育司组编：《加强改革教师教育 服务基础教育——教师教育文件、经验材料选编》，高等教育出版社 2005 年版，第 4 页。

第六章
基础教育教师队伍
建设的经验与展望

　　新中国成立 60 周年来，我国中小学教师队伍建设积累了宝贵的经验，主要表现在改善和提升教师的社会地位，设置和改革独立的教师教育体系，建构和完善一体化的教师教育体系，制定教师队伍建设的法律法规体系。从未来的发展趋势看，需要进一步完善教师资格证书制度，优化教师教育体系的结构，扩大提升教师专业发展水平的空间，强化以人为本的教师队伍管理理念。

第一节　教师队伍建设的经验

一、注重改善和提升教师的社会地位

　　教师是人类文明的传播者和建设者，人类文明发展的连续性，有赖于一代又一代教师的辛勤劳动。在人类社会的发展和进步中，教师起着巨大的作用。新中国成立后，我国中小学教师的社会地位发生了根本性的转变，他们被认为是工人阶级的一部分，是国家的主人，是办好学校的主要力量。党和政府都强调提高中小学教师的社会政治地位和经济收入，改善

教师的福利待遇，对优秀教师给予表彰和奖励；十一届三中全会之后，重视解决历史遗留的民办教师问题，等等。这些已经成为调动广大教师积极性的重要举措。

（一）重视营造尊重教师的社会氛围

早在 1949 年底召开的第一次全国教育工作会议就提出，应该设法改善教育工作者的物质生活，提高他们的社会地位。1950 年 8 月，中国教育工会第一次全国代表大会提出，各级人民政府和人民代表会议都应注意吸收教师代表参加，使他们广泛地参与社会政治生活。1956 年 10 月 5 日，《人民日报》发表社论《不许歧视小学教师》。社论提出要依靠各方面的努力，把社会上尊重和爱护小学教师的风气树立起来。

1978 年，邓小平在全国教育工作会议上指出："一个学校能不能为社会主义建设培养合格的人才，培养德智体全面发展、有社会主义觉悟的有文化的劳动者，关键在教师。"[1] 建设中小学教师队伍被视为是发展教育事业、提高教育质量、在 20 世纪内实现四个现代化强国的基础性工作。为了进一步提高教师的政治地位和社会地位，逐步使教师成为社会上最受人尊敬、最值得羡慕的职业之一，形成尊师重教的社会风尚，1985 年 1 月第六届全国人民代表大会通过决议，每年 9 月 10 日为"教师节"。[2] 此后，全国各地每年都以不同方式庆祝教师节。通过表彰和奖励优秀教师，介绍先进教育经验，同时各地政府也逐渐重视帮助解决教师工资、住房、医疗等方面的实际困难，改善教学条件等，大大提高了广大教师从事教育事业的积极性。

《教师法》规定："教师是履行教育教学职责的专业人员，承担教书

---

[1]　中共中央文献研究室编：《邓小平论教育》，人民教育出版社 1995 年版，第 72 页。

[2]　新中国成立后，中央人民政府曾恢复 6 月 6 日为教师节，教育部通告各地教育工作者，可以根据实际情况自行组织庆祝活动。1951 年全国教育工会成立，教育工作者被确认为工人阶级的一部分。1951 年 4 月 19 日，教育部长和中国教育工会全国委员会主席发表书面谈话，宣布"五一国际劳动节"同时为教师节。但由于这一天缺少教师节的特点，执行的结果并不理想。特别是 1957 年以后，在"左"的思想影响下，教师不受重视，教师节实际上已形同虚设。

育人，培养社会主义事业建设者和接班人，提高民族素质的使命。"《教师法》的颁布肯定了教师职业的专业性质，提高了教师的社会地位。1993年《中国教育改革和发展纲要》指出："振兴民族的希望在教育，振兴教育的希望在教师。建设一支具有良好政治业务素质、结构合理、相对稳定的教师队伍，是教育改革和发展的根本大计。要下大决心，采取重大政策和措施，提高教师的社会地位，大力改善教师的工作、学习和生活条件，努力使教师成为最受尊重的职业。"① 1994 年，江泽民说："要求在全党全社会形成和保持尊师重教的良好风气，振兴民族的希望在教育，振兴教育的希望在教师。教师是人类灵魂的工程师。这个职业是崇高而又艰辛的，应该受到全党和社会的尊敬。尊师重教，首先要从各种领导干部做起，特别是高级领导干部更应起带头作用。"2001 年的《国务院关于基础教育改革与发展的决定》指出："建设一支高素质的教师队伍是扎实推进素质教育的关键。"2002 年，在北京师范大学建校 100 周年庆祝大会上江泽民说，贯彻党的教育方针，推进教育创新，培养大批高素质人才，离不开教师的辛勤工作。国务院总理温家宝在 2006 年看望教师时说："只有尊重老师，重视教育，国家才会兴旺发达。"2007 年胡锦涛在全国优秀教师代表座谈会上的讲话中指出："教师是人类文明的传承者。推动教育事业又好又快发展，培养高素质人才，教师是关键。没有高水平的教师队伍，就没有高质量的教育。尊重教师是重视教育的必然要求，是社会文明进步的重要标志，是尊重劳动、尊重知识、尊重人才、尊重创造的具体体现。"党和国家领导人的这些讲话都充分肯定了包括中小学教师在内的教师劳动的社会价值，反映出党和政府一直努力为教师创造更好的工作环境，注重营造在全社会形成尊师重教的社会氛围。

（二）努力提高教师的经济收入，改善福利待遇

教师的经济收入和福利待遇是决定教师社会地位的重要因素之一，经济收入的高低和福利待遇的好坏在很大程度上影响着教师队伍的稳定。

---

① 苏林、张贵新主编：《中国师范教育十五年》，东北师范大学出版社 1996 年版，第 29 页。

1949 年以来，我国执行师范生免费制度，同时不断提高教师的经济收入，并改善教师的福利待遇，稳定和发展了中小学教师队伍。

1951 年第一次全国师范教育会议讨论通过了《关于改善小学教师待遇的指示》。1952 年相比于 1951 年，中等学校教师工资增加了 25.5%，初等学校教师工资增加了 37.4%。[①] 1954 年 6 月起，中小学教师施行新工资标准，各级工资标准都有相应提高。1956 年 4 月 11 日，毛泽东批示要解决小学教师待遇低、地位低、质量低的情况。随后教育部起草了《关于提高小学教师待遇和社会地位的报告》。报告认为，必须从思想上转变某些干部轻视小学教师的错误观点；应当实行"教龄津贴"的工资制度；对有特殊贡献的优秀教师，应给予特级待遇。1956 年的教师工资改革，教育事业单位月平均工资提高 28.72%，小学教师的工资提高 32.88%，由调整前的 30.20 元提高到 40.13 元。[②]

改革开放以后，党和国家非常重视提高中小学教师的经济收入和福利待遇，制定了一系列的提高教师工资和补贴、改善教师工作和生活条件的政策，为中小学教师积极投身于教育事业奠定了良好的经济基础。1981 年教育部颁布《关于调整中、小学教职工工资的办法》和《关于增加中、小学民办教师补助费的办法》，使中小学教师的工资有所提高，民办教师的待遇有所改善。1987 年国务院发布《关于提高中小学工资待遇的通知》，将中小学当时的工资标准提高 10%。1992 年，国家教委等部门联合发布《关于进一步改善和加强民办教师工作若干问题的意见》，要求地方各级政府改善民办教师的工资福利待遇。1994 年国家教委和人事部印发《中小学贯彻〈事业单位工作人员工资制度改革方案〉实施意见》，这是自改革开放以来第三次大规模地提高中小学教师工资，规定了中小学工作人员职务（技术）的等级工资标准、各种津贴、奖励、增资的实施办法。

---

① 宋嗣廉、韩力学主编：《中国师范教育通览（上卷）》，东北师范大学出版社 1998 年版，第 145 页。

② 中央教育科学研究所编：《中华人民共和国大事记（1949—1982）》，教育科学出版社 1983 年版，第 160 页。

此外，1978 年特级教师开始享有补贴，当时规定小学特级教师每月补贴 20 元，中学特级教师每月补贴 30 元。[①] 1979 年中小学班主任开始享有津贴，1986 年中小学教师开始享有教龄津贴，1992 年开始实行校长职务津贴制度，1993 年开始对那些在少数民族地区和边远贫困地区工作的教师予以补贴。

1993 年颁布的《教师法》规定：（1）教师的平均工资水平应当不低于或者高于国家公务员的平均工资水平，并逐步提高。建立正常晋级增薪制度。（2）中小学教师享受教龄津贴和其他津贴。（3）地方各级人民政府对教师以及具有中专以上学历的毕业生到少数民族地区和边远贫困地区从事教育教学工作的，应当予以补贴。（4）地方各级人民政府和国务院有关部门，对城市教师住房的建设、租赁、出售实行优先、优惠。（5）教师的医疗同当地国家公务员享受同等的待遇；定期对教师进行身体健康检查，并因地制宜安排教师进行休养。（6）教师退休或者退职后，享受国家规定的退休或者退职待遇。县级以上地方人民政府可以适当提高长期从事教育教学工作的中小学退休教师的退休金比例。（7）各级人民政府应当采取措施，改善国家补助、集体支付工资的中小学教师的待遇，逐步做到在工资收入上与国家支付工资的教师同工同酬。

针对有的地区出现拖欠教师工资的问题，1993 年 11 月国务院办公厅发布《关于采取有力措施迅速解决拖欠教师工资问题的通知》，要求各级政府确保教师工资按期足额到位。在医疗、退休金、民办教师待遇等问题上，党和政府也提出了一系列具体的改善措施。

（三）建立教师荣誉和奖励制度

为提高中小学教师的社会地位，党和政府重视通过设置荣誉和奖励制度来表彰优秀教师。早在 1956 年，北京市就提升了一批特级教师，1959 年、1960 年、1963 年又陆续提升了一些特级教师，到 1966 年全市共有特

---

① 《中国教育年鉴》编辑部编：《中国教育年鉴（1949—1981）》，中国大百科全书出版社 1984 年版，第 715 页。

级教师42名，其中中学9名，小学32名，幼儿园1名。这些特级教师的工资都获得了提高。

1978年教育部、国家计委联合颁布《关于评选特级教师的暂行规定》，在全国范围开始评选特级教师。① 1992年10月，国家教委发布《教师和教育工作者奖励暂行规定》，设置的荣誉称号有"全国优秀教师"、"全国优秀教育工作者"、"全国教育系统劳动模范"，对获得者分别颁发相应的奖章和证书。1993年的《中国教育改革与发展纲要》规定："各级政府和学校，对优秀教师和教育工作者，要进行精神和物质的奖励，对有突出贡献的教师要给予特殊津贴或奖励，并形成制度。提倡和鼓励各级政府、社会团体、企业和个人建立教师奖励基金。"1994年实施的《中华人民共和国教师法》规定："教师在教育教学、培养人才、科学研究、教学改革、学校建设、社会服务、勤工俭学等方面成绩优异的，由所在学校予以表彰、奖励。国务院和地方各级人民政府及其有关部门对有突出贡献的教师，应当予以表彰、奖励。对有重大贡献的教师，依照国家有关规定授予荣誉称号。""国家支持和鼓励社会组织或者个人向依法成立的奖励教师的基金组织捐助资金，对教师进行奖励。"把对教师的奖励提升到法律的高度。1994年，国务院颁布《教学优秀成果奖励条例》。1998年国家教委发布《教师和教育工作者奖励规定》，奖励"全国模范教师"、"全国教育系统先进工作者"和"全国优秀教师"、"全国优秀教育工作者"，每三年进行一次。对教师的奖励逐步走向制度化。

新中国重视改善和提升教师的社会地位，反映出我国政府和人民深刻认识到教师职业的社会价值，是对我国尊师重教优良传统的继承和发扬。

二、设置和改革独立的教师教育系统

回顾60年教师教育发展的历史，可以说经历了从独立设置走向开放

---

① 1978年，特级教师评选的比例控制在万分之五；1993年，特级教师的比例提高到万分之十五。

的过程，这是一个探索和改革的过程。新中国成立之初，党和政府根据社会政治、经济和文化发展的实际需要设置独立的师范教育系统，在发展的过程中，又能够根据社会政治、经济和文化的变化对独立设置的师范教育系统加以改革。这是我国基础教育教师队伍建设的重要经验之一。

（一）以俄为师，独立设置师范教育体系

1950 年 2 月，毛泽东把北京师范大学校长林砺儒请到中南海，详细地询问学校的发展历史及现状，并指示说："北师大应当进一步发展，培养更多的合格师资；教育行政部门要为师大提供有利条件，使师大在各方面为全国高等师范院校起示范作用。"1950 年，毛泽东亲自为北京师范大学题写校名。毛泽东的这一举动意味着师范教育的发展已受到党和政府的高度重视。

新中国成立初期，为了集中有限的人力物力培养急需的中小学教师，强调借鉴苏联师范院校独立设置的经验。基本做法是：（1）每一大行政区设置师范学院一所以培养高中教师，各省和大城市原则上设置师范专科学校或师范学院一所，培养初中教师。（2）把当时大学中的师范学院或教育学院逐渐独立出来，并增设文理系科。（3）大学中的教育系归入师范学院，以培养师范学校的教师。1952 年下半年开始对高等师范院校的院系进行调整。独立设置的师范学院由 17 所增加到 21 所，师范专科学校由 1 所增加到 16 所。普通大学内的 32 个教育系减少到 1 个，普通大学内的师范学院、教育学院、文教学院由 13 所减少到 8 所。1953 年，对高等师范院校的英语、体育和政治等系科也进行了调整。全国高等师范院校调整后均成为独立设置的师范教育院校。新中国以苏联师范教育体制为蓝本，形成了以独立师范院校为主体、多形式、多层次、系统化的高等师范教育体系，被称为定向型模式。

在我国普及教育任务十分艰巨、教师严重不足、师范教育很不发达的情况下，设置独立的师范教育体系具有现实的合理性，当然也不排除当时政治意识形态的因素和国际政治格局因素的影响。早在 1954 年，毛泽东就说过："苏联所创造的新文化，应当成为我们建设人民新文化的范例。"① 新中国成立后，刘少奇也提出需要"以俄为师"。当时中国教育界认为，苏联整个教育体系，从思想体系到教育制度、教学内容、教学方法、教学组织都是世界上最优越的，师范教育也不例外。客观地说，这也反映出当时党和国家领导人以及教育界内外对苏联师范教育经验的欣赏和偏爱。

高等师范教育体系调整之后，党和政府加强了对高等师范院校的领导和管理，加大了投资建设，师资队伍和校舍设备都有了进一步的改善和充实，师范教育取得了迅速的发展。1953 年全国共有独立设置的高等师范学校 31 所，其中师范大学和师范学院 26 所，师范专科学校 5 所。到 1957 年高等师范院校增加到 58 所。高师院校的毕业生数、在校学生数量和招生数量也逐年增加。"大跃进"之前的 1957 年高师院校毕业生数是 1949 年 8.4 倍，是 1952 年的近 5.2 倍。1957 年招生数是 1949 年的 9.6 倍，是 1952 年的 1.8 倍；1957 年在校学生数是 1949 年的 9.5 倍，是 1952 年的 3.6 倍。中等师范学校的数量、毕业生数、招生数和在校学生数都有大幅度增加。

独立设置的师范教育系统是一种定向型的师范教育体制，内在地具有某种封闭性。随着我国师范教育的发展，关于师范教育问题是否独立设置的讨论再度多次出现。

（二）创建定向和非定向并存的教师教育体制

新中国成立以来，独立设置的师范院校体系为我国的教师教育做出了重大的历史贡献，并且在今后一段时间内仍然是我国教师教育的主要力量。但是在高等教育结构调整和教师供求关系不断发生变化的背景下，举办教师教育的非师范院校数量不断增加，规模不断扩大，优势日益显现，在教师教育工作中发挥出越来越重要的作用。

---

① 人民教育出版社教育室编：《毛泽东周恩来刘少奇邓小平论教育》，人民教育出版社 1994 年版，第 296 页。

1992 年党的十四大提出建立社会主义市场经济体制，师范教育的改革与发展受到市场经济的影响。在高等师范院校拓展非师范专业的同时，有的综合性大学也开始设置师范教育专业，市场经济的竞争机制在师范教育领域开始发挥作用。20 世纪 90 年代初以来开始提出的素质教育、学校改制、心理咨询以及 21 世纪初提出的课程改革等对师范教育提出了新的要求。20 世纪末高校的扩招和高校的合并为调整师范学校的层次和布局提供了契机。1999 年高校招生的扩招政策加快了高等教育的大众化，新入职的中小学教师有了更高的学历。世纪之交高等学校结构的调整使原来独立设置的一些师范院校被合并到综合大学或文理学院之中。教师资格证书制度的实施为非师范院校毕业生走上教师岗位设立了"绿色通道"。教师的专业化追求、职前培养和在职培训的一体化、教师教育体系的开放化成为国际教师教育发展的趋势，教师教育一词在我国逐步获得了认可。

总之，世纪之交我国教师教育已经进入了一个从数量满足向质量提高转变的历史新时期。实现这种转变，鼓励师范院校走向综合化和综合大学参与教师教育，是我国经济社会和教育发展的客观要求，是教师教育发展规律的集中表现，也是教师队伍建设和发展的现实需要。非师范院校与师范院校具有优势互补，综合性高等学校和非师范类高校参与培养、培训中小学教师的工作，有利于发挥各级各类高等学校优势，利用更多的优质资源提高教师教育的质量和水平。非师范院校具有举办教师教育的潜在优势，这种优势在很多综合性院校中已逐步显现出来，非师范院校举办教师教育经过多年的探索和实践，积累了一些宝贵的经验。2003 年 11 月，80 多所举办教师教育的非师范院校在厦门召开"全国非师范院校教师教育工作研讨会"，发表了《非师范院校积极参与教师教育的行动宣言》，成立了全国非师范院校教师教育协作会，通过了《全国非师范院校教师教育协作会章程》。该《宣言》表示："非师范院校要积极发挥自己的综合优势，在教师教育办学体制、人才培养模式、课程内容改革、教学方法和手段创新等方面，结合各校实际情况，不断改革创新，办出水平，办出特色。积极响应并热情参与'全国教师教育网络联盟计划'，充分发挥多学科的优势和学科、人才优势，共建共享优质教师教育资源，为高水平、高效益地培养培训教师做出重要贡献。"

从以俄为师设置独立的师范教育体系到定向和非定向并存的教师教育体制，这是一个历史的演变与发展过程，是我国60年来教师队伍建设与发展的重要特点之一，也是我国中小学教师培养工作的重要经验之一。这一经验的本质特征在于教师的培养要立足于基础教育的需要，依据国家社会政治、经济和文化发展的实际水平，广泛理解国际教师教育改革的趋势，尊重师范教育和教师教育发展的基本规律，建构具有中国特色的教师培养模式，并能够根据基础教育和社会情势的变化不断调整和改革。

三、建构一体化的教师教育体系

"教师教育"一词首次出现在正式法规中是2001年颁布的《国务院关于基础教育改革与发展的决定》。该《决定》指出："要完善教师教育体系，深化人事制度改革，大力加强中小学教师队伍建设。"教师教育概念的提出旨在强调教师的职前培养、入门指导、在职培训的整体性和连贯性，重视教师发展的专业性。"教师教育"取代"师范教育"，是因为"教师教育"一词表达的理念超越了单纯的"师范教育"，有利于改变教师职前、入职、在职各自为政、相互割裂的局面，把教师的职前教育扩展到教师一生的专业发展，把具有促进教师专业发展功能的各种教育机构整合起来，促使教师自觉地追求专业化，具有自我更新的能力。所谓"一体化的教师教育"，即以终身教育思想为指导，根据教师专业发展的理论，对教师职前、入职和在职教育进行全程的规划设计，把教师的职前培养和教师的在职培训衔接起来，建立起教师教育各个阶段各有侧重、又有内在联系的教师教育体系。

新中国成立以后，在重视师范院校发展的同时，先后在各地建立了教师进修学院和教师进修学校，县市逐步建立的教学研究室等教研机构也具有培训功能。改革开放以来，教师的在职培训日益受到重视，逐步形成了教师进修院校、师范院校培训部与函授部、广播电视大学、教育研究院所机构的教师在职培训体系。

中小学教师的学历培训从层次上看，有中师、专科、本科、专科升本科；从培训形式上看，有脱产、业余和函授；从培训院校看，有全日制师范院校教师班、普通师范院校函授部及夜大学、教师进修院校、广播电视大学、卫星电视师范学院、其他成人高等院校和中等学校；从管理体制和教学方式看，有自学考试、成人教育、远距离培训以及"三沟通"培训①。在 20 世纪 90 年代末，高等院校纷纷设置继续教育学院或成人教育学院、网络教育学院来负责管理中小学教师的在职教育。

教师进修院校的独立设置原本是为了加强中小学教师的在职培训，而且也作出了历史性的贡献，但是它也造成了与职前教育各自为政的局面。历史地看，新中国成立初期，中小学教师的政治学习和思想改造以及教育教学观念的转变受到重视，教师进修院校对此发挥了积极的作用。20 世纪 70 年代后期，面对教师培训的艰巨任务，迅速恢复并新建了相当数量的教师进修院校，对于加速教师的教材过关、提高学历合格率起了推进作用。教师的学历补偿培训任务完成之后，需要继续提高教师在职教育的水准，教师进修院校难以独自承担这一时代任务，20 世纪 90 年代初开始实施的素质教育和 21 世纪初的基础教育课程改革为一体化的教师教育提出了现实的要求，教师进修院校逐步合并到高等师范院校或综合大学、文理学院之中，为一体化的教师教育提供了契机。

教师教育的一体化主要表现在教师教育培养目标的确立、课程体系建构、专业发展过程、师资队伍建设诸方面。职前教育重在基础，要求学习基础学科、专业学科以及教育理论基础，掌握基本的教育技能，参与初步的教育实践，形成教师的职业道德品格，为从事教师职业奠定基础；入职培训重在适应、逐步理解和熟悉真实复杂的教育工作环境，将职前所学理论与知识运用于教育实践，转变自己从学生到教师的社会角色，学习教育

---

① "三沟通"指函授、卫星电视教育、自学考试三种学习方式结合起来对中学教师进行培训。这种培训制度能最大限度地组织未具备合格学历的教师参加培训，使他们能够根据实际条件选择适合自己的培训方式。

教学常规工作和教育教学技能；在职教育重在提高，通过参与教育研讨、反思教育实践活动，升华自身的教育经验，同时学习和接受前沿性的教育理论，确立自己的研究方向，形成独特的教学风格和先进的教育教学理念，最终成为研究型教师。

1996、1997 年，河北省、上海市的高师类院校率先实现了合并，明确提出了教师培养培训的一体化定位。2000 年在一些师范大学陆续出现了教师培训学院，世纪之交教师教育的一体化开始实施。2001 年，教育部颁布《基础教育课程改革纲要（试行）》，要求："师范院校和其他承担基础教育师资培养和培训的高等学校和培训机构，应根据基础教育课程改革目标与内容，调整培养目标、专业设置、课程结构，改革教学方法。"①教师教育的一体化进入深化阶段。2007 年教育部印发《关于大力推进师范生实习支教工作的意见》，随后全国不少师范院校启动顶岗实习方案。在硕士层次上，一些部属师范大学自 2006 年开始，采取"4＋1＋2"的模式，即 4 年本科、1 年教育实践加 2 年硕士培养。这些教师培养模式的探索反映出我国教师教育一体化的努力。

四、制定和完善教师队伍建设的法律法规体系

1950 年 5 月 19 日教育部颁布了《北京师范大学暂行规程》，这是新中国成立后高等教育方面颁布的第一个法令性文件。但是刚从硝烟战火中走上执政舞台的党和国家领导人对教育法律的作用还缺乏足够的重视，常常是通过重要的会议对教育问题做出集体性的决策，并发布相关的文件。这一做法对当时的教师队伍建设起了积极的促进作用。

改革开放以后，教育界内外对教育法律建设日益重视。20 世纪 70 年代末开始逐渐颁布相关的教育法律法规。从颁布的主体来看，一类是通过全国人民代表大会常务委员会通过，以国家主席令的形式颁发，这是真正

---

① 钟启泉等主编：《为了中华民族的复兴，为了每位学生的发展》，华东师范大学出版社 2001 年版，第 12 页。

意义上的教育法律，如 1993 年颁布的《中华人民共和国教师法》；一类是以国务院令的形式发布，如 1995 年颁布的《教师资格条例》，这是教育行政法规。还有教育部门规章，如 1993 年发布的《特级教师评选规定》，2000 年颁布的《〈教师资格条例〉实施办法》。就教师队伍建设的内容来分，有 4 类法律法规：（1）教师与教师资格；（2）教师职业道德规范建设；（3）教师培养与培训；（4）教师荣誉与奖励制度。表 6-1 是我国改革开放以来，有关教师队伍建设的一些重要法律法规和教育部的部门规章。

表 6-1　教师队伍建设的重要法律法规和部门规章

颁布主体	法律法规名称	实施日期
教育部	关于进一步加强中小学在职教师培训工作的意见	1980 年 8 月 23 日
教育部	关于师范教育的几个问题的请示报告	1980 年 9 月 29 日
国务院	加强教育学院建设若干问题的暂行规定	1982 年 10 月 21 日
国家教委	关于加强和发展师范教育的意见	1986 年 3 月 26 日
国家教委	关于加强在职中、小学教师培训工作的意见	1986 年 12 月 21 日
国家教委	关于加快中学教师学历培训步伐的意见	1992 年 5 月 19 日
国家教委	特级教师评选规定	1993 年 1 月 10 日
国家教委	关于加强小学骨干教师培训工作的意见	1993 年 7 月 26 日
国家教委	关于加强高师函授、卫星电视教育、自学考试相沟通培训中学教师和管理工作的意见	1993 年 7 月 27 日

续表

颁布主体	法律法规名称	实施日期
国务院	关于贯彻实施《中华人民共和国教师法》若干问题的通知	1993 年 11 月 21 日
国家主席	中华人民共和国教师法	1994 年 1 月 1 日
国务院	教学成果奖励条例	1994 年 3 月 14 日
国家教委	关于函授、电化教育、自学考试相沟通培训高中教师工作有关问题的通知	1994 年 9 月 15 日
国家教委	关于开展小学新教师试用期培训的意见	1994 年 11 月 14 日
国务院	教师资格条例	1995 年 12 月 12 日
教育部	教师和教育工作者奖励规定	1998 年 1 月 8 日
教育部	中小学教师继续教育规定	1999 年 9 月 13 日
教育部	教育部办公厅关于在民族贫困地区开展"中小学教师综合素质培训"工作的通知	1999 年 10 月 15 日
教育部	关于加强中小学教师职业道德建设的若干意见	2000 年 8 月 15 日
教育部	《教师资格条例》实施办法	2000 年 9 月 23 日
教育部	关于印发《关于首次认定教师资格工作若干问题的意见》的通知	2001 年 5 月 14 日
教育部	关于印发《教师资格证书管理规定》的通知	2001 年 8 月 8 日
教育部等部门	关于制定中小学教职工编制标准意见	2001 年 10 月 11 日
教育部	教育部关于加强县级教师培训机构建设的指导意见	2002 年 3 月 1 日
教育部	教育部关于推进教师教育信息化建设的意见	2002 年 3 月 1 日

《教师法》从 1986 年开始起草，后经过 8 年酝酿、修改，于 1993 年 10 月 31 日经第八届全国人民代表大会常务委员会第四次会议通过，1994 年 1 月 1 日起施行。《教师法》共 9 章 43 条，重点对教师的权利和义务、教师的资格和任用、教师的培养和培训、教师的待遇、教师的考核与奖励等方面作出了规定。它是我国教育史上第一部关于教师的单行法律，它的制定和颁布体现了党和政府对教师队伍建设的重视。《教师法》的颁布有利于从根本上提高教师的社会地位，保障教师的合法权益，使教师成为社会上受人尊重的职业；有利于加强教师队伍的建设，造就一批具有高素质的教师队伍，促进社会主义教育事业的发展。1995 年国务院颁布《教师资格条例》，实施教师资格制度，这是国家依法治教，使教师任用走上科学化、规范化和法制化轨道的重要保证，是依法管理教师队伍的法律手段，是多渠道培养和聘任教师的重要环节和制度保障，是教师职业走向专业化的重要步骤。它有利于体现教师职业特点，使教师地位和队伍素质形成良性循环；有利于把住"入口关"，解决不合格教师问题，优化教师队伍，提高教师队伍整体素质；有利于推动教育人事制度改革，吸引优秀人才从教。这些法律法规对教师队伍建设起到了良好的促进作用和规范作用。

总之，我国中小学教师队伍建设与发展的经验具有多维度指向性。首先，从整个社会体系看，教师队伍的建设和发展，最重要的是重视教师职业的社会价值，提高教师队伍整体的经济收入，改善他们的福利待遇，使他们在整个社会中具有较高的社会政治地位。其次，从教师培养的师范院校体系看，我国经历了从设置独立的师范教育体系走向开放的师范教育体系的过程，在这一历史过程中，本质上是师范教育发展的规律在起作用。党和政府认识了这一规律，与时俱进地设置并改革了教师的培养体系，正确处理了师范院校与非师范院校之间的复杂关系。再次，从教师的成长和专业发展的时间维度看，我们在重视教师职前教育的同时，也没有忽视教师的在职教育，从职前教育与在职教育相互分割走向相互融合的一体化，从重视教师队伍数量的扩张走向重视教师的质量与专业发展。最后，从教师队伍的管理视角看，我们经历了从集体决策到依法管理教师队伍的过程，使教师队伍的建设与管理走向法制化、规范化和科学化，同时，还坚持做好教师队伍的思想政治工作，重视师德建设。这些经验是一个有机联系的整体，是我国教师队伍建设与发展过程中经过艰难探索而获得的宝贵财富。

第二节　教师队伍建设的发展趋势与展望

展望未来教师队伍的建设需要重点思考四个方面的问题：第一，谁有资格来做教师？这实际上是指一个合格的教师应该有什么样的基本素养，教师队伍建设应该提高入职的条件。第二，如何培养合格的教师？教师教育体系内部有纵向的序列层次结构和横向的多类型的教师教育机构，体系内部的多样化培养机构具有各自的优势和内在的局限性，那么，如何构建一个开放的结构良好的教师教育体系？第三，教师如何实现专业化？从准专业走向专业化是一个需要努力的过程，在这个过程中，如何有效促进教师的专业发展，提高教师的专业水平？第四，以什么样的理念来建设和管理教师队伍？教师从事的是培养人的活动，只有把教师当人看，教师才可能科学地做好培养人的工作，那么以人为本的时代理念如何指导教师队伍的建设与发展？这四个方面的问题具有整体融合性。

一、进一步完善教师资格证书制度

教师资格制度是现代教师队伍建设与发展的核心制度，是一个国家保证教师队伍质量的前提。世界各国对从事基础教育活动的教师都有资格规定。资格规定越严，要求越高，教师队伍的整体素质就越有比较高的起点。1949 年以后，由于基础教育的迅速普及，中小学教师极度缺乏，对教师的学历要求不高，入职的要求较低。"文化大革命" 10 年，教师队伍建设遭受严重破坏，根本谈不上教师的资格问题。改革开放以后，1986 年教育部曾颁布《中小学教师考核合格证书试行办法》，对教师的资格问题开始重视。

1993 年我国《教师法》规定国家实行教师资格制度和教师职务制度，中小学教师的任用实行聘任制，鼓励非师范高等学校毕业生到中小学任教。中国公民凡遵守宪法和法律，热爱教育事业，具有良好的思想品德，具备本法规定的学历或者经国家教师资格考试合格，有教育教学能力，经认定合格的，可以取得教师资格。取得小学教师资格，应当具备中等师范学校毕业及其以上学历；取得初级中学教师资格和初级职业学校文化、专业课教师资格，应当具备高等师范专科学校或者其他大学专科毕业及其以上学历；取得高级中学教师资格和中等专业学校、技工学校、职业高中文化课、专业课教师资格，应当具备高等师范院校本科或者其他大学本科毕业及其以上学历。这些最低的要求应该是动态的。

我国教师资格制度的实行，提高了教师队伍建设的基准，扩大了教师队伍的来源，有利于优化教师的学科结构，提升整体素质。1995 年国务院颁布《教师资格条例》，但是由于我国各地之间存在着教师队伍素质的非平衡状况，《〈教师资格条例〉实施办法》直到 2000 年 9 月才颁布。2001 年 5 月教育部印发《关于首次认定教师资格工作若干问题的意见》，同年 8 月印发《教师资格证书管理规定》。应该说，《教师法》对教师学历的最低要求以及《教师资格条例》的初步实施对整个中小学教师队伍的建设具有积极的促进作用，但是资格证书制度尚存在一些有待完善的地方和值得思考的问题。

首先，教师资格所要求的学历起点太低，应该设置更高的起点。就国际比较而言，发达国家要取得中小学教师资格，基本上都需要本科学历。即使一些发展中国家，如墨西哥、印度、印度尼西亚也都是要求中小学教师的合格学历提高到大学教育的水平。[1] 我国小学教师专科及以上学历的比例 2007 年已经达到 66.88%，初中教师本科及以上学历的比例为47.26%。根据我国当前教师教育院校的培养能力和发展趋势，2011—

---

[1] 刘捷、谢维和：《栅栏内外——中国高等师范教育百年省思》，北京师范大学出版社 2002 年版，第 224 – 225 页。

2015 年期间，我国基本不需要培养中专层次的师范生。所以我国教师资格所需要的最低学历应该提高一个层次。对老少边穷地区，国家应该派出较高学历的教师去任教。对于学历较低且教学低效的教师应该有一个重新安置的规划，不能等到自然减员。

表6-2　2007 年我国中小学教师的学历分层情况

	小学教师	普通初中教师	普通高中教师
总计（万人）	561.26	346.43	144.31
研究生（%）	0.04	0.31	1.77
本科（%）	12.21	46.95	87.53
专科（%）	54.63	49.92	10.50
高中（%）	32.22	2.75	0.19
高中阶段以下（%）	0.90	0.07	0.01

（资料来源：国家教育发展研究中心编著：《2008 年中国教育绿皮书——中国教育政策年度分析报告》，教育科学出版社 2008 年版，第 38 页）

其次，所有希望获得教师资格的人员都应该参加教师资格证书的考试。目前的《教师资格条例》规定，不具备《教师法》规定的教师资格学历的公民，申请获得教师资格，应当通过国家举办的或者认可的教师资格考试。这从法理上排除了教师教育专业的学生参加教师资格考试的必要性。这一规定等于为他们设置了通向教师资格证书的"绿色通道"。应该说教师教育专业的学生与非教师教育专业的学生在获取教师资格证书时具有平等的法律地位，没有豁免考试的特权。教师教育专业的毕业生自动免除教师资格考试，自动获取教师资格证书，这意味着教师教育院校培养的毕业生是百分之百合格的。而事实上，这是不可能的事情。因此，教师资格考试的对象应该是所有社会成员而不应该是部分成员。

再次，教师资格考试的组织实施者应该是省级人民政府教育行政部门，并且要改革考试科目和内容。《教师资格条例》规定的"由县级以上人民政府教育行政部门组织实施"，不利于严格把握教师入门的质量关。

客观地看，县级人民政府教育行政部门基本上没有这个能力精心组织教师资格考试。众所周知，高考由各省市组织，而接受高等教育之后的资格考试由县级教育行政部门来组织，势必会降低获取教师资格证书的条件。目前的资格证书考试科目少，内容简单，考试不规范，有的组织者在利益的驱动下，降低了考试的难度。我国的教师资格考试应该有更广的内容标准。同时应该规定，教师资格不具有终身性，教师职称的晋升应该有相应的资格考试。

同时，教师教育院校需要接受院校和专业层面的双重资质鉴定。设置有教师教育专业的院校需要有院校和专业的双重鉴定。目前我国的高等院校教学评估最多也只能算是一种院校鉴定，教师教育专业还缺乏专业层面的鉴定。社会对高校内部教师教育专业的认证鉴定需要引起重视。"认证是一个利害攸关的过程，其目的在于向公众保证学校或专业及其毕业生是值得尊重的。"① 计划经济体制下对师范院校的过度保护政策还在延续，现在的教师教育院校之间缺乏竞争的压力，整个教师教育缺乏富有活力的竞争机制。这与教师教育专业缺乏认证制度有内在的关系。

最后，教师资格证书应该根据学历分设多个等级。一个专科学历的教师与一个博士学历的教师具有不同层级的专业发展空间，在职称与工资级别上也应该加以区别。现在的教育硕士与教师资格证书的层次级别没有直接的关联性，与教师的职称和职务晋升也没有很强的关联性，教育硕士学位仅具有象征性的社会意义，这不利于鼓励教师提升学历水平和专业发展水平。今后，我国还将设置教育博士。若要突破教育硕士、教育博士的象征性意义，就需要对教师资格证书制度的设计加以改进，让学历和学位与教师资格证书的层级具有实质性的关联作用。

二、进一步优化教师教育体系的结构

我国的教师教育体系在 20 世纪 90 年代末已逐步走向开放，已经形成了独立设置的师范院校与非独立设置的师范性院校二元并存的多层次教师

---

① 朱旭东、胡艳主编：《中国教育改革 30 年·教师教育卷》，北京师范大学出版社集团、北京师范大学出版社 2009 年版，第 242 页。

教育体系，但是教师教育体系如何通过进一步开放优化结构仍然需要认真思考和积极探索。

《教师法》和《教师资格条例》的颁布为建设开放的教师教育体系提供了法律保证。目前参与教师教育的学校除了师范大学、师范学院、师范专科学校和中等师范学校外，还有其他的非师范院校，如综合性大学与学院、理工大学与学院、科技大学、农业大学、体育院校、艺术院校、海洋学院、高等职业技术院校、广播电视大学等。教师教育体系内部包括了4类具有差异性的院校元素：一类是独立设置的师范院校中的教师教育院校；二类是重点综合性大学的教师教育院系；三类是地方文理学院中的教师教育院系；四类是高等职业专科学校中的教师教育专业。这4类院校中的教师教育专业在整个教师教育体系中处在不同的层次，具有不同的定位和功能，应该依据各自的实际进行定位，发挥不同的作用，以构成一个有效的具有良好层次结构与序列结构的教师教育体系。同时这一教师教育体系不是封闭的、静止的，而是具有生成性和动态性。教师教育体系通过内部的竞争机制和体系内外部之间的相互开放，在开放的过程中实现良性的动态发展。

现有的师范院校分为师范大学、师范学院、师范专科学校和中等师范学校，办学层次上分研究生、本科、专科和中专，这一序列的关键是师范大学的定位和发展方向。改革开放以来，师范大学特别是重点师范大学非常重视自身的学术性地位，如何提高自身的学术性，获得与重点综合大学平等的竞争地位，在满足和促进教师教育的过程中，获得更多更好的发展机会，始终是重点师范大学挥之不去的学术情结。师范大学开始设置一些偏重应用的专业，强调发展非师范领域的研究，加强学科和内容的综合化。在此影响下，师范院校纷纷设置非师范专业，开始走向综合化。面对未来，师范大学应重视保持和发展长久以来积淀的教师教育专业优势，在教师教育领域内发挥示范和引领作用，改革的聚焦点应该是教师教育的理论研究和教师教育的探索性实践改革。在学校内部，教师教育课程体系的重构与学分制改革的深化应该是思考和探索的重心；在外部，如何通过自身的优势为基础教育服务，促进中小学教师的专业发展，也是一项具有复杂性、长期性、艰巨性的时代任务。

重点综合性大学参与教师教育是我国教师教育走出单一型、定向型模式，创建新的教师教育模式的重要推动力量。重点综合大学具有多学科的学术性优势，学术阵容强大，学术氛围浓厚，学术水平高，但是缺乏开展教师教育的经验，对教育研究前沿可能缺乏及时的动态把握，对教师教育的发展可能缺乏深刻的洞察和理解，有可能用传统的教育思想来管理和设置教师教育专业。因此，重点大学应该积极探索出适合中国国情的综合性大学开展教师教育的新模式。

地方性大学或文理学院参与教师教育源自地方师范学院或高等师范专科学校甚至中等师范学校被合并到地方高校或升格为文理学院。20 世纪 80 年代初，已经出现了高等师范学校升格合并为综合性院校的现象；80 年代中后期，师范院校升格和综合化的趋势加强；到 90 年代末，随着高校合并的浪潮，很多地方师范院校合并或发展成为地方性综合学院。这一层次的综合学院参与教师教育有几十年的历史，面临着在学院内部如何生存与发展的时代性难题。随着我国经济的发展，地方学院发展非教师教育专业的潜力很大，教师教育专业一直以国家的财政拨款为支撑条件，录取提前、分配无忧的优势已经成为往事，因此，教师教育专业在地方高校内部存在着被边缘化的可能性危机，但是危机意味着在危险中潜隐着机会。对教师教育专业建设的主体而言，在综合性学院中建设教师教育专业是一个从过度保护、具有强烈依赖性走向独立自主发展的过程。这一走向具有历史与现实的合理性，有利于激发自身的发展活力，改革和探索教师教育为地方教育培养中小学教师的新思路。

高等职业技术院校中的教师教育专业在相当长的一段时间内还有存在的合理性，一是我国边远地区还需要专科学历的教师，二是我国人口的发展呈现波浪式前进的现象，人口基数大，增加和减少的振幅大，对中小学教师的需求有时增加，有时减少，这种变化具有周期性。学前教育的发展也需要及时增减教师。因此，这一层次的高等职业技术院校应该面对基础教育的变化，努力满足当地基础教育对教师的动态需求。

　　4 个不同类型的教师教育院校系列应该构成具有结构性的教师教育系统。这些院校既要有各自的定位和特色，在教师教育体系中发挥不同的作用，同时也应该就教师教育的共同基点达成一定的共识。这些共识是教师教育体系结构优化的基础。促进教师的专业发展应该是其中的共识之一。教师教育体系需要通过开放才可能达成结构的优化。为此，教师教育体系的建构与改革应该面向基础教育，面向社会发展的需要，把握时代精神和学校的文化使命。教师教育建设的主体应该走进中小学校园、走进学校课堂，走近中小学生的生活和中小学教师的生活；应该积极思考时代精神的内涵和特点，深刻理解学校教育的文化特点和文化使命。

三、进一步提升教师专业发展水平

　　教师教育体系结构的优化目的不仅是确保教师来源的多样化，优化教师队伍群体的学科结构，在教师数量的供给上满足基础教育发展的需要，更重要的是为了提高教师群体的专业发展水平。"教师教育转型的实质不是培养形式的变化，而是水平的提高。"① 但是，"近几年来师范教育的机构改革进行得非常迅速，而教师专业化水平并未有多大提高"②。教师专业发展水平难以提升的根本性的原因应该说在于高等教育的体制依然具有很强的计划性，教师教育专业的课程体系结构、教材内容和教学方法没有从根本上加以创新。

　　改革开放以来，教师的专业化和专业发展一直是教师教育研究领域中的热点。1966 年国际劳工组织和联合国教科文组织发表《关于教员地位的建议》，提出把教师职业视为专业，这一观点得到了广泛的认可。教师专业化的标准和现实中教师专业化的程度、教师专业化的模式和路径选择、教师的专业知识与专业技能、教师的专业地位与权责都成为关注和思

---

① 顾明远：《论教师教育的开放性》，《高等师范教育研究》2001 年第 4 期。
② 顾明远：《我国教师教育改革的反思》，《教师教育研究》2006 年第 6 期。

考的焦点。但是一段时间里我国的教师教育专业的课程体系没有结构性的转换，教材内容没有大的突破，教学方法没有根本改变，班级管理依然固定化，学分制的作用没有充分发挥出来，等等，这些因素相互结合纠缠在一起形成了复杂的阻抗力量，使教师教育专业的课程体系结构改革步履维艰。也许在这些阻抗力量的背后还有更深层次的高等教育管理因素和更为复杂的社会外部因素的原因，但是无论如何，没有专业课程体系结构的突破、没有教学方法层面的整体性改观，没有充分发挥学分制的潜在优势，要提高教师教育的专业水平就比较困难。这是我们不能回避的困境和时代难题。

未来我国中小学教师专业发展水平的大面积提升，职前培养和在职培训都起着重要作用，就教师教育院校而言，应该重视下列问题的解决：

教师教育专业课程体系应该加以完善。教师教育专业课程体系由通识课程系列、学科课程系列、教育课程系列和教育实习组成。

固化的班级管理应该加以解构。为了发挥学分制的潜在优势，让学生有转换专业的自由，还学生选择课程和教师的权利，四年一贯的固定化的编班级模式需要消解，学生管理的重心放在课程学习指导和学生课余自愿活动的组织方面。课堂教学人数严格控制在 30 人左右，使课堂小班化成为常态，改变"填鸭式"的教学方法。教师应拥有对学生考核和评价的专业权利。

教材应该反映基于教育情境中的真实问题。教材的改革应该做到：（1）反映真正的教育问题，以激发学生的思维兴趣；（2）对问题提供多元的观点和多维的思维方式，以利于发展学生的批判性思维；（3）引用原初的第一手资料，以激化学生阅读教育书刊的兴趣；（4）提供丰富的研究案例和实证分析，培养学生的逻辑思维能力。

四、强化以人为本的教师队伍管理

中小学教师是履行教育教学职责的专业人员，从事的是培养人的活动。在专业化水平不断提高的趋势下，对教师队伍的管理面临着新的挑战。科学发展观的核心是"以人为本"，教师队伍的管理应该结合教育工作的特点和教师作为专业人员的特点，把以人为本的时代理念落实到教师管理工作中。以人为本的管理理念，凸显教师作为教育事业发展的主体和关键，把理解和尊重教师作为管理的根本前提，把提高教师专业发展水平作为管理的根本目的，把依靠教师作为管理的根本准则。以人为本的教师队伍管理要求理解和尊重教师多方面的需要，继续提高教师的社会地位和经济收入，制定和完善人性化的规章制度，在表彰和宣传教师时彰显教育的人文内涵。

教师专业的特殊性表现在：（1）工作对象的人本性。受教育者是活生生的人，充满朝气，生动活泼。（2）教师工作性质的育人性。引领学生追求真善美是教育的任务，德智体几方面全面发展是教育的目的。（3）教师工作途径的非工具性。教师影响学生的主要途径是自己的知识、智慧、人格魅力。所以，管理教师队伍的前提是理解和尊重教师。理解教师的需要，尊重教师的专业权利，是管理人性化的重要表现。在物质生活层面上，教师的经济收入和福利待遇已经有了极大的改善，但是在东部、中部、西部地区之间，城市与乡村之间，重点学校与非重点学校之间，教师群体的实际收入有较大的差异。全国教师队伍经济收入和福利待遇的相对公平应该是教师管理工作一个值得努力的方向。在精神生活层面上，教师希望有职业的内在尊严与欢乐。"教师，是一种使人类和自己都变得美好的职业，是一种使每个从事并愿意尽力做好这份工作的人，不断去学习、从事和发展自身的职业，是一种不仅具有越来越重要的社会价值，而且具有内在尊严与欢乐的价值的职业。"[①] 教育管理应该理解教师的精神需要。马克思曾说："能给人以尊严的只有这样的职业，在从事这种职业时，我们不是作为奴隶般的工具，而是在自己的领域内独立地进行创造。"他接着还指出，具有创造性质的职业，"甚至最优秀的人物也会怀着崇高的自豪感去从事它。最合乎这些要求的职业，并不一定是最高的职业，但总是

---

① 叶澜：《论教师职业的内在尊严与欢乐》，见《今天我们怎样做老师——上海教育名师讲坛报告集》，上海教育出版社2000年版，第97页。

最可取的职业。"① 显然，中华人民共和国成立以后，教师就不再是作为"奴隶般的工具"在工作，但到目前为止，就整体状态来看，大多数教师恐怕还远未达到"在自己的领域内独立地进行创造"的水平，所以，重温和思考马克思的这段话，对于今天的教师管理很有启示，应该创设让教师能够独立地进行创造的工作环境。

传统的管理思想习惯于从义务的角度去规范教师，而较少思考或研究在教师的职业工作中，应该享有的权利，尤其是作为专业人员的权利。《教师法》赋予教师在专业领域内进行教育活动，开展教育改革，从事科学研究，参加专业学术团体和发表意见，参与学校管理以及指导、评定学生学业与发展等作为专业人员的权利。这些规定，尤其是有关权利方面的规定，反映了政府对教师作为专业人员的专业权利的认识与尊重。教师管理中特别需要承认和尊重教师的这些权利。在社会保障制度日益健全的将来，教师队伍管理需要创建一个良性的新陈代谢机制，根据学生数量的变化及时吸纳合格的、优秀的教师，同时让那些不合格的、失去兴趣的教师离开教育岗位。

可以说，给教师创设自由探索的空间、尊重教师的专业权利、让人事制度人性化是今后教师管理活动中需要研究的重大主题。

总之，未来教师队伍的建设有四个方面的主题。一是谁来当教师？这需要教师资格证书制度日益完善，提高入职教师的标准，严格把好入门关。二是通过什么样的教师教育来培养合格的教师人选？这需要建立一个日益完善的教师教育体系，不同类型、不同层次、不同序列的教师教育机构做好各自的定位，发挥各自的最佳功能，这样的教师教育体系才是优化的、有活力的。三是如何提升教师的专业发展水平？这需要教师教育在一些根本性的问题上有新的改革思路，就教师教育院校而言，包括课程体系结构的重构、学分制的激活、课程内容具有探究性、课堂教学小班化等。四是如何做好教师队伍的管理服务工作？这需要管理工作以人为本，理解和尊重教师的专业特性，管理制度人性化。

---

① 《马克思恩格斯全集（第40卷）》，人民出版社1982年版，第6页。

第 三 编

基础教育课程与教学改革

我国基础教育课程与教学改革 60 年发展之路，是在艰难中起步、在曲折中前行、在困境中奋起、在实践中不断进取之路，是基于本土、着眼学生、追寻课程与教学理想、努力开拓和创新之路。从新中国建立之初的改造和模仿到建设进程中的自主探索，从改革开放初期的恢复和重建到进一步发展中的深化和提高，我国基础教育课程与教学逐步建立了注重学生发展、提高学生综合素质的课程目标体系，设置了适应社会和学生需求、兼顾学生经验和学科内在逻辑的课程系统，大力推进了现代教育信息技术的应用，教学手段和条件得到明显改善，基本形成了促进师生和学校发展的评价体系，确立了具有中国特色的三级课程管理体制。一系列充满活力、鼓舞人心的改革成就，为新中国基础教育取得举世瞩目的成功积累了大量经验，为素质教育的深化奠定了坚实的基础，为我国教育事业的发展做出了巨大贡献。

第七章
基础教育课程与教学
改革的历史进程

我国基础教育课程与教学在 60 年的改革和发展历程中经历了新中国建立初期的改造模仿、自主探索，经历了"文化大革命"时期的停滞，经历了改革开放后的恢复重建、深化提高和全面推进，虽然遭遇了艰难、挫折，但仍然一步步坚定地往前走着，留下了深深的印记，昭示着蓬勃发展的轨迹和灿烂的前景。

第一节　改革开放前的课程与教学发展历程

从新中国成立到改革开放前夕，我国基础教育课程与教学在曲折中前进。新中国成立后，我国首先面临的是对旧有的教育进行批判和改造，使之合乎社会主义建设的需要。在进一步发展的过程中，先是对苏联教育模式的学习和模仿，后来力图探索适合中国自身实际的"本土化"的基础教育课程与教学体系。其间经历了"大跃进"和"社会主义教育运动"。随着"大跃进"的弊端被人们所认识，1963 年，根据"调整、巩固、充实、提高"的八字方针，中共中央对中小学课程与教学的一些重大问题作了调整。可是，1966—1976 年的"文化大革命"所掀起的极"左"思潮使课程和学校正常的教学秩序遭到了严重破坏，我国课程与教学发展遇到挫折。纵观新中国成立至改革开放前的基础教育课程与教学的发展历程，大致可以分为三个阶段。

一、改造与模仿阶段的课程与教学(1949—1956)

新中国成立初期，基础教育课程领域面临的主要问题是如何在对旧中国的意识形态和课程体系的批判与改造基础之上把不同的课程经验结合起来，形成一种新的适应新中国需要的课程体系。为此，1949 年通过的《中国人民政治协商会议共同纲领》第五章第四十七条规定，"人民政府应有计划、有步骤地改造旧的教育制度、教育内容和教学法"，明确提出了对待旧教育、旧学校的基本态度和方法。[1] 因此，收回教育主权、改变旧课程的半封建半殖民地性质、建立和发展社会主义课程体系就成为这一时期课程与教学改革的主要内容。

1949 年 12 月，新成立的中央人民教育部召开第一次全国教育工作会议，首次向全国教育工作者明确提出了"以老解放区新教育经验为基础，吸收旧教育某些有用的经验，特别要借助苏联教育建设的先进经验"[2] 的指导思想。1951 年 3 月，教育部在北京召开了第一次全国中等教育会议。会议着重讨论了普通中学的问题，讨论通过了《中学暂行规程》等 4 个文件草案，对各项重要问题，在文件中做了规定，使全国普通中学有了整顿和提高的准绳，有了统一的努力的方向。会议还讨论了中学政治、语文、历史、地理以及数理化等学科的课程标准（草案），认为各科教材必须保持完整的科学性和贯彻爱国主义精神，必须研究中国参考苏联，以苏联的教科书为蓝本，重编完全适合于中国需要的新教科书。[3] 1951 年 8

---

[1] 何东昌主编：《中华人民共和国重要教育文献（1949—1975）》，海南出版社 1998 年版，第 1 页。

[2] 何东昌主编：《中华人民共和国重要教育文献（1949—1975）》，海南出版社 1998 年版，第 7 页。

[3] 何东昌主编：《中华人民共和国重要教育文献（1949—1975）》，海南出版社 1998 年版，第 88 页。

月，教育部召开了第一次全国初等教育会议，会议提出要从 1952 年到 1957 年争取全国平均有 80% 的学龄儿童入学，在 10 年之内全国初等教育达到普及。会议还通过了《小学暂行规程》。① 教育部非常重视中小学教学计划的修订，在 1950 年 8 月就颁布了新中国的第一个教学计划《中学暂行教学计划（草案）》。接着，又先后颁布了《中学暂行规程（草案）》、《四二旧制小学暂行教学计划》、《小学暂行规程（草案）》等一系列新的中小学教学计划，初步形成了新的中小学课程体系框架。1952 年，教育部报经中央人民政府核准，公布了《小学暂行规程》和《中学暂行规程》。这是新中国成立以后颁发的第一个全面规范中小学课程的政府文件，它明确了中小学的性质、任务及培养目标，规定了学校的课程设置、组织管理体制、教学计划、教学原则或教材等，初步确立了新中国中小学的课程与教学体系。从 1953 年到 1956 年，为适应政治形势变化和经济发展需要，国家不断调整教学计划，先后制定了《小学四二制教学计划》等 4 个小学教学计划和《中学教学计划（修订草案）》等 5 个中学教学计划。

我国的基础教育经过新中国成立初期 3 年的改造，虽然已粗具规模，但中小学教育质量的总体水平仍然不高，难以适应国民经济发展的需要。因此 1953 年 11 月，政务院颁布的《关于整顿和改进小学教育的指示》提出："今后几年内小学教育应在整顿巩固的基础上，有计划、有重点地发展，小学工作和学习应由教育部门统一领导布置。"② 1954 年 4 月，政务院颁布了《关于改进和发展中学教育的指示》，明确指出："当前中学教育的工作方针应该是：按照国家过渡时期的总任务，在整顿巩固的基础上，根据需要和可能，作有计划、有重点的发展，并积极地、稳步地提高中学教育的质量，特别是要办好高级中学、完全中学和工农速成中学。中

---

① 何东昌主编：《中华人民共和国重要教育文献（1949—1975）》，海南出版社 1998 年版，第 114 页。

② 《中国教育大系》编纂出版委员会编：《中国教育大系·马克思主义与中国教育（下）》，湖北教育出版社 1994 年版，第 1710 页。

学教育的发展，是着重发展高级中学，初级中学也要依据可能条件作适当的发展。当前发展中学，既不能消极保守，也不能盲目冒进，应实事求是地制定发展计划，并注意发挥潜力，创造条件，积极克服发展中的困难。"① 这两个指示为我国的中小学课程与教学发展指明了方向。

这一时期的课程与教学改革的特点是：第一，注重加强思想政治教育。在课程体系中不断增加思想政治类课程的比重，并根据时代发展要求及时调整思想政治课程的内容，如在 20 世纪 50 年代初期《共同纲领》直接进入中小学课程体系中。第二，接管和改造旧教育、旧学校。解放战争胜利后，新中国顺利地、成功地接管了国民党统治区的学校，将大批知识分子，特别是一些著名教授、学者留下来，迅速复校上课；对私立学校采取了"积极维持，逐步改造，重点补助"的方针政策，进行了整顿。第三，确定教育为工农服务的方向。为了贯彻教育为工农的方针，这一时期，国家采取了举办工农速成中学和工农干部文化补习学校，加强工农干部和部队教育，培养工农出身的知识分子，各级学校向工农及其子女开门，大力开展工农群众业余教育的政策，并通过新学制的改革明确地和充分地保障了全国人民，首先是工农劳动人民和工农干部教育的机会。② 第四，以俄为师，课程与教学改革注重学科课程，强调基本知识和基本技能的教学，教材的编写强调科学性、思想性和系统性。苏联教育理论研究和教育改革实践都成果斐然，对急于改造旧教育以实现新民主主义教育理想的新中国的建设者们，自然具有极大的吸引力，成为现成的学习榜样。第五，强调对中小学生进行劳动教育，解决中小学毕业生参加生产劳动的问题。在中小学课程中，增设生产技术课和劳动实习，开展多样性的课外劳动活动。③

---

① 刘英杰主编：《中国教育大事典（1949—1990）（上）》，浙江教育出版社 1993 年版，第 348－349 页。

② 毛礼锐、沈灌群主编：《中国教育通史（第六卷）》，山东教育出版社 1989 年版，第 51、54、68 页。

③ 《中国教育年鉴》编辑部编：《中国教育年鉴（1949—1981）》，中国大百科全书出版社 1984 年版，第 466 页。

二、自主探索阶段的课程与教学（1957—1965）

1957—1965 年，是我国开始全面建设社会主义的重要时期。在这一时期，国家在经济上执行了第二个国民经济五年计划和对国民经济的调整改革。在教育上比较系统地总结了新中国成立以来的教育经验，开始了中国基础教育课程"本土化"的艰难探索，进行了旨在适应我国社会主义建设需要的教育改革实践，基础教育课程与教学得到了一定的发展。

1957 年 2 月，毛泽东在《关于正确处理人民内部矛盾的问题》报告中，明确提出了社会主义教育方针政策："应该使受教育者在德育、智育、体育几方面都得到发展，成为有社会主义觉悟的有文化的劳动者。"这一教育方针指明了我国教育的培养目标。1958 年 2 月，教育部发出关于大力支持共青团中央《关于在学生中提倡勤工俭学的决定》的通知，认为实行半工半读、勤工俭学是"使学校教育与生产劳动相结合的重大措施之一"。[1] 1958 年 5 月 30 日，国家副主席刘少奇在中央政治局扩大会议上作《我国应有两种教育制度、两种劳动制度》的报告，提出我们国家应该有两种主要的学校教育制度和工厂农村的劳动制度。一种是当时的全日制的学校教育制度和工厂、机关里面八小时工作的劳动制度，这是主要的，而另一种半工半读的学校教育制度和半工半读的劳动制度，也应成为主要制度之一。[2] 1958 年 9 月，《中共中央国务院关于教育工作的指示》明确提出："党的教育工作方针，是教育为无产阶级的政治服务，教育与生产劳动相结合。"[3] 1959 年，中共中央、国务院发布了《关于试验改革学制的规定》，规定各省、市、自治区应当有组织、有领导地指定个

---

[1] 何东昌主编：《中华人民共和国重要教育文献（1949—1975）》，海南出版社 1998 年版，第 799 页。

[2] 何东昌主编：《中华人民共和国重要教育文献（1949—1975）》，海南出版社 1998 年版，第 834 页。

[3] 何东昌主编：《中华人民共和国重要教育文献（1949—1975）》，海南出版社 1998 年版，第 859 页。

别小学、普通中学进行改革学制的实验。学制改革实验蓬勃兴起。① 1960年4月，在二届全国人大三次会议上，国务院副总理陆定一作了《教学必须改革》的发言，提出"我们要从现在起，进行规模较大的试验，在全日制中小学教育中，适当缩短年限，适当提高程度，适当控制学时，适当增加劳动。我们准备以 10 年到 20 年的时间，逐步地分期分批地实现全日制中小学教育的学制改革"。② 1963 年 3 月，教育部召开若干省市参加的中小学校教学改革试验工作座谈会，会后，于 7 月 27 日发出《关于坚持进行中小学校教学改革实验工作的通知》，规定小学继续实验五年一贯制，要求达到新订六年级小学教学计划达到的程度，试验学校可以多一些。1964 年 6 月，教育部发出《关于 1964—1965 学年度五年一贯制小学教学改革试验工作的几点意见》，提出对五年制小学试验进行全面总结。1963 年 3 月，中共中央同时颁发了《全日制中学暂行工作条例（草案）》和《全日制小学暂行工作条例（草案）》。这两个《条例》对办好中小学作了具体而明确的规定，对于改善和加强中小学教育，促进教育事业的发展，起了积极作用，受到广大教育工作者的欢迎。1963 年 3 月 23 日中共中央在《关于讨论试行全日制中小学工作条例草案和对当前中小学教育工作几个问题的指示》中指出："中小学教育是整个教育事业的基础。一二十年后，我国新一代的精神面貌和知识水平将会如何，我国的科学文化将会达到什么样的水平，以至能不能在比较短的时间内，把我国建设成为一个现代化的社会主义强国，在相当程度上取决于现在中小学教育的状况。"③

从 1961 年到 1966 年 5 月，毛泽东就教育工作中的一些问题发表了多次谈话和作了多次指示，其中主要有"春节谈话"、"三一〇指示"。在"春节谈话"中，毛泽东批评了学校课程多，使学生天天处于紧张状态。

---

① 何东昌主编：《中华人民共和国重要教育文献（1949—1975）》，海南出版社 1998 年版，第 903 页。

② 何东昌主编：《中华人民共和国重要教育文献（1949—1975）》，海南出版社 1998 年版，第 971 页。

③ 《中国教育年鉴》编辑部编：《中国教育年鉴（1949—1981）》，中国大百科全书出版社，第 154 页。

他指出："现在的考试，用对付敌人的办法，搞突然袭击，出一些怪题、偏题，整学生。"提出课程可以砍掉一半，学生成天看书不好，考试的题目可以公开。出二十个题，学生能答出十个题，有创见，可以打一百分，平平淡淡，没有创见的，二十题都答对了，给五十分，六十分。书要读，读了要消化，不要成为书呆子、教条主义者。① 这些意见对培养有创见的人才具有积极意义，有助于克服我国教育工作中存在的问题。"三一〇指示"是指1964年3月10日毛泽东的《对"北京一个中学校长提出减轻中学生负担问题的意见"的批示》②，该批示深刻地指出了我国学校教育中存在的问题，特别强调了要使青少年活泼地主动地得到发展。这对于克服教学上的弊端和一系列形而上学、片面的做法，对于青少年独立能力的培养，有深远的指导意义。

教育部在1958年和1963年，分别颁发了《1958—1959学年度中学教学计划》和《全日制中小学教学计划（草案）》，对中小学课程做了必要的调整。其主要内容如下：第一，强化了生产劳动类课程。1958年以后，教育与生产劳动相结合的原则，作为我国社会主义教育方针的一项内容得到了肯定。第二，下放课程管理权力。1958年8月，中共中央、国务院发布的《关于教育事业管理权力下放问题的规定》指出："过去国务院或教育部颁发的全国通用的教育规章、制度，地方可以决定存、废、修订，或者另行制定适合于地方情况的制度。"在课程体制上，"各地方根据因地制宜、因校制宜的原则，可以对教育部和中央主管部门颁发的各级各类学校指导性教学计划、教学大纲和通用的教材、教科书，领导学校进行修订补充，也可自编教材和教科书"③。第三，恢复外语教育在课程中的地位，重视外语课程。为了加强和改进外语教育，新计划将外语定为中学核

① 何东昌主编：《中华人民共和国重要教育文献（1949—1975）》，海南出版社1998年版，第1249页。
② 何东昌主编：《中华人民共和国重要教育文献（1949—1975）》，海南出版社1998年版，第1261页。
③ 何东昌主编：《中华人民共和国重要教育文献（1949—1975）》，海南出版社1998年版，第850－851页。

心课程之一，并建议有条件的小学在高年级开设外语。第四，调整了部分学科的设置和安排。教学计划增加了数学、语文、物理、化学科的课时，减少了中学历史、地理科等科目的教学时数。选修课中也以理科科目为多，文科科目只有历史文选。第五，在课程结构上，这次教学计划区别于前几次教学计划最显著的特点是高三增加了选修课。这是新中国成立以来首次开设选修课，打破了只有必修课的单一的课程结构模式，为学生的全面发展提供了条件。第六，规定初中语文、高中语文、中国历史、初中中国地理、高中经济地理的中国经济地理部分，都应分别增加乡土教材。第七，加强思想政治教育，中学增设政治课。

自主探索阶段的课程与教学改革有两个方面的特点十分明显：一是积极探索适合中国自身实际的本土化教育教学模式。从学习苏联教育经验进行课程与教学改革以来，我国的教育实践渐渐暴露出在课程设置和教学体制等诸多方面的问题。自 1956 年始，我国基础教育课程与教学改革在探索走适合自身国情的本土化模式的过程中做出了许多努力。二是强调教育为无产阶级政治服务，教育与生产劳动相结合。在此期间，教育与生产劳动相结合的原则，作为我国社会主义教育方针的一项内容得以肯定，并在教育与生产劳动相结合的形式和内容上均有所发展：提倡和开展了勤工俭学活动，实行两种教育制度［全日制学校和半工（农）半读学校同时存在的学校教育制度］和两种劳动制度，试办半工（农）半读学校，组织学生上山下乡，参加生产劳动。但在一段时间，由于"左"倾错误思想的影响，出现了学生劳动过多，以生产劳动代替学习，打乱了正常教学秩序的偏向。①

三、"文化大革命"时期的课程与教学（1966—1976）

1966 年 5 月，毛泽东在其"五七指示"里，对教育的现状进行了一系列的抨击。他认为当时的教育脱离了生产劳动、脱离了阶级斗争，理论

---

① 《中国教育年鉴》编辑部编：《中国教育年鉴（1949—1981）》，中国大百科全书出版社 1984 年版，第 467－469 页。

脱离了实践，提出教育要革命，要打破小学校，建立"大学校"，而"大学校"的思想，就是要打破学校与社会的界限，打破学习活动与社会实践、生产实践的界限，打破学生与工农兵干的界限，打破教育与社会生活的界限，社会就是学校，学校就是社会。毛泽东认为这样做了，就可以消除工人、农民、知识分子之间的差别，消除城市与乡村之间的差别。也只有这样做了，才能使每个人成为全面发展的人。从此，贯彻"五七指示"，把全国办成毛泽东思想大学校，成为教育改革的目标。

1966 年 8 月 8 日，中共中央八届十一中全会通过了《中共中央关于无产阶级文化大革命的决定》。该《决定》第十条规定"教育改革"的任务是"改革旧的教育制度，改革旧的教学方针和方法"，"必须彻底改变资产阶级知识分子统治我们学校的现象"。"在各类学校中，必须贯彻执行毛泽东同志提出的教育为无产阶级政治服务，教育同生产劳动相结合的方针，使受教育者在德育、智育、体育几方面都得到发展，成为有社会主义觉悟的有文化的劳动者。""学制要缩短。课程设置要精简。教材要彻底改革，有的首先删繁就简。学生以学为主，兼学别样。也就是不但要学文，也要学工、学农、学军，也要随时参加批判资产阶级的文化大革命的斗争。"[①]

"文化大革命"一开始，原有的全国统编教材就受到严厉的批判，认为旧教材理论脱离实际，内容空洞，不合需要。1966 年 6 月，中共中央、国务院批转了教育部党组《关于 1966—1967 年度中学政治、语文、历史教材处理意见的报告》，中小学的政治、语文、历史教科书停用，改学毛主席著作。于是，20 世纪 50 年代初期确立的全国中小学教材必须统一供应的方针被废除，人民教育出版社的编辑出版业务全部停止。各地相继成立了中小学教材编写组，着手自定教学计划、自选教学内容、自编教材，甚至一些中小学、生产队也组织人员编写教材，很快兴起了教材编写的热潮。

根据"学制要缩短"、"课程要精简"的主张，这一时期的课程降低

---

① 吕达：《课程史论》，人民教育出版社 1999 年版，第 492 页。

了学生的学业压力和课业负担，主要设置政治、数学、语文、工农业生产知识和军体 5 门课，并对这 5 门课程的教材内容作了删繁就简的工作。如《数学》学科，过去要用 1 100 多学时才能讲完，而删减后只用 500 多学时就可以讲完了。

这一时期强调课程的实用性，增加了为三大革命运动服务的新内容。多数地区取消了物理、化学、生物、地理等学科，改设"工业基础知识"和"农业基础知识"，强调"典型产品带教学"，以生产为主线安排内容。物理课讲"三机一泵"（拖拉机、柴油机、电动机、水泵），化学课讲土壤、农药、化肥，生物课讲农作物的栽培和生猪养殖等。这样的课程内容忽视了各学科的知识体系，使教材理论知识和内容远低于过去的水平。

第二节　改革开放以来的课程与教学改革

"文化大革命"后，特别是十一届三中全会后，我们党认真总结我国教育发展的经验和教训，深刻地认识到教育这个关系到国家和民族生存危亡的重大问题的严重性，立刻着手教育战线拨乱反正和全面恢复教育秩序工作。伴随着社会各个领域拨乱反正工作的全面进行和经济体制、政治体制、科技体制、教育体制改革的不断深入，国内经济建设的开展和国际竞争的日趋激烈都对人才素质和规格提出了新的要求，科技的迅猛发展和新技术革命的兴起也使课程内容的更新成为需要。在这种背景下，我国出台了一系列的课程政策，进行基础教育的课程改革，以恢复正常教育秩序和初步探索有中国特色社会主义的课程体系。我国的教育事业也进入了前所未有的良好发展时期，特别是教育改革以来，教育事业空前繁荣。课程改革取得了令人瞩目的进展，呈现出与以往不同的特点。

改革开放 30 年来，我国在基础教育的课程与教学方面进行了一系列的改革探索，其历史进程可划分为四个阶段。

一、课程与教学的恢复重建阶段（1977—1984）

"文化大革命"结束后，人们急切地盼望从困境中摆脱出来。经过十年动乱，教育荒废的现实使人们痛心疾首，面对世界教育改革的潮流，全国上下求知若渴；四个现代化的宏伟目标，呼唤着人才。正是在这种背景下，新的课程体系逐步确立起来。

1977 年 8 月 8 日，邓小平在科学和教育工作座谈会上决定恢复高考，明确指出知识分子是工人阶级的一部分，要加强中小学教育。1977 年党的十一大政治报告中指出："要扩大和加强各级各类教育事业发展的规模和速度，提高教育质量。"此后，我国的教育事业很快得到了恢复。

1978 年 1 月 11 日，经国务院批准，教育部颁发了《关于办好一批重点中小学试行方案》。为了更好地落实这一方案，1 月 18 日教育部又颁发了《全日制十年制中小学教学计划（试行草案）》，这是"文化大革命"结束后第一个全国统一的整顿治理学制和课程的政府文件。文件统一规定，全日制中小学学制为十年，小学五年，中学三二分段。小学设置政治、语文、数学、外语、自然常识、体育、音乐、美术 8 门课程；中学设置政治、语文、数学、外语、物理、化学、地理、历史、生物、农基、生理卫生、体育、音乐、美术 14 门课程，并规定了各学科授课时间。这一计划恢复了"文化大革命"前的分科课程模式以及开设的主要课程，确定了中小学的基本学制和课程设置，突出了中小学阶段的基础教育性质；课程门类比较齐全，小学三年级起每周还开设 4 课时的外语课；加强了现代科学意识教育，初步吸收了一些现代科学技术的新成果，并加强了理科的实验；另外，还设置学军、学工、学农的"兼学"活动。这套课程对恢复正常的教学秩序，肃清"文化大革命"的极"左"思想，起到了决定性的作用。[①] 但是，由于这个计划仍是过渡性的，还有一些有待改进的地方。如学制过短，各科授课时数比五六十年代都有较大幅度的减少；缺

---

① 陈彩燕：《基础教育课程改革的回顾与思考》，《广东教育学院学报》2005 年第 8 期。

乏灵活性，所有课程均为必修，没有选修课，等等。①

1978年4月22日，邓小平在全国教育工作会议上发表重要讲话，指出要"提高教育质量，提高科学文化的教学水平，更好地为社会主义建设服务"。会议对中小学工作条例的修改稿进行了讨论，提出了修改意见。教育部在此基础上于9月22日发布《全日制中学暂行工作条例（试行草案)》和《全日制小学暂行工作条例（试行草案)》，对中小学的课程设置、考试等内容进行了规定说明，强调基础知识和基本技能的重要性。

与此同时，教学大纲和教科书的编写工作也开始进行。1977年7月，邓小平提出编写全国统一通用的中小学教材的建议，并要求1978年秋季新生入学时能够使用新教材。遵照邓小平的指示，1977年9月，教育部组织了各学科专家、学者和有丰富教学经验的教师共200多人，组成"中小学教材编写工作组"，集中编写全国通用的十年制中小学各科教学大纲（草案）和教科书，并于1980年基本完成。这是改革开放以来国家统一编写的第一套中小学教材。这套教材包括教学大纲15种15册（初、高中政治课4种教学大纲试行草案，是1982年颁发的，未计入），课本32种106册，教学参考书27种90册。1978年秋季，各科教学大纲15册，各科课本的第一册和相应的教学参考书41册，同时在全国发行和使用，结束了"文化大革命"以来教材混乱的局面，对中小学逐步恢复正常的教学秩序，提高教育质量起了重要作用。

1981年3月，教育部颁布了《全日制五年制小学教学计划（修订草案)》，对1978年1月颁布的教学计划中的小学部分进行修改。在课程设置上，该计划用"思想品德"取代了以往的"政治"，用"自然"取代了"自然常识"，恢复了地理和历史课程，加强了思想品德教育和爱国主义教育，增设了劳动课，并将课外活动正式纳入教学计划。

1981年4月，教育部根据邓小平"要办重点小学、重点中学、重点大学"的指示精神颁发了《全日制六年制重点中学教学计划（试行草

---

① 吕达：《课程史论》，人民教育出版社1999年版，第494页。

案)》和《全日制五年制中学教学计划试行草案的修订意见》。规定初中
开设政治、语文、数学、外语、物理、化学、历史、地理、生物、生理卫
生、体育、音乐、美术等，以"劳动技术"课取代了1978年中学教学计
划中的"农基"课；高中不设生理卫生、音乐、美术，其余科目与初中
相同。《全日制六年制重点中学教学计划（试行草案）》主要适用于重点
中学和条件（包括师资、设备和学生学习基础等）较好的中学，该计划
加强了历史、地理、生物、音乐和美术等科的教学，在高中二、三年级开
设选修课，包括单课性的即对某些课程的选修和分科性的即侧重文科或理
科的选修。而《全日制五年制中学教学计划试行草案的修订意见》主要
适用于尚未过渡为六年制的重点中学和条件比较好的中学，指出五年制中
学的高中数学、物理、化学、生物可按1978年教学大纲适当降低要求，
地理课适当增加。[①] 该课程体系一直沿用到1985年义务教育课程计划的
制定。

根据1981年的新教学计划的要求，为了解决教材的深、难、重问题，
人民教育出版社又组织力量，着手进行了教材的改革工作。新的中小学教
材从1981年开始编写，1985年基本编写完毕。这一阶段的教材改革主要
是从两个方面进行的：一方面是按照新的五年制中小学教学计划，对
1978年编写的十年制学校中小学教材进行了较大的修订和改编，同时新
编了小学历史、地理等新设课程的教材。新编、改编或修订的中小学各科
教材的第一册，从1982年秋季开始陆续在全国各地小学供应。另一方面
是根据《全日制六年制重点中学教学计划（试行草案）》的要求，编写了
六年制重点中学的课本（初中的课程设置、教学时数和五年制中学的初
中相同，用1套教材）。高中一年级的代数和立体几何，1982年秋季开始
试用；高中三年级的微积分，1982年秋季先在少数学校试教。其他课程
的教材陆续供应。另外，为改变语文教学多年来收效不大的状况，计划在

---

① 何东昌主编：《中华人民共和国重要教育文献（1949—1975）》，海南出版社1998年版，
第1927页。

六年制中学试用"阅读"和"写作"分编的语文教材。两种教材的第一册，1982 年秋季开始在少数六年制中学的初中一年级试教。这是新中国成立以来我国第二次在中学语文教学中使用"分科型"教材。

1983 年，教育部决定适当调整高中数学、物理、化学、生物、外语等几门课程的教学要求，实行较高的和基本的两种教学要求，并颁布了高中数学、物理、化学等几门课程的教学纲要。根据这一要求，高中数、理、化教材分编了甲种本和乙种本。1984 年秋季，开始供应高中一年级数学、物理、化学两种不同教学要求的课本。

遵照邓小平"教育要面向现代化，面向世界，面向未来"的指示精神，为了适应城市小学的需要，照顾农村小学的特点，在教学要求基本相同的前提下，1984 年 8 月 15 日，教育部又颁发了《全日制六年制城市小学教学计划（草案）》和《全日制六年制农村小学教学计划（草案）》。这两个教学计划体现出一定的弹性，城市和农村小学在课程设置上有所区别。如要求在经济特区和开放城市的小学应积极创造条件，逐步开设外国语；条件较好的学校可以在一、二年级开设自然常识课，每周 1 课时；有条件的地方和学校，可以把地理常识和历史常识合并为社会常识课，可在中、高年级各安排一节语文课外阅读指导课；城市小学的一、二年级还开设了唱游课，每周各 1 课时。农村小学的劳动时间可以结合农忙假或农业常识课教学，统一安排；农村小学的教学计划在六年级增设农业常识课，以照顾农村小学毕业生的需要；加强农村常用杂字和应用文的教学；农村小学四、五年级可单独开设珠算课，还应适当补充计量、统计、记账方面的知识。①

这一时期提出了"教育科学的生命在于教育实验"，课程教学改革实验得到了恢复并开始兴起。1980 年 10 月，教育部在《关于分期分批办好重点中学的决定》中，把认真进行教学改革作为办好重点中学的一项主

---

① 何东昌主编：《中华人民共和国重要教育文献（1949—1975）》，海南出版社 1998 年版，第 2207 页。

要工作。1981 年 6 月，中央教育科学研究所召开了中小学教育实验工作座谈会。于是，各地在一些条件比较好的重点学校开始了教学改革的试验工作，不少学校对语文、数学、外语等学科的教材教法进行了改革试验，探索提高教育质量的规律，一些在"文化大革命"期间中断的实验项目得到了恢复。

这一阶段课程与教学改革呈现的特点有：第一，纠正了"文化大革命"期间的一些错误做法，全面贯彻党的教育方针，促进少年儿童在德、智、体、美诸方面生动、活泼、主动地发展。第二，在课程中改变了"文化大革命"期间对基础知识和基础理论的轻视排斥态度，强调各门学科中基础知识、技能的学习，更新了一部分课程内容，明确规定课时数。第三，根据培养任务和学制等的改革，对课程结构也进行了调整，恢复了以学科课程为主的课程结构。第四，对课程理论的研究也取得了一定的进展。首先，介绍引进国外课程改革的理论知识与实践经验。为了解国外课程改革实践的状况与走势，我国学者先后介绍了日本、英国、美国等主要发达国家的课程改革，并进行了苏、美、日三国课程改革的比较研究等。其次，对我国课程改革问题进行了探讨。一些学者认为，要提高教学质量必须进行课程结构改革和教材内容更新，并探讨影响课程改革的因素、课程改革的指导思想。这一时期的中小学课程的不足主要表现在课程设置单一，只有分科课程，不开设综合课程；课程内容过于强调学科的知识体系，易脱离儿童的生活实际和身心发展的实际水平。这一阶段无论是改革的广度和深度，还是研究的层次和水平，都处于我国新时期课程改革发展的起步阶段。

二、课程与教学的提高发展阶段(1985—1992)

进入 20 世纪 80 年代后，科学技术迅猛发展，形势的发展变化给基础教育提出了许多新的要求。针对前一时期课程改革中出现的问题和适应普及九年制义务教育的需要，我国中小学的课程改革进入了一个新的提高发展阶段。1985 年 5 月，邓小平在全国教育工作会议第三次全体会议上作的《各级党委和政府要把教育工作认真抓起来》的重要讲话为新时期教育的发展指明了方向。1985 年《中共中央关于教育体制改革的决定》和1986 年《中华人民共和国义务教育法》颁布后，我国课程与教学改革的步伐加快。《义务教育法》以法律的形式提出："国务院教育主管部门应当根据社会主义现代化建设的需要和儿童、青少年身心发展的状况，确定义务教育的教学制度、教学内容、课程设置，审定教科书。"《义务教育法》的颁布和实施，是我国教育史上的一件大事，它标志着我国普及义务教育制度的确立，我国基础教育发展进入到依法治教的新阶段。

1985 年 1 月 11 日，教育部颁布了《全国中小学教材审定委员会工作条例（试行）》，规定：全国中小学教材审定委员会负责审定全国中小学各门课程教学大纲和教科书；中小学教材编写和审查分开，人民教育出版社与省、自治区、直辖市教育部门及学校、教师和专家都可以编教材，经全国中小学教材审定委员会审定后，由教育部推荐各地使用。1986 年，国家教委成立了新中国成立以来第一个权威性的教材审定机构"全国中小学教材审定委员会"及其下属的"各学科教材审查委员会"，并设立了常设办事机构"国家教委中小学教材审定委员会办公室"，聘请了 20 名审定委员和 200 多名审查委员，规定所有按照国家课程设置规定科目编写的中小学教材，必须经过全国中小学教材审定委员会审定通过后才能使用，地方规定的教材必须经过省级教材审查委员会审查后使用。这标志着我国中小学教材由"国定制"变为"审定制"。这是我国教材建设史上的重大变革。1987 年 10 月，国家教委正式发布了《全国中小学教材审定委员会工作章程》、《中小学教材审定标准》、《中小学教材送审办法》3 个文件，规范了教材的编写和审定工作。1988 年 8 月，国家教委颁发了《九年制义务教育教材编写规划方案》，把竞争机制引入教材建设，提倡教材的多样化，以适应各类地区、各类学校的需要。①

---

① 何东昌主编：《中华人民共和国重要教育文献（1949—1975）》，海南出版社 1998 年版，第 2775 页。

1986 年《义务教育法》颁布后不久，国家教委就组织人力开始了义务教育教学计划的制订工作，并于 1986 年年底公布了《义务教育全日制小学、初级中学教学计划（初稿）》，向社会广泛征求意见。1988 年 9 月，国家教委颁布了《义务教育全日制小学、初级中学教学计划（试行草案）》（分六三制和五四制两种），并发出通知，要求 1991 年或 1992 年秋季开学分别从小学一年级和初中一年级起开始执行该"试行草案"。新的义务教育教学计划也适用于九年一贯制和小学五年、初中三年的过渡制。该《计划》是把九年制义务教育作为一个整体考虑的，按照小学、初中两个阶段分别确定培养目标。这个教学计划突出了下面几方面的内容：第一，突出了德、智、体、美、劳全面发展的方针；第二，设置了比较齐全的学科，把劳动技术课正式纳入学校课程中，增加了社会活动时间；第三，加强了自然科学的启蒙教育；第四，实行统一性和灵活性相结合的原则，给予地方一些课程安排的自主权。新的义务教育教学计划充分体现了义务教育的基本精神和性质，既为学生提供了比较全面的基础知识的学习，对他们的发展提出了统一的要求，又为他们兴趣爱好和特长的发展创造了有利的条件。①

在制定义务教育教学计划的同时，编写义务教育各科教学大纲的工作也抓紧进行。1986 年 7 月，国家教委成立了制订义务教育教学大纲领导小组，召开多次会议，确定编写大纲的原则、指导思想和工作计划，并向全国各地广泛征求意见。1987 年 2 月，国家教委颁发了全日制中小学 18 个学科教学大纲。此套教学大纲是在 1978 年全日制十年制学校中小学各科教学大纲试行草案的基础上进行修订的，是作为九年制义务教育和新的高中教学计划、教学大纲全面实施前的过渡性教学大纲。修订的原则是"适当降低难度，减轻学生过重的学习负担，教学要求明确、具体"，自 1987 年春季开始执行。为此，人民教育出版社对教学内容和教学要求变动较大的教材进行了修订，如小学语文，初中语文、历史、地理、物理、

---

① 吕达：《课程史论》，人民教育出版社 1999 年版，第 504－505 页。

化学、俄语以及高中代数，于 1988 年秋季供应各地使用。

1988 年 1 月，国家教委在北京召开了九年制义务教育教学大纲审定会，审查通过了各科大纲的初审稿。在 1988 年 9 月颁发了义务教育阶段 24 个学科教学大纲的初审稿，在少数学校开展试验。这个大纲具有以下四个特点：第一，贯彻了"三个面向"的精神。第二，遵循了儿童身心发展的规律。文科大纲精简了内容，减轻了学生负担，拓宽了知识面；理科大纲降低了理论要求，降低了习题难度。第三，统一性与灵活性相结合，各地可根据这个大纲编写教材。① 第四，注意打好基础，发展智力，培养能力，注意联系社会实际、学生的生活实际和工农业生产实际。

根据国家教委 1988 年 9 月发布的《义务教育全日制小学、初级中学教学计划（试行草案）》和 24 个学科的教学大纲（初审稿），人民教育出版社承担了编写供全国大多数地区和学校使用的五四制和六三制两套（也适用于五三制）小学和初中的系列教材，它包括教科书、教师教学用书、学生课外读物、实验手册、习题集（练习册）、教学挂图以及音像教材等。这两套教材一方面力求体现全国义务教育教学大纲的统一教学要求，另一方面有利于各地因地因校制宜和因材施教，于 1990 年秋季在全国 25 个省、自治区、直辖市小学、初中的起始年级进行各科教材的首轮试验。经审定后，1993 年秋季供全国小学和初中选用。

1990 年 3 月，国家教委印发了作为新的普通高中教学计划颁布前的过渡性教学计划——《现行普通高中教学计划的调整意见》，对当时高中的教学计划进行调整。调整后的课程结构由学科课程和活动课程两部分组成。活动课程包括课外活动和社会实践活动。学科课程采取必修课和选修课两种形式。必修课开设政治、语文、数学、外语、物理、化学、生物、历史、地理、体育和劳动技术共 11 科，政治、语文、数学、体育、劳动技术 5 科在高中 3 个年级均为必修课，外语、物理、化学、生物、历史、地理等在高一、高二年级为必修课。选修课分单科性选修（在高一、高

① 吕达：《课程史论》，人民教育出版社 1999 年版，第 507 页。

二年级开设）和分科性选修（在高三开设，分文科、理科、外语、艺术、体育、职业技术 6 类课程）两类。在课时方面也有变化，克服了 1981 年计划中文科、理科课程比例不合理的情况，加大了选修课的比重。通过调整后，普通高中教学计划的主要变化有以下几个方面：（1）既重视学科课程，又重视活动课程。（2）学科课程分为选修和必修两种形式。（3）增设了职业指导课，对学生进行职业指导和升学志愿辅导。（4）为了减轻学生过重的课业负担，适当减少了数学、外语、物理、化学等科必修课的课时，严格控制考试次数。每门学科，包括会考在内，每年只能考试一次，各级教育行政部门不得举行除会考外任何形式的统考。根据这个《调整意见》，国家教委对当时全日制高中语文、数学、外语、物理、化学、生物、历史、地理等科教学大纲进行了修订，于 1990 年颁布实施。

1991 年 3 月，江泽民提出要进行中国近代史、现代史和国情教育的要求。之后，8 月 27 日国家教委颁发了《中小学加强中国近代、现代史及国情教育的总体纲要（初稿）》。根据该纲要，国家教委制订、颁发了中小学语文、历史、地理、政治（中学）等学科的思想政治教育纲要（试用稿），作为对当时实行的教学大纲的补充。1992 年 3 月 4 日，国家教委发布了《全日制中学思想政治课教学大纲（试用稿）》。这是根据邓小平建设有中国特色的社会主义理论和《中小学加强中国近代、现代史及国情教育的总体纲要（初稿）》精神制定的。同时，编写了思想政治课新教材，于 1992 年秋季供全国中学各年级使用。新大纲和新教材与旧的大纲和教材相比，有以下三个特点：第一，进一步完善了初、高中年级教学内容的整体设计；第二，重视对学生进行基本观点的教育；第三，引导学生理解基本原理，帮助学生形成基本观念。

随着义务教育的普及，教材多样化以及"审定制"的推行，国家教委于 1992 年 8 月颁布了《九年义务教育全日制小学、初级中学课程计划（试行）》。在"课程设置"的内容中首次将课程分为"国家安排课程"和"地方安排课程"两类，实现了新中国成立以来课程管理体制的重大突破。这个课程计划首次将"教学计划"更名为"课程计划"，进一步完善了课程结构，使之更加科学合理，有利于对学生进行德、智、体、美、劳等各方面的教育。它具有下列明显特点：第一，改革了课程总体结构，改变了过去单一的学科类课程为主的课程结构模式，初中课程由学科类和活动类两部分课程组成。第二，改革了以传统文化基础课为主的课程内容，适当增加了职业技术教育的内容。第三，调整了各科、类的比例。与以前的教学计划比较，语文、数学、外语等学科在总课时中的比例都有所下降。适当加强了社会类和自然类学科。第四，增加了课程的灵活性和多样性。课程分为国家课程和地方课程，活动课程正式列入课程计划，增加了选修课，改变了过去统得过死、过分集中的情况。第五，小学和初中课程统一设计。① 与此同时，国家教委颁发了义务教育阶段24个学科的教学大纲（试用），包括小学思想品德、语文、数学、自然、社会、音乐、美术、体育、劳动9科，初中思想政治、语文、数学、英语、俄语、日语、物理、化学、生物、历史、地理、音乐、美术、体育和劳动技术15科。并发出通知，要求1993年秋季在全国逐步试行。

这一阶段的课程与教学改革呈现以下一些特点：第一，致力于改革完善中小学教材的编审制度，从体制上确保课程教材建设的顺利进行，初步推动了在统一基本要求前提下的教材多样化，这有利于学生和教师的创新能力的发挥。第二，中小学课程与教学实验蓬勃发展。这一阶段的课程与教学实验发展迅速，由点及面逐渐铺开。第三，课程理论的研究进入迅速发展时期。课程理论的研究由自发走向自觉，由简单介绍国外成果到发展创新自己的理论，由对某一问题的思考发展至科学完整的理论体系。第四，这一阶段课程改革是从中国实际出发，在探索中国教育发展道路的前提下展开的，摆脱了极"左"路线的错误，保证了改革的正确方向；改革是有目的、有计划、有领导地进行的，克服了改革的盲目性和无政府主义的一哄而起等混乱现象；改革经过广泛的调查研究，充分听取了各方面的意见并通过在各地区的中小学进行试验才逐步开展的，所以具有广泛的

---

① 熊明安主编：《中国近现代教学改革史》，重庆出版社1999年版，第261页。

群众基础，适合各方面的需要；在改革中认真贯彻了统一性与灵活性相结合的原则，既重视全国统一的要求，又照顾各地的实际需要。引入了地方课程，初步改变了国家对课程管理过于集中的状况。①

三、课程与教学的深化推进阶段（1993—2000）

20 世纪 90 年代以来，随着社会主义市场经济体制的建立，现代化建设事业步伐的加快，生产力的进一步解放，我国经济的发展和综合国力迈上了一个新台阶，我国改革开放和现代化建设事业进入了一个新阶段。这对教育工作既是难得的机遇，又提出了新的任务和要求。中共十四大明确提出："必须把教育摆在优先发展的战略地位，努力提高全民族的思想道德和科学文化水平，这是实现我国现代化的根本大计。"1993 年 2 月，中共中央、国务院颁布了《中国教育改革和发展纲要》，指出中小学教育要由"应试教育"转向全面提高国民素质的轨道，面向全体学生，全面提高学生的思想道德、文化科学、劳动技能和身体心理素质，促进学生生动活泼地发展，办出各自的特色。该《纲要》对如何把教育放在优先发展的战略地位作了具体部署，从而确定了到 20 世纪末我国教育改革与发展的基本目标和任务，并把基础教育作为重中之重提了出来。江泽民在1995 年 5 月的全国科学技术大会上首次正式提出"科教兴国"战略，在中共十五大上，再次提出把科教兴国战略作为跨世纪的国家发展战略。1999 年 6 月 15 日，李岚清在《深化教育改革，全面推进素质教育，为实现中华民族的伟大复兴而奋斗——在第三次全国教育工作会议上的报告》中指出：我们要按照时代发展的要求，遵循学生的身心特点和成长规律，大力改革课程和教材体系。特别要加快基础教育课程和教材体系的改革。要以邓小平的"三个面向"为指针，着眼于培养学生的创造性思维和学习能力，使学生通过动手和实践获得实际经验，增强解决实际问题的能力，使学生适应当地不同的经济和社会发展的需要，保障每一个学生发展

---

① 熊明安主编：《中国近现代教学改革史》，重庆出版社 1999 年版，第 263 页。

的时间和空间。不要单纯以课程和教材知识的难度、深度和考试的分数来衡量学生，而要科学全面地评价一个学生的综合素质。同时，也要给教师以时间和空间发挥教学改革的积极性。这一报告为课程与教学改革的进一步发展指明了方向。我国基础教育课程与教学改革进入了深化推进阶段。

1994 年 7 月，为了实行国务院颁布的新工时制，国家教委制订了《实行新工时制对全日制小学、初级中学课程（教学）计划进行调整的意见》和《实行新工时制对高中教学计划进行调整的意见》，调整了课时安排。1995 年 4 月，国家教委又印发了《关于实行每周 40 小时工作制后调整全日制中小学课程（教学）计划的意见》，对小学、初中课时、课程设置进行了调整。

1996 年，国家教委颁发了与九年制义务教育教学计划相衔接的《全日制普通高级中学课程计划（试验）》，首次将普通高中作为一个独立学段提出培养目标，明确提出"普通高中课程结构由学科类课程和活动类课程组成"，"普通高中学科类课程分为必修、限定选修和任意选修三种方式"。该课程计划第一次将"课程管理"作为课程计划中的一部分独立出来，规定普通高中课程由中央、地方、学校三级管理。1996 年，国家教委在普通高中新教学计划颁布的同时印发了全日制普通高级中学 9 个学科供实验用的教学大纲。1997 年起，国家教委决定在江西省、山西省和天津市试验普通高中新课程方案（包括新课程计划、各科新教学大纲和各科新教材），并决定逐步推广。到 2000 年 9 月，扩大到黑龙江、辽宁、山东、安徽、江苏、河南和青海等 10 个省（直辖市），并在全国普通高中一年级全部使用《全日制普通高级中学语文教学大纲（试验修订版）》和修订后的教材。

1997 年 3 月，国家教委中小学教材审定委员会审议通过了《九年义务教育小学思想品德课和初中思想政治课课程标准（试行）》，并于同年 4 月 1 日国家教委正式印发。该《课程标准》首次把小学思想品德课和初中思想政治课作为一个整体，确定目标要求。1998 年秋先在部分省市进行试验，自 1999 年起在全国实施。

为全面贯彻国家教育方针，推进中小学实施素质教育，国家教委于1998 年 1 月发出《关于推进素质教育调整中小学教育教学内容、加强教学过程管理的意见》，要求各省教育行政部门根据本地实际情况，调整义务教育阶段教学内容和要求，并加强对教学过程的管理与指导。1998 年秋季开学后，各省（自治区、直辖市）的中小学依据调整后的教学内容和要求组织教学，进行教育教学评价。这次义务教育阶段课程调整，改变了多年来由国家统一规定课程内容的做法。另外，教育部发出《关于调整现行普通高中数学、物理学科教学内容和教学要求的意见》，在不改变现行教学计划、教学大纲和教材体系的前提下，适当删减数学、物理学科部分教学内容和降低部分内容的教学要求。

1999 年，国务院批转了教育部制定的《面向 21 世纪教育振兴行动计划》，提出"实施'跨世纪素质教育工程'，整体推进素质教育，全面提高国民素质和民族创新能力。2000 年初步形成现代化基础教育课程框架和标准，改革教育内容和教学方法，推行新的评价制度，开展教师培训，启动新课程的实验。争取经过 10 年左右的实验，在全国推行 21 世纪基础教育课程教材体系"。1999 年 6 月，第三次全国教育工作会议发布了《中共中央国务院关于深化教育改革全面推进素质教育的决定》，提出要"调整和改革课程体系、结构、内容，建立新的基础教育课程体系"。新一轮基础教育课程改革蓄势待发，这是"跨世纪素质教育工程"中的重点项目，是基础教育"面向现代化，面向世界，面向未来"改革的重大举措，由国家拨专款设立。项目的主要目标是建立一个适应 21 世纪需求的、充分体现基础教育性质和素质教育精神，促进每个学生全面发展，让学生真正成为学习主人的基础教育课程新体系。

为适应当今科技发展和社会进步对国民素质提出的要求，教育部自1999 年 1 月启动国家基础教育课程改革工作以来，组织基础教育课程改革专家在多次研讨和广泛听取各方面的意见和建议的基础上，起草了《国家基础教育课程改革指导纲要（草稿）》，提出了这次课程改革的目标，并就课程结构、课程标准、教材编写与管理、评价以及课程政策的改革等，提出了指导意见。教育部于 2000 年初公布了《基础教育课程改革项目概览》，确定了 9 个工作项目，即：制定基础教育课程计划，制定基础教育课程标准，建立基础教育课程评价体系，建立基础教育课程管理体系，课程资源（包括教材）开发与管理系统的研究，基础教育课程计划与教学大纲，组织基础教育课程理论研究等。

为了保证工作的顺利进行，教育部成立了基础教育课程改革专家工作组，坚持民主参与与科学决策相结合的原则。同时为了保证课程改革工作的连续性，培养和建立一支基础教育课程改革的专业队伍，教育部在北京师范大学等部分师范大学设立基础教育课程改革研究中心，动员师范大学、中央教育科学研究所、课程教材研究所等基础教育专业研究力量、各省基础教育科研人员、教研人员和广大的中小学教师积极参与。

为减轻中小学生过重的课业负担，解决长期以来中小学教学内容繁、难、偏、旧及脱离学生生活等问题，1999 年起，教育部基础教育司组织上百名专家，及时利用在研制面向 21 世纪新课程过程中所获得的研究成果，对现行教育阶段小学语文、数学两科，初中语文、数学、英语、物理、化学、生物、地理、历史 8 科和中小学音乐、美术、体育教学大纲进行了修订。此次修订对教学大纲中一些比较陈旧的知识以及不恰当的内容和要求进行了删减；强调学生学会学习，所有学科都增加了要求学生探索和实践的内容；强调教育内容要反映时代的发展，并与社会和学生实际生活紧密联系。修订后的大纲分别于 2000 年 3 月和 2000 年 8 月陆续颁布。大纲修订后，各教材编写单位依据调整后的教学大纲，对教材做了相应修改。2000 年秋季，小学、初中起始年级的主要学科已全部使用了新修订的教材。[①]

这一阶段，课程与教学改革的特点有以下几点：首先，课程与教学改革关注学生素质的全面发展，素质教育在课程与教学层面得到高度重视。

---

① 《中国教育年鉴》编辑部编：《中国教育年鉴（2001）》，人民教育出版社 2001 年版，第 112 页。

其次，在课程编制上认识到学科、社会与学生三者结合的重要性。第三，活动课程的理论研究和实践探索，成为这一阶段课程改革的重要内容。活动课程的历史演变，新型活动课程的理论基础、性质、地位、作用和目标、内容、教学活动方式等问题得到深入研究。第四，课程管理体制的研究和实践获得突破性进展，1999 年国家正式提出试行国家课程、地方课程和学校课程三级管理体制。在此背景下，课程开发和校本课程研究成为跨世纪课程改革研究的热点之一。随着课程改革的推进，人们认识到课程观念的转变和教师的素质在很大程度上决定着课程改革的成败，为此必须注重教师培训，加强师资建设，这已达成共识。①

四、课程与教学的全面改革阶段（2001年至今）

21 世纪，国际竞争空前激烈，高素质人才成为国家社会、经济、文化发展的主力军。这对我们这个科技文化水平偏低的人口大国来说是个严峻的挑战，因而对教育提出了新的要求。2001 年 6 月 12 日，朱镕基在全国基础教育工作会议上的讲话指出："基础教育是教育事业的基石，对于提高国民素质、培养各级各类人才，对于实施科教兴国战略、加速我国现代化进程，都具有基础性、先导性和全局性的重要作用。""要加快课程教学改革和考试制度改革，全面提高基础教育质量。"2002 年 9 月，江泽民在北京师范大学建校一百周年庆祝大会上发表了《实施科教兴国战略，大力推进教育创新》的重要讲话，强调："当今时代，科技进步日新月异，国际竞争日趋激烈。各国之间的竞争，说到底，是人才的竞争，是民族创新能力的竞争。教育是培养人才和增强民族创新能力的基础，必须放在现代化建设的全局性战略性重要位置。我们要继续坚定不移地实施科教兴国战略，不断培养大批合格的有中国特色社会主义的建设者，不断造就大批具有丰富创新能力的高素质人才，不断提高全民族的思想道德素质和科学

---

① 赵昌木、徐继存：《我国课程改革研究 20 年：回顾与前瞻》，《课程·教材·教法》2002
年第 1 期。

文化素质。这是实现中华民族伟大复兴的必然要求，也是我国社会主义教育事业的历史任务。"

为了更好地解决课程与教学中存在的问题，全面深化素质教育，自 2001 年起，酝酿已久的第八次基础教育课程改革正式启动。教育部推出了一系列新的课程政策，开始了一场广泛、全面、深入持久的课程改革。

2001 年 5 月 29 日，国务院作出《关于基础教育改革与发展的决定》，全面系统地阐述了基础教育课程改革的指导思想，同时，提出要加快构建适应时代发展要求的新的基础教育课程体系。2001 年 6 月，经国务院同意，在全国基础教育工作会议上，正式印发了《基础教育课程改革纲要》。该《纲要》指出基础教育课程改革要以邓小平关于"教育要面向现代化，面向世界，面向未来"和江泽民"三个代表"的重要思想为指导，全面贯彻党的教育方针，全面推进素质教育。同时提出了今后一段时期全国基础教育改革的总体目标和实施方案。新的课程改革方案在优化课程结构、调整课程门类、更新课程内容、改革课程管理体制和考试评价制度等方面，都提出了突破性的改革目标。这对我国基础教育的改革与发展带来深远的影响，对推动我国基础教育领域素质教育的实施，为培养新一代创新人才发挥着重大作用。

基础教育课程与教学改革的目标是围绕着素质教育的培养目标来设计和确定的。根据国务院《关于基础教育改革与发展的决定》的精神和教育部《基础教育课程改革纲要》的要求，新课程的培养目标要全面贯彻党的教育方针，全面推进素质教育，体现时代要求。要使学生具有爱国主义、集体主义精神，热爱社会主义，继承和发扬中华民族的优良传统和革命传统；具有社会主义民主法制意识，遵守国家法律和社会公德；逐步形成正确的世界观、人生观、价值观；具有社会责任感，努力为人民服务；具有初步的创新精神、实践能力、科学和人文素养以及环保意识；具有适应终身学习的基础知识、基本技能和方法；具有健壮的体魄和良好的心理素质，养成健康的审美情趣和生活方式，成为有理想、有道德、有文化、有纪律的一代新人。

　　《基础教育课程改革纲要》还提出了包括基础教育新课程标准、教学过程、教材开发与管理、教师的培养和培训以及课程改革的组织与实施等方面的要求，是指导本次基础教育课程改革的纲领性文件。

　　在印发《基础教育课程改革纲要》的同时，经教育部批准，还印发了义务教育阶段18科课程标准的实验稿，标志着我国基础教育课程改革进入了一个新阶段。新颁布的各科课程标准尽管各具特色，但结构基本一致，大致包括前言、课程目标、内容标准、实施建议、附录等部分，并力图在各部分全面体现"知识与技能、过程与方法以及情感态度与价值观"三位一体的课程功能。新课程标准关注学生的兴趣与经验，精选学生终身学习必备的基础知识和技能，加强课程内容与学生生活以及现代社会、科技发展的联系。各学科课程标准结合本学科的特点，力求改变单一的记忆、接受、模仿的被动的学习方式，引导学生主动参与、独立思考、合作探究，使学生在获得基础知识与技能的同时学会学习和形成正确的价值观。课程标准中建议采取多种方法进行评价，例如成长记录与分析、测验与考试、答辩、作业、集体评议等。新课程标准重视对某一学段学生所应达到的基本标准的刻画，同时对实施过程提出了建设性的意见；而对实现目标的手段与过程，特别是知识的前后顺序不强求一致做硬性规定。这样就为教材的多样性和教师教学的创造性提供了广阔的空间，为体现并满足学生发展的差异性创造了比较好的环境。

　　2001年9月，新课程实验正式启动。义务教育各学科课程标准（实验稿）及其20个学科（小学7科、中学13科）的49种中小学新课程实验教材首次在全国27个省（自治区、直辖市）的38个国家课程改革实验区试用，47万中小学生进入新课程的学习。同时，探索三级课程管理的具体工作机制和评价、考试制度的改革。

　　2002年5月28日教育部印发了九年义务教育小学《品德与生活课程标准（实验稿）》（1~2年级使用）和《品德与社会课程标准（实验稿）》（3~6年级使用）。同时从2002年秋季开学起，在全国部分国家级基础教育课程改革实验区开展实验工作。

2002 年春季，北京市的 1 个区和浙江省的 3 个县（市）又被确定为国家级实验区。2002 年秋季，按照"每个地级市可确定一个省级基础教育课程改革实验区"的原则，全国又有 530 个县（区、市）确定为基础教育课程改革省级实验区。省级实验区的新课程改革实验全面启动，实验规模扩大到 570 个县（区）、市（其中省级实验区 528 个），895 万中小学生进入新课程的学习，约占同年级学生总数的 18%～20%。新课程实验推广进入到由点到面过渡的新的关键阶段。

2002 年 12 月 18 日公布的《中小学评价与考试制度改革方案》体现了全新的教育理念，这是新中国成立以来教育部发布的第一个较为全面的中小学评价与考试改革的指导性文件，对中小学全面实施素质教育起着重要作用。

2003 年 9 月，进一步扩大实验范围。全国共有 1 642 个县（区）、市实验区，3 500 万学生参与到课改实验中，分别占全国县（区）数的 57%、义务教育阶段学生总数的 18.6%（参加课改的学生人数占全国基础教育总人数的 40%～50%）。2004 年 9 月，在对实验区工作进行全面评估和广泛交流的基础上，课程改革的工作进入全面推广阶段。新课程实验扩大到全国 2 576 个县（市、区）实验区，约占全国总县数的 90%。2005 年 9 月，全国小学、初中起始年级全面实施新课程。同时与新课程相配套的中考改革方案在 17 个实验区使用，中考试卷力求更好地体现各学科课程标准的基本要求、集中反映初中生 3 年学习和发展状况的综合素质。

2007 年，教育部全面启动义务教育课程标准（实验稿）的修订工作。组织了 19 个学科课程标准修订工作组，邀请了 180 余位来自中国科学院、社会科学院、高等学校的专家、学者和中小学优秀教师、教研员参与课程标准修订工作。同年 4 月，教育部基础教育司组织召开了"义务教育课程标准修订工作会议"，各学科课程标准修订组的专家参加了会议。教育部部长周济到会就课程标准修订工作作了指示。

为做好各科课程标准的修订，2007 年上半年，教育部办公厅分别发文，要求 29 个省（自治区、直辖市）教育厅（教委）和 42 个国家实验区开展义务教育阶段各科课程标准（实验稿）使用情况的调查工作。调查采取问卷调查和组织座谈两种方式，参加调查总人数约达 11 万人。调查结果显示，课程标准（实验稿）体现了素质教育的精神和新时代对国民素质的基本要求，各学科课程性质、内容要求基本适宜。同时，各地结合 6 年实践中反映的情况，对各学科课程标准（实验稿）修改完善提出了具体的意见和建议。调研结果成为各学科课程标准修订组工作的基本依据。2007 年 11 月，教育部召开了"义务教育课程标准第二次修订工作会议"，各课程标准组在认真研究梳理各地修订建议的基础上进行了沟通与交流，明确了修订课程标准的具体意见。①

经过两年的深入调查、研讨，截至目前义务教育各学科课程标准修订工作接近尾声，新的义务教育课程标准即将正式颁发。

与此同时，普通高中课程改革也在积极推进。2001 年全面启动普通高中新课程的研制工作。2003 年，印发了《普通高中课程方案（试行）》和语文、英语、日语、俄语、数学、历史、地理、物理、化学、生物、技术、艺术、音乐、美术、体育与健康共 15 个学科课程标准（实验）。2004 年 9 月，《普通高中课程方案（实验）》和各科课程标准（实验）在山东、广东、宁夏和海南 4 省（自治区）普通高中起始年级开始实验，参加实验的学生达 127 万人，约占全国普通高中当年招生人数的 15.5%。为顺利推进新课程实验，教育部组织开发了培训教材，面向实验省各级教育行政主管领导、骨干校长和教师开展了国家级研修和培训，组织编写并审查了 14 个学科 274 册教材供实验区学校选用。截至 2006 年秋季，实验省已扩大到了 10 个省（自治区、直辖市）（包括山东、广东、海南、宁夏、江苏、天津、辽宁、浙江、安徽、福建）。② 2007 年秋季，北京、吉林、黑龙江、陕西、湖南 5 省（市）进入新课程实施阶段。2008 年，河南省、

---

① 《中国教育年鉴》编辑部编：《中国教育年鉴（2008）》，人民教育出版社 2008 年版，第 189 页。
② 《中国教育年鉴》编辑部编：《中国教育年鉴（2005）》，人民教育出版社 2005 年版，第 168 页。

江西省、山西省、新疆建设兵团、新疆维吾尔自治区也进入了新课程实施阶段。2009 年，内蒙古、河北、湖北、云南进入新课程实施阶段，预计在 2010 年全国全部省市区进入新课程实施阶段。2008 年教育部出台了新课程高考改革指导意见，要求"各地要加快建设在国家指导下由各省组织实施的普通高中学业水平考试和学生综合素质评价制度，切实做到可信可用；进一步深化统一考试内容改革，考试内容要实现与高中新课程内容的衔接，进一步贴近时代、贴近社会、贴近考生实际，注重对考生运用所学知识分析问题、解决问题能力的考查；进一步探索高考高中学业水平考试和综合素质评价与学校测试相结合的多元化评价选拔办法"。

这次课程改革建立了多样化、选择性的教科书管理机制。教材立项、审查、选用制度的逐步建立，促进了教材公平竞争机制的形成，教材质量明显提高。各富特色的多样化教材开始出现并在实验区供学校选择。这些教材以《基础教育课程改革纲要（试行）》为基本指导思想，以全面推进素质教育为宗旨，注重教材内容的现代化和开放性，重视综合素质和创新精神、实践能力的培养，着力探索学科体系的创新和教材组织方式的优化，重视教材综合性和学科之间的整合，以学生为主体并引导学生积极主动地参与教学活动，为教师提供新的教学策略和教学方法。不同版本的教材在坚持国家课程标准的前提下，体现出了各自的特点。

此次课程改革是我国基础教育课程与教学改革历史进程中的一个重要阶段，与以前的课程改革相比，取得了一些新的突破：

第一，在课程理念上凸现了"以人为本"的价值观。课程改革着眼于"一切为了学生的发展"，倡导"民主、平等、和谐"的教育理念。多年来倡导的素质教育理念进一步落到了实处。新课程鲜明地提出了具有时代特征的人才培养目标和一系列具体的改革目标。新课程认为学生是课程的主体，强调学校教育要更好地面向全体学生，既强调学生的全面发展，又注重学生的个性培养；既强调让学生掌握基础知识与基本技能，又注重让学生在掌握知识的过程中形成主动学习的能力和积极的情感、正确的价值观。

第二，课程结构与内容更加科学合理，体现了基础性、综合性和选择性。在国家课程中，增设了科学、历史与社会、艺术、综合实践活动和技术等课程，加强了课程内容与社会发展、科技进步和实际生活的联系，注重了对传统文化和民族精神的传承，更好地反映了我国实际、时代发展要求和国际课程改革的趋势。① 小学以综合课程为主，初中设置以分科为主或以综合为主的课程，由学校或地方根据具体条件与可能自行选择，倡导选择综合课程。高中以分科课程为主。新课程把学生的生活及其个人知识、直接经验作为课程内容，强调的是问题解决，引进了许多现代社会生活和科技知识。课程内容具有开放性和弹性，在合理安排基本课程内容的基础上，给地方、学校和教师留有开发、选择的空间，也为学生留出选择和拓展的空间，以满足不同学生学习和发展的需要。

第三，新课程在学习方式上强调"自主、探究与合作"。各门课程标准都对学生的探究发现、调查研究、实验论证、合作交流、独立自学等提出了要求。教学上从注重教师如何教，转为创造条件引导学生学会学习，突出培养学生积极主动的学习态度。倡导儿童在课堂中自主学习、合作学习与探究学习，建构儿童自主参与、师生共同创造的新型教学文化。课程改革改变了过去以接受性学习为主、以记忆模仿为主、以书本知识为主和间接经验为主的现象，引导学生亲身实践，合作探究，融学习于活动之中，发展学生搜集和处理信息的能力、获取新知识的能力、分析和解决问题的能力以及交流与合作的能力。

第四，建立了重在"发展性"的课程评价体系。新课程标准制定了旨在促进学生和教师发展的评价制度，改革只注重学业成绩，只注重甄别与选拔的评价，发挥评价发现和发展学生多方面的潜能，帮助学生认识自我，建立自信心，促进每个学生在已有水平上发展的教育功能。强调教师对自己教学行为的分析与反思，建立以教师自评为主，校长、教师、学

---

① 《中国教育年鉴》编辑部编：《中国教育年鉴（2007）》，人民教育出版社 2007 年版，第179 页。

生、家长共同参与的评价制度。在评价的方法和技术上，不仅有定量的分析，而且发展到定量分析和定性分析相结合。另外，评价重视受评人的积极参与，评价的最终目的不仅是管理、选拔，而且是让受评人学会自我评价。

第五，制定了国家、地方、学校三级课程管理政策，提高课程对不同地区、学校的适应性，满足不同地方、学校和学生的需求。课程管理的权限根据各级不同的责任与需要作科学合理的划分，各地在达到国家规定课程的基本要求下，规划、开发并管理好地方课程，发展学校课程。①

---

① 《中国教育年鉴》编辑部编：《中国教育年鉴（2001）》，人民教育出版社 2001 年版，第 113 页。

第八章
基础教育课程与教学
改革的成就与经验

我国基础教育课程与教学历经 60 年的改革与发展取得了令世人瞩目的成就，积累了宝贵的经验。无论是课程目标体系、课程内容的完善，现代教育技术的应用、教学手段和条件的改进，还是促进师生和学校发展评价体系的形成、三级课程管理体制的确立，一系列成就令人鼓舞。而改革中积累的丰富经验对课程与教学的进一步发展具有十分重要的启示意义。

第一节　课程与教学改革的主要成就

我国基础教育课程与教学改革取得了许多成就，其中具有代表性的是，逐步建立了注重学生发展、提高学生综合素质的课程目标体系，设置了适应社会和学生需求、兼顾学生经验和学科内在逻辑的课程系统，大力推进了现代教育信息技术的应用，教学手段和条件得到明显改善，基本形成了促进师生和学校发展的评价体系，确立了具有中国特色的三级课程管理体制。这些成就的取得不仅让人欣喜，更成为我们不断前行的动力。

一、逐步建立了注重学生发展、提高学生综合素质的课程目标体系

学生的全面和谐发展意味着学生身心的健康成长，是学生身体、智

慧、情感、态度价值观和社会适应性的全面提高与和谐发展。知识是力量，情感、态度同样是力量，它们在知识获得、智力开发的过程中，产生着不可估量的作用。新中国成立以来，我国为培养全面发展的人作出了许多努力。在历次指导课程教学改革的政策文件中，都十分关注学生的全面发展，并在课程教学计划中把学生综合素质的提高作为要实现的目标。

1952 年教育部颁布了《中小学暂行规程（草案）》。其中《小学暂行规程（草案）》规定小学的培养目标是："智力方面：使儿童具有读、写、算的基本能力和社会、自然的基本知识。德育方面：使儿童具有爱国思想、国民公德和诚实、勇敢、团结、互助、遵守纪律等优良品质。体育方面：使儿童具有强健的身体、活泼、愉快的心情以及卫生的基本知识和习惯。美育方面：使儿童具有爱美的观念和欣赏艺术的初步能力。"[1]《中学暂行规程（草案）》规定，中等教育要"发展学生为祖国效忠、为人民服务的思想，养成爱祖国、爱人民、爱劳动、爱科学、爱护公共财物的国民公德和刚毅勇敢、自觉遵守纪律的优良品质"，"培养学生体育卫生的智能和习惯"以及"陶冶学生的审美观念，启发其艺术的创造能力"。

1957 年，毛泽东在《关于正确处理人民内部矛盾的问题》中强调，"我们的教育方针，应该使受教育者在德育、智育、体育几方面都得到发展，成为有社会主义觉悟的有文化的劳动者"。[2]

党的十一届三中全会以来，为了使教育工作沿着正确的方向前进，党中央及时提出把青少年培养成为"有共产主义理想，有道德，有文化，守纪律"的四有新人作为新时期培养人才的目标。1979 年 5 月，教育部、国家体育运动委员会（简称"国家体委"）、卫生部、共青团中央联合召开了全国学校体育、卫生工作经验交流会。会议提出要坚持"三好"的方针，正确处理好德、智、体三者关系，纠正了忽视体育、卫生工作的思

---

[1] 《中国教育年鉴》编辑部编：《中国教育年鉴（1949—1981）》，中国大百科全书出版社 1984 年版，第 128 页。

[2] 《中国教育年鉴》编辑部编：《中国教育年鉴（1949—1981）》，中国大百科全书出版社 1984 年版，第 39 页。

想。教育部还积极制定音乐、美术大纲，编写音乐、美术教材，大力培训师资，还规定其他学科不得占用音乐课、美术课的教学时间。会后，教育部和国家体委、卫生部分别下达了《中小学体育工作暂行规定》和《中小学卫生工作暂行规定》。①

1981 年，教育部颁发了《全日制六年制重点中学教学计划（试行草案）》，进一步明确"既要重视智育的教育，又要注意加强学生的思想品德教育、体育和卫生保健工作"。音乐课、美术课在 1981 年计划中课时有所增加（音乐课增加 2 课时，美术课增加 1 课时），体现了 1979 年初教育部召开的 9 省市中小学音乐、美术教材会议的精神。并在四、五年级设立了劳动课程。这些措施都体现了学校教育力求促进学生的全面发展。

1982 年 12 月，《中华人民共和国宪法》第四十六条规定：国家培养青年、少年、儿童在品德、智力、体质等方面全面发展。

1992 年，国家教委颁布《九年义务教育全日制小学初级中学课程计划（试行）》，强调"促进学生个性的健康发展"。在小学的培养目标中提到，小学生要"初步养成良好品质"、"较广泛的兴趣和健康的爱美的情趣"。初中阶段的培养目标中也提出要使学生具有"良好的品德和个性品质"。

1996 年国家教委又印发了《全日制普通高级中学课程计划（试行）》通知。在培养目标中提出要"发展学生的个性和特长"，培养学生"具有良好的意志品质和一定的适应能力"。

2001 年，我国开始了新一轮基础教育课程改革，新课程非常重视学生人格的全面发展。《基础教育课程改革纲要（试行）》提出新课程的培养目标应体现时代要求，要使学生具有"爱国主义、集体主义精神，热爱社会主义，继承和发扬中华民族的优秀传统和革命传统；具有社会主义

---

① 《中国教育年鉴》编辑部编：《中国教育年鉴（1949—1981）》，中国大百科全书出版社 1984 年版，第 39 页。

民主法制意识，遵守国家法律和社会公德；逐步形成正确的世界观、人生观、价值观；具有社会责任感，努力为人民服务"，"具有健壮的体魄和良好的心理素质，养成健康的审美情趣和生活方式，成为有理想、有道德、有文化、有纪律的一代新人"。新一轮基础教育课程改革不但重视学生人格的全面发展，而且对学生的全面发展有了更合理的新的认识，并在各科课程标准中体现出来。《基础教育课程改革纲要（试行）》提出要"改变课程过于注重知识传授的倾向，强调形成积极主动的学习态度，使获得基础知识与基本技能的过程同时成为学会学习和形成正确价值观的过程"。各门课程制定课程标准时以此为依据，都强调知识与技能、过程与方法、情感态度价值观三维目标的整合。在课程实施过程中，注重学生完整人格的培养，从而使学生在学习的过程形成正确的价值观、人生观和世界观，具有社会责任感，努力为人民服务，树立远大理想。

从各学科课程标准中也可看出，各门学科不仅关注学生知识、技能的掌握，而且关注学生情感、态度、价值观的发展。《全日制义务教育语文课程标准（实验稿）》在第二部分课程目标的总目标中提出："1. 在语文学习过程中，培养爱国主义感情、社会主义道德品质，逐步形成积极的人生态度和正确的价值观，提高文化品位和审美情趣。2. 认识中华文化的丰厚博大，吸收民族文化智慧。3. 关心当代文化生活，尊重多样文化，吸取人类优秀文化的营养。4. 培植热爱祖国语言文字的情感，养成语文学习的自信心和良好习惯，掌握最基本的语文学习方法。5. 在发展语言能力的同时，发展思维能力，激发想象力和创造潜能。逐步养成实事求是，崇尚真知的科学态度，初步掌握科学的思想方法。"在语文写作教学目标中强调："在写作教学中，应注重培养观察、思考、表现、评价的能力。要求学生说真话、实话、心里话，不说假话、空话、套话。鼓励学生写想象中的事物，激发他们展开想象和幻想。"在第三部分中教学建议第三条："培养学生高尚的道德情操和健康的审美情趣，形成正确的价值观和积极的人生态度，是语文教学的重要内容，不应把它们当作外在的、附加的任务，而应该因势利导、贯穿于日常的教学过程中，通过熏陶感染收到潜移默化的功效。"在数学课程标准中关于"情感与态度"方面的目标包括："1. 能积极参与数学学习活动，对数学有好奇心和求知欲；2. 能在数学活动中获得成功的体验，锻炼克服困难的意志，建立自信心；3. 认识数学与人类生活的密切联系及对人类历史发展的作用，体验数学活动充满着探索与创造，感受证明的必要性、证明过程的严谨性以及结论的确定性；4. 形成尊重客观事实的态度以及独立思考的习惯，能够进行合理的质疑。"① 其他学科，如高中地理课程实施过程中要实现如下情感态度价值观的目标："1. 激发探究地理问题的兴趣和动机，养成求真、求实的科学态度，提高地理审美情趣。2. 关心我国的基本地理国情，关注我国环境与发展的现状与趋势，增强热爱祖国、热爱家乡的情感。3. 了解全球的环境与发展问题，理解国际合作的价值，形成正确的全球意识。4. 增强对资源、环境的保护意识和法治意识，形成可持续发展的观念，增强关心和爱护环境的社会责任感，养成良好的行为习惯。"②

二、设置了适应社会和学生需求、兼顾学生经验和学科内在逻辑的课程系统

（一）通过开设综合课程满足学生及社会发展的需求

21 世纪所需要的人才，是既要有科学文化素质，又要有人文素质，还要有创新意识和不断进取精神的复合型人才。联合国教科文组织"国际 21 世纪教育委员会"提出了 21 世纪教育的四大支柱——"学会求知、学会做事、学会共处和学会做人"，实际上这就是对未来人才的培养所提出的一个综合素质培养目标。复合型人才培养的关键在于如何解决好学科课程设置问题，综合课程是实现复合型人才培养的有效途径之一。20 世纪 80 年代末期，我国日益意识到综合课程顺应科学知识发展规律的要求，符合青少年的认知特点，还可以弥补分科课程的不足等优点。因为人类所

---

①　中央教育科学研究所编：《2002/2003 中国基础教育发展研究报告》，教育科学出版社 2003 年版，第 72 页。

②　冯生尧主编：《课程改革：世界与中国》，广东教育出版社 2004 年版，第 9 页。

面临的环境资源、疾病灾难和战争恐怖等等问题，都不是单一的科学技术问题或经济问题、文化问题。这些问题的解决已经超越了某一学科领域解决问题的能力和极限，而必须依靠综合运用自然科学和人文、社会科学等各类学科的知识和技术，才能形成解决世纪难题的有效方案。综合课程的开设，有助于学生掌握相应的知识技能，有效应对所面临的问题。教育界开始对课程综合化特别是综合理科进行深入的理论研究，开始探索综合课程的实施方法，有些地方还编制教材进行实验。[①]

1986 年，在东北师范大学的支持下，东北师范大学附中组织编写了新中国第一套综合科学教科书《自然科学基础》。1987 年，东北师范大学附中开始初中综合课程设置和综合教学的研究实验，并取得了一定成绩。同年，中央教科所在广东南海县召开了中学综合理科教育研讨会，上海师范大学和上海师范大学附中进行了"初中综合理科研究和实验"。此后，浙江、上海、辽宁等地都分别进行了初中综合课程改革试验。[②] 1988 年教育部制定了《义务教育全日制小学、初级中学教学计划（试行草案）》，规定小学课程适当设置综合课。1989 年上海市颁布的《全日制小学、初中、高中课程改革方案》规定，在小学和初中阶段设置综合性的社会科和理科，在高中开设社会科学基础、自然科学基础。[③]

20 世纪 90 年代我国的综合课程研究与实践进入新的阶段，综合课程被正式纳入课程结构体系。90 年代初上海市和浙江省开始了系统的综合科学课程实验工作，综合课程的研究和实验呈现一片繁荣的景象。1992 年颁布的《九年义务教育全日制小学、初级中学课程计划（试行）》提出在分科为主的前提下，适当设置综合课，小学新设了"社会"课，适量渗透了职业技术教育。如上海杨浦区 10 所中学自 1991 年起，开始进行三年一轮的三轮试点实验教学，对《社会》这门综合课程的科学性和可行

① 课程教材研究所主编：《综合课程论》，人民教育出版社 2003 年版，第 65－66 页。
② 课程教材研究所主编：《综合课程论》，人民教育出版社 2003 年版，第 184 页。
③ 熊明安主编：《中国近现代教学改革史》，重庆出版社 1999 年版，第 188 页。

性进行了有益的探索，取得了丰硕的成果。[①]

　　1995 年，国家教委副主任柳斌明确指出要把设置综合课程作为一个比较重要的问题开展研究、开展试验。广东省为了探索我国普通高中课程的多样化，于当年 11 月份接受国家教委基础教育司的委托和华夏基金会的资助，承担"普通高中综合课程研究与实验"课题。同时，成立了"普通高中综合理科"和"普通高中综合文科"两个课题组。课题组在广泛收集国内外有关高中综合课程的文件、文献、实验方案和个案、成果的基础上，研究与分析有关理论问题，整理出版了近 19 万字的《普通高中综合课程研究资料汇编》。[②]

　　1998 年北京市开始研究在基础教育阶段（从小学到高中）开设上下衔接的综合理科课程，同时在人民教育出版社和浙江省合作编制初中综合理科课程的教材。1999 年，教育部颁布《中共中央国务院关于深化教育改革全面推进素质教育的决定》。该《决定》以中央文件的形式强调综合课程的重要性，明确指出："改变课程过分强调学科体系，脱离时代和社会发展以及学生的实际的状况。抓紧建立更新教育内容的机制，加强课程的综合性和实践性。"

　　到了 2001 年，教育部颁布的《基础教育课程改革纲要（试行）》，把"课程综合化"作为改革目标之一，明确提出："改变课程结构过于强调学科本位、科目过多和缺乏整合的现状，整体设置九年一贯的课程门类和课时比例，并设置综合课程，以适应不同地区和学生发展的需求，体现课程结构的均衡性、综合性和选择性。"同时，规划了"小学阶段以综合课程为主，初中阶段设置分科与综合相结合的课程，高中以分科课程为主"的课程结构。新一轮课程改革以此为指导，从小学至高中都开设了各式各样的综合课程，我国综合课程建设与实验探索进入一个前所未有的历史新阶段。

---

① 　课程教材研究所主编：《综合课程论》，人民教育出版社 2003 年版，第 352 页。
② 　课程教材研究所主编：《综合课程论》，人民教育出版社 2003 年版，第 161 页。

在新的课程体系中，小学低年级开设品德与生活（含品德、社会、科学）、艺术（或音乐、美术）等综合课程，小学中高年级开设品德与社会、科学、综合实践活动、艺术（或音乐、美术）等综合课程。初中阶段设置分科与综合相结合的课程。综合课程有科学（物理、化学、生物）、历史与社会（历史、地理）、艺术（音乐、美术）以及综合实践活动。高中阶段，虽然《基础教育课程改革纲要（试行)》明确指出"高中以分科为主"，但是这并不意味着高中课程不重视课程整合。普通高中课程新方案设置学习领域，这是高中阶段促进课程整合的一个重要举措，强调综合能力的培养。学习领域是基于学生的经验和发展需要，以及学科群的发展趋势而规划的学习范围。普通高中新课程设置了 8 个学习领域：语言和文学、数学、人文与社会、科学、技术、艺术、体育与健康、综合实践课程。每一个学习领域由课程价值相近的若干科目组成。①

（二）适度增设了选修课程，满足学生多样化发展的需求

新中国成立后我国第一次在普通高中设置选修课是在 1963 年。当时的教学计划规定，在保证学好必修课的基础上，有条件的地方可在高中"酌设农科科学技术知识、立体解析几何、制图、历史文选、逻辑等选修课，高中三年级学生可以根据志愿和爱好，任选一门或两门"。这是我国普通高中课程多样化的第一次努力，但由于该规定只是建议性的，大多数学校也没有开设选修课的经验和基础，选修课只在极少数学校得到实施。20 世纪 80 年代，各国都十分重视学生的个性发展，在课程设置中纷纷开设各种选修课，满足学生的个性化发展需求。我国于 1980 年颁布的《关于分期分批办好重点中学的决定》中提出"要改革课程设置，增设职业技术课，设立选修课"。② 1981 年，教育部颁发的《全日制六年制重点中学教学计划（试行草案)》规定："为适应学生的爱好和需要，发展他们

---

① 钟启泉、崔允漷、吴刚平主编：《普通高中新课程方案导读》，华东师范大学出版社 2003 年版，第 65 页。
② 《中国教育年鉴》编辑部编：《中国教育年鉴（1949—1981)》，中国大百科全书出版社 1984 年版，第 160 页。

的特长，更好地打好基础，高中二、三年级设选修课。"在高中文科二、三年级，开设了 208 节语文选修课，主要是加深文科生语文程度的分科性选修课，还要求依据学校条件添设适应社会需要、学生要求的单科性选修课，并首次提出分科性选修，分为侧重于文科、理科的两类教学计划，从高中二年级开始开设选修课。从此时起，开始形成高中文、理分流的办学模式。① 1988 年，教育部颁发了《义务教育全日制小学、初级中学教学计划（试行草案）》，新中国成立以来首次在初中开设了选修课。

20 世纪 90 年代以来，选修课在我国越来越得到重视，并且课程设置也越来越完善。1990 年 3 月，国家教委颁发《现行普通高中教学计划的调整意见》，制定了适应一般高中的课程计划。对必修课的课时进行了调整，减少了必修的总课时，增加了选修课时，高一、二年级每周安排 3～4 节选修课，高三年级选修课增加为每周 16 节，使学生有较大的选择余地。为了使各地贯彻执行《调整意见》，国家教委还颁发了《普通高中开设选修课的意见》。② 1992 年，国家教委颁布了《九年义务教育全日制小学、初级中学课程计划》，在初中的毕业年级安排适量的选修课程课时，以便对学生进行生产劳动技术教育或职业预备教育，适应了初中内部"分流"教育的需要。③ 1996 年，国家教委组织专家组，经过比较深入的研究，制定并颁发了我国第一个同义务教育课程计划相衔接的《全日制普通高中课程计划（试验）》。按照优化必修课、规范选修课、加强限定选修课的原则构建学科课程体系，让学生有了一定的选择空间。④ 2000 年的课程计划中则设置了"地方和学校选修课"。选修课的设置越来越得到重视和完善。从 2001 年开始，我国实施新一轮课程改革，此次改革依据以人为本的素质教育要求，重视学生的个性充分发展，进一步加大了课程的多样性和选择性，提高了选修课的比重。《基础教育课程改革纲要（试

---

① 熊明安主编：《中国近现代教学改革史》，重庆出版社 1999 年版，第 273 页。
② 熊明安主编：《中国近现代教学改革史》，重庆出版社 1999 年版，第 260 页。
③ 熊明安主编：《中国近现代教学改革史》，重庆出版社 1999 年版，第 260 页。
④ 熊明安主编：《中国近现代教学改革史》，重庆出版社 1999 年版，第 261 页。

行)》明确规定初中阶段"学校应努力创造条件开设选修课程",高中"在开设必修课的同时,设置丰富多样的选修课程"。选修课程占到了38.6%,接近高中总课程的 2/5,其中选修一(必修课的选修)占29.1%,选修二(专业方向性选修与地方、学校开设的选修)占 9.5% 。①从学分来看,普通高中新课程将 3 年最低总学分(144 学分)划分为必修和选修两部分,其中选修学分又分为"选修学分Ⅰ"(必修课程中的选修,至少22 学分)和"选修学分Ⅱ"(专业方向性选修和地方、学校开设的选修课程,至少 6 学分),共占毕业总学分的 19.4% 。②

新一轮课程改革还对选修课进行了创新性设置。一是学分分配更加多样。新的课程方案不像 1996 年和 2000 年高中方案那样将选修课的学时或学分硬性配置到各具体学科,而是只规定选修学分的数量。学生既可按自己的意愿将这些学分分配到同一领域甚至同一学科,也可配置到多个领域或多个学科,这大大提高了学生选课的灵活度和自由度,避免了对学生毕业流向的硬性规定。这是新课程在课程结构设计上的一大进步。③ 二是学科内的模块化设计,进一步增大了课程的灵活性和可选择性。新课程将科目分成若干模块,模块之间相互独立,又反映学科内容的逻辑联系。每一模块都有明确的教育目标,并围绕某一特定的内容,整合学生经验和相关内容,构成相对完整的学习单元。④ 这种模块式设计的优势在于:有利于解决学校科目设置相对稳定与现代科学迅猛发展的矛盾,并便于适时调整课程内容;有利于学校充分利用场地、设备等资源,提供丰富多样的课程,为学校有特色的发展创造条件;有利于学校灵活安排课程,学生自主选择并及时调整课程,形成有个性的课程修习计划。这种设计显然比以往任何时候的课程都更具有灵活性,能为学生提供更加个性化的课程,从而

① 冯生尧主编:《课程改革:世界与中国》,广东教育出版社 2004 年版,第 15 页。
② 冯生尧主编:《课程改革:世界与中国》,广东教育出版社 2004 年版,第 17 页。
③ 冯生尧主编:《课程改革:世界与中国》,广东教育出版社 2004 年版,第 18 页。
④ 冯生尧主编:《课程改革:世界与中国》,广东教育出版社 2004 年版,第 17 页。

真正促进学生的个性化发展。① 以数学为例，数学根据学生的兴趣、所选专业等个性特征，如人文、社会领域的学生，理工、经济领域的学生，对数学有兴趣或者报考数学方向的学生，分别设计了不同的系列、模块和专题，学生根据自己的要求和特点选择相应的系列，获得学分。②

（三）优化课程内容，体现课程的时代性和适应性

科学技术突飞猛进，知识总量激增，让学生掌握人类的全部知识是办不到的，而且也是没有必要的。这就要求改革教学内容，使课程内容体现时代性和适应性，一方面对现有课程进行精简删除，保留最基础的知识；另一方面，要增设反映科学技术发展和学生需求的新学科、新内容。

我国基础教育历来重视基础知识和基本技能的培养，但我们强调基础知识并非一味地墨守成规。我国深知时代在不断发展，社会在不断进步，不同历史时期对学生的要求是不同的，不同年代学生也有不同的特征和需求。在尽量保持课程总体稳定的同时，注重课程的开放性，不失时机地将最具时代性的新知识、新技能和对学生个性发展、终身发展有用的知识纳入开放的课程内容中来，并且去除那些与时代发展相脱节的过时的东西，使课程内容贴近时代、贴近社会、贴近学生、贴近生活，使我国学校课程体系基本上适应了我国社会主义现代化建设的需要，为我国培养了大批政治、经济、科技人才，为各行各业培养了亿万合格的劳动者，推动了我国社会主义事业的发展。

早在 1960 年 4 月，教育部部长杨秀峰在二届全国人大二次会议的发言中指出应"改革教材，提高水平；去掉陈旧和烦琐的东西，增加或加深现代科学技术和生产方面的知识"③。1978 年改革开放后，课程内容的改革发展迅速。例如，1978 年《全日制十年制小学数学教学大纲（试行草案）》最大的特点是，反映时代要求，更新教材内容。一方面根据实际

---

① 冯生尧主编：《课程改革：世界与中国》，广东教育出版社 2004 年版，第 17 页。
② 冯生尧主编：《课程改革：世界与中国》，广东教育出版社 2004 年版，第 18 页。
③ 《中国教育年鉴》编辑部编：《中国教育年鉴（1949—1981）》，中国大百科全书出版社 1984 年版，第 159 页。

需要比较稳妥地精选了传统算术内容，另一方面适当增加了代数和几何初步知识，并结合有关内容渗透了集合、函数等现代数学思想，从此，把"小学算术"更名为"小学数学"。自 1978 年以来的历次中学教学大纲，如 1978 年、1980 年的《全日制十年制学校中学数学教学大纲》，都强调"精简传统的中学教学内容。应从传统数学内容中精选参加工农业生产和学习科学技术所必需的基础知识，删去传统数学中用处不大的内容"，"增加微积分以及概率统计、逻辑代数等的初步知识"，"把集合、对应等思想渗透到教材中去"。20 世纪 90 年代以后，普通高中数学教学大纲都强调数学教学内容应精选那些在现代社会生活、生产和科学技术中有着广泛应用的，为进一步学习所必需的，同时又是学生能接受的知识。[1] 1981年的教学计划将政治课改为小学思想品德课，并在一至五年级开设，这不仅加强了小学的思想政治教育，而且思想品德更适合儿童的年龄特点，避免了思想政治教育的成人化、教条化。自然教材则注意选择学生比较熟悉和感兴趣的内容，以吸引学生，避免了教材的"成人化"、"概念化"，比较适合儿童的年龄特点。[2] 1985 年，教育部颁发《中共中央关于教育体制改革的决定》，提出要加强课程内容的更新，从而使教育更好地满足经济和社会发展的需要。我国基础教育的课程改革迈出了新的步伐，进入了新的历史时期。

2001 年教育部颁发的《基础教育课程改革纲要》明确提出要改变课程内容"难、繁、偏、旧"和过于注重书本知识的现状，加强课程内容与学生生活以及现代社会和科技发展的联系，关注学生的学习兴趣和经验，精选终身学习必备的基础知识和技能。新一轮基础教育改革以此为指导，进一步关注学生的经验，强调教学要反映社会、科技和经济发展，满足学生多样化发展需要，从而使课程内容更加完善和优化。新一轮课程改革在选择内容时密切联系学生生活，增加了学生和社会生活相关的成分，

---

① 课程教材研究所编：《20 世纪中国中小学课程标准·教学大纲汇编：数学卷》，人民教育出版社 1999 版，第 579 页。

② 熊明安主编：《中国近现代教学改革史》，广东教育出版社 2004 年版，第 184 页。

使课程内容更加具体、更富有生活气息，如在体育与健康领域增加了保健与美容的内容，综合实践活动中包含了社会实践和社区服务、劳动技术、探究性活动等内容。

教育部分别于 2001 年 7 月和 2003 年 4 月颁发了新的义务教育阶段课程标准和《普通高中课程方案》，对基础教育课程内容进行了调整和更新。义务教育各科课程标准重视课程内容应符合学生的发展需求和社会发展的需要。例如，《全日制义务教育语文课程标准（实验稿）》提到"教材应符合学生的身心发展特点，适应学生的认知水平，密切联系学生的经验世界和想象世界，有助于激发学生的学习兴趣和创新精神"，在小学语文中，根据现代信息社会的要求，加强社会交际、信息传递需要的口头语言的内容与训练，以及各种实用文的内容，如说明文、契约文、法规文、广告文等。《全日制义务教育数学课程标准（实验稿）》提出义务教育阶段的数学课程，其基本出发点是促进学生全面、持续、和谐的发展。它不仅要考虑数学自身的特点，更应遵循学生学习数学的心理规律，强调从学生已有的生活经验出发，让学生亲身经历将实际问题抽象成数学模型并进行解释与应用的过程，进而使学生在获得对数学理解的同时，使思维能力、情感态度与价值观等多方面得到进步和发展。在小学数学中，减掉那些繁杂的计算和没有实用价值的应用题，增加量与度量、统计、关系与方程、图形的认识与画法等，并根据市场经济的需要，补充汇率、利率、税率的计算，生产成本的核算，投入产出的分析等。

《普通高中课程方案》明确提出高中课程内容的选择应遵循时代性、基础性和选择性 3 个基本原则，其中时代性就是强调课程内容的选择应"体现当代社会进步和科技发展，反映各学科的发展趋势，关注学生的经验，增强课程内容与社会生活的联系。同时，根据时代发展需要及时调整、更新"。

新一轮课程改革还十分重视农村义务教育课程内容的适用性。改变农村中小学课程内容与教材脱离农村实际的现状，使农村教育为农村经济和建设服务，为提高农村人口素质服务，是此次课程改革重点关注的方面。

国务院关于《基础教育改革和发展的决定》指出："农村中学的课程设置要根据现代农业发展和农村产业结构调整的需要，深化'农科教相结合'和基础教育、职业教育、成人教育的'三教统筹'等项改革，试行'绿色证书'教育并与农业科技推广等结合。"在农村中小学推进"绿色证书"教育，使学生在校掌握了一定的农业基础知识和技能，激发了他们学习农业知识的积极性，对于促进农业生产的发展具有重要意义。①

三、推进了现代教育技术的应用，教学方式与手段得到明显改善

（一）新中国成立初期新的教学手段的引入，为教学注入了活力

新中国成立初期，我国主要的教学手段就是书本、黑板、粉笔等。随着科学技术的发展，为了加强教学的直观性，丰富学生的感性认识，提高教学效率，教学仪器和电化教育越来越受到重视，成了传统教学手段的重要补充。幻灯、录音、录像、影视等多种现代化的教学设备逐渐出现在教学中。

1960 年 6 月，教育部在北京举办了普通教育教学改革展览会，展出了革新教具、教学影片和教学经验等成果，同时教育部发出《关于开展和推进普通教育教具革新工作的通知》，提倡大力改革和制作教具，争取在两三年内，全国绝大多数中小学能配齐各科教学需要的新教具。②

1960 年 7 月，教育部成立中央教育电影制片厂筹备处，筹建专业性的教育电影制片厂。③ 1961 年，北京科学教育电影制片厂拍摄了 13 部教学影片。其中，物理片有《蒸汽机》、《蒸汽轮机》、《空气喷气发动机》、《磁是什么》、《电学量度仪器》、《威尔逊云室》、《飞机为什么能飞行》和《飞机怎样飞行》8 部，化学片有《硝酸工业制法》和《化学实验基

---

① 陈时见主编：《边际解读：广西基础教育课程现状与变革研究》，广西师范大学出版社 2002 年版，第 268 页。

② 《中国教育年鉴》编辑部编：《中国教育年鉴（1949—1981）》，中国大百科全书出版社 1984 年版，第 161 页。

③ 中央教育科学研究所编：《中华人民共和国教育大事记（1949—1982）》，教育科学出版社 1983 年版，第 280 页。

本操作》2 部，生物片有《人体的四种基本组织》1 部，体育片有《跨越式跳高》和《俯卧式、剪式跳高》2 部。[①]

（二）改革开放以来，电化教育得到大力提倡和发展，教学效率明显提高

20 世纪 70 年代后期，特别是进入 80 年代以来，各地恢复并新建了各级电教机构，引进了大批先进的电教设备，形成了一支具有一定专业知识和实践能力的电教队伍，编制了一批广播电视教育教材和学校电教教育教材，电化教育事业得到了迅速发展。

第一，重视电教器材设备的配备，为电化教育的实施提供物质保障。中小学校电化教育是在教育教学过程中，运用投影、幻灯、录音、录像、广播、电影、电视、计算机等现代教育技术，传递教育信息，并对这一过程进行设计、研究和管理的一种教育形式[②]。电教器材是进行电化教育的物质基础，20 世纪 70 年代末以来，我国一直在电化器材配备方面予以重视，多次颁布条例和规程，为电教器材建设提供财力支持和政策指导，规范我国电化教育硬件设施的建设。在地方政府的大力配合下，我国电化教育设备基本上满足了各级各类学校的教学需求，促进了学校教育教学改革，提高了教育教学质量。

国家在 1978 年颁发的《全日制中学暂行工作条例（试行草案）》、1988 年颁布的《学校电化教育工作暂行规程》、1989 年颁布的《全国学校艺术教育总体规划（1989—2000）》、1991 年印发的《全国电化教育"八五"计划》等文件中都强调重视电教器材的配备、在学校积极开展电化教育。如 1978 年颁发的《全日制中学暂行工作条例（试行草案）》第十八条中强调："教育行政部门和学校应积极实现教学手段现代化。要努力发展电影、幻灯、电唱、录音和电视，开展电化教学，充实图书、仪

---

① 中央教育科学研究所编：《中华人民共和国教育大事记（1949—1982）》，教育科学出版社 1983 年版，第 164 页。

② 何东昌主编：《中华人民共和国重要教育文献（1991—1997）》，海南教育出版社 1998 年版，第 4241 页。

器、模型、标本和挂图。"① 1988 年颁布的《学校电化教育工作暂行规程》第一条指出"学校应积极采用现代化教学手段，开展电化教育，促进教育改革，提高教育质量和教学效率"，第七条强调"应优先配置教学第一线所需的电化教育器材"。② 1989 年的《全国学校艺术教育总体规划（1989—2000）》，在第五部分教学设备器材中，分别规定了我国小学、初中、高中艺术教育所应配备的基本器材，其中录音机、录像带、幻灯机、幻灯片等是中小学不可或缺的基本器材。③ 1991 年，国家教委印发《全国电化教育"八五"计划》，指明了"八五"期间我国发展电化教育事业的指导方针、主要奋斗目标和任务、主要措施，将"60% 的城市中小学和县城中小学、50% 的乡镇中学校设有电教室（组），并按二类以上（含二类标准）配齐电教设备器材和所需电教教材，开展电教教学活动"作为"八五"期间我国教育事业的重要任务之一。④

少数民族和民族地区往往是我国教育发展的薄弱地区，为了使少数民族和民族地区教育跟上时代步伐、提高教育效率，我国在发展少数民族和民族地区的电化教育方面投入了巨大财力支持和政策保障。1992 年国家教委颁发《全国民族教育发展与改革指导纲要》，对民族地区发展电化教育进行宏观指导，并"制定和组织实施当地电化教育发展规划，使电化教育尽快在培训师资、扩大学生眼界、提高民族教育质量等方面发挥重要作用"。⑤ 1993 年国家教委、国家民委印发《少数民族和民族地区电化教育发展纲要（1992—2000）》，总结了十一届三中全会以来，我国少数民

① 中央教育科学研究所编：《中华人民共和国大事记（1949—1982）》，教育科学出版社 1983 年版，第 161 页。

② 何东昌主编：《中华人民共和国重要教育文献（1976—1990）》，海南教育出版社 1998 年版，第 2765 页。

③ 何东昌主编：《中华人民共和国重要教育文献（1976—1990）》，海南教育出版社 1998 年版，第 2896 页。

④ 何东昌主编：《中华人民共和国重要教育文献（1991—1997）》，海南教育出版社 1998 年版，第 3244 页。

⑤ 何东昌主编：《中华人民共和国重要教育文献（1991—1997）》，海南教育出版社 1998 年版，第 3409 页。

族地区电化教育的重大发展，以及电化教育在少数民族和民族地区教育中的地位和作用。同时提出了少数民族和民族地区电化教育的发展目标，指出到 2000 年少数民族电化教育的总目标是"建成卫星电视教育网络，编译初、中等教育所需的电化教育教材，健全县、校的电化教育机构，充实提高电化教育队伍"，主要措施有"国家教委建立中央民族音像教材译制机构，有条件的民族地区可建立电化教育教材译制中心"、"增加电化教育的投入"等。①

根据不同级别和学校类型的特点和需要，国家还为各级各类学校颁布了电教器材配备标准，以更好地指导学校进行电教器材建设。如 1992 年，我国颁布了《中小学及中等师范学校电化教育设备配备标准》。该《标准》第二条规定，小学、普通中学和中等师范学校分别按《小学电化教育设备配备标准》、《中学电化教育设备配备标准》和《中等师范学校电化教育设备配备标准》配备。② 第六条指出："各地教育行政部门应按照统筹规划、分步实施的原则，配备学校电化教育设备，开展电化教学。"③

第二，注重电教教材的开发与电教理论的研究，为电化教育提供了理论指导。电教教材是实施电化教学的软件保障，国家投入了不少人力、物力进行电教教材开发。1979 年，教育部先后发出《关于教学幻灯片编制工作的几点意见》和《关于中、小学教学幻灯片编制工作的暂行规定》，要求各省、市分工编制中小学统编教材 13 个学科的教学幻灯片，同时贯彻"百花齐放，百家争鸣"的方针，鼓励地方编制教学幻灯片，供本省或全国选用。④ 1988 年颁布的《学校电化教育工作暂行规程》第三条明确

① 何东昌主编：《中华人民共和国重要教育文献（1991—1997）》，海南教育出版社 1998 年版，第 3482 页。

② 何东昌主编：《中华人民共和国重要教育文献（1991—1997）》，海南教育出版社 1998 年版，第 3292 页。

③ 何东昌主编：《中华人民共和国重要教育文献（1991—1997）》，海南教育出版社 1998 年版，第 3292 页。

④ 中央教育科学研究所编：《中华人民共和国教育大事记（1949—1982）》，教育科学出版社 1983 年版，第 547 页。

提出要"开展电化教育教材和教法的研究"。① 1993 年中共中央宣传部、国家教委、广播电影电视部、文化部关于运用优秀影片在全国中小学开展爱国主义教育的通知。利用优秀影片形象、直观、生动、可信、感染力强的特点，并兼顾中小学生的年龄特点，经有关专家认真筛选，广泛征求意见，特推荐优秀爱国主义影片 100 部，供各地中小学选用。② 为使我国电教教材在数量、品种和质量上都满足我国教育事业发展的需要，1991 年国家教委《关于进一步加强电教教材建设的意见（试行）》，为我国电教教材建设提出了宝贵的意见，规定了电教教材建设的指导思想、原则、要求和主要任务等。例如在编制电教教材总的要求时提出要"根据课程、对象、时间、环境等因素设计幻灯片、投影片、录音带、录像带、计算机教学软件等电教教材。选用与配合要得当，使其符合教学实际的需要"。同时强调"八五"期间，电教教材建设的主要任务是，"按照规划与计划建立起有社会主义中国特色的、与文字教材相配套的、全口径的电教教材库"；基础教育电教教材应"按九年义务教育大纲编制 22 个学科初步配套的电教教材"。③ 1997 年，全国教委、文化部、广播电视部召开"全国中小学影视教育协调工作委员会"，评选并向全国中小学推荐优秀影视片共 44 部。④

为科学地解释和发现电教媒体在促进中小学教学优化过程中的重要作用，探求电教媒体与教学体统、教学过程中各因素的关系及其内在规律，指导推动中小学电化教育的深入发展，我国多次开展电化教育的理论研究和实验。如"中央电教馆和地方电教馆于 1991 年提出《电化教育促进中小学教学优化》实验研究课程，并被批准为全国教育科学'八五'规划

① 何东昌主编：《中华人民共和国重要教育文献（1976—1990）》，海南教育出版社 1998 年版，第 2765 页。
② 何东昌主编：《中华人民共和国重要教育文献（1991—1997）》，海南教育出版社 1998 年版，第 3560 页。
③ 何东昌主编：《中华人民共和国重要教育文献（1991—1997）》，海南教育出版社 1998 年版，第 3240 页。
④ 《中国教育年鉴》编辑部编：《中国教育年鉴（1998）》，人民教育出版社 2002 年版，第 128 页。

国家教委重点课题"，历时 5 年，获得了令人满意的实验成果。如编写了一批研究论著，还撰写了一批有学术水平和实用价值的论文、实验报告，并研制出一批电教教材。① 为了通过电教理论和方法的进一步研究，探索电化教育促进中小学由"应试教育"向素质教育转化的基本思路，优化中小学教学过程，促进中小学生文化科学、劳动技能和生理、心理素质的提高，1997 年，中央电教馆组织了全国教育科学"九五"规划课题《电化教育促进中小学由"应试教育"转向素质教育的实验研究》，全国 14 个省、自治区、直辖市的 200 多所中小学校参加了课题的实验研究。②

第三，加强师资培训，促进教师积极有效地开展电化教学。教师是开展电化教学的实施者，电化教学能否取得有效的成果，教师起着至关重要的作用。认识到这一点，对师范学生和在职教师进行电化教育知识和技能教育与培训成为一项重要任务。1988 年国家教委颁布的《学校电化教育工作暂行规程》第三条强调要"帮助教师掌握电化教育的基本知识和技能"，③ 在教师中积极开展电化教育。1991 年，国家教委印发《全国电化教育"八五"计划》，提出"高、中等师范院校应分别开好电教公共课和电化教育基础课，使学生具有电化教育基础知识和开展电化教学的基本能力"。④ 同年，为了充分发挥电化教育在农村教育综合改革中的作用，探索县一级开展电化教育的经验，国家教委发出《关于在全国建立电化教育综合实验县的通知》，选定 34 个县作为全国电化教育综合实验县。"综合实验的任务和要求"是："改善中等师范学校或教师进修学校以及中小学的电化教育条件"；"各级各类学校要认真搞好电化教育。任课老师要学习电教知识和技能，开展电化教学，改进教学内容和教学方法，提高教

---

① 《中国教育年鉴》编辑部编：《中国教育年鉴（1997）》，人民教育出版社 2002 年版，第 279 页。

② 《中国教育年鉴》编辑部编：《中国教育年鉴（1998）》，人民教育出版社 1999 年版，第 285 页。

③ 何东昌主编：《中华人民共和国重要教育文献（1976—1990）》，海南教育出版社 1998 年版，第 2765 页。

④ 何东昌主编：《中华人民共和国重要教育文献（1991—1997）》，海南教育出版社 1998 年版，第 3244 页。

育教学质量"。①

（三）新时期信息技术和课程教学的整合，进一步改善了教学方式和手段

20 世纪 80 年代后期以来，随着信息技术和网络技术的发展以及国际学术交流的增多，我国教育教学领域出现了一系列新的变化。信息技术与课程教学的整合，是在信息时代和信息技术环境下进行教育改革、促进教育发展的切入点。

信息技术与课程教学整合是指在先进的教育思想和理论指导下，将以计算机和网络为核心的现代信息技术应用到各学科的教学过程中去，改革教学模式，整合教学资源，变革教学内容的呈现方式、学生的学习方式、教师的教学方式以及师生的互动方式等，为学生的多样化学习创造环境，使信息技术真正成为学生认知、探究和解决问题的工具，培养学生的信息素养及利用信息技术自主探究、解决问题的能力，从根本上提高学生学习的层次和效率，带动传统教学方式的变革。教育部提出了信息技术与课程教学整合要实现的宏观目标和具体目标。宏观目标是：带动数字化教育环境建设，推动教育的信息化进程，促进中小学教学方式的根本性变革，培养学生的创新精神和实践能力，实现信息技术环境下的素质教育与创新教育。具体目标是：培养学生具有终身学习的态度和能力；培养学生具有良好的信息素养和信息文化；培养学生掌握信息时代的学习方式，使学生会利用资源进行学习，学会在数字化情境下进行自主发现的学习，学会利用网络通讯工具进行协商交流和合作讨论式的学习，学会利用信息加工工具和创作平台，进行实践创造的学习；培养学生的适应能力、应变能力与解决实际问题的能力。

2000 年 10 月，在全国中小学信息技术教育工作会议上，教育部部长陈至立明确指出，"要重视在开设信息技术课的同时，加强信息技术教育

---

① 何东昌主编：《中华人民共和国重要教育文献（1991—1997）》，海南教育出版社 1998 年版，第 3183 页。

与其他课程的整合",要从传统的课件制作转移到在各个学科的学习过程中应用信息技术与学习信息技术。这是我国首次明确提出了信息技术与课程整合的问题。同年12月,在教育部《关于在中小学普及信息技术教育的通知》的文件中,又进一步明确提出,"努力推进信息技术与其他学科教学的整合,鼓励在其他学科的教学中广泛应用信息技术手段并把信息技术教育融合到其他学科的学习",指出了信息技术与课程及学科教学整合研究、推进和发展的方向。

2001年教育部颁发《基础教育课程改革纲要》,进一步提出:"大力推进信息技术在教学过程中的普遍应用,促进信息技术与学科课程的整合,逐步实现教学内容的呈现方式、学生的学习方式、教师的教学方式和师生的互动方式的变革,充分发挥信息技术的优势,为学生的发展提供丰富多彩的教育环境和有力的学习工具。"从此,关于信息技术与课程及学科教学整合问题的研究便在全国广泛展开,国家为促进信息技术与课程整合投入了大量的财力、物力、人力资源,在信息技术基础设施建设、信息资源开发、教师培训等方面做出了巨大努力,取得了令人满意的成果。

1. 大力推进信息技术教育的基础设施建设,为实施信息技术与课程教学整合提供物质基础

信息技术与课程整合是指在课程教学过程中把信息技术、信息资源、信息方法、人力资源和课程内容有机结合,共同完成课程教学任务的一种新型的教学方式。以多媒体和网络为基础的信息化环境,是信息技术与课程教学的物质前提。20世纪90年代后期以来,我国一直研究并致力于以计算机与网络为中心的信息化环境建设。其中包括:

实施千所实验校工程,带动全国信息技术环境的建设。从1997年开始,我国开展中小学现代教育技术实验学校工作,至2003年底,教育部已经批准认定了961所全国实验校。几年来,全国实验校在信息化环境建设、现代教育资源建设、教师队伍建设、教育技术的应用和研究、以信息化带动教育现代化、推进区域教育信息化和促进教育均衡发展等方面发挥了示范和辐射作用,并且取得了一批具有推广和应用价值的教育教学科研成果。2003年，全国实验校以基础教育新课程改革为契机，以教育技术科学研究为先导，注重信息技术的教育应用，并将信息技术与学科教学整合作为工作重点。2003年12月在北京召开了全国中小学现代教育技术实验学校工作交流会议。全国实验校领导小组推出了《全国中小学现代教育技术实验学校科研成果论文集》，并决定陆续出版《全国中小学现代教育技术实验学校科研成果集》；精选出500多个优秀课件和200多个优秀课例在会上进行了展示和展播。全国实验校在促进教育均衡发展方面发挥了重要的示范和辐射作用。①

全面开展"校校通"工程，为利用信息技术全面改革学科课程教学提供坚实的硬件基础。2001年，教育部明确提出"大力推进教育信息化基础设施建设，通过广播电视、卫星、计算机网络等多种方式，启动'校校通'工程"②。计划用5～10年的时间在全国中小学基本普及信息技术教育，全面实施"校校通"工程。③ 中小学"校校通"工程进展顺利，带动了大中城市和经济发达地区进一步推进城域网、校园网建设，农村以多种方式推进优质教育资源共享，中小学信息技术教育进一步普及。到2002年9月，中小学计算机拥有量从1999年底的165万台增加到584万台（每35名学生拥有1台计算机），校园网从1999年底的3 000个增加到2.6万个④。2002年，教育部制订了"全国教育事业第十个五年计划"，该计划将教育信息化工程作为六项重点建设教育工程之一，提出了到2005年"全部高等学校、高中阶段和部分初中、小学均能连接国际互联网。普及九年义务教育的地区，每所小学都能设立计算机教室，全国农村

---

① 《中国教育年鉴》编辑部编：《中国教育年鉴（2004）》，人民教育出版社2004年版，第303页。

② 《中国教育年鉴》编辑部编：《中国教育年鉴（2002）》，人民教育出版社2002年版，第82页。

③ 郭绍青：《信息技术教育的理论与实践》，中国人事出版社2002年版，第191页。

④ 《中国教育年鉴》编辑部编：《中国教育年鉴（2003）》，人民教育出版社2003年版，第140页。

绝大多数中小学能够收看教育电视节目"的目标。①

在这一过程中，国家给予西部地区特别的关注和帮助，以缩小其同发达地区的教育差距。2002 年 9 月，教育部为西部农村 5 000 个小学配备了教学光盘播放系统；同时，教育部、李嘉诚基金会"西部中小学现代远程教育扶贫项目"计划在西部建设一万个卫星教学收视点。到 2003 年底，西部中小学现代远程教育项目基本建成。② 教育部部长陈至立总结指出，"两年来，教育部、李嘉诚基金会和西部地区各级政府、各项目单位通力合作，调动各方面积极性，集中各方面的优势人才，完成了西部 12 个省（自治区）及 3 个少数民族自治州的 10 000 个教学示范点建设"，"形成了用数字化资源带动信息技术应用的教育新模式"。③

同时，大力支持广大农村地区的信息化基础建设。2003 年 6 月，我国启动农村中小学现代远程教育工程试点示范项目，为西部 12 个省（自治区、直辖市）和新疆生产建设兵团的农村中小学配备 59 490 套教学光盘播放设备，覆盖农村小学 29 229 所、农村初中 2 350 所；建设 5 016 个卫星教学收视点；为贵州、云南、甘肃、宁夏、新疆 5 省（自治区）建设 200 个农村中心学校计算机教室。④ 2004 年 9 月，国务院召开全国农村教育工作会议，颁发了《国务院关于进一步加强农村教育工作的决定》，明确提出"在 2003 年继续试点工作的基础上，争取用五年左右的时间，使农村初中基本具备计算机教室"。⑤ 2005 年 3 月，在山东召开有关农村中小学现代远程教育工程的工作会议，全面部署了农村中小学现代远程教

① 《中国教育年鉴》编辑部编：《中国教育年鉴（2002）》，人民教育出版社 2002 年版，第 74 页。

② 《中国教育年鉴》编辑部编：《中国教育年鉴（2003）》，人民教育出版社 2003 年版，第 140 页。

③ 《中国教育年鉴》编辑部编：《中国教育年鉴（2004）》，人民教育出版社 2004 年版，第 302 页。

④ 《中国教育年鉴》编辑部编：《中国教育年鉴（2004）》，人民教育出版社 2004 年版，第 156 页。

⑤ 《中国教育年鉴》编辑部编：《中国教育年鉴（2004）》，人民教育出版社 2004 年版，第 156 页。

育工程，农村中小学现代远程教育工程全面启动。① 据统计，2003—2007年，中央和地方共投入 110 亿元，工程覆盖了所有农村中小学校，初步形成农村教育信息化的环境，实现优质教育资源共享。工程共配备教学光盘播放设备 40.2 万套，卫星教学收视系统 27.9 万套，计算机和多媒体设备4.5 万套。1 亿多农村中小学生得以共享优质教育资源，形成了基本适应农村中小学教学需要的资源体系。②

2. 加大教育资源的研究开发力度，提高信息化设施的利用效率

教育软件、教学课件等教育资源的质量对提高信息化设施的利用率和使用效益具有不可忽视的影响。为推动计算机辅助教学健康有序地发展，确保学校获得 CAI（计算机辅助教学，英文 Computer-Assisted Instruction的缩写）软件的数量和质量，1998 年"国家计委批准将《计算机辅助教学软件研制开发与应用》列入'九五'国家重大科技项目"。③ 在教育部2002 年度教育工作会议上，教育部明确提出要"加大教育软件、教学课件等教育资源库的研究开发力度，提高信息化设施的利用率和使用效益。促进信息技术和其他课程整合，推进现代信息技术在教学中的应用"。④

建设国家基础教育资源网，为我国的基础教育提供信息资源保障。教育部于 2002 年 11 月正式批准并颁布《基础教育教学资源元数据规范》，标志着中国基础教育信息资源建设进入一个科学、规范、有序的发展阶段。国家基础教育网的建设，依据教育部颁布的义务教育各学科国家课程标准、普通高中各学科国家课程标准和《基础教育教学资源元数据规范》，结合我国广大中小学教育教学资源的实际和中小学信息技术教育现状，参考先进国家网络资源建设的经验和国内教育软件企业的成果，满足

---

① 《中国教育年鉴》编辑部编：《中国教育年鉴（2006）》，人民教育出版社 2006 年版，第184 页。

② 《中国教育年鉴》编辑部编：《中国教育年鉴（2008）》，人民教育出版社 2008 年版，第189 页。

③ 《中国教育年鉴》编辑部编：《中国教育年鉴》（1998），人民教育出版社 1999 年版，第284 页。

④ 《中国教育年鉴》编辑部编：《中国教育年鉴（2002）》，人民教育出版社 2002 年版，第20 页。

新课程改革对教学资源的需求，满足广大中小学师生在网络环境中的"教和学"的需求，特别是中西部地区中小学对教育教学资源的迫切需求。①

由于农村中小学现代远程教育工程取得突破性进展，各类资源"通过中国教育卫星专用频道，免费向具备接受条件的农村中小学发送。资源分小学版和初中版，含时事动态、课程资源、学习指导、专题教育、教师发展、少年文化、为农服务、使用指南和网站导航等9个栏目"。"到2006年底，90%以上已建成的项目学校接受到资源并在课程教学中应用。"②

3. 重视教师培训，建设了一支适应教育信息化需要的师资队伍

教育部分别于1996年和2002年颁布的《中小学计算机教育五年发展纲要》和《全国教育事业第十个五年计划》都强调了要重视师资培训，提高教师利用信息技术辅助教学的知识和能力。如《中小学计算机教育五年发展纲要》第四部分"师资队伍建设"中，明确提出"要逐步对非计算机学科的教师进行辅助教学方面的培训，设有计算机教室的学校要对本校教师进行全体培训，使其掌握计算机辅助教学知识和技能"。③《全国教育事业第十个五年计划》提出要"加强对师范教育专业学生的信息技术教育，加强对中小学专任教师的计算机基础知识技能培训"，推进各级各类学校充分利用信息技术，改进教学手段和方法，提高教育教学水平。④ 为了提高广大教师自主开发CAI课件的能力，促进学校教学质量的提高，中央电教馆CAI研究中心和技术开发中心自1996年以来坚持对第一线教师举办多媒体创作工具软件培训班。截至1997年4月已在北京、广州、成都、重庆等十几个省（市）举办了13期培训班，300多名中小

---

① 《中国教育年鉴》编辑部编：《中国教育年鉴（2003）》，人民教育出版社2003年版，第140页。

② 《中国教育年鉴》编辑部编：《中国教育年鉴（2007）》，人民教育出版社2007年版，第73页。

③ 何东昌主编：《中华人民共和国重要教育文献（1991—1997）》，海南出版社1998年版，第4116页。

④ 《中国教育年鉴》编辑部编：《中国教育年鉴（2002）》，人民教育出版社2002年版，第74页。

学校学科教师参加培训，初步形成了一支开发计算机辅助教学课件的骨干队伍。① 2004 年 4 月和 7 月，中央电化教育馆在山东、云南、内蒙古、湖南等地分别举办了"信息技术与课程整合"培训班，共培训全国 30 余个省（市）的中小学校长、教师及电教部门的有关人员 1 400 多名；12 月份，在广东举办了省、地市级电教馆馆长高级研修班。截至 2004 年底，半数以上地（市）级电教馆馆长参加了较系统的培训，业务水平和工作管理能力得到提高。② 2005 年，教育部组织"教育专家、信息技术专家、工程技术人员、一线教师等人员，编写了《农村中小学现代远程教育工程教师应用指导手册》"，为教师更好地实施信息技术与课程整合提供了技术支持和理论指导。同时，国家采取多种培训方式相结合，"把培训送到县、送到乡、送到项目学校。先后培训了近 5 000 多名一线教师，受到广大教师的欢迎。各项目省也根据本省实际，采取了不同方式，对一线教师进行培训"。③

信息技术与课程教学的整合，实现了教学内容的结构化、动态化、形声化表达，并且可以用链接技术，以图片、动画、声音、文字说明等多种形态的知识载体对教学内容进行多层次、多角度的论证和说明。运用信息技术的教学活动增添了许多新的沟通机制和人与人相互作用的方式，例如计算机网络、多媒体、专业网站、信息搜索、电子图书馆、网上课程和远程学习等。同时，通过网上教学资源对广域范围内的教学资源的集合，可以满足各类学习者在各种学习形态下的学习需求，实现了真正意义上的资源共享。信息技术的运用，使得班级形态的集体教学、个别形态的自主学习、校际和国际间的协作学习等，都可以得到信息技术的支持。学校和课堂不再是教学活动的唯一场所，教学活动在时间上和空间上获得很大的灵活性。在教学中，还可根据教学需求创设虚拟的教学情境和训练条件，为认知活动的优化和技能训练水平的提高提供了保证。此外，在信息技术支

---

① 《中国教育年鉴》编辑部编：《中国教育年鉴（1998）》，人民教育出版社 1999 年版，第 285 页。
② 《中国教育年鉴》编辑部编：《中国教育年鉴（2005）》，人民教育出版社 2005 年版，第 314 页。
③ 《中国教育年鉴》编辑部编：《中国教育年鉴（2006）》，人民教育出版社 2006 年版，第 184 页。

持下的教学活动，克服了以往教学延时反馈的弊端，既可以在教与学的过程中提供诊断性反馈，也可以在教学结束后提供总结性反馈，为教学过程的及时调控和教学结果的及时评价提供了依据。

四、基本形成了促进学生、教师和学校发展的评价体系

新中国成立 60 年来，随着教育改革的深入进行，我国中小学课程与教学评价也发生了深刻的变化。课程与教学评价作为我国基础教育改革的一项重要内容，有了长足的发展，取得了很多成绩。不仅表现在评价的观念、认识和评价的价值取向上发生了重大转变，而且也在课程与教学实践中采用了促进师生和学校发展的评价方式，体现出评价的主体多元性、过程性和发展性特征。具体而言，在评价理念上，强调学生的发展、教师的发展以及教学和学校的发展；在评价主体上，强调多元主体的参与；在评价内容上，强调对课程与教学活动的全程进行全面评价；在评价功能上，重视激励、诊断；在评价对象上，既有对学生发展的评价，又有对教师发展的评价和对课程与教学实施过程的评价。

（一）注重发挥评价的激励功能

传统的课程与教学评价，注重的是对评价对象的分等鉴定，主要服务于学生选拔、教师考核与奖惩以及对学校进行分等鉴定等管理目的，是一种以判断优劣为目的的终结性评价活动。随着我国基础教育课程与教学改革的发展，人们对评价的功能与目的的认识也发生了很大变化。通过评价激励学生更好地成长，发现和发展学生多方面的潜能，了解学生发展中的需求，帮助学生认识自我，建立自信；通过评价促进教师的专业发展；通过评价为学校教学质量的不断提高提供保障，均已成为我国基础教育界的共识。在评价功能上，淡化评比和选拔，强调促进和改进课堂教学质量的作用；在评价主体上，注重教师的自我反思和评价，并将他评与自评有机地结合起来；在评价内容上，重"教"又重"学"；在评价方式上，开始尝试采用一些新方法。教师经常采用激励性评语，经常采用学生作品汇报、展示等表现性评定方式。在评价过程中，注意淡化学生之间的评比，

提倡学生与课程标准比较,与自己的过去比较,强调客观了解和评价学生,帮助学生正确认识自我,增强学生的自信心和学习积极性。

(二)初步建立了促进学生和教师发展的评价体系

2002 年国务院批转的《关于积极推进中小学评价与考试制度改革的通知》中指出,中小学评价与考试制度改革要全面贯彻党的教育方针,从德、智、体、美等方面综合评价学生的发展,充分发挥评价促进发展的功能。评价内容要多元,既要重视学生的学习成绩,也要重视学生的思想品德以及多方面潜能的发展,注重学生的创新能力和实践能力;既要重视教师业务水平的提高,也要重视教师的职业道德修养;既要重视学校整体教学质量,也要重视在学校的课程管理、教学实施等管理环节中落实素质教育思想,形成生动、活泼、开放的教育氛围。该《通知》提出,要建立三个评价体系,即以促进学生发展为目标的评价体系,促进教师职业道德和专业水平提高的评价体系,提高学校教育质量的评价体系。核心是发挥评价促进发展的功能,评价标准和评价方法也随之发生了改变。为了体现促进发展的功能,《通知》提出了具体的评价标准和评价措施与方法。例如,评价学生的内容包括基础性发展目标和学科学习两个方面。基础性发展目标包括道德品质、公民素养、学习能力、交流与合作能力、运动与健康、审美与表现等六个方面。各学科课程标准中对学科学习目标做出详尽规定,并对评价方式提出了具体建议。《通知》指出,要进行中小学升学考试与招生制度的改革、普通高中会考制度的改革,继续深化改革,积极探索综合评价、择优录取的高等学校招生办法。[①]

在建立促进学生发展的学生评价体系方面,表现出以下特点:第一,评价主体多元。改变了单独由教师评价学生的做法,让学生、家长等都参与到学生评价中来,使评价成为多主体共同参与和协商的活动。第二,评价方法多样。采用科学简便、富有实效的评价方法,提倡对同一评价内容

---

① 中央教育科学研究所编:《2002/2003 中国基础教育发展研究报告》,教育科学出版社 2003 年版,第 47 页。

和指标、不同的对象或不同的场合采取不同的途径方法和手段。目前，我国许多中小学校在学业成绩评价中采用"等级＋评语"制，以淡化学生之间的评比，鼓励、帮助学生正确地认识和悦纳自我。在评价过程中，自评、互评与师评相结合，考试成绩与学习表现相结合，调查与考核相结合，形成性评价与终结性评价相结合。改变了以往将纸笔测验作为唯一或主要的评价手段的做法，借助多种形式，对学生各方面素质进行综合测评。目前，"成长记录袋"、"学习日记"和"情景测验"等质性评价方法，已经得到广泛的认可。注重过程性评价是各地中小学校学生评价改革的突出亮点。这些改革措施对于消除我国中小学课程与教学评价实践中长期存在的以考试分数论成败的狭隘课堂评价观，优化学生学习环境，鼓励学生主动学习、合作学习，支持学生个性特长充分发挥等方面，起到了积极的作用。

在建立促进教师发展的教师评价体系方面，表现出如下进展：20 世纪 90 年代以来，随着基础教育改革的不断发展和教师评价研究的不断深入，以评价促发展的教师评价思想日益受到重视，并对我国教师评价实践产生了重要影响。建立既能满足学校管理需要又能支持教师专业发展的教师评价体系，目前已成为教育工作者共同努力的方向。具体做法上，实行奖惩与发展相结合的评价。注重通过评价调动教师工作的积极性，促进教师专业发展；将教师日常的工作表现作为评价的主要依据，重视教师的自我评价与反思，重视教师评价中多主体之间的协商、对话与交流。评价标准上注重"以学评教"。在评价主体方面，以教师自评为主，校长、教师、学生、家长共同参与的评价主体多元化局面已经逐步形成。在评价方法上，《通知》提出发展性教师评价制度的总方向，要求评价者深入教师的生活，通过观察、访谈等获取第一手资料，在与教师有过深入的交流与沟通，对教师有了比较全面的了解后再做评价。一些中小学创建了教师的"成长记录袋"，把工作计划与总结、教学成果、课堂教学录像带、教学案例分析、自我反思记录、教学日记、多主体评价记录等相关资料收集起来，以体现教师发展的过程，让教师在回顾、交流与反思的过程中得到激励。有些学校采用了案例分析的方法，选取一些具有代表性的教育、教学案例，组织教师进行综合分析，让教师了解自己在教育实践中的优势与不足，或客观地评析他人的教育实践与学习他人的教育经验。①

（三）强调以评价促进学校持续发展

我国的学校评价活动，是伴随着 20 世纪 70 年代末全面开始现代化建设进程发展起来的。当时学校评价的基本功能是鉴定性的，评价的主体主要是上级教育行政部门，评价的内容主要是关注学校的办学条件，如教学设施设备配置、生师比、生均校园面积、图书资料等。随着办学条件的逐步改善，对学校的评价开始注重办学质量的提升，开始用"多把尺子"衡量学校的办学水平。学校评价的功能也逐步从以往的鉴定优劣为主走向注重促进学校的发展。在全国各地广泛开展了教育督导评估、示范性学校评估、星级学校评估，都把促进学校教育质量的持续提高当作首要目标。②

早在 1983 年 12 月，教育部《关于全日制普通中学全面贯彻党的教育方针、纠正片面追求升学率倾向的十项规定（试行草案）》中指出：衡量一所中学办得好不好，主要看是否全面贯彻党的教育方针，对全体学生负责；学生的品德、智力、体质是否在原有的基础上有较大的提高，合格率如何；学生毕业后是否适应劳动或升学的要求。从全国到地方坚决不搞升学考试名次排队，不得给地方、学校下达升学指标，不得片面地只按升学率高低对学校和教师进行奖惩。1984 年 8 月，教育部在《关于全日制六年制小学教学计划的安排意见》中强调：县级以上教育行政部门一律不得再组织小学的统一考试或变相的统一考试，不得再排学校升学率的名次，也不要把升学率的高低作为评价学校、教师工作的唯一标准。1997年国家教委颁发了《普通中小学校督导评估工作指导纲要》，各省、自治

---

① 瞿葆奎主编：《中国教育研究新进展·2004》，华东师范大学出版社 2006 年版，第 403 – 405 页。

② 沈玉顺、田爱丽、陈玉琨：《中小学课程与教学评价发展 30 年》，《基础教育课程》2009 年第 1 – 2 期。

区、直辖市结合本地实际，制定了中小学校工作督导评估的方案和实施规划，普遍开展了对中小学校教育和教学工作的督导评估。逐步建立了中小学校自我评价和督导评估相结合的评价制度，不断提高综合评价水平，发挥教育评价的导向、激励、改进、鉴定等功能。[①]

1992 年，中共中央、国务院颁布的《中国教育改革和发展纲要》提出："中小学要由'应试教育'转向全面提高国民素质的轨道，面向全体学生，全面提高学生的思想道德、文化科学、劳动技能和身体心理素质，促进学生生动活泼地发展，办出各自的特色。"并指出"建立各级各类教育的质量标准和评估指标体系。各地教育部门要把检查评估学校教育质量作为一项经常性的任务"，指明学校教育评价主要为促进素质教育的全面实施服务。2007 年 1 月 22 日，教育部印发了《关于规范普通中小学检查、评估工作的意见》，指出："各部门要依法开展对学校的检查评估工作，教育行政部门要严格控制对学校检查评估的项目和次数，要以学校自检、自评为主。""要将学校办学条件、教育经费、校长教师、教学管理、教育质量、安全、卫生等内容全部纳入综合督导评估体系，定期对学校进行综合督导评估。"

目前我国中小学已基本形成了以学校自评为基础，以学校教育教学的成效、制度与管理、课程开发、教学研究、学校文化建设等方面为评价内容，教育行政部门、教师、学生家长和社会共同参与，促进学校不断发展的评价体系。

五、确立了具有中国特色的三级课程管理体制

我国自 20 世纪 50 年代至 80 年代初，所采用的课程管理模式是，由中央对全国的课程教材进行一级管理，全国实行统一的教学计划、教学大纲和教材。这样一种以高度统一为核心标志的课程管理体制，在一定的历

---

① 《中国教育年鉴》编辑部编：《中国教育年鉴（1994）》，人民教育出版社 1995 年版，第 372 页。

史阶段起到过很大的作用。但我国幅员辽阔、民族众多，各地社会、经济、文化、教育发展很不平衡，高度统一的管理不利于教育事业的发展和改革的深入，同时也制约着课程自身的进步。

1992 年国家教委颁布的《义务教育全日制小学、初级中学课程计划（试行）》在"课程设置"的内容中将课程分为"国家安排课程"和"地方安排课程"两类，是新中国成立以来课程管理上的一个重大突破。但地方安排课程所占比例很小，留给各地的课程管理空间仍然十分有限。1996 年 3 月印发的《全日制普通高级中学课程计划（试验）》第一次将"课程管理"作为课程计划中的单独一部分，并明确规定普通高中课程由中央、地方、学校三级管理。1999 年教育部颁布的《面向 21 世纪教育振兴行动计划》在关于课程管理的内容上不仅再次明确了课程三级管理制度，而且更进一步扩大了地方和学校的权力，允许地方和学校开发符合本地实际需要的课程。1999 年 6 月，《中共中央国务院关于深化教育改革全面推进素质教育的决定》指出，要"建立新的基础教育课程体系，试行国家课程、地方课程和学校课程"三级管理的课程政策，这是我国基础教育课程政策和管理体制的重大变革，是现代课程理论与我国现实国情相结合的合乎逻辑的发展方向和必然选择。2001 年的《基础教育课程改革纲要》也将"改变课程管理过于集中的状况，实行国家、地方、学校三级课程管理，增强课程对地方、学校及学生的适应性"作为新一轮基础教育课程改革的具体目标之一。这表明我国的基础教育课程管理体制，由原先过于集中的国家课程管理开始走向国家、地方、学校三级课程管理，地方和学校将拥有一定的课程自主权，共同参与课程决策并承担相应的责任。

三级课程管理体制，打破了课程由高高在上的管理者及学术权威专断的格局，调动了地方特别是学校进行课程结构优化的积极性和创造性，使得基础教育既能体现国家意志，又能体现地方特色和学校特色，既有统一性，也有选择性。它反映了一种顺应时代要求的改革理念，即教育必须主动适应当代社会进步对培养高素质的各级各类人才的紧迫需求，教育必须主动适应受教育者的当代特点、个体及群体之间的差异，真正使受教育者得到自主的、全面的、持续的发展。

三级课程管理的基本内容是：国家制定课程发展总体规划，制定国家课程标准，宏观指导课程实施。省级教育行政部门根据国家对课程的总体设置，规划符合不同地区需要的课程实施方案，包括地方课程的开发与选用；学校在执行国家课程和地方课程的同时，开发或选用适合本校特点的课程。

国家课程是面向全国的，保证所有学生都享有在一定领域内的学习权利，都享有获得知识、发展能力的权利。国家课程向学生、家长、教师、地方政府、用人部门和公众清楚地界定了期望学生学习达到的成就标准，规定了所有科目的学习应达到的国家标准。国家课程从总体上规定了不同学段的教育目标，在国家层次上形成一个连续的课程框架，有利于学生在学段之间顺利过渡，并为终身学习打好基础，能够增进公众对学校教育的了解和信心，提高公众对义务教育阶段学生所能达到的学业成就的了解和信心。[1] 2001 年《基础教育课程改革纲要（试行）》中明确指出：教育部总体规划基础教育课程，制订基础教育课程管理政策，确定国家课程门类和课时。制定国家课程标准，积极试行新的课程评价制度。这类课程计划由国家统一审定，非经批准，地方不得随意变动。小学阶段以综合课程为主。小学低年级开设品德与生活、语文、数学、体育、艺术（或音乐、美术）等课程，小学中高年级开设品德与社会、语文、数学、科学、外语、综合实践活动、体育、艺术（或音乐、美术）等课程。初中阶段设置分科与综合相结合的课程，主要包括思想品德、语文、数学、外语、科学（或物理、化学、生物）、历史与社会（或历史、地理）、体育、艺术（或音乐、美术）以及综合实践活动。

地方课程是省级教育行政部门依据国家课程管理政策和本地实际情况，制订相应的课程计划，报教育部备案并组织实施的课程。经教育部批

---

[1] 许洁英：《国家课程、地方课程和校本课程的含义、目的及地位》，《教育研究》2005 年第 8 期。

准，省级教育行政部门可单独制订本省（自治区、直辖市）范围内使用的课程计划和课程标准。在地方课程的设置上，考虑特定地域和社区发展的现实，设置有利于把学生融入社会生活中的课程，使地方课程体现浓厚的地方特色。开展有关地方历史、地理、经济、文化传统等研究，依据当地社会经济发展和自然环境、文化传统的特点和优势开发课程，课程内容基于学生的直接体验，密切联系学生生活和社会生活，体现对知识的综合运用。引导学生在"做"、"考察"、"实验"、"探究"等一系列活动中发现和解决问题，体验和感受生活，发展和提高实践能力和创新能力。

地方课程的加强，是我国基础教育课程管理政策的一个重大变革，国家赋予地方更多的权力，地方再也不是简单的承上启下的"中介"抑或"中转站"，而成为实实在在的管理主体、创造主体。地方政府根据地方经济、科技、社会发展的需要，以及地方教育和文化的传统，加强地方课程开发的调查研究，并形成规划，提出要求，作出总体安排。地方课程管理扩大了课程管理的范围，既包括对国家课程实施的管理以及对学校课程开发的指导，也包括对地方课程开发的规划和组织开发。[1]

校本课程是学校在具体实施国家课程、地方课程的前提下，通过对本校学生的需求进行科学的评估，充分利用当地社区和学校的课程资源而开发的多样性的、可供学生选择的课程。它针对学校、教师、学生差异性，立足于满足学生的个性发展需要，贴近学生实际，有效促进学生的发展，促进教师自身的专业发展，是对国家课程、地方课程的补充。2001 年《基础教育课程改革纲要（试行）》中明确提出："学校在执行国家课程和地方课程的同时，应视当地社会、经济发展的具体情况，结合本校的传统和优势、学生的兴趣和需要，开发或选用适合本校的课程。"校本课程有利于体现学校特色，培养学生的个性、特长，满足学生的不同需求。校本课程形式灵活，引导学生走出课堂，将书本知识与社会实践结合起来，切实地体验生活。

---

[1]　成尚荣：《地方课程管理和地方课程开发》，《教育研究》2004 年第 3 期。

　　学校课程管理扩大和深化了学校办学自主权，使学校真正具有了课程管理的自主权。学校有权根据国家制定的课程计划和自己的情况及条件自主管理学校的课程，落实国家基础教育课程管理政策，保证国家课程和地方课程的有效实施。学校可以根据教师和学生的需求，依靠自身的条件进行课程开发，形成一种本土的、独特的、有个性的校本课程。学校课程管理在促进全体学生主动地发展、促进教师专业发展、形成学校的办学特色方面发挥着重要的作用。[①]

第二节　课程与教学改革的基本经验

一、注重"双基"目标，学生基础知识和基本技能扎实

　　20 世纪后半期以来，知识的迅速增长和更新，使得教育再也无法实现"将一切知识交给一切人"的理想，人们必须不断地在浩瀚的知识海洋中去筛选最基本的知识，并不断地选择最有效的方法将知识交给学生。这时强调基础知识和基本技能比任何时候都显得重要。

　　（一）"双基"是我国历次课程与教学改革关注的基本目标

　　新中国成立以来，我国经历了 8 次基础教育课程改革。每次课程改革都把使学生获得基础知识和基本技能作为课程目标的重要内容。

　　1951 年 3 月，教育部召开全国中等教育会议，讨论制定了《中学暂行规程（草案）》，指出中学教育是"使学生在小学教育的基础上，进一步掌握语文、数学、外语等课程的基础知识和基本技能"，并指出全日制

---

① 金东海：《论三级课程管理体制中的学校课程管理》，《西北师范大学学报（社会科学版）》2004 年第 5 期。

中学"必须以教学为主，加强基础知识的教学和基本技能的训练"。①
1952 年 3 月，教育部颁发试行了《小学暂行规程》，规定小学培养目标是
在智育上要"使儿童具有读、写、算的基本能力和社会、自然的基本知
识"，"使学生得到现代科学的基础知识和基本技能"。1963 年，在总结了
1958 年"教育大革命"的经验教训后，中共中央同时颁发了《全日制小
学暂行工作条例（草案）》和《全日制中学暂行工作条例（草案）》，指
出小学的培养目标要"使学生具有初步的阅读、写作和计算的能力，具
有初步的自然常识和社会常识，培养良好的学习习惯"②，中学确立了以
"双基"（基础知识、基本训练）为重点的课程模式。

改革开放以来，为了满足社会经济的发展对人才素质要求的提高，
1981 年颁布的《全日制六年制重点中学教学计划试行草案》进一步强调
了基础知识和基本技能在各门学科的设置中的重要性。《关于制定全日制
六年制重点中学教学计划试行草案的几点说明》补充强调要"扎扎实实
打好基础，特别是要打好语文、数学和外语的基础"，"要使学生掌握基
础知识和基本技能，同时培养他们的学习能力，发展他们的智力"。③
1986 年，《全日制小学、初级中学"五·四"制初级中学教学计划（初
稿）》、《全日制小学、初级中学"六·三"制初级中学教学计划（初
稿）》，提出小学阶段"要使学生具有阅读、表达、计算的基本能力，学
到一些自然常识和社会常识，培养学生的学习兴趣，养成良好的学习习
惯，培养观察、思考和动手的能力"，初中阶段"要使学生掌握必需的文化科
学基础知识和培养必需的基本能力，培养实事求是的科学态度和不断探求新
知识的精神，初步掌握正确的学习方法，发展独立思考和动手的能力"。④

20 世纪 90 年代以来，我国提出并开始实施素质教育。为了全面实施

---

① 《中国教育年鉴》编辑部编：《中国教育年鉴（1949—1981）》，中国大百科全书出版社
1984 年版，第 154 页。
② 《中国教育年鉴》编辑部编：《中国教育年鉴（1949—1981）》，中国大百科全书出版社
1984 年版，第 147 页。
③ 瞿葆奎主编：《课程与教材（上册）》，人民教育出版社 1998 年版，第 706 页。
④ 瞿葆奎主编：《课程与教材（上册）》，人民教育出版社 1998 年版，第 724 页。

素质教育、顺应世界课程改革的潮流，我国政府又开始了一场广泛、全面、深入持久的课程改革。2001 年《基础教育课程改革纲要（试行）》明确指出要使学生"具有适应终身学习的基础知识、基本技能和方法"。依据《基础教育课程改革纲要（试行）》的指导思想，《义务教育课程设置实验方案》强调义务教育课程的目标要使学生掌握有助于其终身学习的基础知识和技能。2003 年颁布的《普通高中课程方案（实验）》也提出"普通高中教育是在九年义务教育基础上进一步提高国民素质、面向大众的基础教育"，要使学生"具有终身学习的愿望和能力，掌握适应时代发展需要的基础知识和基本技能"。①

需要注意的是，随着时代的发展，新时期基础知识与基本技能的内容也有了新的变化。比如，英语的基本能力、信息的意识和能力作为新的要求成为当代公民必备的素质。

（二）"双基"教学的基本经验

我国中小学教师在长期的"双基"教学实践中形成了一些基本经验。"双基"教学重视基础知识、基本技能的传授，讲究精讲多练，主张"练中学"，相信"熟能生巧"，追求基础知识的记忆和理解、基本技能的操演和熟练，以使学生获得扎实的基础知识、熟练的基本技能和较高的学科能力为其主要的教学目标。对基础知识讲解得细致，对基本技能训练得入微，使学生一开始就能够对所学习的知识和技能获得一个从"是什么、为什么、有何用到如何用"的较为系统的、全面的和深刻的认识。

"双基"教学过程一般包括"复习旧知—导入新课—讲解分析—样例练习—小结作业"等环节，每个环节都有自己的目的和基本要求。复习旧知的主要目的是为学生理解新知、逾越分析和证明新知障碍作知识铺垫。在导入新课环节，教师往往是通过适当的铺垫或创设适当的教学情境引出新知，通过讲解分析，引导学生尽快理解新知内容，让学生从心理上认可、接受新知的合理性，即及时帮助学生弄清是什么、弄懂为什么；进

---

① 冯生尧主编：《课程改革：世界与中国》，人民教育出版社 1998 年版，第 6 页。

而以例题形式讲解、说明其应用，让学生了解新知的应用，明白如何用新知；然后让学生自己练习、尝试解决问题，通过练习，进一步巩固新知，增进理解，熟悉新知及其应用技能，初步形成运用新知分析问题、解决问题的能力；最后小结一堂课的核心内容，布置作业，通过课外作业，进一步熟练技能，形成能力。"双基"教学过程具有严密的组织性、计划性。整堂课的进程，都安排得井井有条，什么时候讲，什么时候练，什么时候演示，什么时候板书，都有详细的计划，能有效地利用上课的每一分钟时间。整堂课循序渐进，教师随时注意学生遵守课堂纪律的情况，课堂秩序一般表现良好。严谨的教学组织形式，避免了不利于教学的现象发生，提高了教学效率。

"双基"教学重视基础知识的记忆理解、基本技能的熟练掌握运用，具体到每一堂课，教学任务和目标都是明确具体的，包括教师应该完成什么样的知识技能的讲授，达到什么样的教学目的，学生应该得到哪些基本训练，实现哪些基本目标，达到怎样的程度（如练习正确率），等等。教师的教学活动紧紧围绕目标来进行。"双基"教学注重知识、技能的巩固、练习。每当新知识学习后，教师都要进行小结巩固，即时复习，形式多样，包括对刚学习的新概念、新原理、新定律或公式内容的复述、新知识在解题中的用途和用法以及解决问题的经验概括。"双基"教学每课一般都有练习，每节有习题，每章有复习题，课内有练习，课后有作业，做到趁热打铁，熟能生巧。

"双基"教学中教师不仅是知识的讲授者，同时也是关于知识的理解、思考、分析和运用的示范者。教师在教学过程中提供了各种供学生学习的示范行为，如教师在讲解、板书的过程中不断进行着语言表达的示范、解题思维分析的示范、问题解决过程的示范、例题解法、书写格式的示范以及科学思维方式的示范等，使得基础知识、基本技能的学习和掌握变得容易，学生能够在较短的时间内学会较多的知识和技能。[1]

---

① 邵光华、顾泠沅：《中国双基教学的理论研究》，《教育理论与实践》2006 年第 2 期。

"双基"教学在让学生系统获得基础知识、熟练掌握基本技能方面具有独到的优势，效果也很明显。在国际中小学生各种学业成绩测验和各学科奥林匹克竞赛中，中国学生的表现都非常出色。但是"双基"教学在充分发挥学生的主体性、培养学生探究能力和创新精神等方面有其局限，在培养学生积极的学习态度，正确的人生观、价值观方面关注不够。所以，我们在发扬"双基"教学的特色与优势的基础上要注意吸收其他教学思想与做法的长处，关注学生的创新精神与实践能力的培养，使学生在知识与技能、过程与方法、情感态度价值观等方面都获得更好的发展，这是我们努力的方向。

二、重视教改实验，为课程与教学发展提供鲜活动力和经验

（一）新中国成立60年来著名的教改实验及其影响

1. "祁建华速成识字法"教学实验

"祁建华速成识字法"盛行于20世纪50年代早中期，在当时新中国扫盲教育中影响很大，实验范围遍及全国。速成识字法借助传统的注音符号进行集中识字，继承了走群众路线的光荣传统，采取联系实际的教学方法，能在150小时左右的教学时间内，使文盲和半文盲会认、会讲1 500～2 000个汉字，通过其后在阅读、写作中的巩固和熟练，便能阅读通俗读物，能写简单的应用文，基本上达到脱盲要求。它主要用于部队、工厂、农村，是一种快捷、高效地扫除成年文盲的识字教学法。

2. "集中识字"实验

"集中识字"实验始于1958年。由辽宁省黑山县北关实验学校（原名北关小学）率先进行。集中识字的基本特点，是以小学低年级教学识字为重点，识字时暂时脱离课文，让学生集中精力在两年内认识2 000～2 500个常用字，然后再进行读写训练。因此也有人称之为"先识字，后读书"。"集中识字"实验对我国小学语文教学实践影响很大，后来的小学语文教材的改编，不同程度地采用了"集中识字"教学的经验。

3. "分散识字"实验

1958 年前后，南京师范学院附属小学（即现在的南京师范大学附属小学）的老师斯霞，倡导"随课文识字"。"随课文识字"又称"分散识字"。其基本做法是借助汉语拼音和"独体字"，让学生随课文识字，保持"字不离词，词不离句，句不离文"，将识字教学寓于阅读之中。"分散识字"实验虽然在规模上不如"集中识字"实验，但在实践中却有着广泛的影响。"分散识字"与"集中识字"并列为小学语文识字教学的两个基本"流派"，二者长期并存于中国小学语文教学领域。

4. "八字教学法"实验

"八字教学法"是"读读、议议、讲讲、练练"教学法的简称。该教学法在 20 世纪 70 年代后期的上海育才中学进行实验并取得成功。实验由段力佩主持，参与者主要是该校的教师、学生。八字教学法实验是普通中学为克服片面追求升学率、全面贯彻教育方针，从实际出发，采取有效措施，在教学领域开展的切实提高课堂教学质量、效率，探索新时期教育规律的大胆尝试。实验突破了"左"倾思想的束缚，促进了教育领域里的思想解放，为教育改革与发展奠定了基础。

5. "十六字教学法"实验

华东师范大学一附中开展的外语"十六字教学法"实验，也称"张思中外语教学法"实验，它是中国当代外语教学法实验史上颇有影响的实验之一。实验主持者为华东师范大学一附中外语教师张思中。他经过 40 年艰苦不懈的探索，已经创设了一套行之有效的外语教学法体系（"十六字教学法"）——"适当集中，反复循环，阅读原著，因材施教"。其影响之广，效果之明显，在我国外语教学法史上是比较少见的。[①]

6. "小学生语文能力整体发展"实验

该实验于 20 世纪 60 年代初由北京师范大学教育系毕业生吕敬先倡导和进行初步实验，经过 20 世纪八九十年代的发展、完善，创造性地探索

---

① 外语教学法研究所编：《专家学者教师论说"张思中外语教学法"》，上海交通大学出版社 2000 年版，第 18 页。

出实现发展学生思维与语言这一中心任务的基本途径，即对语言教学结构进行整体改革，构建了小学语文多种课型模式，形成了较完备的训练儿童语言思维的新体系。实验以其明显的实验效果受到人们的普通关注，国家教委将此项实验成果作为教育科学优秀成果之一向全国推广，在全国范围内产生了一定影响。

7. "自学辅导教学法"实验

"自学辅导教学法"是由中国科学院心理研究所卢仲衡研究员主持的实验。它由"程序教学"实验发展而来，设计试行于 1965 年，当时称"三本教学"实验。所谓"三本教学"：一是课本，须按适合学生思维规律的适当步子编写，学生在课堂上可以按自己的理解速度进行阅读；二是练习本，印有习题，并留有做题的空白，学生读完一段课文后，即在课堂做习题；三是测验本，学生做完习题后可自己核对答案，做到及时强化，及时进行自我调节，巩固正确，剔除错误。学生利用这三个本子进行自学、自练和自改作业。教师在课堂上一般只用 10 分钟左右的时间进行启发和提问，其余时间用于个别辅导。从教学过程而言，该法将教学过程分解为启发、阅读、练习、知道结果这四个环节，因此也称为"启读练知"四步教学实验。1978 年重新恢复实验后，著名心理学家潘菽于 1981 年将该项实验正式定名为"自学辅导教学法"实验。

8. "三算结合"教学实验

"三算结合"实验最初在上海、杭州等地进行，后来各地纷纷仿行。1980 年后，杭州师范学院和黑龙江教育学院成为研究和推广"三算结合"教学实验的两个重要的基地。"三算结合"教学，即从小学一年级起，教师利用算盘帮助学生认数和计算，将珠算与笔算、口算（心算）结合起来进行教学，且不用口诀教珠算。其主要特征是，将珠算引入小学低年级的数学教学，使珠算、笔算、口算"三算"之间相互促进。"三算结合"在我国数学教育界影响较大，既传承了我国传统的"珠算"教学，又有所创新，有着"返本开新"的意义。

9. "情境教育"实验

江苏南通师范二附小的"情境教育"实验,始于 20 世纪 70 年代末,是该校语文教师李吉林所创。在 20 世纪 90 年代,它已经成为我国小学语文教学中影响较大的一种教学改革实验。情境教育实验从语文学科本身蕴涵的"情"和教育对学生的"情意"出发,有意识地为学生的语文学习创设一种情境,使其在这种人为的环境关怀之中,朝着教育者希望的方向发展。实验由于切合当时我国小学语文教学的实际需要,以及它在小学语文教学中所取得的突出成就,很快便受到教育界人士的广泛关注和重视,并在其他学科教学中推广。

10. "青浦实验"

"青浦实验"开始于 1977 年,完成于 1992 年。实验的前期侧重于在实践中探索,后期侧重于做深层次的理论探讨。[1]"青浦实验"肇始于上海市青浦县全县范围内进行的数学教学方法的改革,实验领头人为顾泠沅。它旨在通过"尝试指导,效果回授"等教学策略,让所有学生都能有效地学习,从而"大面积提高教学质量"。该实验不仅在我国教育界享有较高的声誉,在国外数学教育研究领域也有一定影响。

11. "尝试教学法"实验

20 世纪 80 年代产生的"尝试教学法"实验,由邱学华创立。"尝试教学"的实质是,让学生在尝试中学习,在尝试中获得成功。它强调把教师的主导作用和学生主体作用有机结合起来,创设一定的教学条件,使学生在尝试活动中取得成功。"尝试教学法"的总体精神是,使"教"为中心转变为以"学"为中心,达到教与学的最佳结合。它的基本特征是,"先练后讲"、"先试后导"。具体表现为"四前四后":第一,学生在前,教师在后;第二,尝试在前,指导在后;第三,练习在前,讲解在后;第四,活动在前,结论在后。该实验力图通过教学方式的变更,让学生在尝

---

[1] 顾泠沅:《教学实验论——青浦实验的方法学与教学原理研究》,教育科学出版社 1994 年版,第 1 页。

试练习中发展他们的自学能力，尤其是培养学生的探索精神。尝试教学实验以其独到的特点，引起了教育界的重视和关注，并在全国范围内普遍开展。经过多年的实验，在全国范围内取得了良好的效果，并从一种具体的教学法逐渐形成为一种教学思想，对我国教学改革产生了较大的影响。

12. "异步教学"实验

"异步教学"实验由湖北大学（原武汉师范学院）的黎世法倡导。该实验始于 1981 年，并延续至今。"异步教学"实验也称"六阶段单元教学"实验，在中学称"六课型单元教学法"实验，在小学称"六因素单元教学法"实验。"异步教学"实验在我国基础教育领域影响较大，全国各地五万多所中小学参与了相关的实验研究。

13. "目标教学"实验

"目标教学"实验初称"借鉴布卢姆掌握学习理论，大面积地提高教学质量的实验与研究"，又称"县区中小学大面积提高教学质量的实验与研究"，也称"单元达标教学实验"。它是一次大规模的教学整体改革实验，由众多分支实验所组成，实验点现已遍及全国 29 个省、市，这项实验时间相对较长，操作规范，影响较大。

14. "愉快教育"实验

20 世纪 80 年代初，上海一师附小、北京一师附小、南京琅琊路小学、无锡师范附小、广州八旗二马路小学、成都龙江路小学、沈阳铁路第五小学等 7 所学校，本着既要提高教学质量，又不加重学生负担这一原则，相继开展了"愉快教育"的探索与研究。"愉快教育"实验着眼于学生的未来，坚持以学生的发展为本，让每个少年儿童"人人有快乐的追求，事事有奋斗的目标，天天有攀登的行动，时时有成功的喜悦"。在教育教学活动中，既使学生学得生动活泼、充满愉快，素质得到全面发展，又使学生的个性潜能得到开发，形成各自的个性品质和特长。"愉快教育"教学强调减轻学生的学习负担，充分发挥学生的内在潜能，使学生愉快地学习，在愉快的体验中求发展。其基本策略是：建立和谐的人际关系、创设审美教学环境、提供必要的时空资源、培养健康的学习心理等。"愉快教育"实验适应了我国课程与教学的发展特别是素质教育推进的需要，产生了长远的影响。

15. "新基础教育"实验

"新基础教育"是华东师范大学"基础教育改革与发展研究所"叶澜教授主持的中国教育科学"十五"重点研究课题。该研究自 1994 年立项起到现在已经十多年了。"新基础教育"的"新"是相对现有的基础教育而言，包括理论创新和实践探新两方面。在理论上要对与基础教育相关的重要问题作重新探讨，形成新的理论体系；在实践上要构建体现时代发展要求、体现新基础教育理论、服务于 21 世纪的九年义务教育的学校实践模式。具体表现在：基础教育观念系统的更新，学校教育日常活动方式的更新，师生学校生存方式观念的更新。它先进的教育理念是：把课堂还给学生，让课堂充满生命活力；把班级还给学生，让班级充满成长气息；把创造还给教师，让教师充满智慧挑战；把精神生命发展的主动权还给师生，让学校充满勃勃生机。

新基础教育从学校教育活动观的更新，提出了"双边共时性"、"灵活结构性"、"动态生成性"及"综合渗透性" 4 个概括学校教育活动性质的新观念，回答如何去构建学校教育实践问题。这一研究不仅推动了我国基础教育的实践发展，更重要的是它开拓了教育研究的新途径和新视野。

16. "主体教育"实验

"主体教育"实验是在主体教育理论指导下进行的、以发挥和发展受教育者主体性为关键、以把学生培养成教育活动和自身发展的主体为宗旨的教育实验[①]。由北京师范大学裴娣娜教授主持。该实验从起始于 1992年的"少年儿童主体性发展实验"到现在的学校教育创新研究，经过了10 多年的探索，形成了主体教育理论构建的两个层面和三个基本体系。两个层面即教育视野中的两类主体，一是对人的主体性的构建，二是对群体（学校）的主体性的构建。通过这两个层面的构建，实现"每个人的全面、自由、充分的发展"以及"学校教育的现代化发展"这两个基本

---

① 李英：《我国主体教育实验的回顾、反思与展望》，《教育科学研究》2001 年第 9 期。

目标。三个基本体系指主体教育的理论体系、实践体系和制度体系。这项实验取得了一系列标志性成果：构建了学生主体性发展的指标体系；界定了主体教育的教学目标；提出了基本的教学策略、新的教学组织形式、新的教学原则、主体性课堂教学评估的标准和激励性、期望性的主体教育评价机制等。

（二）我国教改实验的基本经验

1. 立足本土、自主创新是教改实验的基础

如"青浦实验"，在运用现有教育科研方法的同时，力图从实际的应用性出发构建具有自身特点的实验方法体系。首先它是通过 3 年数学教学质量的调查，1 年的经验筛选，提出假设，建立实验模型；然后对"尝试指导"和"效果回放"两个实验因子，在试验班和对比班进行为期三年的全程实验；最后总结提炼出教学的四个基本原理，即情意原理、序进原理、活动原理和反馈原理。这历经 10 年初步探索的"调查—筛选—实验—推广"的教改之路，正是一条遵循本土、自主创新的改革之路。

2. 遵循规律、讲究科学规范是教改实验的基本要求

如中学数学自学辅导教学实验，一方面在对斯金纳程序教学法批判继承的基础上提出了"班集体与个别化相结合"的教学理想，另一方面，又把教学论和心理学理论应用到教学实践中，解决教育教学中的现实问题，为理论研究者走向实践，将理论运用到实践中解决现实问题树立了典范。这一教学实验在实践上还进行了大胆和积极的创新。主要体现在充分发挥和尊重了学生的主体性，变学生被动地接受知识为主动性地增强自学能力和主动建构。"先学后导，边学边导"的教学方式真正实现了教师"辅导"学生"自学"，充分体现了遵循规律、讲究科学的实验准则。

3. 教改实验关注学生的主体性和整体素质的提升

许多教学实验都以充分发挥学生的自主性、主动性和创造性为追求。比如主体教育实验，以学生的主体性发展作为出发点和归宿，对现行教育实践中不合理的行为方式和思维方式进行变革，逐步确立以主体教育为核心的现代教育观念。主体教育关于尊重学生主体性的思想，关于促进学生个性充分发展的思想，关于发展学生自主性、主动性和创造性的思想，充分体现了以学生发展为本的教育价值观。

4. 注重单项实验与整体实验互补

新中国成立初期，我国进行的教改实验大多是针对某项具体目标进行的单项实验，例如为提高学生的识字能力所进行的实验、为提高学生的阅读能力所进行的实验、为提高学生的运算能力所进行的实验等。而"教育是一个复杂的系统工程，只作个别的单项的实验显然不足以提示其全部的客观规律，一定要有综合的整体的研究"。[1] 20世纪80年代后，我国中小学整体教改实验在浙江、上海、北京、湖北、四川等省（直辖市）相继开展起来，实验内容十分丰富，实验的时间较长，对教学改革影响很大。

5. 教师积极参与，成为教改实验的主体

教师作为教改实验的主体力量，是由学校教学情境的动态复杂性、不确定性所决定的。新中国成立以来，我国中小学教师在教改实验的起步阶段不断寻求教育理论的支持，渴望获得教研专家的直接指导；当他们发现教育理论界并没有万能的灵丹妙药，便更多地依靠自身从实践历程中感悟、反思、提升。从比较多地跟着科研专家进行实验，扮演"实验助手"的角色，追随"他者"的定向，到敢于与专业理论工作者平等对话，更多地发出自己的声音，用自己独特的方式去逼近"存在的真实"，成为教改实验的主体性力量。这种教师作为教改实验主体意识的觉醒、主体能力的提升，是新中国教改实验的发展特征，也是一种历史的必然。[2]

三、构建教研体系，为课程与教学改革提供重要的智力支撑

（一）我国教研体系从艰难起步到发展壮大

新中国成立初期，教育领域亦百废待兴。基础教育面临着教师人数少、学校学生激增、教学任务重、教师素质低等问题，为保证教育教学质

---

[1] 华东师范大学教科所、华东师范大学附小综合实验组编：《未来小学教育探索》，华东师范大学出版社1986年版，第1页。

[2] 柳夕浪：《向历史学习，走教改实验自己的路子》，《基础教育课程》2009年第1-2期。

量，为提高师资教学水平，教育部门开始强化备课指导，开展教学观摩活动，这是教学研究活动的早期萌芽。1952 年 3 月，教育部颁发试行的《小学暂行规程（草案）》和《中学暂行规程（草案）》中最早提出教学研究会议制度。[①] 1957 年，教育部为加强学校的教学工作，颁布了《关于中小学教学研究工作条例（草案）》，进一步规定了教研组的任务和工作内容。在学校加强教学研究组织的同时，各级教育行政部门陆续组建起自己的教学研究室和教材编写组，主要开展学科教材教法的研究与培训，组织学科教学观摩和学习报告，并根据形势需要为教师编写教学参考资料，承担当地基础教育教学业务工作的研究与指导任务。教学研究机构与队伍的组建，对于提高中小学教师水平、规范学校教学工作的作用很大，并逐步建立起了以教学交流、教学指导、教学资料开发和考试为主要工作的区域与学校联动的教研工作系统。这一时期在加强了对教学活动的研究与指导后，对于教学活动之外的其他教育活动的研究，尚未引起足够重视，在基层没有形成专门的队伍。

20 世纪 70 年代后期，全国教育工作全面恢复，作为教育发展的主要智力支撑事业的教研工作，随即得到恢复。教研系统在稳定教学秩序、提高教育质量方面做了大量的基础性的工作。此后的几年，我国学校教育从拨乱反正到教育教学秩序的逐步建立，基本处于较为稳定的发展阶段。当时，学校教学工作的中枢是教务处（教导处）。一些师资条件较好的学校组织师徒结对和教研活动，培养青年教师，研讨教学方法。当时教研活动主要以校内教研为主，有机会走出校门，参加片区教研活动的基本上是少数骨干教师。学校内还有一些有兴趣的教师从总结经验起步，开展着一些分散性的教育教学研究。也有不少学校派教师参加县市教研室组织的有关活动。当时教研活动的形式还是比较丰富的，有教学观摩、培训讲座、研讨交流、教学评比等。不过，教研活动的总体精神是贯彻执行上级制定的教育方针、教学计划、教学要求和考试制度等。

---

① 周卫：《中国传统的教研制度》，《上海教育科研》2005 年第 10 期。

20 世纪 90 年代，在学校教育教学基本规范后，主张学校特色建设和学生个性发展的教育思想渐渐兴起，关于这方面的探索慢慢铺开。由于长期以来教师的研讨主要围绕"教学活动的如何开展"，而从更宽广的领域去研究教育教学的还不多。因而，当研究的"土壤"渐渐成熟时，一线教师开展教育教学研究的氛围迅速升温。"教育研究不只是高校专家学者的专利，中小学老师也要开展教育教学研究，高校学者要走进中小学和一线老师一起研究教育"成为一种倡导。"科研兴校"的主张得到基层的响应，群众性教育科研活动迅速展开。随着教育科研工作系统的建立，各地通过课题管理与指导、教育科研方法的普及培训和区域性教改的策动，促进学校和老师开展理论联系实践和综合视野的研究。老师们自下而上地申报课题且相当踊跃。由于这些"在学校中"、"关于学校"的研究，是"校本"的最朴素的方式，是教师的需要和对教学研究的重要补充，再加上它因循自下而上的生成线路，尊重了教师的差异和特点，反映了教师思考探索的主动诉求，因而基层的积极性相当高涨。很多学校单独设立了教科室，负责学校教育科研工作的组织与管理，在踊跃的研究实践中培养了一大批目前正活跃在教学实践中的业务骨干。

（二）我国教研体系的特点及其对课程与教学改革的智力支撑

1. 逐步建立了完善的教研体系

我国的教研体系在发展历程中建立了具有中国特色的教研管理体制，已建立了一个以各级教研室为龙头、各类教研员为骨干，一线教师广泛参与的周密系统。教学研究机构已经发展成为一个集研究、管理、指导等多种职能于一身的教学业务和管理机构。目前，各地教学研究机构已经建立健全了教研网络，形成了规模与体系，教研员素质日益提高，队伍不断壮大。在我国基础教育课程与教学发展的 60 年历程中，独具特色的教研体系功不可没。

2. 重视区域以及校际间的教研信息交流

新中国成立以来，我国在构建教研体系的过程中非常注重为区域以及校际间的教研信息交流搭建一个良好的平台。这样有利于区域间以及学校间的优质教育资源共享，从而切实提高教研活动的实效性；同时有助于帮助教育落后地区或学校的教师快速成长及进步。可以说，通过区域及学校间的教研信息交流，为广大教师提供了互相学习、共同研讨教育问题的良好机会，从而可以达到真正实现优质教育资源的共享、开拓教师教育教学眼界、提高教育教学水平的目的。

3. 教研主体多元

新中国成立以来，我国逐步建立起来的教研体系中参与教研的人员出现了多元化的趋势。其中有处在教育教学第一线的广大教师，也有在高校、各级教育研究院所里专门从事教育教学研究的工作人员，当然也包括了那些非教育领域但却关心并热爱教育事业的人士。这样一来，来自不同专业背景的人士从各自的立场和视角出发来探讨教育教学中的问题，从而在教研领域逐渐出现了"百花齐放，百家争鸣"的繁荣局面。这种现象的出现，无疑会对我国基础教育课程与教学发展起到非常大的促进作用。尤其是教育理论工作者与一线教师的交流与沟通，使得一线教师能够及时获得更先进的教育理念，并用来指导自己的教育教学实践，从而提高教学工作的有效性；同时也助于教育理论工作者的研究成为"有源之水"、"有本之木"，可以针对课程与教学实践中迫切需要解决的问题展开研究，从而推动课程与教学改革的发展。

4. 注重校本教研

随着课程与教学改革的深入，我国中小学校本教研制度逐步建立起来。校本教研，是将教学研究的重心下移到学校，以课程实施过程中教师所面对的各种具体问题为对象，以教师为研究的主体，理论和专业人员共同参与。强调理论指导下的实践性研究，既注重解决实际问题，又注重经验的总结、理论的提升、规律的探索和教师的专业发展。校本教研充分发挥教师个人、教师集体和教学专业人员的作用。在重视教师个人学习和反思的同时，特别强调教师集体的作用，强调教师之间的专业切磋、协调与合作，互相学习，彼此支持，共同分享经验。学校在校本教研中形成对话机制，为教师之间进行信息交流、经验分享和专题讨论提供平台，倡导科学精神和实事求是的态度，营造求真、务实、严谨的教研氛围。

我国独具特色的教研体系无疑为广大教师进行课程与教学改革提供了有效指导。每一次课程与教学改革都会有新的课程与教学理念与策略，这种理念与策略只有让广大一线教师全面而深入地了解，才会指导他们的教学实践。完善的教研体系的建立无疑创造了一个良好的交流与沟通的平台，使新的理念和策略在教师中传播开来。同时，可以使课程与教学改革中出现的情况得到及时的反馈，从而有利于课程与教学改革的深化。

第九章
课程与教学改革的
趋势与展望

第一节　全面推进以人为本的素质教育

　　教育价值取向是人们根据某种教育价值观和自身需要，对教育活动做出选择和判断时所持的一种倾向性。以人为本，简而言之，就是一切以人为出发点，一切以人作为最终目的。以人为本的课程与教学的价值取向，就是以人为价值的核心和教育的本位，把人的发展作为课程与教学的最高价值目标，把满足人的发展需要、促进人的全面发展作为课程与教学的根本出发点和归宿。

一、以人为本价值取向的时代背景

　　首先，经济全球化使全球经济活动互相依赖构成统一的整体，金融、资本、人才、产品等生产要素超越民族国家界限在全球范围内自由流动和优化配置。在众多资本的融合中，人才的融合是创新性的和最具有价值的，人才的素质往往决定着一个国家在国际社会竞争中的实力，当经济全球化成为不可阻挡的历史潮流时，势必对教育产生广泛的影响。

在经济全球化中，最重要的一个特征就是人才资源在世界范围内的自由流动，以此来带动资本、产品等其他资源在世界范围的优化配置，因此，人才具有决定性的作用，迫使各国的教育都要回到以人为本的价值观上来。经济全球化同时带来了人才的大量需求，并导致了人才标准的国际化。这种人才标准的国际化也迫使我们转变观念，树立新的人才观和教育质量观。"很久以来，教育的任务就是为一种刻板的职能、固定的情境、一时的生存、一种特殊的行业或特定的职位做好准备……传统教育的这个根本准则正在崩溃。现在不是已经到了寻求完全不同教育体系的时候了吗？我们要学会生活、学会如何去学习，这样便可以终身吸收新知识；要学会自由地和批判地思考；学会热爱世界并使这个世界更有人情味；学会在创造过程中并通过创造性工作促进发展。"[1]

我国加入 WTO（世界贸易组织，英文 World Trade Organization 的缩写）后，教育对世界的开放度日益加大，而教育的国际化也更快地促进了经济全球化的进程。推进经济全球化的最重要的要素是知识和信息，而这两者归根结底是要依靠人才，人才归根结底是要依靠教育。

其次，以信息技术为标志的知识经济时代已不可阻挡地来到了我们的身边。知识经济与传统农业、工业经济相比有着它自己的特点：一是知识经济是以智力资源为第一生产要素，二是知识经济是以高新技术产业为支柱产业的经济，三是知识创新和技术创新是知识经济的基本要求和内在动力。

在知识经济时代，知识是支撑知识经济这一经济形态的关键因素，而人作为知识者，是知识经济时代最重要的力量。只有坚持"以人为本"的价值取向，促进学生的全面发展，承认学生个体发展的差异性，坚持因材施教，培养多类别、多层次、高素质的人才，才能在知识经济时代处于不败之地。

---

[1] 联合国教科文组织、国际教育发展委员会编：《学会生存——教育世界的今天和明天》，教育科学出版社 1996 年版，第 98 页。

此外，信息技术以我们无法想象的速度前行，而且普及的速度越来越快，日益成为人们的一种生活形态。1998年度《世界教育报告》指出：新的通讯技术在把世界各国人民更紧密地联系在一起，进一步认清人类的共性和对未来共同的关心和期望；与此同时，新技术也扩大了社会内部和社会之间的分化，有人能够利用这些技术丰富自己的社会、经济、文化和政治生活，而有人则因为缺乏必要的知识和技术不能这样做。如果各国政府和整个社会不能提高对教育的承诺，这种分化将进一步加大。

信息技术的冲击必定会带来教育的信息化。教育信息化的基本特点可以用八个字来概括：开放、共享、交互、合作。教育的信息化也将导致学习方法和教育方式的改变。无论采取什么样的方式，它的结果都应该实现：学生真正成为学习的主体，通过学习达到身心和谐发展的目的。

二、以人为本价值取向的基本观点

教育是培养人的活动，人是教育的本真和最高价值，没有哪一个领域像教育这样与人紧密地直接关联。提倡以人为本的教育价值观，体现了社会的不断进步。

"以人为本"的价值取向强调人的自我实现，主张教育要以学生为本，关注学生人格的发展，强调情感因素和人际关系在教学中的积极作用，体现了教育手段与目的的统一，体现了理性与价值的协调，是对人本身的尊重，对"工具理性"的超越。具体而言，以人为本的价值取向注重以下方面的内容：

重视学生情感和认知，以培养"完人"为教学目标。教学目标的设置不能仅停留在"传道、授业、解惑"这一方面，应关注学生情感意志和良好个性的培养，使学生的潜能得到充分的发展，实现学生自身价值；应强调学生的整体素质的提高、人际关系升华、人与自然关系的和谐，使学生获得全面发展。

让学生成为学习的真正主体，提倡教学过程中学生的主体作用，把实现学生的全面发展作为教育的本质、核心和归宿，以是否更有利于每一个学生的个性全面发展作为衡量及判断一切教育活动的最终价值标准。

实现社会价值和个人价值的统一。社会和个人不是相互外在、彼此分离、互不相通的两极，处在相互排斥、非此即彼的状态，而是相互联系、相互依存、相互促进的两个方面。围绕学生的实际需要以及社会发展的需求来制定教育发展战略、教育制度、教学方法，设置课程体系，激励每个受教育者的探索力和创造力，在教育发展的各个环节充分尊重和实现人的价值，使人的发展和社会的发展彼此促进。

尊重学生的个别差异，强调发展学生的"自我"意识，倡导教学应该使学生发展得更像自己，而不是相互类似。注重培养学生的个性和能力，而非过于关注学生对于知识的掌握程度。帮助每一个学生找到适合自己的学习方法，使他们能够认识到自己的潜能，最终达到自我实现。

教师应转变自己在教学中的角色和地位，尊重和理解学生，建立情感性师生关系，为学生学习提供条件，促进他们的自我实现。教师只是学生学习的"促进者"，帮助学生运用适合自己的学习方法和策略进行自主学习。

注重学生的基本教育权利的实现，把人人享受平等的受教育权利和机会作为追求的目标，让每个学生受到应有的教育。把学生的利益作为一切教育工作的出发点和落脚点，始终从学生的根本利益出发来谋发展，切实维护和保障学生受教育的权益。

三、以人为本的价值取向与素质教育的深化

素质教育是旨在提高人的自身素质的教育活动，它以人为目的，注重教育的本体价值。素质教育本身就蕴含了"以人为本"的宗旨，也只有坚持以人为本的价值取向才能真正推进素质教育的深化。

在课程与教学目标方面，加强对个体生命的关注，以人的个性全面发展为目的。教育中的人，是处在生活世界中的人，教育与生活是息息相关的，教育世界里应呈现出浓厚的生活气息，让学生不再感到教育是强加在他们身上的沉重的枷锁，而是一种富有情趣和快乐的体验。应从学生的生

活世界出发制定新的课程，不要盲目追求效率与理性，不断地排挤学生的生活和生命涌动的空间，将教育和生活割裂开来，使学生在理性化的公式海洋里丧失了生活和教育的美好。要注重学生过去的经验，突出学生日常生活的意义。要深入了解学生的特性，发掘学生自身的天赋秉性，使其扬长避短，发挥自身的优势。关注个体差异，促进全面发展，构建课程主体性目标是 21 世纪中国课程改革的主旋律。

在课程结构方面，构建更为合理的综合课程体系，为学生全面发展提供条件。课程的综合化，不是简单地增加学科课程，扩大学生的知识面，而是加强学科之间的整体联系以及科学和社会系统的联系。我国基础教育已经在综合课程设置方面做出了可喜的成绩，但我们应该更积极地探索突出综合性的课程结构以及在中小学有效实施的途径。

在教学过程中，建立对话的师生关系，把学生视为真正主体，启发学生自发地进行探究性学习，让课堂焕发生命活力，成为更能吸引学生的场所，并向他们提供真正理解信息社会的钥匙。要使学生能够在独立自主能力、创造性和好奇心等方面得到良好的发展，要使他们有机会锻炼他们的批判意识。在知识剧增的现代社会，想用一次性教育获得的知识用于终身的想法已无法通行，一个以全民学习、终身学习为特征的学习型社会的建立已经成为当今世界教育改革和发展的共同趋势。教师要改变以往的知识灌输的观念，引导学生自发地肩负起学习的责任，学会学习，成为有学习热情、学习能力和批判精神的学习者。

第二节　促进课程与教学的进一步均衡发展

自新中国成立以来，我国就注重不断地加大教育投资力度，不断地进行教育改革。但由于我国是一个幅员辽阔、地广人多的大国，区域间经济发展又极不平衡，各地对教育的投入差距很大。从总体来看，无论是发达地区还是欠发达地区，在数量、质量、结构、区域上都存在失衡现象。这种失衡反映在不同地区之间、城乡之间、学校之间、学生之间，影响了我国教育整体的发展。教育均衡化问题已成为无法回避的问题。在教育资源有限的情况下，如何解决资源供给的稀缺性与人们需求的无限性、多样性之间的矛盾，实现基础教育的均衡发展，已成为关系到每个人切身利益的焦点问题。关注教育的地区差异，缩小各地、各校差距，推动均衡发展，是我们的教育，特别是基础教育的一个根本性的重要指导思想和价值追求。基础教育均衡发展，是教育公平和教育和谐发展的基本保证，也是很多国家政府孜孜追求的目标。但均衡发展并不是平均发展，如何协调各种因素，更好地促进我国课程与教学改革的整体发展，是我们今后努力的方向。

一、强化政府的教育责任

实现基础教育从非均衡发展到均衡发展是政府的主要责任。基础教育尤其是义务教育是公益性事业，政府是基础教育健康发展的责任主体。我国尚处在社会主义初级阶段，国民的教育消费水平较低，要保证基础教育公平原则的优先性，只有政府成为基础教育最主要的投资主体才有可能。

政府应该在政策和制度上采取措施，努力促进教育公平，在教育投入上向薄弱学校、弱势群体、落后地区倾斜；在办学条件上，不仅要达到相对均衡，而且要制定和采用统一的合格标准来衡量与评价学校，逐步淡化和取消基础教育学校的分类等级标准，弱化或不实行重点学校教育资源优先配置政策；在一个区域内合理调配教育资源，形成校长和骨干教师轮岗制；要把基础教育均衡化发展纳入教育督导工作，将它作为评价各级政府教育成绩的重要指标。

二、提升薄弱学校的教育质量

在城乡、区域校际教育资源分布不均的情况下，各地都出现了薄弱学校。学校是教育教学的基本单位，要制定切实可行的薄弱学校改造规划，包括目标和任务、主要措施、工作进度等，使改造工作有计划、有步骤地顺利进行。对于一时难以改变面貌的薄弱学校，可通过合理调整学校布局，或采取挂钩承办、合并、撤销、办特色学校等多种形式对其进行改造。具体做法包括：一是在政策上向薄弱学校倾斜，加强对薄弱学校的资金投入。建立薄弱学校投入保障机制，明确责任，强化监督，确保对薄弱学校的投入落到实处。例如，建立薄弱学校改造专项投资，或教育部门从有创收能力学校预算外收入中统筹，用于薄弱学校的建设。二是加大薄弱学校的制度改革。为学校选派事业心强、有管理经验和开拓精神的校长，提升薄弱学校的管理水平；积极培养薄弱学校的学科带头人，形成一支较为稳定的教育、教学骨干队伍；制定优惠政策，鼓励骨干教师和优秀毕业生到薄弱学校任教；稳定薄弱学校的骨干教师队伍，在教师的各类评先评优中，优先考虑薄弱学校的领导和教师；允许返聘优秀离退休教师。三是调整区域内中小学的布局。把薄弱学校的建设和布局结构的调整结合起来，采取撤销、兼并、联办、改制等方式，进一步扩大优质教育资源，同时又要注意挖掘学校自身潜力，走内涵式发展道路，不要把改变薄弱学校面貌的任务完全寄托在外部力量作用上。要抓住学校内部管理体制改革的有利时机，真正建立有效的竞争机制，充分调动广大教职工的积极性，充分发挥他们的聪明才智，形成一支相对稳定的教育教学骨干队伍。四是加强对薄弱学校的督导。各级教育行政部门、教研科研部门、教育督导部门要对薄弱学校进行联合专项督导，帮助和指导学校开展教学研究和教育科研，改进教育教学方法，提高管理水平、教育质量和办学效益，使薄弱学校在"硬件"条件得到改善的基础上，"软件"水平有质的飞跃。同时，要重视总结和推广薄弱学校转变教育思想、实施素质教育、创建特色和提高教育质量等方面的经验，提高他们的知名度，增强其社会信誉。

三、促进课程与教学体系的创新，推进中小学标准化建设

课程与教学体系创新可从以下方面做出努力：

课程与教学目标的完善。主要体现在打破单纯知识传授的课程目标传

统，构建既关注知识，又注重创新精神与实践能力，注重丰富的情感、积极的生活与学习态度以及正确的人生观、价值观的课程与教学目标体系。

课程结构与课程内容的创新。随着社会的进步、经济的发展以及义务教育的实施，人们对优质教育的需求与日俱增，优质教育需求的无限增长和有限的优质资源供给不足的矛盾日趋尖锐。迫切需要加快课程结构与课程内容的更新步伐，建设体现基础性、综合性和选择性的灵活的课程结构，精选基础知识与基本技能，推进课程内容不断更新的常规机制，为学生的和谐发展提供最佳的课程支持。

深化课程实施的改革。改变被动的教学方式，反对死记硬背和机械训练，促进学生主动学习，探寻适合素质教育的课堂教学模式，合理运用合作学习、小组学习与探究学习，注重培养学生的创新精神和动手能力、实践能力。

加强课程与教学管理的创新。一是建设一支高素质的校长队伍，建立与中小学校长地位和作用相适应的校长保障机制，建立健全对校长工作的各项考核、监督机制，全面提高学校管理水平。二是完善国家课程、地方课程与学校课程的三级课程管理的制度，探索三级管理的运行机制。

重视课程与教学资源的创新。我国中小学课程资源的开发和利用，存在的主要问题是：课程资源总体不足、分布不均、利用效率低，课程资源开发和利用呈现单一化的局面。课程与教学资源的创新，主要途径有：一是充分挖掘校内课程资源，校内的第一资源是人力资源。在师资方面，要强调实现区域内资源共享，在一定区域内，倡导模范校长、特级教师、优秀教师定期轮换制度，通过他们的示范作用和经验交流，在一定程度上解决城市师资过剩而农村地区师资紧缺的矛盾，使骨干教师最大限度地发挥作用，带动所有学校整体水平的提高。二是有效利用校外资源，包括社区资源、网络资源和家庭资源等。

中小学标准化建设并不是要降低整体水平，简单地寻求发展程度的整齐划一，而是在提升整体水平基础上的均衡发展。因此，既要重点关注薄弱学校，使其尽快缩小与其他学校的差距，又要重视中小学教育整体水平的提高。推进中小学标准化建设，是提高基础教育整体水平的一项十分重要的基础性工作。制定中小学标准化建设的有关标准，可以使每所中小学校的教育在发展中有章可循、有法可依，也可以约束政府部门合理分配教育资源，使每所中小学校都能拥有大体均等的物质条件和师资队伍条件，从而在教育领域形成一个公平竞争的环境。目前，我国许多地区已把标准化学校建设作为高质量"普九"的重要工程，作为推进区域教育均衡发展的主要任务。中小学标准化建设标准是受当地经济、文化、教育发展水平制约的，随着经济、文化、教育的不断发展，其建设标准也要相应地提高。在新一轮中小学标准化建设上，既要注重学校硬件水平的提高，又要注重教师素质、教学质量和学校管理水平等软件水平的提高，尤其是标志着现代化教育的信息技术，更不能忽视。由于各地区经济发展水平不同，实施中小学教育标准化工程在完成的时间上，要有灵活性，发达地区要早一些，欠发达地区可以稍晚一些，但要有明确的时间要求。

四、关注弱势群体的教育

政府应注重发展少数民族教育，多渠道增加少数民族教育的投资，组织发达地区对少数民族贫困县教育的对口支援；搞好特殊教育事业，保障残疾儿童接受教育的权利；加强农民工子弟的教育，由于农民工子弟学校的学生有流动性大、生源广、年龄跨度大、家庭教育环境差等特点，学校教育要做到学籍管理动态化、师资管理市场化、办学条件标准化、教育教学科研化，课程与教学尤其要根据不同学生的特点，因材施教，力争教学的个性化。

五、积极推动现代化教育资源共享

信息技术是最活跃、发展最迅速、影响最广泛的现代教育手段。计算机多媒体和互联网的发展，不仅改变了人们的工作和生活方式，而且还打破了传统学校的界限，大大地拓展了教育的时空界限。为此，借助信息技术，可以发挥优质教育资源最大的社会效益，从而为实现区域内、区域间义务教育的均衡发展提供广阔平台。目前，我国的教育信息化建设，总体水平还处于比较低的层次，发展也不平衡。因此，要想加快教育信息化进程，以教育信息化促进区域教育的均衡发展，必须采取切实可行的措施。

教育资源建设是教育信息化的核心，也是教育信息化的灵魂。因此，我们必须下大气力，组织由软件专家、具有丰富教学经验的教师以及教育技术专家构成的队伍，注重教学软件与课程相配套，与教学内容相吻合，研制出高质、高效且满足个性化需要的多媒体教学软件，供广大教师使用。学科教师也可以利用简便的软件开发工具，针对教学中的重点或难点，自行开发短小精悍的 CAI 课件。同时，各地区应积极组织实施各学校校园网的连接工作，推广虚拟上网及视频点播技术，由"信息资源中心"将网上有关信息集中"过滤"下载到校园网的服务器上，实现教育资源共享，让不同学校的师生都可以享受到网上学习的便利。

第三节　深化课程与教学评价改革

20 世纪末，我国在课程与教学的改革方面取得了很大的进展，对课程与教学评价问题也有了更新的认识。尤其是颁布了《基础教育课程改革纲要（试行）》后，初步建立了促进师生和学校发展的评价体系。课程与教学评价是改革的关键环节，要促进基础教育课程与教学健康而持续的发展，需要建立科学合理的教育评价体系，不断完善课程与教学的评价。

一、加强课程与教学评价的理论研究，为开展评价工作提供基本的准则

课程与教学评价理论对评价实践起着重要的指导作用，评价理论能鉴别出最重要的评价因素，为系统地、相互联系地开展评价工作提供基本的准则，并通过将有关的评价观点、经验型信息整合为一定的思维框架，使人们认识更深刻，评价的应用范围也更广。先进、丰富的评价理论必将有

力地推动评价实践的发展。

一方面，要加大评价理论研究的力度，在借鉴国外评价理论的基础之上，根据我国的国情，面对我们在课程与教学实践中存在的问题，有针对性地改革不适应社会发展需要的"应试教育"的课程与教学评价方法，努力构建素质教育的课程与教学评价体系。

另一方面，课程与教学评价理论更要主动接受实践的检验，要随着课程与教学评价实践的深化而不断充实和更新。课程与教学理论工作者需要与教育行政人员、教师、学生等各方面人员合作，进行课程与教学评价的系统实验。通过反复实践，取得经验，提高认识，从而形成正确的符合中国国情的课程与教学评价理论。

二、课程与教学评价的价值取向从"目标取向"走向"过程取向"

自从19世纪末、20世纪初课程评价成为独立的研究领域以后，它的发展经历了大约四个时期：测验时期、评价时期、描述和判断时期、建构时期。在各个不同时期，存在着各种不同的评价理念和评价模式、方法，它们又有着不同的价值取向。

"目标取向的评价"是把评价视为将课程计划或教学结果和预定课程目标相对照的过程。预定目标是评价的唯一标准。它在本质上是受"工具理性"或"科技理性"所支配的，追求对评价对象的有效控制和改进。它忽略了人的行为的主体性、创造性和一定程度的不可预测性。

而"过程取向的评价"在本质上是受"实践理性"所支配，强调评价者与被评价者的交互作用，强调评价者对评价情景的理解，强调过程本身的价值，强调课程评价是评价者与被评价者、教师与学生共同构建意义的过程，重视被评价者的个体差异和主动性。

我国在课程与教学评价改革中，需要超越控制本位的"目标取向的评价"，充分理解课程实践，重视评价过程，避免出现基于评价者自身利益的"伪评价"。毫无疑问，尊重评价过程和主体的评价才体现了课程与教学评价的时代精神。

三、在评价方式上把质性评价和量化评价结合起来

发展于 20 世纪初的现代课程评价，是以整个世纪飞速发展的现代科技为背景的，它以科学崇尚的客观、量化为标志。但对教育而言，量化的评价把复杂的教育现象加以简单化或只评价简单的教育现象，它不能从本质上保证对客观性的承诺，往往失去了教育中最有意义、最根本的内容，这样的评价不可能全面地反映学生的真实水平，也会扼杀学生的创造性和个性品质，限制学生水平的独立发挥；另一方面，将会使评价目标误入歧途，导致评价目标的唯量化和简单化。

在课程改革实施以来，我国的课程改革的研究者和实施者已经意识到这个问题的严重性，提出了量化评价的局限性，积极提倡回应性评价、解释性评价、教育鉴赏与教育评论等质性评价方式，取得了明显的成绩。当然，在积极推广质性评价方式的同时，也不能否定量化评价的作用。事实上，量化评价以科学、客观的标准在一定程度上促进了我国现代课程评价体系的建立，而质性评价方式正好弥补了量化评价方式的不足，这两种评价方式并不是对立的，可以取长补短。在评价过程中，可把质性评价方式与量化评价方式更好地结合起来，使评价更有效地发挥作用。

四、努力建构促进师生发展的评价体系

在对学生进行评价时，应由过去偏重知识的评价向注重学生全面素质的评价转变。具体包括：从注重习得能力的评价转向注重学习能力的评价，从注重学习效果的评价转向注重达到结果过程的评价，从面向学生的过去的评价转向面向学生的现在和未来的评价，从注重学生单一学科的掌握转向注重跨学科知识的运用，从注重认知领域的评价转向注重对认知领域和情意领域的综合评价。[①] 同时，关注学生自我评价能力的发展。自我评价是学生基于原有的自我认识，根据自己认可的评价指标和准则，结合

---

① 刘志军：《走向理解的课程评价》，中国社会科学出版社 2004 年版，第 119－122 页。

教师等其他人的评价，对自身整体或某方面素质的发展作出的认识和判断。培养学生的自我评价能力，能促进学生健全的自我意识的形成，发展学生的主体性。长期以来，评价往往被作为独立于教育、教学过程而存在的一种活动，其本身所具有的外显的或内隐的教育功能被忽视了。而提高学生的自我评价能力有助于实现评价的教育功能，促进学生的发展。

在实施教师评价时，注重评价者与教师、教师与教师、教师与学生、校内与校外之间的沟通，鼓励教师、学生、家长以及校外有关人员一同参与教师评价工作，使评价工作成为一种双向过程。教师工作是一项复杂的劳动，其复杂性决定了教师评价不仅要进行定量评价，更要注重定性评价。在确定评价目标、评价标准、评价程序、评价方法，撰写评价结论，确定评价者资格等环节上，既要考虑教师工作的特点，又要充分调动教师的自主性，尽可能满足教师的发展需求，最大限度地发挥评价的发展功能。

第四节　进一步完善三级课程管理制度

我国已初步建立起国家、地方、学校三级课程管理制度，在进一步完善的过程中，需要更加明确国家、地方和学校三级权利主体的权利与责任，在保障国家课程的基础上，大力开发地方课程和校本课程，使三级课程管理健康发展。

一、建立更合理的基础教育课程决策机制

我国基础教育课程决策机制的演变经历了两个历程：从1949年到20世纪80年代中期，完全是国家决策模式阶段；从20世纪80年代到90年代末，开始进入国家决策为主、国家决策与地方决策并行的阶段。第二阶段的国家与地方混合的决策机制在一定程度上克服了第一阶段的部分缺

陷，但仍遗留下不少问题。目前我国基础教育课程决策正进入第三个阶段，它是一种国家、地方和学校决策相结合的新模式。这个模式所要解决的核心问题，是国家、地方和学校这三个层次的职权与权限划分问题，它将使国家的职权与权力主要限于对课程的宏观调控、在课程中最基本的统一规定和为地方与学校层次上的决策提供指导等方面；全面扩大地方层次的职权与权力，使各省、自治区、直辖市在遵循有关的国家统一规定的前提下，承担起本地区基础教育课程决策的主要部分；让学校从过去几乎纯粹地执行政府决策的课程之状况转变为承担起适当的决策的职责与权力，即进行校本课程决策。① 这种课程决策模式，本质上是教育民主化进程不断深化的产物。就变革的三类权力主体而言，国家、地方和学校既不是彼此对立的，也不是彼此孤立的。这种课程决策意味着课程变革的过程是一个全员参与的过程，意味着课程的多元统一性，是历史进程的必然。

二、变革课程与教学管理的手段和方法

突破手段单一化，积极走向多样化。近几年来，许多国家都在积极地研究课程管理的手段，例如，英国政府对中小学课程的管理以往主要依靠督导和咨询服务等相对较"软"的手段，20世纪80年代后为了推行"国家课程"，它首先将考试置于自己的控制之下，并加强了立法手段的作用。我国恰恰可以引进加强技术咨询与服务等手段，开发国家级"基础教育课程教学信息交换与服务平台"，加强咨询服务的力度。

恰当运用信息技术，改变手段和方法老化现象。可通过现代科学技术，提供课程资源和信息服务，通过现代评价技术，扩大教育质量评估、课程调查和教材评价等手段在课程管理中的作用。课程管理手段的现代化使课程管理的存在形式不再局限于书面的法规或文件，课程管理能发挥更有效的作用。

---

① 课程教材研究所编：《课程改革整体论》，人民教育出版社2003年版，第507－517页。

三、重视地方课程管理的桥梁作用，增强三级管理之间的沟通

在缩小了国家层次的职权与权力后，并不代表地方和学校就可以我行我素，随意发展，而是要在三类主体之间建立联系。地方介于国家与学校之间，应充当好两者之间的桥梁和纽带，建立必要的联合审查制度，促进彼此间的信息沟通，形成课程改革与发展的整体联动。一方面要根据国家规定的权限，代表中央政府行使课程管理的责权；另一方面又要及时监控课程与教学实施的情况，将基层学校、广大师生直至家长的意见反馈给中央。因此，必须建立必要的关于课程与教学的情况通报备案制度、信息发布制度、项目申报评审制度、课程方案执行情况的审查制度等。

四、促进学校课程的开发和管理，实现学校的课程创新

学校课程管理是三级课程管理中的重要角色。要使教师了解学校课程的意义，帮助教师提高校本课程开发的能力。要增加经费投入，改善硬件设施，满足学校课程开发的要求。应不断改革考试制度，优化评价方式，不要让考试制度成为学校课程开发的障碍。建立合理的学校课程评估体系，为学校课程的开发与管理提供有效指导，使学校课程的科学性得以保证，并使学校课程与学生的实际接受能力达到一致。与此同时，促进国家课程、地方课程和学校课程之间的协调，在课程内容和课时方面把握好平衡，国家课程、地方课程得以保障，学校课程不被挤占挪用，实现三级课程共同发展。

第 四 编

基础教育体制改革与发展

在深化基础教育改革、促进基础教育可持续发展的过程中，体制性因素的影响显得越来越明显。基础教育体制是国家在一定政治、经济制度和科技发展水平基础上建立起来的组织管理、办学形式、层次结构等相对稳定的基础教育模式，包括基础教育管理体制、基础教育办学体制、基础教育领导体制以及基础教育法制等。新中国成立60年来，基础教育体制改革作为基础教育改革的核心，是我国在探索走中国特色社会主义教育发展道路中的关键环节和突破口。这方面的改革在新中国教育史上留下了光辉的足迹。

第十章
基础教育管理体制
改革与发展

基础教育管理体制作为教育体制的重要内容和基本框架，与基础教育的发展紧密相关，是基础教育体制改革的重中之重。

第一节　基础教育管理体制改革与发展的基本历程

一定社会的教育必须适应一定社会的政治、经济和文化的要求，这是教育发展的一条基本规律，也是教育体制改革的发展动因。基础教育管理体制的变革就是通过调整各级政府教育管理职责，使基础教育不断适应不同社会阶段政治、经济和文化的发展要求。所谓"适应"包括两个方面的含义：其一要受其"制约"，其二是要为之"服务"。"受制约"是前提，"为之服务"是方向，不受制约就不能为之服务。教育的基本规律决定了教育体制必须随着政治、经济、文化体制的改革而改革。作为与政治、经济、文化关系紧密，关乎国计民生的基础教育，不断调适体制，使体制既符合经济政治环境的需要又符合基础教育自身发展规律，进行管理体制改革就显得十分必要。我国基础教育管理体制改革正是伴随着新中国成立以来政治、经济和文化变革的历程循序渐进地开展的。

在社会主义新的制度环境下，以我国政府为主导的社会各方力量推进了基础教育管理体制改革和变迁的伟大历程。纵观新中国成立以来我国基础教育管理体制变革，走过了曲折艰辛又成就斐然的道路。十一届三中全会以前，经历了管理权由"放"到"收"再到"放"的几次反复；改革开放初期，是一个拨乱反正、探索前进和积累经验的时期；20 世纪 80 年代中后期，我国教育体制改革全面推进；21 世纪以来，伴随科学发展观的提出，基础教育管理体制进一步走向健康科学发展的道路。

一、改革开放前基础教育管理体制的发展

1949 年 10 月 1 日，中华人民共和国成立，标志着以政治制度为核心的社会制度发生了根本性的变革。

1949 年 12 月 30 日，第一次全国教育工作会议召开。会议就各地区教育工作情况和目前所存在的问题、关于老区与新区的教育工作中若干重要的经验、教育部 1950 年上半年的工作计划，以及创办中国人民大学和工农速成中学，改进北京师范大学，编审中、小学教材，争取团结改造知识分子等问题进行了广泛的讨论。会议一致认为，要以老解放区新教育经验为基础，吸收旧教育有用经验，借助苏联经验，建设新民主主义教育。①

（一）实行教育的军事接管体制(1949—1951)

新中国成立初期，我国基础教育管理体制，是高度集中统一的中央领导管理体制，实行军事接管体制。这是在特殊历史时期实行的特别管理体制。军事接管体制在废除旧的国家机器，建立人民民主政权过程中，对维护学校教育秩序，稳定教职员工和学生的情绪，废除封建、买办、法西斯教育等方面，发挥了积极的作用。这个管理体制虽然存在着许多不足，但对于新中国成立初期促进社会主义教育制度的建立、教育体系的形成以及教育事业的发展是很有必要的。

教育改革和发展是社会制度变革的必然要求。经济基础和政治制度的

---

① 《中华人民共和国第一次全国教育工作会议的决定》，《人民日报》1950 年 1 月 6 日。

变革必然要求具有上层建筑属性的教育制度也随之作相应的变革，并为新的社会制度服务。作为新中国的教育，必须要为无产阶级政治服务，适应新中国政权变革和政治经济制度变革和发展的需要。因此，必须对旧中国遗留下来的教育作根本性的彻底改革。周恩来就强调指出：旧教育的根基太深，应从根本上彻底摧毁它。这样，才能为新民主主义教育的发展扫清障碍，开辟宽广的道路。新民主主义的教育"就是要反对帝国主义、封建主义和官僚资本主义文化，发展民族的、科学的、人民大众的文化"。[1]同时，教育改革又是比较长期的工作。1949 年 5 月 9 日，周恩来在北京大学教授联谊会上的讲话，及在第一次全国高等教育会议上阐述新民主主义教育方针时，反复强调"教育改革是比较长期的事，要有步骤地进行"，在改革问题上要反对两种偏向："有改革条件而拖延不改"和"鲁莽从事，过于性急，企图用粗暴的方法进行改革"。[2]

新中国成立初期的基础教育管理体制受苏联教育管理模式的影响。1949 年 12 月召开的第一次全国教育工作会议做出决定："借助苏联经验建设新中国的教育。"之后陆续大量聘请苏联专家指导教育实践，大量学习当时苏联的办学思想和经验，这时候的教育管理体制受其影响较深。

（二）实行集中统一的教育管理体制（1952—1957）

1952 年教育部颁发了《小学暂行规程（草案）》和《中学暂行规程（草案）》。在教育行政实践中，中小学校一般都由县教育行政部门统一领导，全国高等学校则以中央人民政府教育部统一领导为原则，中央教育行政部门委托各大区行政委员会或省、市、自治区人民政府直接管理有关高等院校。

1953 年 11 月，政务院发布的《关于整顿和改进小学教育的指示》中明确指出："小学教育是整个教育建设的基础。它的任务是教育新后代，使之成为新中国健全的公民。"[3]

---

[1]　陈廷伟等编：《周恩来教育文选》，江苏教育出版社 1998 年版，第 1 - 2 页。
[2]　陈廷伟等编：《周恩来教育文选》，江苏教育出版社 1998 年版，第 11 页。
[3]　中央教育科学研究所编：《周恩来教育文选》，教育科学出版社 1984 年版，第 85 页。

1952 年 3 月颁布《小学暂行规程（草案）》，规定对全国小学实行"统一领导、分级管理"的体制。文件规定：小学各科教学大纲、课本，儿童生活指导标准，小学建筑和设备标准，统统都由教育部制订或编写。

在基础教育经费的筹措方面：1950 年 3 月，政务院两次做出决定，统一由国家财政收支，实行三级管理体制。各级各类学校，除乡村小学、简易师范由县政府"随国家征收地方公粮解决"，城市小学由县"征收城市附加教育事业费解决"。

新中国成立初期实行统一领导的办学体制符合我国"一五"计划建设的需要，与当时我国高度集中的经济管理体制是相适应的。新中国成立初期形成和建立的集中统一的教育管理体制，保证了党对教育事业的统一领导，对于当时恢复和建立正常的教学秩序，普遍提高教育质量，保证教育事业有计划按比例发展，起了重要的作用。

这一阶段，经过我国办学体制的统一领导、加强整顿和调整，我国基础教育得到了快速发展，取得了较大的成就。到 1957 年初，小学校数由解放前的 28.93 万所增长到 52 万所，是解放前的 180%；小学生人数由解放前的 2 285.8 万人增长到 6 346.6 万人，是解放前的 278%；学龄儿童入学率由解放前的仅 20% 增长到接近 60%，增长近 40 个百分点。[1] 到 1957 年底，中学校数由解放前的 4 266 所（解放前教育发展最好的年份，1946 年）增长到 6 715 所，比解放前增长 157.4%；在校学生人数由解放前的 179.8 万人增长到 516.7 万人，是解放前的 287%；同时，为了在教育改革和提高教育质量方面起实验和示范作用，还在部分省、市举办了 200 多所重点中学。

尽管这一时期也出现了失误，留下了一定的遗憾和值得思考的问题，但仍称得上是新中国成立后、改革开放前教育发展最平稳、最快速的时期，较大地促进了我国基础教育事业的发展，为全国普及基础教育奠定了良好的基础。

---

[1] 相关数据参阅《中国教育年鉴（1949—1981）》，中国大百科全书出版社 1984 年版。

（三）实行中央与地方相结合的教育管理体制（1958—1962年）

社会各行业成功进行社会主义改造，我国进入由半封建半殖民地的经济向高度集中的计划经济转变的根本性变革时期，实行"中央集权和地方分权相结合"的体制，受其影响并为之服务的教育，相应地也进行了一次影响深远的体制改革。这次改革率先在高等教育领域中发起和推进。随着高等教育体制改革的推动和地方管理权限的扩大，全国基础教育管理体制改革也在中央的指导和带动下，由地方政府主要负责管理。

从"一五"计划开始实施，尤其是1958年掀起人民公社化热潮以后，以"一大二公"（"一大"指公社的规模大，"二公"指公社的公有化程度高）、"一平二调"（平均主义和无偿调拨的简称）为标志，推进了经济体制改革，全国性计划经济体制逐渐明显和加强。

1958年，由于"左"倾错误思想的指导，人为地发动了"大跃进"运动。这个时期经济体制改革的重心是扩大地方权力，下放管理权，其中包括计划管理权、财权、企业管理权、商品流通管理权、物质管理权、劳动管理权等，建立以"块块"为主的体制，使各省、市、自治区都建立了独立完整的工业体系。

20世纪50年代的中后期，我国教育面临着适应大规模进行社会主义建设的新问题，党和国家领导人认识到，教育如此庞大，单靠国家包办、中央政府投资是办不好的。周恩来指出"各级各类学校都要由教育部包办是不行的"。① 对此，周恩来提出，"分别不同情况"、"大家分工合作来共同"办教育的改革办学体制的思想。他强调指出，各级各类学校都要区别不同情况，"由教育部和各业务部门分工去办，由中央和地方分工去办"。对于中学和小学，"主要由地方办理"；对于中等专业学校，"由各级人民政府及有关业务部门以及厂矿、企业和农场……大家分工合作共同来进行"；对于私立学校，要允许私人办学，"各级人民政府及所属各有关业务部门应鼓励此类学校……并加强领导……有困难者，应给予适当

---

① 陈廷伟等编：《周恩来教育文选》，江苏教育出版社1998年版，第35-36页。

补助"。面对"穷国办大教育"的艰难，吸取民间办学的优良历史传统，采取了"两条腿走路"的办学方针，是符合当时国情、符合当时的办学条件的，基础教育得到了快速发展。

根据党和国家领导人关于改革办学体制的一系列讲话精神，我国办学体制的改革采取了下放教育管理权力、强调实行区域规划和实行"两条腿走路"的方针等一系列改革措施。在下放教育管理权力方面，教育部和中央有关部门只保留集中精力研究和贯彻执行中央的教育方针政策、综合平衡全国教育事业发展规划、指导教学和科学研究工作、组织编写通用教材、拟订必要的全国通用的规章制度等主要职责。[①] 小学、中学和一般中等学校的设置与发展，由地方自行决定。新建学校和中等工业学校，地方也可以自行决定，需要大协作区内各省、自治区、直辖市合作筹建的，由协作区协商解决。在强调实行区域规划方面，各大协作区可据自己的实际情况和需要，研究制定教育发展规划，建立起一个比较完整的教育体系。在实行"两条腿走路"的方针方面，在统一育人目标的前提下，实行几个并举，即国家办学与厂、企、社、私人办学并举，普通教育与职业技术教育并举，成人教育与儿童教育并举，免费教育与收费教育并举等。

1958 年，中共中央、国务院发布《关于教育事业管理权力下放问题的规定》，指出：小学、普通中学、职业中学、一般的中等专业学校和各级业余学校的设置与发展，无论公办或民办，由地方自行决定。

从 20 世纪 50 年代末和 60 年代初教育体制改革的实践来看，虽然也存在着下放教育管理权力过多过快和要求过高过急、发展过快等不少缺点和错误，有的甚至还是严重的，但对于建立适合我国国情的社会主义教育办学体制，促进教育事业的发展，无疑积累了宝贵的经验。

（四）实行统一领导、分级管理的教育管理体制（1963年至"文化大革命"前）

1960 年至 1962 年，我国国民经济面临新中国成立以来前所未有的严

---

① 陈廷伟等编：《周恩来教育文选》，江苏教育出版社 1998 年版，第 31 页。

重困难。从1960年下半年起，中央逐步认识到国内经济形势的严重性，并采取一系列有力措施进行调整。1961年1月，中共八届九中全会正式通过了对国民经济实行"调整、巩固、充实、提高"的八字方针。重点是强调集中统一，以利于克服经济上的困难，按照"大权独揽、小权分散"的民主集中制原则，对1958年下放的权力，凡是不适当的，要求一律收回。通过这个阶段的经济体制改革，加强宏观调控，完成调整任务，迅速发挥国民经济重要作用，以减少中央统配物资的数量和下放中央直属企业为主要内容，最终形成了比较完善的一整套计划经济体制。这个时期的经济体制改革为迅速发展国民经济起了重要作用。

以计划经济体制为基础的教育行政管理体制变革，开始"逐步推进、适当调整"，教育行政权力再度从地方逐渐收回，相对集中于中央。1963年3月，中共中央批准试行《全日制小学暂行工作条例（草案）》和《全日制中学暂行工作条例（草案）》，对基础教育的管理体制做了调整，将教育行政权力收归中央。全日制初级中学一般由县或县级市教育行政部门管理，全日制高中一般由省、直辖市、自治区教育厅、局管理，全日制中学的设置、停办、迁移由省、直辖市、自治区人民委员会批准。全日制小学的教学计划、大纲、教材、教师编制都由教育部统一管理，各种具体教育行政事务由县、市属区教育行政部门统一管理。这些措施加强了党对教育的领导作用，特别是加强了中央和省、直辖市、自治区对教育的管理权限。

（五）"文化大革命"期间，教育管理体制遭到严重破坏

"文化大革命"时期可分为3个阶段：

第一阶段是从1966年5月"文化大革命"发动到1969年4月九大的召开。成立了"中央文革小组"指导运动。运动表现为"怀疑一切"、"打倒一切、全面内战"。在运动中，一些党政机关受到冲击，广大干部和知识分子遭到迫害。教育部的工作已经停顿，教育部机关已经瘫痪。1968年7月27日，中共中央、国务院、中央军委、中央文革小组决定对教育实行军事管制，成立军管小组。1969年10月，教育部及所属机构撤

销，在京仅留三五名军管人员做留守工作。①

第二阶段是从九大到 1973 年 8 月十大的召开。林彪集团被粉碎，党的工作在周恩来的主持下，有所好转。但"左"倾错误仍然没有得到纠正。

第三阶段是从十大到 1976 年 10 月"文化大革命"结束。全国再度陷入混乱。

"文化大革命"期间，革命委员会对教育事业的领导管理无章可循，一片混乱，教育事业受到严重摧残，基础教育管理体制改革停滞。

二、改革开放以来基础教育管理体制的改革与发展

(一)改革开放初期基础教育管理体制的恢复与发展

1977 年恢复高考，这是改革开放大幕正式拉开前传出的一声号角。邓小平在全国科学大会上的讲话有两个重要的论断：一是科学技术是生产力，二是知识分子"是工人阶级自己的一部分"。这两个论断改变了国家的命运，也改变知识界的命运。② 从此中国走上了建设社会主义现代化新长征的道路，迎来了科学技术的春天。那次大会对思想界、学术界的影响非常深远。

在思想解放的基础上，我们对教育的本质和功能有了新的更深刻的认识。长期以来受"左"的思想的影响，教育一直被视为阶级斗争的工具，历次政治运动总是先从教育领域开始。"文化大革命"以后，邓小平主持中央工作，首先提出人才问题。1977 年邓小平在一次座谈会上说："我们要实现现代化，关键是科学技术要能上去。发展科学技术，不抓教育不行。"提出要"尊重知识，尊重人才"。1978 年召开了"文化大革命"后第一次全国教育工作会议。邓小平在大会上讲话，再一次强调知识的重要，号召青年学生自觉刻苦地学习科学文化；提出教育事业必须同国民经

---

① 王炳照、阎国华主编：《中国教育思想通史（第八卷）》，湖南教育出版社 1994 年版，第196 页。

② 吴明瑜：《为邓小平起草全国科学大会讲话稿始末》，《南方周末》2008 年 3 月 20 日。

济发展的要求相适应。

1978 年 12 月 18 日至 22 日，中国共产党第十一届中央委员会第三次全体会议在北京举行。这次会议解决的主要问题是：

第一，重新确立了党的马克思主义的思想路线。全会坚决批判了"两个凡是"的错误方针，高度评价了关于真理标准问题的讨论，确定了解放思想、开动脑筋、实事求是、团结一致向前看的指导方针。

第二，重新确立了马克思主义的政治路线。全会果断地停止使用"以阶级斗争为纲"和"无产阶级专政下继续革命"的口号，作出把工作重点转移到社会主义现代化建设上来的战略决策，并富有远见地提出了对党和国家各个方面的工作进行改革的任务。

第三，重新确立了党的正确的组织路线。提出要健全社会主义民主和加强社会主义法制的任务，审查和解决了党的历史上一批重大冤假错案和一些重要领导人的功过是非问题。

十一届三中全会是新中国成立以来党的历史上具有深远意义的重要会议，它从根本上冲破了长期"左"倾错误的严重束缚，端正了党的指导思想，重新确立了党的马克思主义的正确路线。它在拨乱反正、提出改革任务、推动改革方面起了伟大的历史作用。

十一届三中全会以来，全面清除"左"的思想对教育带来的不利影响，中央权力逐渐下放。1978 年，教育部重新颁发了《全日制小学暂行工作条例（试行草案）》和《全日制中学暂行工作条例（试行草案）》，规定：全日制小学由县教育行政部门统一领导和管理；社队办的小学，可以在县的统一领导下，由社队管理。普通中小学行政管理体制实行"统一领导、分级管理"，并强调中央、省、市集中领导的体制。当时普通中学实行这一办学管理体制后，领导关系大致分为两种：其一，省、自治区、直辖市教育主管部门直接领导中学；其二，省、自治区、直辖市教育主管部门直接领导部分重点中学，其余委托市、专区或县的教育部门管理。

经过 1978 年到 1984 年的拨乱反正和对教育秩序的有力整顿，我国教育事业很快得到恢复和发展。全国基础教育管理体制基本上恢复了"文化大革命"前实行的统一领导、分级管理的教育行政体制,强调中央教育行政的权威。这种管理体制基本沿用了20世纪50年代末60年代初的做法,有效纠正了"文化大革命"中的错误做法,加强了中央和省(自治区、直辖市)政府对基础教育的领导,迅速扭转了"文化大革命"对基础教育造成的冲击和消极影响,在重建中小学教育教学秩序等方面起到了一定的积极作用。这个阶段也是我国基础教育管理体制改革探索前进和积累经验的时期,为全面推进教育体制改革奠定了基础。

(二)1985—1989年,确定基础教育体制基本框架

1983年邓小平提出"教育要面向现代化,面向世界,面向未来",确立了"教育必须为社会主义建设服务,社会主义建设必须依靠教育"的根本指导思想。1985年《中共中央关于教育体制改革的决定》的颁布更是拉开了教育全面改革的序幕,实现了全党全国在教育思想上真正向为社会主义现代化建设服务的转变。① 教育体制改革和创新取得重大突破,有力地促进了教育持续发展。

1. 《中共中央关于教育体制改革的决定》

党的十一届三中全会后,在全国范围恢复了一个常识,就是要尊重知识、尊重人才、尊重教育。但是,如何发展教育?在世界新技术革命浪潮澎湃的背景下,怎么来构建新的教育体制?在这些问题上的改革并没有取得新的突破。随着全党、全国的工作重点转移到社会主义现代化建设上来,随着经济体制改革的深入,教育体制与经济体制不相适应的矛盾日益显现。教育体制改革迫在眉睫。

1983年10月1日,邓小平为北京景山学校题词:"教育要面向现代化,面向世界,面向未来。""三个面向"是立足于经济建设这一中心,反映建设有中国特色社会主义事业对教育的要求,明确了我国教育事业改革和发展的方向,成为教育体制改革工作的指导方针,对推动教育体制改

---

① 方晓东等:《中华人民共和国教育史纲》,海南出版社2002年版,第369页。

革产生了重要指导作用。

1984年和1985年，中共中央相继做出了关于经济体制改革和科技体制改革的决定。这两个决定的基本思想倾向是解放思想，"搞活"体制。即针对统得过死、缺乏活力的旧体制，提出建立具有生机与活力的新体制。正是在这两个决定的直接推动下，在邓小平的关心和领导下，深入调查，广泛听取意见，十易其稿，于1985年发布了《中共中央关于教育体制改革的决定（草案）》。该《决定》要求：改革教育管理体制，在加强宏观管理的同时，坚决实行简政放权，扩大学校的办学自主权；调整教育结构，相应地改革劳动人事制度；改革同社会主义现代化不相适应的教育思想、教育内容、教育方法。经过改革，要达到：使基础教育得到切实的加强，职业技术教育得到广泛的发展，高等学校的潜力和活力得到充分的发挥，学校教育和学校外、学校后的教育并举，各级各类教育能够主动适应经济和社会发展的多方面需要。

2. 改革开放后第一次全国教育工作会议召开

1985年5月15～20日，由党中央、国务院召开的全国教育工作会议在北京举行。这是党的十一届三中全会决定把全党全国的工作重点转移到社会主义现代化建设以后，教育战线的一次空前盛会。会议的中心议题是，讨论《中共中央关于教育体制改革的决定（草案）》，研究实行教育体制改革的步骤和措施。结合各地、各部门实际情况，研究贯彻执行的步骤和措施。当时的中共中央总书记胡耀邦等出席大会，中共中央政治局常委、中央顾问委员会主任邓小平作了《各级党委和政府要把教育工作认真抓起来》的重要讲话。邓小平从实现社会主义现代化战略和中华民族前途命运的高度，强调了要通过教育把我国沉重的人口负担尽快转化为巨大的人力资源优势的必要性和紧迫性。他要求各级领导要像抓好经济工作那样抓好教育工作。他明确指出："我们国家，国力的强弱，经济发展后劲的大小，越来越取决于劳动者的素质，取决于知识分子的数量和质量。""中央提出要以极大的努力抓教育，并且从中小学抓起，这是有战略眼光的一着。如果现在不向全党提出这样的任务，就会误大事，就要负历史的责任。"他说:"我们不是已经实现了全党全国工作重点的转移吗?这个重点,本来就应当包括教育。一个地区,一个部门,如果只抓经济,不抓教育,那里的工作重点就是没有转移好,或者说转移得不完全。忽视教育的领导者,是缺乏远见的、不成熟的领导者,就领导不了现代化建设。各级领导要像抓经济工作那样抓好教育工作。""各级党委和政府,对教育工作不仅要抓,并且要抓紧、抓好,严格要求,少讲空话,多干实事。"邓小平的讲话激起了与会代表的强烈共鸣。

会后不久,《中共中央关于教育体制改革的决定》(以下简称《决定》)于 5 月 27 日正式颁布。

3. 基础教育管理体制改革的内容

《决定》明确了教育和社会主义建设之间的关系,确定了教育现代化的任务,提出"教育必须为社会主义建设服务,社会主义建设必须依靠教育"的指导思想,对基础教育管理体制改革做出了明确的规定,对如何保证教育体制改革顺利进行的问题也进行了规定。自此,我国进入了轰轰烈烈的教育改革快速发展的时期。

《决定》认为传统的教育管理体制存在着严重的弊端,已不能适应我国改革开放、经济体制改革的形势和世界范围内新技术革命兴起的形势。如"在教育事业管理权限的划分上,政府有关部门对学校统得过死,使学校缺乏应有的活力;而政府应该加以管理的事情,又没有很好地管起来",由此指出教育管理体制改革的方向是"加强宏观管理和指导",同时"要改变政府对学校统得过多的管理体制,在国家统一的教育方针和计划的指导下,扩大学校的办学自主权,加强学校和社会其他各方面的联系,使学校具有主动适应经济和社会发展需要的积极性和能力"。还提出:"为了调动各级政府办学的积极性,实行中央、省(自治区、直辖市)、中心城市三级办学体制。""省、市(地)、县、乡分级管理的职责如何划分,由省、自治区、直辖市决定。""为了调动各级政府办学的积极性,实行中央、省(自治区、直辖市)、中心城市三级办学体制。""乡财政收入应主要用于教育。"①

《决定》认为，要从根本上改变教育落后的状况，"必须从教育体制入手，有系统地进行改革"。教育管理体制改革的基调是：中央向地方放权，政府向学校放权。《决定》要求实行基础教育由地方负责、分级管理的原则，提出："基础教育管理权属于地方。除大政方针和宏观规划由中央决定外，具体政策、制度、计划的制定和实施，以及对学校的领导、管理和检查，责任和权力都交给地方。"充分调动地方发展教育事业的积极性，使之从当地经济和社会发展的实际需要出发，统筹规划基础教育、职业教育和成人教育，把文化教育与职业教育、职前教育与职后教育有机地结合起来，使教育为当地的"两个文明"建设服务，促进教育与经济的良性循环。

《决定》鼓励多渠道筹措教育经费，地方可以征收教育费附加，用于改善基础教育的教学设施，并鼓励通过发展校办企业、勤工俭学和社会服务自主创收，同时还鼓励单位、集体和个人捐资助学，积极改善办学条件。这样，在实践中，就逐步形成了以县乡为主管理和实施义务教育的格局。在办学体制方面，基础教育和职业教育则突破了政府办学的框架。《决定》鼓励、支持和规范集体、个人和社会力量以多种形式办学，民办教育得到迅速发展。基本形成政府办学为主，公办学校和民办学校共同发展的格局。

4. 本阶段基础教育管理体制改革的相关措施

为保证党和政府对教育工作的统一领导，统筹部署教育改革，《决定》提出成立国家教育委员会。1985 年 6 月 18 日，六届全国人大常委会第十一次会议决定，设立国家教育委员会，教育部即予撤销。随后各省市和各地市教委相继成立。从中央到地方各级教委的成立，使全国教育管理工作进入了一个新阶段，为教育管理体制改革和发展提供了重要的组织

---

① 《中共中央关于教育体制改革的决定》，见《中华人民共和国现行教育法规汇编（1949—1989）》，人民教育出版社 1991 年版，第 1－10 页。

保证。

《决定》颁布后，各省、自治区、直辖市党委、政府和中央各部委根据《决定》精神，明确了教育要为社会主义建设服务的指导思想，将教育工作列入重要议事日程，制定了符合本地实际的教育改革发展计划。

我国基础教育的大头在农村。1985年，县以下（含县）农村小学在校学生约占全国小学生总数的92%，中学在校生约占全国中学生总数的82%。抓好农村基础教育，对整个基础教育发展有决定性作用。1987年6月，国家教委、财政部颁布《关于农村基础教育管理体制改革若干问题的意见》，为了使农村基础教育管理体制改革更加健康、深入地进行，要求各地进一步提高认识，加强领导，基础教育实行地方负责、分级管理；从实际出发，科学地划分地方各级政府管理基础教育的职责权限。

1986年4月，第六届全国人民代表大会第四次会议通过的《中华人民共和国义务教育法》以法律形式明确规定"义务教育事业在国务院领导下，实行地方负责、分级管理"。进一步确定了实行九年义务教育的制度；管理权限下放给地方，由各个地方政府管理；加强教育行政部门综合统筹的能力包括人事部、劳动部、科技部等各个部门共同努力，使中国的基础教育走上了法制化、普及化的轨道。

（三）20世纪90年代初到2002年，基础教育管理体制的调整

1. 制定与颁布《中国教育改革和发展纲要》

随着我国经济体制改革和科技改革的逐步深入，教育体制的改革也取得了很大的进展。但教育不能适应经济和社会发展需要的问题还没能从根本上得到扭转。1993年2月13日，中共中央、国务院正式印发了《中国教育改革和发展纲要》。该《纲要》要求："建立适应社会主义市场经济体制和政治、科技体制改革所需要的教育体制，更好地为社会主义现代化建设服务"；将"坚持教育的改革开放，努力改革教育体制、教育结构、教育内容和教育方法，大胆吸收和借鉴人类社会的一切文明成果，勇于创新，敢于试验，不断发展和完善社会主义教育制度"作为建设中国特色社会主义教育体系的主要原则之一。提出了深化教育体制改革的工作思

路。教育体制改革面临着巨大的机遇与挑战。

本着教育体制改革要有利于坚持教育的社会主义方向，培养德智体全面发展的建设者和接班人；有利于调动各级政府、全社会和广大师生员工的积极性，提高教育质量、科研水平和办学效益；有利于促进教育更好地为社会主义现代化建设服务的原则，进一步提出教育体制改革的工作思路，即要采取综合配套、分步推进的方针，加快步伐，改革包得过多、统得过死的体制，初步建立起与社会主义市场经济体制和政治体制、科技体制改革相适应的教育新体制。

《中国教育改革与发展纲要》强调"深化中等以下教育体制改革，继续完善分级办学、分级管理的体制"。对中等及中等以下教育，地方和中央权责分开。由地方政府在中央大政方针的指导下，实行统筹和管理。国家颁发基本学制、课程设置和课程标准、学校人员编制标准、教师资格和教职工基本工资标准等规定，省、自治区、直辖市政府有权确定本地区的学制、年度招生规模，确定教学计划，选用教材和审定省编教材，确定教师职务限额和工资水平等。省以下各级政府的权限，由省、自治区、直辖市政府确定。

积极推进农村教育、城市教育和企业教育综合改革，促进教育同经济、科技的密切结合。县、乡两级政府要把教育纳入当地经济、社会发展的整体规划，分级统筹管理基础教育、职业技术教育、成人教育，统筹规划经济、科技、教育的发展，促进"燎原计划"与"星火计划"、"丰收计划"的有机结合，落实科教兴农战略。要积极推进城市教育综合改革，探索城市教育管理的新体制。

中等及中等以下各类学校实行校长负责制。校长要全面贯彻国家的教育方针和政策，依靠教职员工办好学校。

支持和鼓励中小学同附近的企业事业单位、街道或村民委员会建立社区教育组织，吸引社会各界支持学校建设，参与学校管理，优化育人环境，探索出符合中小学特点的教育与社会结合的形式。

2. 改革开放后第二次和第三次全国教育工作会议召开

1994 年 6 月，党中央、国务院召开了改革开放以来第二次全国教育工作会议。会议是在党的十四大提出加快社会主义建设步伐、建立社会主义市场经济的重要时期召开的。这次会议对进一步落实教育优先发展战略，全面部署和认真实施《中国教育改革和发展纲要》，研究和解决我国教育改革和发展中的重大问题，实现 20 世纪 90 年代教育改革和发展的战略目标，产生了重大而深远的影响，成了有力推进社会主义教育事业的新起点。从此我国教育事业进入了深化改革、加快发展的新阶段。

会议的主要任务是，以邓小平建设有中国特色社会主义理论和党的基本路线为指导，贯彻党的十四大和十四届三中全会精神，进一步落实教育优先发展的战略，动员全党全社会认真实施 1993 年 2 月发布的《中国教育改革和发展纲要》，为实现 20 世纪 90 年代我国教育改革和发展的任务而奋斗。

江泽民在开幕式上作了重要讲话，强调实现现代化的根本大计就是"把经济建设转到依靠科技进步和提高劳动者素质的轨道上来，真正把教育摆在优先发展的战略地位，努力提高全民族的思想道德和科学文化水平"。在整个社会主义现代化建设的过程中，教育优先发展的战略地位必须始终坚持，不能动摇。要努力提高全民族的思想道德水平和科学文化水平。他号召全党、全社会都必须尊师重教。要把重视人才培养、保证教育投入、为教育办实事、作为各级领导干部任期目标责任制的重要内容和政绩考核的重要标准。

1999 年 6 月，党中央、国务院召开改革开放后的第三次全国教育工作会议。会议从社会主义现代化建设全局和战略的高度，对我国面向 21 世纪的教育改革和发展作出了重要部署。会议的主题是，动员全党同志和全国人民，以提高民族素质和创新能力为重点，深化教育体制和结构改革，全面推进素质教育，振兴教育事业，实施科教兴国战略，为实现党的十五大确定的社会主义现代化建设宏伟目标而奋斗。

江泽民在开幕式上发表重要讲话，强调：国运兴衰，系于教育；教育振兴,全民有责。我们必须全面贯彻党的教育方针,坚持教育为社会主义为人民服务,坚持教育与社会实践相结合,以提高国民素质为根本宗旨,以培养学生的创新精神和实践能力为重点,努力造就"有理想、有道德、有文化、有纪律"的,德育、智育、体育、美育等全面发展的社会主义事业建设者和接班人。

1999 年 6 月,发布《中共中央国务院关于深化教育改革全面推进素质教育的决定》。

3. 从"以乡为主"到"以县为主"基础教育管理体制的调整

在实施基础教育管理体制改革过程中,简政放权无疑是正确的;但是后来在执行过程中,由于权力层层下放,加上中央、地方各级政府的职责不明晰,在实际工作中,存在着各级政府层层下放基础教育管理权限,处于最为基层、财力最为薄弱的乡镇政权机构承担了农村义务教育的重大职责,逐渐变成"以乡为主"的管理体制,造成了农村义务教育"小马拉大车"的困境。为此,应该针对我国农村义务教育管理重心偏低、投入不足和农民负担重等问题采取必要的措施。

党中央、国务院审时度势,于 2001 年 6 月召开全国基础教育工作会议。国务院颁布《关于基础教育改革与发展的决定》,明确了 21 世纪初基础教育发展的目标,提出了农村义务教育持续健康发展的"治本之策",规定农村义务教育阶段实行"在国务院领导下,由地方负责、分级管理、以县为主"的管理体制。

2002 年 4 月,为适应农村税费改革的形势,国务院下发了《国务院办公厅关于完善农村义务教育管理体制的规定》,对《关于基础教育改革与发展的决定》的精神做了进一步说明。再次强调农村义务教育要实行"在国务院领导下,由地方负责、分级管理、以县为主"的体制,规定"县级人民政府对义务教育负有主要责任,省、地(市)、乡等地方各级人民政府承担相应责任,中央政府给予必要支持"。

其中,国家教育部负责制定有关基础教育的法规、方针、政策及总体发展规划和基本学制,设立用于补助贫困地区、民族地区、师范教育的专项基金，对地方教育部门工作进行监督指导等。

省级政府负责本地区基础教育的实施工作，包括制定本地区基础教育发展规划和中小学教学计划，组织对本地区义务教育的评估和验收；建立用于补助贫困地区、少数民族地区的专项基金，对县级财政教育事业费有困难的地区给予补助等。

县（市、区）级政府在组织义务教育的实施方面负有主要责任，包括统筹管理教育经费，调配和管理中小学校长、教师，指导中小学教育教学工作等。

乡级政府负责本辖区义务教育的落实工作。

国家鼓励社会各界共同参与中小学校（幼儿园）的办学及管理，逐步形成以政府办学为主体、社会各界共同参与、公办学校和民办学校共同发展的办学体制。倡导中小学校（幼儿园）同附近的企事业单位、街道或村民委员会建立社区教育组织，吸引社会各界关心，支持学校建设。

"以县为主"的办学管理体制是在认真研究总结我国义务教育发展实践基础上的重大决策，也是解决我国农村义务教育中存在的一系列问题，巩固和发展农村"两基"成果的一项制度性措施。"以县为主"办学管理体制改革很快产生了积极的成效：一是从体制和制度上实现了农村义务教育办学经费主要由农民负担转变为主要由政府负担，二是解决了农村教师工资拖欠问题，三是有利于统筹管理教师队伍。

（四）2003 年至今，科学发展观指导下的教育管理体制改革

党的十六届三中全会提出了科学发展观，强调"坚持以人为本，树立全面、协调、可持续的发展观，促进经济社会和人的全面发展"，坚持"统筹城乡发展、统筹区域发展、统筹经济社会发展、统筹人与自然和谐发展、统筹国内发展和对外开放的要求"。教育管理体制改革在科学发展观的指导下，强化政府促进教育公平的责任。采取一系列举措促进教育公平。比如国家采取转移支付、专项经费和政策倾斜等方式加大农村特别是西部农村教育的扶持力度。随着农村税费改革和《义务教育法》修订，国家加快义务教育免费进程。2007 年，对农村义务教育 1.5 亿学生全部

免除学杂费和免费提供教科书，对其中780万贫困寄宿生提供生活补助，成为中国教育发展史上一个重要里程碑。2008年，免除全国城市义务教育学杂费。

与此同时，不断巩固和改进以地方政府为主的管理体制，因地制宜地发挥地方政府及社会支持教育的积极性，鼓励基层教育体制改革实践向国家政策乃至法律转化。进一步调整和完善农村义务教育管理体制，更加关心农民、农村和农业教育问题。在教育管理上，初步实现了两个重大转变，即把农村义务教育的责任从主要由农民负担转到由政府负担，把政府对农村义务教育的责任从以乡镇为主转到以县为主。义务教育管理体制重心上移，教育投入机制得到调整和转变，县级政府通过调整本级财政支出结构，增加教育经费预算，合理安排上级转移支付的资金。以县为主的办学管理体制在我国取得了积极进展，提高了农村义务教育管理和投入的重心，切实减轻了基层农民的教育负担。

第二节　基础教育管理体制相关配套制度的改革与发展

一、中小学人事制度的改革与发展

（一）中小学人事制度改革的发展历程

伴随我国基础教育管理体制改革的步伐，中小学教师聘用制的实行也走过了很长的一段路程。纵观全程，大致可以将这一改革分为三个阶段：

1. 中小学人事制度改革的起步阶段（1978—1992）

总体来看，这一时期我国劳动人事制度改革是在计划经济指导下，对市场调节机制进行有益的探索。把经济体制改革中的某些竞争机制引入到了学校内部管理，使长期以来被国家统得过死的教师管理体制开始被打破，但是改革只限于计划体制内对局部利益关系的调整，虽然启动了内部办学活力，但比较有限。

2. 探索适应市场经济体制的人事制度改革阶段(1993—2001)

随着社会经济的发展和改革的深入，"建立和完善社会主义市场经济"逐步提上日程。各地以《中国教育改革和发展纲要》为指导，加快了中小学人事制度改革的步伐，开始试图打破传统的计划经济体制，在学校内部和外部重新调整各方面的利益关系，探索建立适应社会主义市场经济体制和符合教育规律的教师人事管理新体制。

1994 年 1 月 1 日起施行的《中华人民共和国教师法》中第三章第十七条规定："学校和其他教育机构应逐步实行教师聘用制，教师的聘用应当遵循双方地位平等的原则，由学校和教师签订聘用合同，明确规定双方的权利、义务和责任。实施教师聘用制的步骤、办法由国务院教育行政部门规定。"据此，全国各中小学开始学校内部管理体制的改革，开始在国家教师任命制的基础上，由校长实施的教师岗位职务聘用制。这种聘用制经过一个时期以来的实践显现了重要作用：打破了事实上存在的岗位职务终身制，优化了教师队伍，少数不适合教学工作人员受到了触动，多数在岗教师也提高了对自己的要求；扩大了校长办学自主权，使校长有了一定的人事调配权，对学校内部事务的决策权受到了尊重；初步建立了竞争机制，打破了"大锅饭"、"平均主义"，改革了人浮于事的局面，激发了教师的工作积极性，提高了教育质量；为中小学教师聘用制进一步深化改革积累了大量的宝贵经验。这些改革在一定程度上提高了办学效益，优化了队伍，调动了教师的积极性。

2000 年 6 月，在中组部、人事部、教育部等联合举行的新闻发布会上，人事部指出，事业单位的人事制度改革要实行四个转变：由身份管理向岗位管理转变，由单纯行政管理向法制管理转变，由行政依附关系向平等人事主体转变，由国家用人向单位用人转变。

事业单位人事改革的目标任务是：建立政事职责分开、单位自主用人、人员自主择业、政府依法管理、配套措施完善的分类管理体制；建立一套各类事业单位的具体管理制度；逐步形成人员能进能出，职务能上能下，待遇能升能降，优秀人才能够脱颖而出，充满生机活力的用人机制，实现事业单位人事管理的法制化和科学化。其改革的思路是：在合理划分政府和单位职责权限的基础上，进一步扩大事业单位的人事管理自主权，建立健全事业单位用人上的自我约束机制。贯彻公开、平等、竞争、择优的原则，引入竞争激励机制，通过建立和推行聘用制度，搞活工资分配制度，建立充满生机活力的人事制度。

2000 年 8 月，中组部、人事部联合发出《关于加快推进事业单位人事制度改革的意见》①。根据《深化干部人事制度改革纲要》的精神，对加快推进事业单位人事制度改革提出六条意见：

（1）加快推进事业单位人事制度改革是当前的紧迫任务。

（2）建立以聘用制为基础的用人制度。

（3）建立形式多样、自主灵活的分配激励机制。

（4）建立多层次、多形式的未聘人员安置制度。

（5）建立符合事业单位特点的宏观管理和人事监督制度。

（6）加强领导，统筹规划，积极稳妥地推进事业单位人事制度改革工作。

我国的教育法律法规也为相关改革提供了目标和方向。《教育法》明确规定，"国家实行教师资格、职务、聘用制度"，"学校和其他机构应当逐步实行教师聘用制"。《中国教育改革和发展纲要》提出"对教职工实行聘用制"。至此，作为事业单位中规模最大、人员最多的中小学人事制度改革有了一系列的法律和政策依据。

3. 人事制度改革的深化阶段（2002 年至今）

进入 21 世纪，党的十六大、十七大胜利召开，《中华人民共和国劳动合同法》、《中华人民共和国就业促进法》等重要法律相继出台，劳动人事改革从稳定民生之本发展到建立社会主义和谐劳动关系，逐渐开启了基

---

① 中央组织部、人事部：《关于加快推进事业单位人事制度改革的意见》，《人民日报》2000 年 8 月 14 日。

础教育人事制度改革的新篇章。教职工编制核定工作正在加快。据报道：全国已有 26 个省（自治区、直辖市）出台了有关核定中小学教职工编制的实施办法，其中，湖北、四川、重庆、江苏等地已基本将编制核定到县。①

我国自 2001 年全面实施教师资格制度以来，已基本完成了在职教师资格认定工作，面向社会认定工作正在逐步展开。到 2003 年 7 月，全国绝大多数地方均已完成了学校在编正式任教人员教师资格认定工作，上海、广东、重庆等地首次面向社会认定教师资格工作亦已完成。教师职业准入机制和来源多元化制度正在形成。实施教师资格制度是新时期教师队伍建设的重大举措和制度创新，对提高教师队伍整体素质有着重大而深远的意义。

教师聘任工作是中小学人事制度改革的核心内容。通过不断引入竞争新机制激发教师新活力，近年来，各地按照按需设岗、公开招聘、平等竞争、择优聘任、科学考核、合同管理的原则，积极探索教师聘任制度改革，在完善聘任形式、激励教师不断进取方面取得了积极成效。

为了进一步加强农村师资力量，鼓励和引导高校毕业生到农村学校任教，教育部、财政部、人事部、中央编办 2006 年下发《关于实施农村义务教育阶段学校教师特设岗位计划的通知》，联合启动实施"特岗计划"，公开招聘高校毕业生到"两基"攻坚县农村义务教育阶段学校任教。国家"特岗计划"实施对象包括国家扶贫开发工作重点县、原"两基"攻坚县、边境县、少数民族自治县和少小民族县。2009 年 1 月，教育部、财政部、人力资源社会保障部、中央编办又联合印发了《关于继续组织实施"农村义务教育阶段学校教师特设岗位计划"的通知》，决定将"特岗计划"实施范围扩大至中西部地区国家扶贫开发工作重点县。河北、吉林、黑龙江等省被纳入"特岗计划"实施范围。"特岗计划"是教师队伍建设的重大制度创新和有效的政策保障举措，有力地缓解了农村地区教师

① 续梅：《中小学人事制度改革全景扫描》，《中国教育报》2003 年 12 月 2 日。

紧缺和结构性矛盾，促进了农村学校面貌的变化，同时也有效地促进了高校毕业生就业，受到各地普遍欢迎。

（二）中小学人事分配与考核制度的协调发展

伴随中小学人事制度改革在各省（自治区、直辖市）的积极开展，各地中小学内部管理体制改革也广泛开展起来。20世纪80年代中后期以来的学校内部管理体制改革，主要是指实行校长负责制、岗位责任制、教师聘用制等。在实行全员聘任的过程中，通过合同管理、绩效考核及劳动分配等重要的环节，推进"岗位责任制"、"结构工资制"等改革，劳动人事分配与考核制度相互协调，推进和完善中小学人事制度改革。

建立健全科学合理的考核制度是实施聘用合同制改革的重要基础。各地为不断提高考核的客观性、准确性和科学性，建立了一些有效的机制。如，吉林省四平市在全市范围内实施了以"一评三考"为载体的考核新机制，即全面评价教师的师德状况，对教师的业务素质进行考试，对教师的教育教学过程和教育教学效果进行考核，切实加强年度考核和聘期的履职考核，把师德修养和教育教学工作实绩作为考核重点。各地也从实际出发，合理确定教师的工作量，制订规范的岗位聘任条件和标准，完善在个人自评的基础上，学校领导、教师、学生家长、社区共同参与，促进教师职业道德和业务水平不断提高的评价体系和考核办法。

二、中小学财经制度的改革与发展

中小学财经制度的改革与发展包括外部的整个教育投资体制及中小学内部的财经管理体制。其中外部的投资制度主要随整个基础教育管理体制的变革发展而发展，中小学内部财经管理制度的改革，主要包括学校经费管理，收支审签、稽核、公开及财务人员管理等方面的改革。

第三节　基础教育管理体制改革的成就与经验

一、基础教育管理体制改革的成就

(一)探索确立了我国基础教育管理体制的基本模式

1985 年《中共中央关于教育体制改革的决定》明确了教育必须为社会主义建设服务、社会主义建设必须依靠教育的方向，提出了把发展基础教育的责任交给地方，有步骤地实施九年制义务教育，大力发展职业教育，改变政府对教育统得过多的管理体制，扩大学校办学自主权等重要举措。国家通过自上而下为主的方式，推动教育结构调整，深化教育体制改革，教育事业在改革开放大潮中显现盎然生机。20 世纪 90 年代初到党的十六大，教育体制改革在各个领域全面推进。这一时期，大力实施科教兴国战略，要求经济建设尽快转向依靠科技进步和提高劳动者素质轨道上来。1993 年党中央和国务院发布的《中国教育改革和发展纲要》，不仅规划了 2000 年教育发展规模和结构，而且要求适应社会主义市场经济体制改革需要，推进教育管理、办学和投入等体制改革。

(二)适应并服务了我国社会主义现代化建设的基本需要

从《中共中央关于教育体制改革的决定》到《中国教育改革和发展纲要》及其《实施意见》，贯彻着一条主线，那就是要根据经济体制、政治体制、科技体制改革的深化和社会主义现代化建设的发展而不断改革教育体制。60 年来的教育管理体制改革是随着社会主义经济体制的变革而发展的。新中国成立初期，为彻底摧毁旧中国落后的教育体系，快速建立社会主义教育体系，国家采取了军事接管体制；计划经济时期，我们采用中央集权的管理体制，以便更好地宏观调控；之后伴随社会主义市场经济的确立和探索，为使之相互适应，我们积极调整管理体制，降低管理重心，强调地方自主，扩大教育投资渠道，按照市场经济体制的要求，引入市场机制，调整管理职能划分，不断适应市场经济体制改革与发展需要，发挥教育对促进经济、社会发展的功能，同时，市场经济的发展也客观促进了教育管理体制的科学化和多样化。

（三）为基础教育全面而快速的发展奠定了坚实的基础

基础教育管理体制的改革快速地促进了新中国教育事业总体蓬勃发展。新中国成立60年来，党和政府高度重视和大力支持教育工作，尤其是改革开放30年来，我国教育事业取得跨越式发展，国民素质显著提高，全面实施素质教育，教育体制改革取得实质性进展，教育公平显著加强，为全面建设小康社会和现代化建设事业打下了坚实基础。

作为一个发展中国家，在农村人口占70%的情况下，在人口高峰期实现了基本普及九年义务教育，基本扫除青壮年文盲的"双基"目标。这是在解放思想的前提下，依靠广大人民群众，实现"穷国办大教育"的伟大实践。

1978—2007年间，全国小学学龄儿童入学率从94%提高到99.5%，初中毛入学率从20%提高到98%，高中阶段教育毛入学率从不到10%提高到66%，高等教育毛入学率从不到1%提高到23%。目前我国15岁以上人口和新增劳动力的平均受教育年限分别接近8.5年和10.5年，人力资源开发处于发展中国家的较高水平。

二、基础教育管理体制改革的经验

（一）统一领导与分级负责相结合

新中国成立以来，党中央高度重视教育体制的改革和发展，在不同的时期采用相应的"集中和分散"管理体制。一方面，通过60年的改革探索，既尝试突破集中化管理体制模式，向"非集中化"方向发展，逐步下放基础教育管理权，实现地方分级管理、分工负责，发挥地方办教育的积极性与自主性，以利于加强对教育事业的民主管理；国家把发展基础教育的责任交给地方，调动了全国省、地、县、乡各级政府和广大人民群众发展基础教育的积极性。地方自主管理教育事业，及时处理和决断有关教育问题，提高教育管理的效率。可以说，没有"地方负责，分级管理"的管理体制，就不可能在我国人均 GDP 低于 1 000 美元的条件下实现基本普及九年义务教育、基本扫除青壮年文盲的目标。这也是我国作为处于社会主义初级阶段的发展中国家普及九年义务教育的重要经验。

另一方面，坚持基础教育的社会主义办学方向，统一国家的教育目标、方针、政策和法规，有效地调节各地区的教育发展，对教育落后地区予以重点扶持；统一教育标准和要求，统一考察和督导全国教育教学水平，有利于教育政策、法令的推行和教育经验的推广。采用如《教育法》等多种具体的立法形式，加强中央政府对教育事业的统一领导，统筹规划和协调管理，从法律上对中央和地方在教育事业上的责任和管理权限作了原则划分，使中央集中精力更有效地履行其宏观管理的职能，确保教育事业快速健康发展，形成了具有中国特色的，更科学、更完善的教育管理体制。

统一领导与分级管理相结合的管理体制改革经验，符合国际教育发展规律，不少国家也纷纷调整改革思路，既加强领导，又扩大地方自主，明确各级管理责任。

(二)政府主导与社会力量积极参与相结合

作为社会主义国家，作为负责任的政府，新中国成立以来，一直坚持政府主导公益事业发展。政府为主导的社会各方力量推进了基础教育管理体制改革和变迁的伟大历程。

《中共中央关于教育体制改革的决定》指出："在教育体制改革中，必须尊重教育的规律和特点，坚持实事求是，一切从实际出发。大政方针必须集中统一，具体办法应该灵活多样，决不可一哄而起，强制推行。"可见，基础教育体制的建立与完善既要适应社会的发展和要求，也要遵循教育自身的发展规律，两者不可偏废。基础教育，尤其是义务教育的内涵决定了它的公益性。它更多的是为整个社会服务的，要想切实地提高教育的规模效益，应该强调某种共同责任，注重责任和权限的相对集中。我们在变革政府包揽办学的格局的同时，每一次变革都是在政府主导下进行，并在改革过程中继续坚持和加强政府主导，不断明确政府职责。近年来，农村义务教育经费已由政府全部负担，全部免除学杂费并免费提供国家课程教科书；城市义务教育也从今年开始免除学杂费。高中阶段有了很大发展，2007年入学率达到66%。新中国教育的快速发展，使我国全体人民受教育的程度有了较大的提高。我国已经由一个人口大国转变到人力资源大国，今后的任务是要建立人力资源强国，为建设我国全面小康的和谐社会，为世界的文明和进步做出贡献。

第四节　基础教育管理体制改革的趋势展望

基础教育管理体制的改革，并没有一个最终的、最理想的终极模式。21世纪以来，我国基础教育管理体制改革有着良好的机遇、鲜明的时代特点、广泛深入的改革力度及全面综合的改革特性。未来基础教育体制改革的重要趋势是在科学发展观的指导下，基础教育管理体制内部相关配套制度的逐步完善和法制化推进，加强各项保障措施，进一步明确管理责权。

一、在管理体制变革中不断加强配套机制建设

教育管理体制从静态意义上讲是一种教育系统内的组织体系，从动态意义上讲又是一种运行机制，两者构成了一个统一体。① 加强管理体制变革中的内部协调是基础教育管理体制改革的重要趋势。

（一）注重教育管理体制与其他相关体制间的良性互动

一个国家教育管理体制建立后总要保持其稳定性，便于各级教育行政

---

① 吴志宏等主编：《新编教育管理学》，华东师范大学出版社2000年版，第72页。

机构和执行机构能够适应并提高效率。我国基础教育管理体制虽然经过了一系列改革，已经取得了辉煌的成绩，"以县为主"的管理体制表现出未来相对稳定的体制结构。然而，教育体制又总会随着国家的经济体制、政治体制、文化体制的变革表现出多变的一面，体现变革的永恒性。在其他相关体制调整的同时，必然涉及教育管理体制的相应调整。同理，如果教育管理体制做了相应调整，也就必然要求其他相关制度有所调整。如何促进彼此体制间的良性互动与联系，需要加强和完善相关配套机制的建设。

（二）完善教育管理体制改革过程中的内部协调机制

既定的教育管理体制要想发挥积极的作用，明确进一步完善的方向，需要较长的时间。这个长期时间也是完善教育管理体制内机构实体和相应程序的过程，有利于理顺内部协调机制。具体表现在理顺各级教育行政部门、地方教育行政部门与学校，教育行政管理部门与组织、人事等其他地方行政部门的彼此关系，既要明确各级政府的权利和义务，各司其职，逐渐转变政府职能，尽快由行政性的直接管理，转化为综合性的间接管理和管理服务①，又要建立和完善切实可行的体制内部协调机制，实现由低效行政转向高效行政，促进政府对基础教育管理走向高效化。

（三）加强教育管理体制改革过程中的外部监督机制

管理体制改革，带来政府与学校之间权力与利益关系的重新调整。因而建立健全外部监督保障机制，是避免"推卸责任"、"搭便车"、"教育寻租"、"教育资源浪费"、"不当得利"等行为与规避"道德风险"的有力保障。

二、不断推进教育管理体制改革的法制化进程

各级政府之间、政府与学校之间权责关系是教育管理体制改革的重点，新型的教育管理体制要求政府与学校的关系必须"依法治教、依法

---

① 帅相志、谢延龙：《对我国基础教育管理体制改革的思考》，《当代教育科学》2004 年第 9 期。

治校"，通过法律来明确各自的权限、作用与责任。明确规定各级政府和学校"该做什么"、"应该怎么做"、"由谁负责"、"该如何奖惩"，并在"什么可以做"和"什么不可以做"方面设置明确界线，制定出易于操作、便于监督的具体法律法规。

基础教育管理体制改革的目标是实现规模上的普及，实现质量上的提高，实现区域平等和教育公平，其中的重要条件是法制化。推进基础教育管理体制改革的法制化进程，是实现高质高效、推进教育公平的重要保障。进一步明确教育要优先发展与依法治教的必要性和重要性，加强教育立法推进教育的改革和发展是当今世界各国的一个共同趋势。

第十一章
基础教育办学体制
改革与发展

　　基础教育办学体制改革是在坚持领导体制和调整管理体制的基础上，通过规定和明确在基础教育各级各类学校中，谁是办学的主体，谁行使办学权力，谁是投资方，谁是管理者，并不断协调和处理投资者、管理者、人才培养者等各行为主体在办学各方面的责权利，实现社会主义基础教育办学体制的优化与改善。基础教育办学体制改革是一项复杂庞大的系统工程，牵涉到落实政府办学权力、办学投入和民办、公办等多种办学形式的发展与协调。其中各级政府的办学管理权责我们已在第十章"基础教育管理体制改革与发展"中论述了，本章重点梳理新中国成立以来多样化办学主体、形式及办学投入的发展历程。

第一节　基础教育办学主体与形式的发展

一、新中国成立到"文化大革命"前办学主体与形式的发展

（一）新中国成立初期，政府主导办学阶段（1949—1956）

　　我国历史上长期存在官办、民办学校，近代又有外国教会组织在我国

举办中小学和高等教育机构。新中国成立初期，为了在教育战线彻底消除封建主义、资本主义思想的流毒，坚持社会主义办学方向，强调办学为社会主义服务，中央政府快速接管公私立学校和接收外国津贴学校，[①] 形成了较为单一的政府办学格局。

　　1950 年 12 月，中央人民政府政务院作出了《关于处理接受美国津贴的文化教育救济机关及宗教团体的方针的决定》，随后又颁布了《接受外国津贴及外资经营之文化教育救济机构及宗教团体登记条例》，开始全面接管接受外国津贴学校，[②] 基本取缔各种形式的国外办学。接受外国津贴的学校主要是以教会学校为代表的各类中学 500 余所，小学 1 100 多所。[③] 1951 年 1 月，教育部召开处理接受外国津贴的高等学校会议，以接管的方式"坚决、彻底、全部、永远地割断和美帝国主义的联系，从经济上、思想上肃清美帝国主义的影响"。在处理和接管高校的同时，处理和接管了受外国津贴的中等学校 514 所（接受美国教会津贴的占半数以上），初等学校不完全统计为 1 133 所。

　　新中国成立之初，人民政府对私立学校采取"积极维持，逐步改造，重点补助"的方针，以便多样化的办学形式在普及小学教育、提高人民文化水平和培养人才方面"各尽其力，各得其所"。从前旧中国私立学校比重很大。据统计，到 1949 年年底，全国有私立中等学校 1 412 所，学生53.3 万余人，占全国中等学校学生总数的 26%。私立小学 8 925 所，学生160 多万人。[④] 1952 年 3 月 18 日，教育部颁发《中学暂行规程（草案）》，第一章第九条规定："中国人民及人民团体，得依照私立学校管理办法所规定的程序，经省、市人民政府批准，设立私立中学。"将民办学校的批准权纳入政府。

---

① 赵德强：《1949—1957 共和国教坛风云》，福建教育出版社 2005 年版，第 12 页。
② 赵德强：《1949—1957 共和国教坛风云》，福建教育出版社 2005 年版，第 12 页。
③ 安树芬、彭诗琅主编：《中华教育历程（下）》，光明日报出版社 1997 年版，第 1280 - 1282 页。
④ 安树芬、彭诗琅主编：《中华教育历程（下）》，光明日报出版社 1997 年版，第 1280 - 1282 页。

1952 年 9 月，教育部下发《教育部关于接办私立中小学的指示》，明确提出，决定接办全国的私立中小学学校。各地军管会或人民政府的文教部门派驻干部，帮助这些学校建立民主管理组织、任命新校长或临时负责人；对教职员工进行思想政治教育，组织他们学习新中国的文教政策；取消国民党政府建立的训导制度，废除一些反动课程，开设了社会发展简史等政治课。自 1952 年下半年至 1954 年，将全国私立中小学全部由政府接办，改为公立。规定自此以后，办学经费、教职工的配置和管理、教学工作的安排均由政府统一负责，开始形成了政府为唯一办学主体的办学模式。政府是教育的投资者，又是管理者，也是办学者，其结果是教育经费严重不足，教育供求矛盾突出，中小学长期低水平运转，教育质量不高，不能满足社会经济发展需要。

（二）社会多元办学初步发展阶段（1957年至"文化大革命"前）

1958 年 9 月，《中共中央国务院关于教育工作的指示》提出："为了多快好省地发展教育事业，必须动员一切积极因素，既要有中央的积极性，又要有地方的积极性和厂矿、企业、农村合作社、学校和广大群众的积极性，为此必须采取统一性与多样性相结合，全面规划与地方分权相结合的原则。"实施"两条腿走路"的方针，允许中小学收取杂费和鼓励厂矿、企业和农村合作社办学，以解决当时教育办学经费严重短缺的问题，办学主体和形式逐渐多样。初步发展为以政府为办学主体，企业事业组织、民主党派、人民团体、社会团体、学术团体及公民个人等社会力量为办学补充的"一主多元"的形势。指出："办学的形式应该是多样化的，即国家办学与厂矿、企业、农村合作社办学并举，成人教育与儿童教育并举，全日制学校与半工半读、业余学校并举，学校教育与自学（包括函授学校、广播学校）并举，免费教育与不免费教育并举。"这个阶段基础教育发展大量采取了走群众路线和群众运动的方式，民办学校在这个阶段又重新出现。基础教育在办学规模上取得了很大成绩。同时由于规模扩大得过快，基本教学投入显得落后，教学质量难以保证。1959 年，中央提出"巩固整顿提高，重点稳步发展"的办学方针。

1963 年 3 月，中共中央和教育部相继颁发了《全日制中学暂行工作条例（草案）》和《全日制中学教学计划（草案）》，对普通中学的办学方针、办学指导思想、培养目标、教学工作、思想政治工作、生产劳动、体育卫生、教师工作、领导管理等都作了具体明确规定。此后，基础教育发展平稳。到 1965 年，普通中学为 18 102 所，在校生数 933.79 万人。这一阶段，对社会各界力量办学采取了从鼓励到限制，再到鼓励的过程，快速扩大了我国基础教育办学规模。

二、"文化大革命"时期基础教育办学发展

1966 年下半年"文化大革命"开始后，中小学师生纷纷外出串联。基础教育办学秩序开始混乱。1967 年，中共中央发出《关于中学无产阶级文化大革命的意见（供讨论和试行用)》，规定各级学校停止外出串联，返校复课闹革命。1969 年 1 月和 5 月，《红旗》、《人民日报》先后发表兰州五中的调查报告和吉林省梨树县《农村中小学大纲（草案)》，提出城市中学由工厂办和农村中学由社队办。"文化大革命"期间，中小学因不再有公办民办之分，实际上均为集体办学。办学主体重新回到单一化阶段。

"文化大革命"初期，中学停止招生达 4 年之久，学龄儿童基本丧失了受教育的机会，整个办学体制受到严重破坏。1970 年中学恢复招生，但学校内部教学秩序也比较混乱。"文化大革命"时期，由于"两种教育制度"受到批判，普通中小学急剧膨胀，但教育质量很低。

三、改革开放以来基础教育办学主体与形式的发展

（一）恢复多样化办学发展阶段（1978—1991）

1978 年，党的十一届三中全会召开，确立了改革开放的国策。原有的政府投入、国家包办基础教育的办学体制和投入机制难以满足人们多样化的教育需求，教育经费的严重短缺阻碍了基础教育的持续健康发展。改变单一的政府投资体制，实行多元化办学，是当时突破基础教育困境、恢复和提高教育教学质量的要求和必由之路。民办基础教育多样化办学开始

逐步恢复，但最初主要为社会各界力量出于自发状态的办学热情。1982年，全国陆续出现了 8 所民办大学，多种类型的民办教育有了一定的发展，迫切需要明确的政策导向和保护。1982 年修订的《中华人民共和国宪法》第十九条规定："国家鼓励集体经济组织、国家企业事业组织和其他社会力量依照法律规定举办各种教育事业。"根据《中华人民共和国宪法》第十九条，鼓励和支持社会力量办学。

1985 年颁布的《中共中央关于教育体制改革的决定》提出了"鼓励私人集资、捐资办学，鼓励社会团体办学"等明确的政策鼓励条款。1987年 7 月，国家教育行政主管部门发布了《关于社会力量办学的若干暂行规定》，指出基础教育是社会力量办学的主要领域之一："社会力量办学……应结合本地区经济建设和社会发展的实际需要，主要开展各种类型的短期职业技术教育，举办自学考试辅导学校（班）和继续教育的进修班。"这是国家教育行政主管部门改革开放后对民办教育制定的第一个基本规章，为民办教育走上依法办学轨道奠定了良好的基础。明确了社会力量办学是指具有法人资格的国家企业事业组织、民主党派、人民团体、集体经济组织、社会团体、学术团体，以及经国家批准的私人办学者。强调了社会力量办学的重要意义，肯定了社会力量办学是我国教育事业的组成部分，是国家办学的补充，要求各级人民政府及教育行政部门应鼓励和支持社会力量举办各种教育事业，维护学校正当权益，保护办学积极性，在条件允许的情况下，尽力帮助解决办学中存在的困难，对办学成绩卓著者给予表彰和奖励。由此引发了民办基础教育迅猛发展的苗头。同时，伴随教育管理体制的改革与发展，逐步建立了政府办学为主、社会各界共同参与的办学体制，形成了学前教育以社会各界办学为主，中小学教育以地方政府办学为主，农村由多渠道、多方面集资办学为主的办学格局。"1981—1991 年期间，多渠道筹措用于改善中小学办学条件的经费达 1 066 亿元，国家财政拨款仅为 357.5 亿。而社会集资、捐资办学等多种渠道筹措经费为 708.5 亿元，后者占 66.4%。"① 社会各界力量为基础教育

---

① 田正平、肖朗主编：《世纪之理想——中国近代义务教育研究》，浙江教育出版社 2000 年版，第 889 页。

的办学发展做出了重大的贡献。

（二）多样化办学快速发展阶段（1992—2002）

1992 年，邓小平南巡讲话，强调要进一步解放思想，提出了把"三个有利于"（有利于发展社会主义的生产力、有利于增强社会主义国家的综合国力、有利于提高人民的生活水平）作为检验"姓资姓社"的标准，人们逐渐破除对民办基础教育属性的疑惑与误解，切实感受到民办教育是社会主义建设事业的重要组成部分，与公立学校一样承担着提高民族素质的奠基工程任务，同样具有社会公益性质，有利于缓解政府办学压力，更好地满足社会多样化的教育需求。打破公立学校一统天下的局面，民办教育合理、合法、合目的地快速发展起来，并由此引发了民办基础教育发展的高潮。党的十四大报告发出"鼓励多渠道、多形式社会集资办学和民间办学"的指示精神，明确提出"要改变国家包办教育的局面，支持和鼓励民间办学"。多样化办学迎来了快速发展时期，民间举办的普通中小学蓬勃发展。据统计，1992 年底，全国私立中学共 673 所，在校生 13.38万人，比上年增长 3 300 人；私立小学共 864 所，在校生 5.52 万人，比上年增长 5 200 人。民间举办普通中小学的积极性提高，发展趋势较好，成为我国基础教育事业的重要组成部分，起到了必要的补充作用。

1993 年颁布的《中国教育改革和发展纲要》明确提出：要加快办学体制改革，进一步改变政府包揽办学的状况，形成政府办学为主与社会各界参与办学相结合的新体制。1994 年，国家教委发布了《关于在 90 年代基本普及九年义务教育和基本扫除青壮年文盲的实施意见》，强调基础教育地方办学为主、多渠道办学的原则，办学形式上倡导"民办公助"、"公办民助"。在中小学校舍建设等办学基本条件建设中，采取"两条腿走路的方针，实行国家、社会和个人的多渠道投资体系"。应该说这种制度安排尽管采取的是国家与个人"合资办学"等形式，但国家是绝对的控股方，个人投资仅仅是补充，但基本打破了义务教育由国家垄断的局面。

1995 年北京市十一学校办学体制改革取得显著成功以后，中国基础教育界出现了一股学校办学体制改革的热潮。学校"国有民办"具有中国特色，为现行公立学校的改革和发展探索出了一条有效路径，也引起了社会各界广泛关注和思考。

1997 年 7 月，国务院发布第一部专门规范民办教育的行政法规《社会力量办学条例》，指出社会力量应当以举办实施职业教育、成人教育、高级中等教育和学前教育机构为重点，明确提出社会力量举办实施义务教育的机构作为国家实施义务教育的补充。《社会力量办学条例》对于民办基础教育的发展起到了指引与规范的作用，是国家试图把民办基础教育的发展纳入法制化的轨道所做的有益探索，是民办基础教育从主要以行政手段管理走向主要依靠法律治理的前奏，也是第一次以行政法规的形式集中、系统、全面地把多年来党和政府关于民办教育的政策、方针作了较为明确的阐释和规定。它的颁布，为我国民办教育的健康发展和权益保护等方面提供了法律依据，加快了我国民办基础教育事业的发展。

1999 年 6 月 18 日，党中央、国务院颁布了《关于深化教育改革全面推进素质教育的决定》，明确规定在保证适龄儿童、少年均能就近进入公办小学和初中的前提下，可允许设立少数民办小学和初中，在这个范围内提供择校机会，同时积极发展以社区为依托的，公办与民办相结合的幼儿教育。强调国家对社会团体和公民依法办学采取积极鼓励、大力支持、正确引导、加强管理的方针。

这一阶段呈现出的特点是，从"基础教育是社会力量办学的主要领域之一"到"社会力量举办实施义务教育的机构作为国家实施义务教育的补充"，再到"在保证适龄儿童、少年均能就近进入公办小学和初中的前提下，可允许设立少数民办小学和初中，在这个范围内提供择校机会"，形成了"主要"到"补充"再到"允许限制"的微调。2001 年 5 月，《国务院关于基础教育改革与发展的决定》指出：基础教育以政府办学为主，积极鼓励社会力量办学。义务教育阶段，即小学和初中，更应坚持以地方政府办学为主，强调地方各级政府依法办好公办学校的责任。在非义务教育阶段，即高中、幼儿园等阶段，社会力量办学可放得更开些，形成社会办学的机制。

以上海市基础教育办学体制改革为例，自 1992 年启动以来，全市各类民办中小学快速发展。1998 年在民办学校就读的高中学生 27 681 人，占全市高中学生数的 13.4%；初中学生 20 330 人，占全市初中学生数的 3.8%；小学生 26 417 人，占全市小学生数的 2.9%。比例结构相对合理，初步形成了一个以政府办学为主体、社会各界参与的基础教育办学格局。截至 2002 年，全国义务教育阶段的民办学校数量占全国学校数的 7.8%，学生数占 5.5%；同期民办高校占全国高校的 9.4%，在校生数占 3.5%。历史选择了民办基础教育，社会需要民办基础教育。尤其是随着我国工作重心转移到以经济建设为中心的轨道上来，经济、教育体制改革不断深化，开放不断扩大，民办教育的发展对于减轻国家办教育的负担，广开教育经费来源，扩大教育规模，提高教育教学质量，满足广大群众多样性求学要求，促进教育体制的改革等，都起到了重要作用。但是民办教育的发展还远不能适应社会发展的需要，民办教育的应有地位和作用还没有引起社会广泛重视，民办教育在整个国民教育中所占比例从总体上看仍较小，在办学条件、学校管理、教育质量等方面还存在许多困难和问题需要解决。民办教育仍然迫切需要对一些关键问题比如税收政策、投资回报及产权关系等方面进行政策解读，因此，借鉴发达国家私立教育发展及其立法的经验，社会要求国家通过立法确立民办教育的地位和发展方针，促进和规范民办教育发展的呼声日益强烈。民办教育的依法推进还需要进一步的改革发展。

（三）多样化办学依法促进阶段（2002年至今）

2002 年 12 月 28 日，第九届全国人民代表大会常务委员会第 31 次会议审议通过了《中华人民共和国民办教育促进法》。该法的出台，是我国教育事业发展和法制建设中的一件大事，是民办教育事业发展史上一个重要的里程碑。它标志着我国民办教育事业将要进入一个依法快速健康发展的新时期，对于促使早日形成民办教育与公办教育共同发展的新格局具有重大意义。

《民办教育促进法》的颁布是集思广益的结果、集体智慧的结晶，是教育法律体系的进一步完善。该法重点规定了民办教育的特殊问题，对法律主体权利义务的设定力求平衡；对政府主管部门不仅规定权利也要规定义务，对民办学校则不仅规定了义务也规定了权利；同时也注意规定了实施该法的程序。

为了积极鼓励、大力支持民办教育事业的发展，创造一个民办学校和公办学校具有同等法律地位的公平竞争、共同发展的良好外部环境，《民办教育促进法》规定了许多扶持民办教育发展的条款。如："民办教育事业属于公益性事业，是社会主义教育事业的组成部分。国家对民办教育实行积极鼓励、大力支持、正确引导、依法管理的方针。各级人民政府应当将民办教育事业纳入国民经济和社会发展规划。""民办学校与公办学校具有同等的法律地位，国家保障民办学校的办学自主权。国家保障民办学校举办者、校长、教职工和受教育者的合法权益。""国家鼓励捐资办学。国家对为发展民办教育事业做出突出贡献的组织和个人，给予奖励和表彰。""民办学校的教师、受教育者与公办学校的教师、受教育者具有同等的法律地位。""民办学校存续期间，所有资产由民办学校依法管理和使用，任何组织和个人不得侵占。任何组织和个人都不得违反法律、法规向民办教育机构收取任何费用。""民办学校享受国家规定的税收优惠政策。""民办学校依照国家有关法律、法规，可以接受公民、法人或者其他组织的捐赠。国家对向民办学校捐赠财产的公民、法人或者其他组织按照有关规定给予税收优惠，并予以表彰。""国家鼓励金融机构运用信贷手段，支持民办教育事业的发展。""人民政府委托民办学校承担义务教育任务，应当按照委托协议拨付相应的教育经费。""新建、扩建民办学校，人民政府应当按照公益事业用地及建设的有关规定给予优惠。"在坚持民办教育公益性这一前提下，国家鼓励捐资办学，鼓励举办者把注意力放在为国家承担培养合格人才这一崇高历史责任上。同时，为了吸引更多的社会资金投入到教育事业，调动社会力量办学的积极性，还考虑到非捐赠性质出资人的实际经济利益。规定民办学校在扣除办学成本、预留发展基金以及按照国家有关规定提取其他的必需的费用后，出资人可以从办学结余中取得合理回报。取得合理回报的具体办法由国务院规定。合理回报的性质不应视为利润，而应视为对兴办公益事业的奖励。

在《民办教育促进法》颁布后不久，《中华人民共和国民办教育促进法实施条例》颁布。《民办教育促进法实施条例》的颁布解决了民办教育发展中出现的新情况、新问题，受到各级行政机关、广大举办者、学生及其家长的认可。《民办教育促进法实施条例》坚持了与《民办教育促进法》和有关法律、法规相一致，与有关行政法规相衔接，坚持了对真正投资教育的举办者以扶持和奖励，保证了出资人的利益，而对那些以办学为名，企图捞取非法利益的行为则最大限度地给予了限制。为了营造公办和民办学校之间公平竞争的社会环境，采取措施规范了公办学校的办学行为。如规范公办中小学转制学校和高等学校民办机制二级学院的办学行为，要求采取民办机制办学的公办学校必须实行法人、校舍、财务和教学上的独立。这些措施的实施，对于制止公办学校办"校中校"、"翻牌"和打着转制名义的"乱收费"等不公平竞争行为，形成公办和民办学校之间公平竞争的环境起到了积极的作用，从法律角度保障了民办教育办学者、管理者以及教师、学生的合法权益，提高了民办教育的地位。

"扶持与规范"是《民办教育促进法实施条例》的两个主题。一方面，该条例对《民办教育促进法》规定的原则和措施进一步作了细化与补充，保障了民办学校与公办学校享有同等的法律地位、办学自主权，并通过制定一系列扶持政策促进民办教育的发展。另一方面，该条例明确了设立民办学校的条件，规范了民办学校的内部管理制度和财务制度等。为了充分发挥社会公众的监督作用，保障民办教育承担公共义务，体现公益取向，《民办教育促进法实施条例》除要求行政机关对民办学校实施严格监督外，还对批准正式设立或终止的民办学校，民办学校的收费项目、标准及合理报酬等，进行社会舆论监督[①]。

---

① 薛耀瑄：《民办教育促进法实施条例：依法行政依法办学之依据》，《中国教育报》2004年4月2日。

《民办教育促进法》及《民办教育促进法实施条例》的颁布，标志着中国民办教育的法律体系基本建立。这个体系是以《宪法》为母法，以《教育法》为基本法，以《民办教育促进法》为主，由《学位条例》、《义务教育法》、《高等教育法》、《职业教育法》共同组成，同时包括国务院的有关行政法规、教育部发布的部门规章以及各地制定的有关民办教育的地方性法规、地方政府规章。

在全面建设小康社会进程中，人民群众对整个教育事业发展的需求和政府教育投入不足之间的矛盾将长期存在。在教育资源普遍短缺的条件下，国家包揽办学弊端日益凸显，民办教育的发展可以维护社会的公共利益，满足人们对教育多样性的要求，减轻国家发展教育的财政负担。因此，发展民办教育既是教育体制改革的内在要求，也是加快教育事业发展的必然之路。

第二节　基础教育办学投入的发展

一、中央统一财政与分级管理(1949—1979)

从新中国建立到改革开放前 30 年，我国借鉴苏联模式，在经济和社会各个领域先后采取了一系列公有化措施，建立起以中央政府高度集权为特征的计划经济体制，并逐步形成了与此相适应的教育事业管理模式。在教育资源的投入上，集中地体现为教育办学经费供给的单一化特征。期间，除 20 世纪 50 年代末 60 年代初曾经实施"两条腿走路"的方针，允许中小学收取杂费和鼓励厂矿、企业和农村合作社办学，以解决当时教育办学经费严重短缺的问题外，在相当长的时间里，办学经费的来源基本上完全靠政府的投入，实行的是以"中央统一财政，分级管理"为原则的办学经费管理制度。在当时的政治经济背景特别是国家财力有限的情况下，这种教育投资体制对有计划和有重点地配置资源，推动我国教育事业的初步发展，满足人民对接受教育的需求和国家对各级各类建设人才的需要起到了保证作用。

1949 年以后，我国实行了高度集中的计划经济体制，相应地也建立起高度集中的财政体制。当时规定，要统一国家财政收支，实行中央、省（直辖市、自治区）、县（三级）分级管理体制。这种体制在新中国成立之初，百废待兴，各地财力悬殊，急需统一计划、调控的情况下，对新中国教育发展起到了积极作用。1953 年以后，我国进入有计划的经济建设时期，开始实行"统一领导，分级管理"的财政体制。1954 年 9 月，教育部、财政部《关于解决经费问题程序的通知》指出："为贯彻'统一领导，分级管理'原则，今后各省（市）教育厅（局），如有发生经费不足，须报请省政府统一考虑解决，如省政府有困难时，则由省府报转中央人民政府政务院考虑，不得条条上达。"1959 年 11 月 24 日转批了教育部、财政部《关于进一步加强教育经费管理的意见》，要求各级政府的财政部门和教育行政部门应该根据"条条"、"块块"相结合，以"块块"为主的精神，密切联系，加强协作，共同管好教育经费。经过"文化大革命"的浩劫，我国的国民经济濒于崩溃的边缘，教育处于混乱状态，办学经费投入也受到严重威胁，经费的管理和使用也很混乱。据统计，1978 年全国教育总经费只有 70.8 亿元。各级各类学校，尤其是农村中小学的校舍破败不堪，危房比例达 17% 以上，办学条件简陋，甚至缺乏基本的办学设备，教学仪器和图书资料远远满足不了办学的需要。十一届三中全会以来，随着以经济建设为中心的基本路线的确定，经济加快发展，同时把发展教育事业作为关系社会主义现代化建设全局和国家前途命运的大问题，并从教育投入着手，努力从根本上解决教育落后的状况。中央不仅把教育摆在重要的战略位置，而且在教育投资上，在要求政府加大投入的同时，强调还要鼓励社会各方面的力量集资。不可否认，我国是世界上教育规模最大的国家，各级各类学校在校生达 3 亿多人，教职工 1 400 万。这样庞大的教育规模单靠政府的财政拨款远远不能满足教育发展的需求，谋求新的经费来源势在必行。这成为推动教育办学体制改革的重要因素。

二、地方负责与分级管理(1980—1992)

为了加快我国教育事业的发展，提高全民族的科学文化水平，改变教育资源困难的境地，增加教育投入，1980 年，党中央、国务院明确指示，普及教育不能完全由国家包下来，并且针对我国教育办学体制的状况，规定："在我国这样一个人口众多，经济不发达的大国，普及小学教育不可能完全由国家包下来，必须坚持'两条腿走路'的方针。"要求充分调动社会各方面办学的积极性，鼓励群众自筹经费办学。根据这一指示精神，各地积极探索，创造了不少行之有效的经验。集资办学、征收教育费附加、开展勤工俭学、开办校办产业等，都是这一时期内发展起来的。1983年，《中共中央国务院关于加强和改革农村学校教育若干问题的通知》再次强调要坚持"两条腿走路"的办学方针，通过多种渠道筹集教育经费，切实解决教育经费问题。为扩充地方的城乡教育经费资金来源，1984 年，国务院又下发了《关于筹措农村学校办学经费的通知》。该《通知》规定，乡人民政府可以对农业、乡镇企业征收教育事业费附加。教育事业费附加可按销售收入或其他办法计征，附加率可高可低，贫困地区免征。可由乡人民政府按当地经济状况、群众承受能力和发展教育事业的实际需要提出意见，报请乡人民代表大会讨论通过后，报上一级人民政府批准执行。该项教育费附加取之于"乡"，用之于"乡"。这是首次以征收农村教育费附加的形式增加教育经费的尝试，开辟了农村筹措教育经费的新渠道。

以 1985 年全国教育工作会议召开为标志，我国办学体制的改革进入了全面开展阶段。随着政治、经济、科技和整个教育体制改革的开展，教育投资体制的改革也进行了多方面大胆探索。1985 年 5 月颁发的《中共中央关于教育体制改革的决定》提出对基础教育实行"地方负责，分级管理"，并进一步确认，地方各级政府作为筹措基础教育办学经费的直接责任者，可以征收教育费附加，用于改善基础教育的教学设施。该《决定》还指出："建设具有中国特色的社会主义教育事业，必须依靠全党、全社会和全国各族人民的共同努力，广泛发动群众，实行多种形式、多种渠道集资办学。"为贯彻落实该《决定》的精神，加快发展地方教育事业，扩大地方教育经费的资金来源，1986 年 4 月六届全国人大四次会议通过的《中华人民共和国义务教育法》规定，在城乡征收教育事业费附加，主要用于实施义务教育。这就将多渠道筹措基础教育的经费纳入法制轨道，使国家财政拨款以外的教育投资来源有法可依。1992 年国务院发布的《义务教育法实施细则》进一步明确规定，依法征收的教育费附加，由县级以下人民政府统筹安排，主要用于支付国家补助、由集体支付工资的教师的工资，改善办学条件和补充学校的公用经费等。

在这一时期，尽管在教育办学体制上不断开辟了新的经费来源渠道，但是，我国教育经费的总量仍然较少。为解决学生数量不断增加、办学条件跟不上的问题，适应基础教育"地方负责、分级管理"的新体制，1992 年以后，我国进一步深化改革，特别是确立了建立社会主义市场经济体制的目标，这对于我国教育投资体制的进一步改革和新体制的形成提供了良好的机会和社会基础。除开征教育费附加外，地方各级政府还出台了各种政策，充分调动人民群众支持教育事业发展的积极性，采取了各种增加教育经费投入的办法，创造了不少成功的经验。在此基础上，国家教育行政部门不断总结经验并采取各种积极有效的办法，逐步形成了我国教育费用来源的 6 条基本渠道：财、税、费、产、社、基，即：以财政拨款为主，辅之以征收用于教育的税（费），对非义务教育阶段学生收取学费、杂费和义务教育阶段学生收取杂费，发展校办产业，鼓励集资和捐资办学，建立教育基金。经过多年的探索，我国教育投资体制发生了重大的变化，保持了教育经费的不断增长，有力地支持了教育事业的发展。1993 年中共中央、国务院颁布的《中国教育改革与发展纲要》提出，要建立以国家财政拨款为主，辅之以征收用于教育的税费、收取非义务教育阶段学生的学杂费、校办产业收入、社会捐资集资和设立教育基金等多种渠道筹措教育经费的体制。新体制给基础教育领域带来了新的投资格局。据统计，仅 1985—1991 年，全国通过新的投入渠道，筹得政府财政预算外资金 1 000 多亿元，用以新建中小学校舍 2.75 亿平方米，改造旧校舍 1.6 亿平方米，消除中小学危房 4.23 亿平方米，使中小学危房比重由 20 世纪 80 年代初的 16% 下降到 3% 以下。在全国不少农村城镇，许多学校的房子是当地最好的建筑。

三、依法保障义务教育财政投入的体制(1993—2000)

从 1993 年开始到 2001 年这不足 10 年的发展历程中，我国教育事业在财政方面取得了可喜的成就，逐步形成了符合我国国情的教育财政新体制。尤其是在义务教育方面，在新体制的指导下，加大国家财政投资力度，多渠道筹资，从根本上抑制义务教育的发展不均衡现象。此外，国家教育行政主管部门和地方政府还先后制定了许多针对教育财政管理等方面的政策和措施，使我国的教育财政体制，尤其是义务教育财政体制走上规范化的道路。

在 1994 年 6 月召开的全国教育工作会议上，进一步强调了我国基础教育的发展目标和政策重点，把教育投资放到今后发展的战略性位置，切实落实《中国教育改革与发展纲要》所提出的"三个增长"，并且进一步完善了基础教育以国家财政拨款为主、多渠道筹措教育经费的教育财政体制。其中与基础教育财政有关的两大重要措施标志了中国政府基础教育财政干预走上了新的发展阶段，这就是：第一，各级政府教育预算实现预算单列，建立定期公布各地教育经费支出状况的制度，实行社会监督；第二，建立中央和省政府义务教育专项基金，以扶持和发展中国贫困地区实施义务教育。①

八届全国人大三次会议于 1995 年 3 月 18 日通过了《中华人民共和国教育法》，以法律的形式确立了新的教育经费投资体制，即以各级财政拨款为主，以依法征收教育费附加、发展校办产业、社会集资捐资、收取学

---

① 陈国良：《中国基础教育财政政策的历史考察》，《教育与经济》1997 年第 4 期。

杂费等多种渠道筹措教育经费为辅的体制，并规定逐步增加对教育的投入，保证国家举办的学校教育经费的稳定来源。

为抑制各地教育的不均衡发展，国家在 1995 年至 2000 年期间实施了第一期"国家贫困地区义务教育工程"。这一期间中央和地方共投资 125 亿元，其中中央财政就拨出专款 39 亿元支持贫困地区义务教育的发展。这项新中国成立以来的中央财政教育专项资金投入规模最大的工程，极大地改善了义务教育的办学条件，促进了贫困地区义务教育的发展完善，大大加快了普及九年义务教育的步伐，缓解了各地区教育不均衡发展的现象。

四、具有中国特色的基础教育财政新体制（2001年至今）

近年来，特别是十七大之后，党中央、国务院继续坚持把农村教育摆在重中之重的战略地位，推动农村教育优先发展、科学发展。义务教育进入到全面普及和巩固提高的新阶段，我国正从一个人力资源大国向人力资源强国转变，并将教育公平真正落到实处，逐步形成了具有中国特色的基础教育财政新体制。

2001 年 5 月，义务教育投入主体由"乡、镇"上移为县，确立"以县为主"的投入体制。中央在强调地方政府保证教育经费投入的同时，并没有放弃对地方特别是贫困地区教育发展的扶持。从 2001 年起，中央财政每年安排 50 亿资金，专项用于中西部困难地区农村中小学教师工资的发放。①

为避免税费改革造成的不良影响，2002 年 5 月颁布的《国务院办公厅关于完善农村义务教育管理体制的通知》要求："实行农村税费改革试点的地区，安排使用上级转移支付资金，要明确保障农村义务教育正常经费和危房改造资金投入，并纳入财政预算。改革后农村中小学有稳定的经

---

① 项怀诚：《贯彻落实科教兴国战略，积极支持教育事业发展》，《人民日报》2002 年 3 月 1 日。

费来源,确保农村义务教育投入不低于改革前的水平并力争有所提高。"

2003年3月,国务院专门召开全国农村教育工作会议,下发《关于全面推进农村税费改革试点工作的意见》,对农村义务教育做出全面的战略部署,对确保实行试点的农村地区教育经费不降低的问题作了进一步明确的规定,并且增加了基础教育的预算内经费。如表11-1。

表11-1 税费改革后全国普通农村小学、初中生均预算内经费增长变化情况

年份	生均预算内教育事业费支出				生均预算内教育公用经费支出			
	普通农村小学		普通农村初中		普通农村小学		普通农村初中	
	数额(元)	增长率(%)	数额(元)	增长率(%)	数额(元)	增长率(%)	数额(元)	增长率(%)
2001	412.97	19.43	533.54	4.9	24.11	0.42	38.69	-12.40
2002	550.96	33.41	656.18	22.99	28.12	16.63	44.95	166.24
2003	708.39	28.57	795.84	21.28	42.73	51.96	66.58	48.12

(数据来源:2001—2003年《中国教育经费统计年鉴》,中国统计出版社出版)

2005年《政府工作报告》提出,切实把教育放在优先发展的战略地位,重点加强农村义务教育,完善以政府投入为主的经费保障机制。同年3月,实施"两免一补"政策,中央及省级政府参与了农村义务教育的投入。同年5月,教育部颁发《关于进一步推进义务教育均衡发展的若干意见》,确立了"逐步实现义务教育的均衡发展"的政策目标。12月,国务院颁布了《关于深化农村义务教育经费保障机制改革的通知》,提出了"逐步将农村义务教育全面纳入公共财政保障范围,建立中央和地方分项目、按比例分担的村义务教育经费保障机制",并宣布从2006年开始"全部免除农村义务教育阶段学生学杂费",中央及省级政府成为农村义务教育投入的主体。

2006年6月29日,十届全国人大常委会第二十二次会议审议通过了新的《义务教育法(修订案)》,规定义务教育以县级管理为主,经费投

入实施省级统筹，免学杂费政策以法律的形式固定下来，为更好地实施九年义务教育提供了法律保障。

到 2008 年秋季，我国在义务教育阶段全部免除了学杂费，义务教育全面纳入公共财政的保障范围，使教育公平又前进了一大步。这是我国义务教育发展史上的标志性成就。

第三节　基础教育办学体制改革的成就与经验

新中国成立 60 年来，我国中小学办学主体构成、办学形式、管理体制与运行机制都发生了巨大变化，取得了较大成就，多样化办学格局初步形成，积累了大量的、宝贵的办学经验。明确了政府办学职责定位，促进公办学校与民办学校的协调与互补；保证了基础教育在坚持社会主义办学方向的基础上，实现多样化发展；经历了从无到有、从单一到多元、从无序到有序、从自发状态到政策鼓励、从办学经验总结到科学制度规划的过程，现已逐渐呈现出主体多元、形式多样、经费筹措多渠道等特点。

一、办学主体"一主多元"，社会各界广泛参与

基础教育的公益性、普及性、基础性决定了基础教育属于社会公益事业，所以投资兴办各级各类基础教育学校是各级政府义不容辞的责任。学校的举办也是政府的职能和权力。政府办学是整个社会办学的"主导"和"主体"。但由于我国具有"穷国办大教育"的办学实际，政府并非唯一的举办主体，因此逐渐意识到社会各界力量共同参与办学的重要意义与必要性。现行的基础教育办学体制已经逐渐形成了以政府为办学主体，企业事业组织、民主党派、人民团体、社会团体、学术团体及公民个人等社会力量为办学补充的"一主多元"的形式。

二、办学形式规范有序，多样化发展

现行的基础教育办学体制改革，使我国基础教育领域的学校构成不再是单一化的公立中小学。伴随多样化办学主体的介入，我国中小学办学形式已经出现多样化的现状，初步形成了包括公立公办、民办、公民合办（公转民办、公办民助、民办公助）等并存的"一主多元"的办学形式。全国各地开始大力发展民办基础教育，部分中小学办学改革形式大致可分为"民办"、"公助"、"国有"。"民办"的特点是，办学者投入较大资金，有较大额度的投入；"公助"的特点是，办学者基本没有投入或只有少量投入，教育行政部门提供基本条件，加强管理；"国有"的特点是，公立学校转制。逐渐形成了"产权转让模式"、"产权不变，按民办机制运行"和"新建合作型学校"等多种模式。

为规范多样化办学，党和政府对各种类型基础教育形式加强领导，齐抓共管，促进民办教育健康发展，明确办学审批的管理权限，按照"分级管理，属地管理"的原则，突出重点，依法监管，努力提高民办学校办学水平和质量，有效促进了规范办学。

三、办学经费多级财政分担，广泛吸纳社会资源

基础教育资金投入不足已经成为教育发展的最大瓶颈。现行的基础教育办学体制明确了各级政府的办学责任，基本落实"基层地方政府为主，多级政府分担经费"，形成了中央、省、市、县四级财政合理分担的基础教育办学经费投入保障机制。按照"一主多元"的结构，广泛吸纳各种社会资金融入到基础教育办学中来，形成了具有"公民个人"、企业单位、事业单位、社会团体等多元的投资主体。积极拓宽办学渠道，开辟了社会资源转化为教育资源的有效路径，全国各地各类民办中小学快速发展，其中的大部分是原来的"薄弱学校"和新建居民小区的新学校，或者是利用了学校布局中调整出来的校舍，这些学校在办学体制改革后，在没有增加政府投入的前提下，通过社会的参与明显地转变了校容校貌，扩

大了基础教育资源的总量。

四、办学法制化进程快速推进

加强依法治教，建立健全了基础教育办学法律法规体系，贯彻和落实《教育法》、《义务教育法》、《民办教育促进法》和《民办教育促进法实施条例》等相关法律，多样化办学形式规范有序，保障了基础教育在"一主多元"的办学格局中健康发展。现行的基础教育办学体制改革伴随着基础教育管理体制改革的进行。随着改革的深入，"所有权"与"经营权"相分离，投资人与办学者、管理者相分离，各级教育行政部门从对基础教育学校的直接管理转向通过立法、拨款等宏观调控手段为主。"民办学校对举办者投入民办学校的资产、国有资产、受赠资产以及办学积累，享有法人财产权"等，使得民办学校产权更加清晰。"民办学校享受国家规定的税收优惠政策"，保障民办学校的利益，使出资人获取回报既合法合理又便于操作。依据《民办教育促进法》、《民办教育促进法实施条例》等文件，进一步规范了中小学转制、名校办民校、国有资产参办学校等办学行为。多样化办学体系在依法办学基础上得到了快速推进。

五、坚持"两条腿走路"方针，实现了"穷国办大教育"的奇迹

"两条腿走路"的办学方针是普及与提高相结合，多种形式办学的方针，是发展我国社会主义教育事业的一项重要措施。"两条腿走路"的办学方针适合我国国情，能够在较大程度上满足升学和就业的要求，并较快地为社会主义建设事业培养人才。

新中国成立以来，我国在一穷二白的基础上，建立了社会主义基础教育体系，实现了穷国办大教育的伟大构想。"两条腿走路"的办学经验无疑是我国渡过难关、发展基础教育的成功经验。一方面，通过基础教育阶段以义务教育的形式立法推进，保障和扩大了政府开办基础教育的受益面，维护了基础教育的公平和正义，推进了基础教育优质工程的顺利推进。另一方面，通过鼓励、引导和支持民办和私有办学，采用民营机制、整合与扩展基础教育办学资源等方式不断推进和补充基础教育办学体制改

革,基础教育办学质量与办学效率不断提高。

"两条腿走路"办学经验主要体现在:其一,发动群众集体办学。1951 年 11 月,教育部提出:"发动群众根据自愿和公平合理的原则,出钱出力办学。"① 1957 年 6 月,教育部再次针对基础教育扩大办学模式,发出通知:"中小学是地方性和群众性的事业","必须大力提倡群众办学"。当年民办小学在校学生发展为 500.7 万人,占小学在校学生总数 6 428.3 万人的 7.8%。② 1964 年 5 月,中共中央指出:"用一条腿走路的办法普及教育,只能用强迫命令的办法,而且国家开支不起。用两条腿走路的办法,可以多快好省地普及教育。"③ 其二,鼓励私人办学。1953 年 5 月,毛泽东在中共中央政治局会议上提出:"应允许那些私塾式、改良式、不正规的小学存在。"④ 1965 年,民办小学在校生 4 752 万人,占小学在校生总数 11 620.9 万人的 40.9%。⑤ 1957 年 6 月,教育部发出通知:"还应鼓励华侨办学,并允许私人办学。"⑥ 1963 年 3 月 23 日,中共中央要求:"对于少数地区出现的'私塾',必须加以领导和管理,提供适当的教材和教师,不要轻易取消。"⑦ 此后,私人办学开始整顿,"文化大革命"时期全部转入集体办学。其三,组织多种形式办学。1953 年 11 月,政务院发出指示:"在农村,则除办集中的正规的小学外,还可以办分散的不正规的小学,如半日制、早班、夜校之类。"⑧ 1959 年 9 月,《中共中央国务院关于教育工作的指示》把多种形式办学概括为三类:"第一类是

---

① 何东昌主编:《中华人民共和国重要教育文献(1949—1975)》,海南出版社 1998 年版,第 238 页。
② 刘英杰主编:《中国教育大事典(1949—1990)(上)》,浙江教育出版社 1993 年版,第 239 页。
③ 何东昌主编:《中华人民共和国重要教育文献(1949—1975)》,海南出版社 1998 年版,第 1279 页。
④ 何东昌主编:《中华人民共和国重要教育文献(1949—1975)》,海南出版社 1998 年版,第 494 页。
⑤ 刘英杰主编:《中国教育大事典(1949—1990)(上)》,浙江教育出版社 1993 年版,第 329 页。
⑥ 刘英杰主编:《中国教育大事典(1949—1990)(上)》,浙江教育出版社 1993 年版,第 92 页。
⑦ 何东昌主编:《中华人民共和国重要教育文献(1949—1975)》,海南出版社 1998 年版,第 1150 页。
⑧ 何东昌主编:《中华人民共和国重要教育文献(1949—1975)》,海南出版社 1998 年版,第 263 页。

全日制的学校，第二类是半工半读的学校，第三类是各种形式的业余学习的学校。"① 到 1965 年，全国已有半工半读和半耕半读小学 84.9 万所，在校生 2 518.1 万人，占全国小学在校生总数的 21.67%。②

　　改革开放以后，"两条腿走路"方针迎来了历史的新机遇，形成了公办教育和民办教育并行的双轨模式，在以公办教育为主体的基础上，民办教育得到更大发展。20 世纪 80 年代，改革开放后教育事业全面整顿、提高，为了调动一切积极因素发展教育，党和政府继续鼓励民间办学并逐步完善有关民办教育的政策。1980 年 12 月 3 日颁布的《中共中央国务院关于普及小学教育若干问题的决定》指出：还要鼓励群众自筹经费办学，"坚持'两条腿走路'的方针"。③ 1985 年 5 月 27 日颁布的《中共中央关于教育体制改革的决定》指出：鼓励各民主党派、人民团体、社会组织、集体单位和个人，"采取多种形式和办法，积极地自愿地为发展教育事业贡献力量"。④ 1994 年 9 月国家教委在关于"普九"的实施意见中提出："中小学校舍建设应采取'两条腿走路'的方针，实行国家、社会和个人的多渠道投资体制。"⑤ 这一时期的群众办学，多属于解决"教育集资"问题，社会力量的集资捐款，主要是流向公立学校。到 20 世纪 90 年代中期，学历教育陆续向私人办学开放。1997 年 7 月，国务院《社会力量办学条例》开始允许义务教育民办，"国家鼓励社会力量举办实施义务教育的教育机构作为国家实施义务教育的补充"⑥，并就国家发展民办教育的

---

① 何东昌主编：《中华人民共和国重要教育文献 (1949—1975)，海南出版社 1998 年版，第 860 页。

② 中华人民共和国教育部编：《共和国教育 50 年》，北京师范大学出版社 1999 年版，第 258 页。

③ 国家教委政策法规司编：《十一届三中全会以来重要教育文献选编》，教育科学出版社 1992 年版，第 66 页。

④ 王炳照主编：《中国私学·私立学校·民办教育研究》，山东教育出版社 2002 年版，第 679 页。

⑤ 国家教委政策法规司编：《中华人民共和国现行教育法规编 (1990—1995)（上卷)》，人民教育出版社 1998 年版，第 390 页。

⑥ 王炳照主编：《中国私学·私立学校·民办教育研究》，山东教育出版社 2002 年版，第 692 页。

基本原则、行政管理体制、政府保障与扶持、法律责任等问题做了规定。1999年6月13日颁布的《中共中央国务院关于深化教育改革全面推进素质教育的决定》允许普通高等教育民办，民办教育办学范围和层次进一步扩展。1998年12月24日，教育部《面向21世纪教育振兴行动计划》指出："今后3~5年，基本形成以政府办学为主体、社会各界共同参与、公办学校和民办学校共同发展的办学体制。"[1] 这样，在国家各项政策的促动下，到2000年全国社会力量举办的各级各类学校共有5.43万所。[2]

第四节　基础教育办学体制改革的趋势与展望

党的十七大报告提出实现全面建设小康社会奋斗目标新要求，要求到2020年，"现代国民教育体系更加完善，终身教育体系基本形成，全民受教育程度和创新人才培养水平明显提高"，对我国基础教育事业可持续发展指明了基本方向。

展望未来，我国基础教育办学体制改革既面临着严峻挑战，也有重大机遇，呈现出良好发展势头，公立教育与私立教育协调发展、优势互补的局面正在形成。

一、多样化办学面临重大机遇，办学空间更为广阔

2020年前我国教育必须为建设人力资源强国奠定坚实基础，国家、社会、人民群众对基础教育的需求日益多元丰富，对基础教育的规模、质量、特色、布局等都有较高的要求。多样化办学面临着良好的宏观政治、

---

[1]　王炳照主编：《中国私学·私立学校·民办教育研究》，山东教育出版社2002年版，第680页。

[2]　王炳照主编：《中国私学·私立学校·民办教育研究》，山东教育出版社2002年版，第581页。

经济环境以及日益改善的政策、制度环境。为保护公平公正的基础教育环境，政府对基础教育的支持力度正在加大，各种类型基础教育管理体系进一步完善。按照党的十七大关于优化教育结构的总体要求，预计到2020年前，我国义务教育发展要点是"均衡发展"，缩小城乡乃至区域间办学水平差距，确保全体学龄人口平等地接受质量有保证的免费九年义务教育；高中阶段教育发展要点是"基本普及"，在城市普及的基础上分区规划、分步推进，把普及和资助重点放在农村；民办和公立中小学将会发挥各自特有的体制机制优势，正确处理以上问题，把握自身发展机遇，扩大办学空间，共同推进基础教育的改革发展，推动教育公平，全面提高基础教育质量，提升办学水平。

二、积极推进基础教育办学体制改革，办学管理体系更加健全

今后我国教育体制改革将迎来一个新的活跃期或者攻坚期。新形势下，我国教育体制改革依然任重道远。

中小学办学体制改革是一项政策性很强、涉及面较广的复杂"工程"，目前没有更多的现成经验。为保证改革的正确方向，最大限度地减少失误造成的影响，在今后的改革进程中，各级教育行政部门应遵循国家有关法律和政策，坚持"积极稳妥，先行试点，积累经验，逐步推广"的原则，强化对办学体制改革的宏观管理，进一步加强统筹和协调作用。针对基础教育区域发展实际、学校办学定位与服务面向，先期做好深入调研、科学论证与规划，严格审批程序，制订办学方案。同时，加强相关办学实践的理论研究，尽快制订出有关法规，做到有法可依。其次，在政府办学为主的前提下，对公办学校、"转制"试点学校、民办学校，做到合理布局，协调发展。加强对社会力量办学的指导，及时总结积累经验，纠正不足，尊重教育规律，加强教育科学的研究，扎实做好与学校改制等相关办学制度改革有关的各项工作。建立健全基础教育办学的管理体制，以法促教，推进改革制度化进程。完善激励机制，积极稳妥地推进基础教育办学体制改革实践，一方面保障民办基础教育办学者、管理者的合法权利，另一方面积极鼓励多样化办学探索。

第十二章
基础教育考试选拔
制度改革与发展

    中国现代学校考试制度是伴随着现代学校教育体制的建立而逐渐形成的，其考试内容和方法受到西方教育考试制度的明显影响。民国时期，建立了以《考试法》、《公务人员任用法》等为主体的一系列考试法律法规体系，创建了学校考试、公务员考试、留学考试等比较完备的考试制度体系，中国传统考试制度和考试文化在此经历了历史的转型和重构。

    新中国成立后，我国的考试选拔制度改革面临新的历史机遇，废旧立新，不断探索，开创了考试选拔制度的新纪元。在基础教育领域，考试选拔制度主要有两类：一类是高考制度，一类是中考制度。所谓高考制度，又名"大学入学考试制度"，是"全国普通高等学校招生统一考试制度"的简称，是对申请进入普通高等学校学习的考生进行文化考试的制度，它包括考试科目设置、考试内容、考试方法、考试组织形式、招生录取方式等几个方面。所谓中考制度，是以初中毕业生为主要对象的普通高中和中等专业学校各省统一招生考试制度。新中国成立60年来，这两类考试选拔制度在继承中发展，在探索中创新，走过了一条不平凡的改革与发展之路。

第一节　改革开放前高考制度改革与发展的历程

一、高考制度的酝酿与建立（1949—1952）

新中国成立初期，经济凋敝，百废待兴。在教育领域，中央人民政府面临着接管和改造旧教育的艰巨任务。当时国内的高校复杂多样，既有在解放区干部学校基础上创办的革命大学，又有借鉴苏联经验举办的大学，还有南京国民政府遗留下来的部分公、私立大学，以及接管过来的教会办的院校。如何接管和改造旧教育？1949 年 9 月颁布的《中国人民政治协商会议共同纲领》指出，要"有计划有步骤地改革旧的教育制度、教学内容和教学方法"，据此，中央人民政府提出"维持现状，立即开学"的方针。1949 年，除北京大学、清华大学、南开大学、北平师范大学及北洋大学等少数几所高校实行非实质性的联合招生（即为减轻外地招生的工作量以及为外地考生提供方便，委托外地高校代为招考，但命题、阅卷、录取均由本校负责）① 外，全国其他高等院校都实行单独招生。这种招生方式导致各高校之间招生结果不平衡，条件好的学校生源充足，其他学校则多次招考，仍不足额，有些学生往往被几所学校同时录取，新生报到率很低，最高的只达录取额的 75%，最低的仅有 20%。②

为了解决新生报到率低的问题，同时使招生工作逐步纳入国家计划的轨道，1950 年教育部发布了《关于高等学校一九五〇年度暑期招考新生的规定》。其中规定③：各大行政区教育部根据该地区的具体情况，分别

---

① 《清华大学、北京大学、南开大学北平区招生》，《人民日报》1949 年 7 月 20 日。
② 《中国教育年鉴》编辑部编：《中国教育年鉴（1949—1981）》，中国大百科全书出版社 1984 年版，第 337 页。
③ 杨学为主编：《高考文献（上）》，高等教育出版社 2003 年版，第 4 页。

在适当地点定期实行全部或局部的联合或统一招生，如统一招生有困难的，允许各校自行招生。但由于单独招考操作上的惯性以及政治上的不稳定性，高校招生方式仍然五花八门。1950 年全国 201 所公、私立高校中仅有 73 所实行联合招生。① 于是，1951 年，教育部又补充规定："为进一步改正各校自行招生所产生的混乱状态，各大行政区分别在适当地点争取实行全部或局部高等学校统一或联合招生，全国统一考试日期；如有困难，仍允许各校单独招生；在其他地区招生应尽量采取委托的办法进行。"② 在这一政策的推动下，1951 年统一招生的规模迅速扩大，全国 214 所高校中参加统一招考的达 149 所，比例达 69.6%，比前一年度的 36% 翻了将近一番。③

1952 年 6 月 12 日，教育部发布了《关于全国高等学校 1952 年暑期招收新生的规定》④，明确规定：自该年度起，除个别学校经教育部批准外，全国高等学校一律参加全国统一招生，统一规定报考条件、考试科目、政治思想品德考核办法和体检标准，统一制定招生工作方针、政策，实行德智体全面考核、择优选拔的录取原则。各地根据全国统一的规定，分别组织报名、考试、政审、体检、评卷和录取等工作。同时，成立了全国高等学校招生委员会，统一组织和领导全国的招生工作，各大行政区和没有考区的省、自治区、直辖市也分别成立高等学校招生工作委员会和分会。至此，全国统一高考制度正式建立，1952 年因此成为独具中国特色的现代教育考试制度的发轫之年。

新中国的全国统一高考制度具体表现在以下两个方面：

首先，国家对招生名额严格控制。各校的招生名额，需报请各大行政区人民政府（军政委员会）教育（文教）部，根据全国招生计划（由教

---

① ［日］大塚丰：《现代中国高等教育的形成》，北京师范大学出版社 1998 年版，第 254 - 260 页。
② 中央人民政府教育部：《关于高等学校 1951 年暑期招考新生的规定》，见谢青、汤德用主编：《中国考试制度史》，黄山书社 1992 年版，第 801 页。
③ 刘海峰等：《中国考试发展史》，华中师范大学出版社 2002 年版，第 333 页。
④ 杨学为主编：《高考文献（上）》，高等教育出版社 2003 年版，第 11 页。

育部在通盘考虑全国高等教育的区域布局的基础上制定）审核批准，严禁招生中的"乱招乱拉"现象。

其次，考试各环节均由政府统一操作。国家对招生日期、考试科目（内容）、报考条件、政治审查标准、健康检查标准以及录取原则等都作出统一规定。考试的命题以及参考答案和评分标准的制订工作，也由全国高等学校招生委员会统一组织。各地区只是依据教育部制定的统一招生方针、政策、办法，分别办理报名考试、政审、体检、评卷和录取（1952年和1953年的录取由教育部主持在北京统一进行）等具体事宜。国家与地方在考试决策上完全是一种制定和执行的关系。这种决策部门与执行部门的明确分工，为统一招生的全面实施提供了制度上的有力保障。

1952年全国高校统一招生考试制度的建立是一定历史时期社会需要与考试自身发展规律相结合的产物，它对于当时高校选拔合格新生、平衡各地教育水平、改善教育布局、提高教育质量以及实现国民教育机会均等都做出了贡献，为当代考试制度的发展和完善奠定了坚实的基础，对于推动中国现代高等教育的发展、提高整体国民素质、促进中华民族的团结与统一有着深远影响。因此，全国统一高考制度的建立被誉为中国现代教育考试的创举。[①]

二、高考制度的调整与废止（1953—1976）

在建制之初的几年中，统一高考制度在组织管理、考试内容、报考资格及录取原则等方面进行了调整和改进，逐步走向完善。首先，调整了考试科目。1952年确定的考试科目为：政治常识、国文、外国文（英、俄）、中外史地、数学、物理、化学、生物。报考音、体、美等系科的考生加试术科。1954年将考试科目分为两大类：（1）理工、卫生、农林等类专业考本国语文、政治常识、数学、物理、化学、生物、外国语；（2）文史、政法、财经、体育、艺术等专业考本国语文、政治常识、历史、地理、外国语。报考音、体、美、戏剧等系科的考生加试术科，报考财经专

[①]　刘海峰等：《中国考试发展史》，华中师范大学出版社2002年版，第338页。

业的考生加试数学。1955 年确定的考试科目为三大类：（1）理工各专业，农林科的农业生产机械化、森林采伐及运输机械化、木材加工、水利土壤改良等专业，考本国语文、政治常识、数学、物理、化学；（2）医、农、林、生物科学、心理、体育等专业，考本国语文、政治常识、达尔文主义基础、化学、物理；（3）文史、政法、财经等各专业，考本国语文、政治常识、历史、地理。1958 年的考试科目仍分三类，但各类都要考外国语，没有学过外国语的学生可申请免试。其次，建立和完善了健康检查制度。1951 年，教育部、卫生部规定：自 1951 年暑假起，各大行政区高等学校招生健康检查由各大区教育部与卫生部协商指定医院办理；健康检查须于报名前举行，报名时投考学生须将检查记录送缴报名处。从 1954—1955 学年起，在高中三年级建立学生健康及记录卡片，学生在报考高等学校时，由各中学将"健康记录卡片"连同其他材料一并转送高等学校审查。再次，增加了录取环节的灵活性，比如试读生的录取等。

1958 年，已顺利推行了 6 年的统一高考制度经历了第一次波折。由于 1957 年反右斗争扩大化和"大跃进"错误方针的影响，教育部提出把"教育事业管理权力下放"，决定"改变全国统一招生制度，实行学校单独招生或联合招生。招生工作的具体安排，由省、市、自治区及各高校根据地方和学校的情况分别办理"。① 该年少数学校单独招生，多数学校以省、市、自治区为招生单位联合招生。同时，为了体现招生考试应强调政治挂帅，提高政审标准，"贯彻阶级路线"，大批工人、农民、工农干部和老干部、工农速成中学毕业生被免试保送入学。1958 年进行的招生制度调整带有极大的片面性和"左"的色彩，而免试录取的大批工农成分者又导致新生质量的严重下降，于是到 1959 年国家又恢复全国统一高考制度，并取消了免试保送上大学的做法。高考制度虽然遭遇了这样的短暂波折，但总的说来，自 1952 年至 1965 年的 14 年间，这一制度依然在改

---

① 中华人民共和国教育部编：《关于高等学校 1958 年招收新生的规定》，见杨学为主编：《高考文献（上）》，高等教育出版社 2003 年版，第 325 页。

革中不断向前推进。

1966 年教育领域开展的"文化大革命"以废除统一考试为突破口。1966 年 7 月 24 日，中共中央、国务院发出《关于改革高等学校招生工作的通知》，提出从该年起，高等学校招生工作下放到省、市、自治区办理，取消高校招生统考制度，采取推荐和选拔相结合的大学入学考试制度。当年的高校招生工作，终因"文化大革命"的冲击而推迟了半年进行。自此，全国高等学校停止按计划招生达 6 年，统一高考停废 11 年。

1970 年，北京大学、清华大学开始招生试点，"实行自愿报名，群众推荐，领导批准和学校复审相结合的录取办法"，不进行文化考试。招生条件是政治思想好、具有 3 年以上实践经验的优秀工农兵。1972 年大多数学校恢复招生，招生办法参照上述做法，文化考试仍未得到恢复。1973 年，国务院批转的当年招生意见中指出，要"重视文化考查，了解推荐对象掌握基础知识的状况和分析问题、解决问题的能力，保证入学学生有相当于初中毕业以上的实际文化程度"。[1] 当年还进行政治、语文、数学、理化四科的书面文化考查。这次文化考查是"文化大革命"中唯一的一次，不久就被"四人帮"当"回潮"而批判，1974 年又恢复推荐入学的方法，之后一直实施到 1976 年。

高考制度废止 11 年，耽误了几代青年的教育，造成了我国教育、科技和社会经济发展所需要的高级专门人才的严重断层。

第二节 改革开放以来高考制度改革与发展的历程

自 1977 年恢复高考制度以来，高考制度已走过了 30 余个春秋，根据各个阶段所完成的历史任务的不同可将高考制度的改革和发展划分为四个

---

[1] 《中国教育年鉴》编辑部编：《中国教育年鉴（1949—1981）》，中国大百科全书出版社 1984 年版，第 950 页。

阶段:高考制度的恢复与重建阶段、高考制度改革的试验阶段、高考制度改革的深入阶段和新一轮高考制度改革的探索阶段。

一、高考制度的恢复与重建(1977—1984)

1977年8月4日至8日,邓小平在北京主持召开科学和教育工作座谈会。8月8日,邓小平指出:"我们国家要赶上世界先进水平,从何着手呢?我想,要从科学和教育着手。"他明确表示:"今年就要下决心恢复从高中毕业生中直接招考学生,不要再搞群众推荐。从高中直接招生,我看可能是早出人才、早出成果的一个好办法。"[①] 1977年10月,国务院批转了教育部《关于1977年高等学校招生的意见》,规定1977年高等学校招生采取各省、市、自治区统一考试、择优录取的办法;考生范围为工人,农民,上山下乡和回乡知识青年,复员军人、干部和高中毕业生,其中应届高中毕业生中招收的人数应占招生总数的20%~30%,并且规定考生必须高中毕业或者具有同等学力,考生的报考年限放宽到30岁。符合条件都可以报考。考生应具有高中毕业或相当于高中毕业的文化水平。招生办法是:自愿报名,统一考试,地市初选,学校录取,省、市、自治区批准。各省、市、自治区和高等学校设立招生委员会及招生办公室等机构领导实施招生录取工作。[②] 10月21日,各新闻媒体均以头号新闻发布了恢复高考及其招生条件的消息。消息一传开,广大知识青年欢呼雀跃,奔走相告。1977年11月28日,570万考生满怀热望走进了久违了的考场,积压了12年的毕业生在一年中同时考大学,这是教育史上的一个奇迹。1978年夏季,又有610万考生参加考试,两季共11 800万人的招考创下了中国乃至世界考试史上的记录。

1977年因高考制度的恢复成为中国教育史上一个值得纪念的重要年

---

① 中共中央文献编辑委员会编:《关于科学和教育工作的几点意见——邓小平在科学和教育工作座谈会上的讲话》,见《邓小平文献(第2卷)》,人民出版社1994年版,第69页。

② 《中国教育年鉴》编辑部编:《中国教育年鉴(1949—1981)》,中国大百科全书出版社1984年版,第952页。

份。恢复高考使中国的招生制度重回正轨，恢复了公平、公正的选拔机制，为众多被耽搁了的青年重新点燃了希望之火，彻底改变了他们的前途和命运。恢复高考重新确立了知识分子的地位，并以其独特的理念影响和改变着当时和后继的知识分子。① 其实，恢复高考的意义已远远超出了教育领域之外，正如有的论者指出，邓小平当年做出的决策，"让一代代中国人明白：教育不仅能够改变一个人的命运，还能改变一个国家的命运，一个民族的命运"。② 可以说，恢复高考，不仅是"中国教育发展史上特殊的转折点"，而且是"一个影响巨大的历史事件，它标志着一个时代的结束和另一个时代的开始，其划时代的重要性不亚于其他许多历史事件"。③ "30 年过去了，再次回望 1977 年的高考，我们会发现它是一个历史性的标志，是国家后来一系列变革的开端。"④ 1997 年 11 月的《人民日报》在纪念恢复高考 20 周年征文的综述中说："恢复高考，挽救了我们的民族和国家。"⑤

1978 年，党的十一届三中全会确立了改革开放的发展战略。之后，伴随着我国经济体制改革的不断深入，高校招生制度也作出了相应的调整。1981 年，在全国高校招生工作会议上，以及在教育部给国务院的报告中，第一次提出高考要进行改革，这标志着高考进入一个新的改革时期。

自 1977 年高考恢复至 1984 年，高考制度改革主要体现为以下方面：

（一）高考科目设置

1977 年的高考由省、市、自治区自主拟题，县（区）统一组织考试，分文理两类，文科类考政治、语文、数学、史地，理科类考政治、语文、数学、理化，报考外语专业的加试外语。1978 年开始由全国统一命题，

① 石维军：《1977 年恢复高考制度研究——以江苏省为个案》（硕士论文），南京师范大学 2008 年。
② 胡志雯：《恢复高考，改变一代人命运》，《环球人物》2007 年 3 月 1 日。
③ 刘海峰：《而立之年论高考》，《东南学术》2007 年第 4 期。
④ 未名主编：《往事与随想——永远的 1977》，北京大学出版社 2007 年版，第 219 页。
⑤ 杨学为：《中国需要"科举学"》，《厦门大学学报》1999 年第 4 期。

省、市、自治区统一组织考试。1978 年至 1984 年期间，考试科目设置基本上分文理两大类，文科类（含哲学、外语专业）考政治、语文、数学、历史、地理、外语，理工类（含医、农专业）考政治、语文、数学、物理、化学、外语。外语分英、俄、日、法、德、西班牙 6 个语种，由考生任选一种。外语考试成绩，1978 年不计入总分，只作为录取参考；1979—1982 年，分别以 10%、30%、50%、70%（报考外语院校或专业除外）计入总分；1983 年起全部计入总分。① 从 1981 年起，农医院校和有关专业加考生物，成绩按 30% 计入总分。1982 年生物成绩满分为 50 分。从 1984 年开始，语文、数学满分为 120 分，生物满分为 50 分，其他各科满分为 100 分。各科总分，理工类为 7 科 710 分，文史类为 6 科 640 分。

（二）高考内容与命题取向

1978 年，恢复后的全国统一考试由教育部组织命题，聘请高校教师、高中教师、中学教材编写人员和科研人员，根据全日制中学教学大纲编制试题。1978 年至 1980 年间，全国尚无统一的中学教材和教学大纲，每年由教育部颁发高考复习大纲，作为统一考试的命题范围，也使考生在复习时有所遵循。1981 年后中学有了全国统一的教材和教学大纲，教育部要求高考命题要严格限制在中学教学大纲和教材范围之内，着重考查基础知识和基本技能及运用能力。② 1984 年教育部下发《教育部关于一九八四年高考命题若干问题的通知》③，指明高考命题指导思想是：必须符合高等学校选拔新生的要求，同时又有利于中学教学。命题原则是：命题范围不超出中学教学大纲，试题内容的要求不超过中学所用统编教材所能达到的程度。1984 年中学数学、物理、化学和外语（限于英语和俄语两个语种）等学科开始按两种教学要求进行教学，高校招生考试的命题范围将不超出

---

① 李国钧、王炳照主编：《中国教育制度通史（第八卷）》，山东教育出版社 2000 年版，第 386 页。
② 唐佐明、黄国勋：《高校招生体制改革研究》，广西师范大学出版社 2000 年版，第 43 页。
③ 杨学为主编：《高考文献（下）》，高等教育出版社 2003 年版，第 182－183 页。

基本要求；同时，按较高要求增加若干附加题，附加题不计入总分，重点高等学校在录取时应适当参考。

尽管 1977 年教育部在《高等学校招生工作的意见》中就指出，组织统一考试的目的主要是了解学生掌握基础知识的状况和分析问题、解决问题的能力。但由于此一阶段命题水平尚浅，高考还是偏重于知识记忆的考核，对能力的考查还很有限。[①]

（三）高考组织形式

实行预选考试。随着高考的恢复，参加高考的人数激增，而录取人数有限，高考竞争异常激烈。1977 年至 1981 年高考考生人数分别为 573.1 万、610.2 万、468.4 万、468.7 万和 502.9 万，而这一时期，高校的招生数量每年也只能达到二十七八万，因此这几年的高考录取率非常低，分别为 4.76%、6.58%、5.87%、6.0% 和 5.54%。[②] 为缓解激烈竞争带给学生的过重负担和录取工作的繁复，一些省（自治区、直辖市）在高考之前另举行一次考试，先行淘汰部分考生，称作预选考试。预选考试于 1978 年由黑龙江率先施行。随后，教育部在 1980 年下发的《一九八〇年高等学校招生工作的规定》[③] 中规定：考生多的省、市、自治区应在统考前进行预选。如高中毕业考试实行全省会考，按计划招生人数的三至五倍，选出成绩优秀的学生参加统考；由省、市、自治区按计划招生人数的三至五倍，参照各地应届高中毕业生人数、上届录取人数，给各地分配名额，选出成绩优秀的学生参加统考。采取哪种办法由省、市、自治区确定。该年度进行预选的有四川、湖南、湖北、山西、黑龙江、甘肃、新疆 7 个省（自治区）。1981 年的预选方法改为"由省、市、自治区根据当年计划招生人数的三至五倍，参照应届高中毕业生数和往年录取情况，把预选数逐级下达给中学，由中学根据高中毕业考试成绩，结合平时成绩，德

---

① 张耀萍：《高考内容与形式改革研究——基于利益博弈的视角》（博士论文），厦门大学 2007 年。

② 杨学为：《中国考试改革研究》，北京大学出版社 2001 年版，第 243 页。

③ 杨学为主编：《高考文献（下）》，高等教育出版社 2003 年版，第 127 页。

智体全面考核，择优预选，参加全国统一考试"。① 根据教育部的新规定，1981 年又有山东、江苏、河南、吉林、陕西、广西 6 个省（自治区）进行了预选。1982 年又规定"对往届高中毕业生，可以参加中学毕业考试或单独组织考试进行预选"②，该年又有安徽、河北、广东、贵州 4 个省进行了预选。直到 20 世纪 90 年代初各省（自治区、直辖市）才相继取消实行预选考试的办法。

进行会考实验。1983 年，教育部在《关于进一步提高普通中学教育质量的几点意见》中指出："毕业考试要和升学考试分开进行，有条件的地方可按基本教材命题，试行初、高中毕业会考。"高考以会考为前提，并在会考的基础上进行。会考成绩是高考招生录取的重要依据之一。③

（四）招生方式

录取办法。1977—1978 年，根据考生的考试成绩，划最低录取分数线，确定参加体检的名单，按德智体全面考核，从高分到低分，参照考生所填志愿顺序，分段择优录取。1979—1984 年的录取办法是：在政审、体检合格的前提下，从高分到低分，参照考生所填志愿顺序和相关科目成绩，分段择优录取。1983 年开始，按多于录取数 20% 的比例提供考生的档案材料，并且应届高中毕业生报考高等学校，必须具备高中阶段的档案。1984 年，第一批录取的学校实行"根据志愿，按比例投档"的录取方法，第二批录取的学校仍实行"分段录取"的方法。

实验推荐保送生制度。统一招生考试进行了几年之后，过分突出分数作用的弊端开始显现，为了能更好地为高校选拔优秀的学生，在坚持统考并不断改革考试内容和方法的同时，教育部开始探索选拔新生的其他形式，以弥补统一考试的不足。1984 年教育部首先在北京师范大学、山东矿业学院、四川农业学院等高校和北京、山东、四川等省（直辖市）进

---

① 杨学为主编：《高考文献（下）》，高等教育出版社 2003 年版，第 138 页。
② 杨学为主编：《高考文献（下）》，高等教育出版社 2003 年版，第 155 页。
③ 胡中锋、董标、李方：《我国高考的回顾与反思——兼论构想"新高考制度"的出发点》，《江西教育科研》1997 年第 4 期。

行招收保送生的试验，取得了初步经验。以后这一制度一直试行到 1996 年。

二、高考制度改革的试验（1985—1990）

1985 年，中共中央、国务院颁发的《中共中央关于教育体制改革的决定》提出了与"以经济建设为中心"的政治路线相一致的教育方针："教育必须为社会主义服务，社会主义建设必须依靠教育。"该《决定》所提出的教育方针是新中国成立以来教育方针的重要转折，从此，教育从为政治服务转到为经济建设服务的轨道上来，教育领域掀起了规模宏大的改革浪潮。《决定》还指出：高等学校担负着培养高级专门人才和发展科学技术文化的重大任务，要"改革高等学校的招生计划和毕业生分配制度，扩大高等学校办学自主权"。1987 年 4 月 21 日，国家教委发布《普通高等学校招生暂行条例》，规定"普通高等学校招生实行全国统一考试"，"应根据国家核定的年度招生计划，以省、自治区、直辖市为单位由招生委员会组织录取"，"国家教育委员会根据全日制中学教学大纲命题，并制定参考答案和评分标准"。从此，高考这一制度具有了法律效力。1987 年 10 月，中共第十三次代表大会报告《沿着有中国特色的社会主义道路前进》提出，"把发展科学技术和教育事业放在首要位置，使经济建设转到依靠科技进步和提高劳动者素质的轨道上来"，并强调指出，"百年大计，教育为本，必须把发展教育事业放在突出的战略位置"。

在这样的背景下，高考制度进入了改革试验阶段。1985 年 1 月，第二届高考科研讨论会召开。会后国家教委决定，广东省开始进行标准化考试试验，上海市进行高中毕业会考后高考科目设置改革的试验。概括来说，这一阶段的高考制度改革体现为以下几方面：

（一）科目设置

1985—1989 年，高考科目基本稳定在文史（含外语）和理工农医两类。文史类考政治、语文、数学、历史、地理、外语，理工农医类考政治、语文、数学、物理、化学、外语。1985 年，教育部同意上海市高考自行命题和考试，以探索如何在高中会考的基础上举行高等学校的入学考试。1987年，上海在完成高中毕业会考的基础上，开始试行"3＋1"方案。所谓"3"，是指语文、数学、外语这3门必考科目；所谓"1"，是指高等学校根据本校各专业的要求，从其余的6门科目（政治、历史、地理、物理、化学、生物）中自行确定1门考试科目。考生根据自己所报的高等学校志愿，参加高等学校（专业）所确定科目的考试。

（二）高考内容与方法

1984年以后，高考按基本教材命题，着重考核学生的基本知识、技能和分析、解决问题的能力。1987—1990年，国家教委规定，现行的全日制中学各科教学大纲及其中学部分学科教学内容要点是今后一个时期的会考、中考、高考命题的依据。

逐步进行标准化考试试验。标准化考试是一种具有统一标准、按照系统的科学程序组织并对误差做了严格控制的考试。其标准化的内容包括试题编制、考试实施、阅卷评分、分数组合与解释四方面。1985年，在广东省进行高考标准化改革试验，最先是数学、英语2科，1986年增加了物理科的试验，1987年又增加了语文、化学2科，实验科目增至5科。[1]

1989年，在全国推行英语科目标准化考试。同年6月27日，国家教委发布了《普通高等学校招生全国统一考试标准化实施规划》，决定在全国正式实施考试标准化改革，最大限度地控制考试过程中各环节产生的误差，创造公平竞争的环境，更加准确地为国家选拔各类人才。[2]

（三）高考组织形式

试行普通高中会考合格证书制度。1985年，国家教委核准上海市高中毕业会考与会考后高考改革的试验。上海市提出：高中毕业会考是衡量其毕业生是否达到合格水平的考试，考试科目为9门必修课，从高中第一

---

① 李国钧、王炳照主编：《中国教育制度通史（第八卷）》，山东教育出版社2000年版，第389页。
② 应书增：《高考发展历程》，见《恢复高考30年（上卷）》，《中国考试》杂志社2007年版，第47－51页。

学期到第五学期，学完一门考一门。会考的内容不超出国家教委颁发的《全日制中学教学大纲》的范围，命题着力于考核学生对基础知识、基本技能的掌握程度和运用能力。会考成绩作为报考普通高校资格的依据之一。

会考后高考科目的设置，上海市决定语文、数学、外语为各类学校的必考科目，其他6门高中必修课（政治、历史、地理、物理、化学、生物）由招生学校（专业），任选1门，形成6个科目组。上海市高考由上海市高教局组织命题，作为全国统考的"上海卷"。

上海市试验初步成功之后，海南、云南、湖南等省相继实行高中毕业会考与会考后高考改革的试验。此后又有河南、湖北等省参加到试验行列中来。

经过全国不少省（自治区、直辖市）的高中毕业会考的试验，1990年国家教委决定在全国实行高中毕业会考。

（四）招生方式

录取办法。随着经济体制改革的深化，教育体制改革也进一步要求简政放权。1987年，国家教委颁布了《普通高等学校招生暂行条例》，决定逐步实行"学校负责，招办监督"的录取体制，调阅考生档案数、录取与否由学校决定，遗留问题由学校负责处理，由招办进行监督。由于"学校负责，招办监督"的录取办法体现了高校办学的自主权，赋予高校以法人地位，符合教育改革的方向。[①]

建立保送生制度。保送生制度是指由确定的中等学校推荐、保举成绩优秀或有特长的学生，经高等学校考核同意，他们不需要参加全国统一高考而直接进入高等学校学习的制度。1985年，国家教委决定在北京大学等43所高等学校进行招收保送生的试点工作。1988年，国家教委又颁发了《普通高等学校招收保送生的暂行规定》，对推荐保送生的中等学校的条件、保送生的条件、高等学校招收保送生的程序等作出了明确规定，保送生工作从此步入正规化、法制化和制度化轨道。

---

① 刘海峰等：《中国考试发展史》，华中师范大学出版社2002年版，第357－358页。

三、高考制度改革的深入（1991—1998）

1992 年 10 月，中国共产党召开了第十四次代表大会，第一次提出建立社会主义市场经济体制。为了适应经济体制转轨的需要，加快教育体制改革的步伐，更好地为社会主义现代化建设服务，1993 年 2 月 13 日颁发的《中国教育改革和发展纲要》明确提出"改革高等学校的招生和毕业生就业制度"，一是要"改变全部按国家统一计划招生的体制，实行国家任务计划和调节性计划相结合"，"在保证完成国家任务计划的前提下，逐步扩大招收委托培养和自费生的比重"；二是要"改革学生上大学由国家包下来的做法，逐步实行收费制度"；三是要"改革高等学校毕业生'统包统分'和'包当干部'的就业制度，实行少数毕业生由国家安排就业，多数由学生'自主择业'的就业制度"。在该《纲要》精神的指引下，高考制度的改革步入了深化阶段。

（一）科目设置的改革

经过多年的论证和试点，1990 年 10 月，国家教委在充分总结上海市高考科目设置改革情况的基础上，颁发了《关于改革高考科目设置及录取新生办法的意见》，就高考科目设置提出了四组方案：第一组为政治、语文、历史、外语；第二组为数学、语文、物理、外语；第三组为数学、化学、生物、外语；第四组为数学、语文、地理、外语，并于 1991 年、1992 年在湖南、海南、云南 3 省作了试点。其后，在不断总结经验、反复论证的基础上，逐步形成了"3 + 2"高考科目设置方案，该方案 1993年正式出台。"3 + 2"方案就是 3 门基础课——语文、数学、外语必考，此外按文、理两类各加 2 门高等学校选拔新生最需要的科目，即文史类加政治、历史，理工类加物理、化学。1995 年，除上海市继续试行"3 + 1"方案外，国内大部分地区实行"3 + 2"方案。

（二）高考内容与方法的改革

1990 年国家教委在《关于征求在会考基础上改革高考科目设置及录取新生办法意见的通知》[1] 中指出，新的高考科目组在注重基础学科的同

---

[1] 杨学为主编：《高考文献（下）》，高等教育出版社 2003 年版，第 439 页。

时，应侧重对考生"性向"能力的考查，即通过考试将在某一学科方面有特长和发展潜力的学生选拔出来。从 1991 年开始，国家教委考试中心聘请各有关学科专家组成高考各学科命题委员会和相对稳定的学科命题组，在完成当年命题任务的同时，研究制定各学科的《考试说明》。

推广标准化考试。1991 年各省、自治区、直辖市各科（日语、俄语除外）选择题与主观题分卷，选择题用机器评卷。1992 年，在总结试验经验的基础上，制定题库建设方案。在总结全国及广东建立"常模"、转换标准分试验经验的基础上，制定建立"常模"、转换标准分实施方案。1993 年，国家教委考试中心制订了《普通高等学校招生全国统一考试建立标准分数制度实施方案》，规定标准分数制度由省级"常模"量表分数、等值量表分数和等级量表分数组成。同年，广东、海南、湖南 3 省建立标准分数制度，以省级"常模"分数作为录取的依据，不再公布原始分数；黑龙江、北京等 8 省市进行了模拟试验。在试验的基础上，1995 年，国家教委颁发了《高考质量评审工作暂行办法》，加快了标准化考试改革的步伐。[1]

（三）高考组织形式

国家考试机构统一命题，各省、自治区、直辖市组织考试。

成立考试专门机构。由于考试工作专业化的加强，国家教委成立了专门的考试机构，各省（自治区、直辖市）招生办公室的考试工作得以加强，近半数的省（自治区、直辖市）将各种招生考试机构合并成立统一的教育考试院或考试院、考试局、考试中心。

改革保送生制度。由于保送生制度一度滋生出腐败现象等问题，1998 年，教育部决定在上海、湖北、河北、黑龙江、四川 5 省（市）试行保送生综合能力测试，以考试来甄别保送生的优劣。同年 12 月 4 日，教育部发出《关于 1999 年普通高校招收保送生的通知》，明确规定除了获全国中学生学科奥林匹克竞赛省赛区一等奖的保送生外，1999 年普通高等

---

① 刘海峰等：《中国考试发展史》，华中师范大学出版社 2002 年版，第 351 页。

学校招收的保送生必须参加由教育部统一命题的综合能力测试，并以此成绩作为录取的重要依据。

推行会考制度。将作为选拔性考试的高考与作为水平性考试的高中毕业会考分开，高中生只有通过9门必修课的毕业会考，才有资格参加高考。

（四）招生方式

录取原则。省、自治区、直辖市招生办公室根据各考试科目考生的考试情况，按略多于招生计划数的原则分别划定各科目组的最低控制分数线。以学校、专业为单位，根据高考总分，德智体全面考核，择优录取。在高考总分相近的情况下，应录取会考成绩优秀的考生。

从"双轨"到"并轨"。1990年《普通高等学校招收自费生暂行规定》第四条规定：普通高等学校招收自费生计划是国家招生计划的一部分。[①] 1993年《中国教育改革和发展纲要》提出："改变全部按国家统一计划招生的体制，实行国家任务计划和调节性计划相结合。"[②] 从20世纪80年代中期开始，调节性计划的比例逐年增大，1992年调节性计划占招生总计划的比例达到了近40%，1993年接近50%，形成了名副其实的"双轨制"。[③] 所谓"双轨制"，就是不收费的国家计划招生和收费的国家调节招生两种招生方式同时并存的制度。

但是，双轨制的实行很快就暴露出了弊端，造成了新的教育不公平，影响了高等教育的质量和形象。1994年，国务院下发《关于〈中国教育改革和发展纲要〉的实施意见》，提出要"积极推进高等学校和中等专业学校、技工学校的招生收费改革和毕业生就业制度的改革，逐步实行学生缴费上学，大多数毕业生自主择业的制度"。1997年，高等学校招生全面

---

① 应书增：《高考发展历程——1990》，见《恢复高考30年（上卷）》，《中国考试》杂志社2007年版，第59页。
② 应书增：《高考发展历程——1993》，见《恢复高考30年（上卷）》，《中国考试》杂志社2007年版，第62页。
③ 廖其发：《当代中国重大教育改革事件专题研究》，重庆出版社2007年版，第679页。

实现并轨。至此，我国高等学校由国家"统招统分"到"双轨制"，最终实现统一标准、统一政策的"并轨"招生。

网上录取的试验和施行。网络信息技术的飞速发展给追求科学高效的高校招生录取工作带来了新的改革契机。早在20世纪90年代初，国家教委就在酝酿对高校新生录取方式进行改革。1990年，教育部学生司在上海召开的省（自治区、直辖市）招办主任会议上，提出了"不出高校门，能招天下生"的设想。1996年，广西、天津率先进行网上招生的试点。在收到良好效果后，1999年，教育部又将试点扩大到北京、上海、辽宁、四川、重庆、湖北、云南等7省（自治区、直辖市），试点院校也进一步增加。目前已经基本建成全国招生网上录取系统。

四、新一轮高考制度改革的探索（1999年至今）

为了实现党的十五大所提出的跨世纪社会主义现代化建设的宏伟目标，落实党和国家提出的科教兴国的战略部署，全面推进教育改革和发展，提高全民素质，教育部于1998年制定了《面向21世纪教育振兴行动计划》，经国家科教领导小组第二次会议通过并由国务院于1999年1月13日发布实施。该《行动计划》指明，要"加大招生和毕业生就业制度改革力度。要从有利于中小学实施素质教育、高校公平选拔合格人才、扩大高校办学自主权和社会稳定的原则出发，进行高考科目、内容、方法和制度的改革试点，增加对学生能力和综合素质的考核分量，探索适合不同地区和学校特点的高校招生、考试、评价的方法和制度"。

教育部适时推出了新一轮高校招生考试改革方案，于1999年2月发布了《关于进一步深化普通高等学校招生考试制度改革的意见》，指出："高校招生制度必须坚持改革，主动适应时代的特点及其对人才素质能力结构的要求，着力引导人才全面素质的提高和创新人才的培养，使高考的作用进一步完善。"该《意见》提出新一轮高考制度改革必须遵循"三个有助于"的原则，即：有助于高等学校选拔人才、有助于中学实施素质教育、有助于高等学校扩大办学自主权。改革的内容包括高考科目设置、高考内容、高考形式、录取方式四项。

1999 年 6 月，中共中央、国务院颁布了《关于深化教育改革全面推进素质教育的决定》。该《决定》指出，要"加快改革招生考试和评价制度，改变'一次考试定终身'的状况。改革高考制度是推进中小学全面实施素质教育的重要措施，按照有助于高等学校选拔人才、中小学实施素质教育和扩大高等学校办学自主权的原则，积极推进高考制度改革。进行每年举办两次高等学校招生考试的试点。高考科目设置和内容的改革应进一步突出对能力和综合素质的考查。鼓励有条件的省级人民政府进行多种形式的高考制度改革试验，扩大学校的招生自主权和考生的选择机会。逐步建立具有多种选择的、更加科学和公正的高等学校招生选拔制度"。

在上述精神的指引下，高考制度改革加快了步伐。

（一）科目设置

《关于进一步深化普通高等学校招生考试制度改革的意见》对高考科目设置改革提出了明确的要求，即推行"3 + X"高考科目设置方案。"3"指语文、数学、外语 3 科作为必考科目，"X"指由高等学校根据本校层次、特点的要求，从物理、化学、生物、政治、历史、地理 6 个科目或综合科目中自行确定一门或几门考试科目。综合科目分为文科综合、理科综合、文理综合或专科综合。在该《意见》出台的当年，即 1999 年，"3 + X"模式首先在广东省进行试点。2000 年，广东省将"3 + X"调整为"3 + X + 文理综合"，X 在原来 6 科的基础上增加外语复试、音乐术科、美术术科、体育术科等，文理综合是建立在中学文化科目基础上的综合能力测试，内容涵盖政治、历史、地理、物理、化学、生物 6 个科目。同年，山西、江苏、浙江和吉林 4 省也加入了这项改革，"X"为文科综合或理科综合，文科综合是政治、历史、地理 3 科的综合，理科综合是物理、化学、生物 3 科的综合。2000 年 4 月 10 日，教育部发出《关于做好 2001 年普通高考"3 + X"科目设置改革工作的通知》，决定 2001 年将改革扩大到 18 个省（自治区、直辖市），包括广东、上海、河南、山西、江苏、浙江、天津、内蒙古、辽宁、黑龙江、安徽、福建、湖北、湖南、海南、四川、陕西。其中，广东、上海、河南在"X"部分增加综合能力测试并加高校任选科目，其余15个省（自治区、直辖市）采用"3 + 文科综合/理科综合"。2001年，"3 + X"方案得到了社会的普遍认可。2002年，教育部继续将改革推向纵深，除港澳台地区外，其余所有的省（自治区、直辖市）都加入到"3 + X"高考科目设置改革的行列。

（二）高考内容与方法

高考内容：命题范围遵循中学教学大纲，但不拘泥于教学大纲，试题设计增加应用型和能力型题目。命题以知识立意转变为能力立意，在考查能力的同时，注意考查跨学科的综合能力。

考试方法：继续采用标准化考试。

（三）高考组织形式

部分省（自治区、直辖市）试行二次高考。多年来，人们对高考制度的诸多批评中，很突出且极为流行的一点便是指责高考"一考定终身"。2000年教育部正式批准北京、上海、安徽进行"春季高考、春季招生"的改革试点，2001年又扩大到内蒙古、天津。天津主要是进行高职院校的春季招生试点。2002年，海南、山东、云南等省也参加到试点中。"两次高考、两次招生"的改革对于缓解考生压力、增加学生多次考试和录取机会做了有益的尝试，但在春季高考中很多学校（尤其是名牌学校）并没有列入招生计划，或者招生人数过少，到后来春季高考演变为仅为高职院校招生，改革的意义不大，没有取得预期的效果。

高考时间提前。2003年，教育部出台了《关于高考时间调整方案》，经国务院批准，决定将高考时间从以往的7月7日、8日、9日改为每年的6月7日、8日、9日三天，以避开每年的高温和洪水季节。

实行分省自主命题。长期以来，全国绝大多数省市统一使用一套高考试卷，命题的优劣每年都会遭到争议。近几年随着高考改革的不断深化，命题权下放已成为一种趋势。继上海市之后，北京市2002年首次进行自主命题试点，并编写了单独的考试大纲。广西壮族自治区2002年的专科考试试卷也自行命制。这些试点为深化高考改革积累了宝贵的经验。到

2004 年时又增加了天津、辽宁、江苏、浙江、福建、湖北、湖南、广东、重庆 9 个省（市），2005 年增加了山东、安徽、江西 3 个省，2006 年新增四川、陕西 2 个省。目前全国进行高考自主命题的省份为 18 个。

（四）招生方式

高校自主招生的尝试。2001 年，经教育部批准，江苏省选择东南大学、南京理工大学和南京航空航天大学三所高校进行自主招生改革尝试；2002 年，在上述三所高等学校改革的基础上，江苏省 6 所高等学校实行"自主招生"。所谓"自主招生"，是指高校在教育部及其他主管部门的宏观调控下，遵循公平、公正、负责的原则，以市场人才需求为导向，从自身教育教学资源的条件出发，独立自主地拟订招生计划和组织选拔录取的招生制度。[①]

2003 年 2 月 24 日教育部正式发文，对高校自主招生改革做了统一部署，共确定了 22 所高等学校作为自主招生改革的试点院校，同时出台了《关于做好高等学校自主选拔录取改革试点工作的通知》，规定各校自主招生人数不得超过试点学校年度本科招生计划总数的 5%，由试点学校及有关省级招办单独公布，报教育部备案。2004 年，又增加了大连理工大学、东北大学等 6 所高校进行试点改革，至此，共 28 所高校参加试点。同时教育部决定艺术特长生、体育特长生不再纳入自主选拔录取范围。2005 年，试点高校又增加了 14 所，共达 42 所。2006 年的试点高校增加到 53 所。2006 年 11 月 28 日，教育部下发《教育部关于 2007 年高等学校自主选拔录取改革试点工作的通知》，决定对参加高中新课程改革的 4 省考生，试点高校在自主选拔录取人数上给予适当倾斜；同时决定对政策主体违反诚信采取问责制度。2007 年，自主选拔试点高校再增加 6 所，达到 59 所。[②]

从上述高校自主招生改革的历程可以看出，中国高校自主招生改革的

---

① 张继明：《从高等教育大众化角度审视高校自主招生》，《湖北招生考试》2005 年第 8 期。
② 罗丽英：《高校自主招生政策分析》（硕士论文），东北师范大学 2007 年。

步伐在加快，高校招生的自主权在逐步扩大。

重点实行计算机网上录取。计算机网上录取是高校录取手段的革命性变革。通过现代化手段在录取中的应用，不仅大大节省了人力、财力，有效地提高了工作效率，减少了工作误差，而且杜绝了人为因素干扰，扩大了高校招生工作的透明度，实现了招生录取工作公平、公正、公开的目标。2001年，全国所有省（自治区、直辖市）都实现了网上录取。

允许香港高校内地招生。2003年，教育部允许香港高校在内地自主招生，优秀生源的竞争开始激烈。

进一步改革保送生制度。2001年3月，教育部对保送生工作进一步作出了"压缩规模，严格标准，严格管理"的规定，将2001年的保送生规模压缩控制在5 000人，并提高了保送"门槛"，规定只有4类普通高中应届毕业生具有保送生资格，即省级优秀学生，在高中阶段获全国中学生学科奥林匹克竞赛省赛区一等奖和获全国决赛一、二、三等奖的应届高中毕业生，国家理科试验班优秀毕业生，13所外语学校（中学）优秀毕业生（与外语类院校对口保送）。此外，教育部再次重申，被推荐的保送生名单应在所在中学张榜公布，被录取的保送生名单应由所在省（自治区、直辖市）招办在当地媒体公布，以接受社会舆论监督。2007年，教育部发出《关于做好2007年普通高等学校招收保送生工作的通知》，要求高校招收保送生要严格按照高校招生实施"阳光工程"的精神和相关规定，重点强化对保送生资格的审查和推荐过程的监督，进一步加强对拟录取的保送生进行文化测试和考核，进一步规范外国语中学推荐保送生程序，加大公示力度；对弄虚作假的学生及违规中学，将加大惩处力度。这些改革的进行，有利于保证保送生的质量，也有利于保证保送生制度的公平公正。

第三节　中考制度的改革与发展

新中国的成立，使教育走上了一条崭新的发展道路。对旧教育的接管和改造，对新中国教育事业的规划和设计，共和国教育方针和政策的出台，使基础教育焕发出前所未有的生机和活力，中考制度也开始在这一派欣欣向荣的景象中迅速萌动和发展。

1951 年 10 月 1 日，中央人民政府政务院正式颁布《关于改革学制的决定》，由此产生了新中国第一个学制。新学制包括幼儿教育、初等教育、中等教育、高等教育四个部分。其中规定，实施中等教育的学校为各种中学学校，即中学、工农速成中学、业余中学和中等专业学校。为使不同程度的学校相互衔接，《关于改革学制的决定》规定，升学需经过考试。初级中学，经过考试招收小学毕业生及同等学力者。初中毕业生须经过考试升入高级中学或其他同等的中等专业学校。业余初级中学的毕业生，需经过考试升入高级中学、业余高级中学或同等的中等专业学校。初级技术学校和高级技术学校的毕业生，应在生产部门服务，服务满规定年限后，经过考试，分别升入技术学校、高级中学或各种高等学校。

1952 年 7 月 5 日，教育部发出指示：全国高级中学、师范学校实行以省、市为单位统一招生。指示要求各省、市建立统一招生委员会，负责统一计划、领导招生工作，并做好初中毕业生升学思想教育，特别要耐心说服学生投考师范学校。这标志着新中国的中考制度正式建立起来了。

1955 年，教育部颁发《关于中学和师范学校招生工作的规定》，对初、高级中学和师范学校招生考试的组织领导、报考条件、考试时间、科目、命题原则、健康检查、录取等作了详细规定。其中提出：中学和师范学校的招生工作以省、市为单位统一领导进行。今后除个别地区有必要实行统一招生外，一般应根据具体情况，采取同一地区的学校联合招生或由各校单独进行招生的办法。高小毕业生报考初级中学和初级师范学校（或初级中学毕业生报考高级中学和师范学校）须缴验毕业证书及原校操行评定材料。同时，报考还应尽可能缴验最近一年内医院的体格检查证或原校健康卡片。考试时间原则上在 7 月 21 日至 25 日举行，毗邻的省、市可自行联系，统一考试日期。

该《规定》还对考试科目、命题原则做了规定。初级中学和初级师范学校考试科目为语文、算术。高级中学和师范学校考试科目为语文、数学（包括算术、代数、平面几何）、政治常识。初级中学和初级师范学校入学考试命题应根据高小各科教学大纲和教科书，高级中学和师范学校入学考试命题应根据初级中学各科教学大纲和教科书，以测验学生对各科最主要的基础知识的理解和掌握程度。题目的繁简和分量要恰当，题意要明白。通过考试要能看出不同程度学生的知识质量。

此后，中考制度在该《规定》的指导下平稳发展，直到 1966 年。

1966 年 6 月 13 日，中共中央、国务院批转了教育部《关于改革高级中学招生办法的请示报告》，指出"现行的招生考试办法，是资产阶级的办法，没有突出无产阶级政治，是业务第一，分数挂帅"，应予改革。改革的意见是：废除现行高级中学招生考试办法，实行推荐与选拔相结合的办法招生，在当地党委统一领导下，采取群众路线的办法进行。推荐与选拔必须突出政治，贯彻党的路线。工人、贫下中农、革命干部、革命军人、革命烈士子女及其他劳动人民子女，凡符合条件的，应该优先保证升入高中。初中和小学的招生，仍维持原有办法，但必须突出政治。"文化大革命"期间取消了升学考试。

"文化大革命"结束后，中学恢复了招生考试制度，德、智、体综合衡量，择优录取。如上海市 1979 年 9 月决定，从该新学年开始，采取三项重大措施，其中一项就是恢复初、高中招生考试制度。教育部于 1983 年 8 月提出关于进一步提高普通中学教育质量的几点意见，其中有关招生考试方面的内容有：毕业考试要和升学考试分开进行，有条件的地方可试行初、高中毕业会考。改进中学的招生工作，使之既有利于发展重点中学的优势,又有利于改善一般中学的生源。初中已经普及和基本普及的地区,要逐步实行初中升学免考,只进行小学毕业考试。高中招生仍进行升学考试。

进入20世纪90年代,各省(自治区、直辖市)中考中招管理权限逐步下放,省(自治区、直辖市)教育厅对中考中招的管理逐步由原来的计划性、指令性管理逐步转变为指导性、统筹规划性管理。初中毕业会考和升学考试时分时合,考试科目有显著变化,报考高中和中师、中专的人数此消彼涨。20世纪90年代初,报考中师、中专成为很多优秀初中毕业生的首选,因为考上中师、中专就意味着捧上了"铁饭碗",但到90年代末,随着中师、中专的式微和高等教育的发展,报考高中的人数越来越多,而中师、中专的招生则冷清起来。

2001年,教育部颁布《基础教育课程改革纲要(试行)》,新中国成立以来的第八次课程改革正式启动。与新课程改革相呼应,2002年,教育部《关于积极推进中小学评价与考试制度改革的通知》及时出台。该《通知》规定,初中升高中的考试与招生中,要综合考虑学生的整体素质和个体差异,改变以升学考试科目分数简单相加作为唯一录取标准的做法。除考试成绩外,可试行参考学生成长记录、社会实践和社会公益活动记录、体育与文艺活动记录、综合实践活动记录等资料,综合评价进行录取。积极探索建立招生名额分配、优秀学生公开推荐等制度。部分首批国家基础教育课程改革实验区根据其精神积极稳妥地进行了2004年初中毕业考试与普通高中招生制度改革。

2005年,教育部颁布了《关于基础教育课程改革实验区初中毕业考试与普通高中招生制度改革的指导意见》,指出:"初中毕业考试与普通高中招生制度改革,要改变以升学考试科目分数简单相加作为唯一录取标准的做法,力求在初中毕业生学业考试、综合素质评价、高中招生录取三方面予以突破。"其中,"学业考试的成绩应根据各学科课程标准的基本要求确定合格标准,提供普通高中录取用的学业成绩应以等级制的形式呈现,等级数和等级标准应由各地根据考试结果,并结合当地优质高中资源的实际情况确定"。该《指导意见》还提出了中考改革的总体思路:一是对实验区初中毕业生学业考试要单独命题，命题应根据学科课程标准，加强试题与社会实际和学生生活的联系，注重考查学生对知识与技能的掌握情况，特别是在具体情境中综合运用所学知识分析和解决问题的能力，杜绝设置偏题、怪题。学校还应对学生在综合实践活动等方面的学习情况进行考查，并体现在初中毕业生综合素质评价中。二是对初中毕业生进行综合素质评价，并力求评价结果的科学与公正。三是普通高中招生应以学业考试成绩和综合素质评价结果为主要依据，要单独计划、单独招生。各地应依据本地区实际情况，在确保公正、公平的前提下，积极探索、试行优质高中部分招生名额分配、优秀初中毕业生推荐等多样化的高中招生办法，以促进义务教育阶段的学校均衡发展。

如今，与新课程改革相配合的新一轮中考改革正在全国各地如火如荼地进行。实行新一轮中考改革是落实素质教育的重大举措，也是推动新课程改革的重大举措，我们期待着它的明天更美好。

第四节　考试选拔制度改革的成就与经验

新中国成立 60 年来，我国基础教育考试选拔制度与时俱进，不断改革，逐步形成了具有中国特色的现代考试选拔制度体系，为高等学校及各类中等学校选拔了数以千万计的新生，为我国社会经济发展、文明进步和教育事业的发展做出了不可磨灭的贡献。改革始终是考试选拔制度发展中的主旋律，我国的基础教育考试选拔制度正是在改革中逐步完善、不断获得生命活力的。据统计，自 20 世纪 80 年代以来，高考至少有 14 次改革，如果计量标准更细化，把各地的试验也加入的话，至少有 22 次（种）改革。[1] 与此同时，中考制度也进行了若干次改革。可以说，教育考试选拔制度改革的

---

① 刘海峰：《高考改革的回顾与展望》，《教育研究》2007 年第 11 期。

步伐从来就没有停止过。改革取得了显著的成就，积累了丰富的经验，在新中国成立60年之际，盘点改革的成就和经验，是历史赋予我们的使命。

一、考试选拔制度改革的主要成就

考试选拔制度的改革是一项系统工程，涉及招生计划、考试内容、考试形式、招生录取方式等各个方面。60年来，我国的考试选拔制度从宏观到微观、从形式到内容，进行了多方位的改革，取得了一系列成果。下面从考试内容、考试形式、招生录取方式三方面择要述之。

（一）考试内容改革

"考试内容"是关于"考什么"的问题，主要有两个方面：一是考试科目的设置问题；二是考知识与考能力的关系问题，或者说由考知识向考能力转变的问题。这方面我们的进展主要体现在：

1. 考试科目设置不断优化

自新中国成立以来，考生科目的设置一直处于不断的变革中。从1952年的统一考试科目到1954年将考试科目分为"理工、卫生、农林等类专业"和"文史、政法、财经、体育、艺术等专业"两大类，再到1977年恢复高考时延续文理二类科目的设置，然后到1998年教育部正式推出高考科目改革的"3＋X"方案，国家始终在探索最优化的高考科目设置。目前，通过试验和探索，"3＋X"科目设置方案已经出现了多种模式，比如"3＋文理大综合"、"3＋小综合"、"3＋物理＋化学"、"3＋文科综合/理科综合"、"3＋综合＋物理"、"3＋综合＋历史"、"3＋综合＋地理"，等等。2006年4月教育部审核并正式批复了山东、广东、海南、宁夏4个新课程实验省区的高考新方案，2007年高考按新方案实施。山东省的方案是"3＋X＋1"，广东省的方案是"3＋文科基础/理科基础＋X"，海南省的方案是"3＋3＋基础会考"，宁夏回族自治区的方案是"3＋文科综合/理科综合"。① 2007年教育部批准了江苏省高考科目设置

① 王后雄：《新课程高考方案述论与改革价值取向》，《高等教育研究》2007年第5期。

的改革方案。江苏省的方案是"3+学业水平测试+综合素质评价",学业水平测试形式为单科考试,科目为物理、化学、生物、政治、历史、地理、技术(信息、通用)。新课程高考科目设置方案的出台标志着高考科目设置改革又向前迈出了一大步,新的方案尽量体现高等学校的特殊性和考生选择的特殊性,更加科学合理,有利于中小学实施素质教育,也有利于学生全面发展,减轻学生过重的负担。

2. 注重素质与能力考查

高考内容的改革是高考改革的重点和难点。60年来,高考内容改革经历了从知识立意到能力立意的转变。尽管早在20世纪60年代,教育部就提出高考命题"要注意考查学生对基础知识的理解程度和灵活运用能力以及对基本技能的掌握和熟练程度。不出死记硬背和冷僻的题目"[①],但一直到20世纪80年代末,这方面的改革都没有取得实质性的进展。1991年国家教委在《关于印发〈高中毕业会考后普通高校招生全国统一考试工作方案(试行)〉的通知》中,明确提出:"会考后的高考,在考查基础知识的同时,注重考查能力。"这成为以后高考命题的指导思想。1999年2月,教育部在《关于进一步深化普通高等学校招生考试制度改革的意见》中明确指出:"高考命题总体上将更加注重对考生能力和素质的考查";"试题设计增加应用型和能力型题目,各考试科目的命题要把以知识立意转变为以能力立意,转变传统的封闭的学科观念,在考查能力的同时,注意考查跨学科的综合能力"。经过多年的调整和改革,如今高考的命题更注重考查学生的能力和素质,这种转变使高考更为科学有效地发挥着测量、甄别、选拔人才的作用。

(二)考试形式的改革

"考试形式,是为完成考测目标,以一定的考核内容为载体,组织实施考试的方式方法。""相对于考试内容关注'考什么',考试形式侧重

---

① 李国钧、王炳照主编:《中国教育制度通史(第八卷)》,山东教育出版社2000年版,第357页。

'怎么考'的问题。"① 考试形式改革的成就主要包括以下两个方面:

1. 标准化考试的实施

20 世纪 80 年代中期以前,我国高考基本上是沿用传统的考试方法,效率低下、标准难控。为使考试更加科学合理地选拔人才,我国于 1985 年从美国引进了标准化考试。经过在广东 4 年的试验后,1989 年国家教委发布了《普通高等学校招生全国统一考试标准化实施规划》,标志着标准化考试研究与试验结束,正式进入实施阶段。标准化考试的实施使考试选拔制度更加规范、科学,考试内容水平更趋稳定,考试内容覆盖面更宽,试卷评分误差得到相对控制,克服了一些传统考试的弱点,对考生更为公平。

2. 分省(自治区、直辖市)自主命题的推行

命题权的下放是高考制度改革中的一个亮点。上千万人考一张试卷,众口难调,不能体现地方的差异性,考试专家难以对付。上海在 10 多年前就进行高考单独命题,北京在 2003 年试行高考自主命题。到目前为止自主命题的省(自治区、直辖市)已达 18 个,基本形成了"统一考试,分省命题"的格局。高考命题权的下放实现了人才选拔权由中央政府向地方政府的分散与转移,是我国高考制度的重大变革。实行分省自主命题有利于结合地方实际选拔人才,也有利于推进基础教育课程改革。

(三)招生录取方式改革

新中国成立 60 年来,我国在招生录取方式的改革方面做了大量工作,特别是改革开放以来,招生录取方式改革的力度很大,取得了以下进展:

1. 招生并轨改革顺利实现

从 1994 年开始,在《中国教育改革和发展纲要》精神的指引下,部分高校招生进行招生计划"并轨"、实行同一录取标准、同一专业实行同样的收费标准、对毕业生实行同一就业政策的"并轨"改革试点。至

---

① 张耀萍:《高考形式与内容改革研究——基于利益博弈的视角》(博士论文),厦门大学 2007 年。

1997 年全国所有普通高校基本完成并轨招生，此前的以国家任务计划为主、委托培养和自费生调节性计划为辅的招生计划形式和录取办法的"双轨制"终被淘汰。招生并轨改革有利于学校组织教学，提高了教育质量；有利于维护社会公平、公正，减少了社会不正之风的干扰；有利于适应经济体制改革的要求，促进高等教育健康发展。

2. 计算机网上录取得以普及

1999 年，教育部在全国范围内组织了 9 个省（自治区、直辖市）和北京大学等 400 余所高校进行网上录取试点工作。目前，高考网上录取基本普及。计算机网上录取是现代信息技术所带来的录取手段的革命性变革，是高考制度改革取得的又一项重要成果。

3. 高校自主招生迈开步伐

我国高校录取学生基本上委托各省招生考试院按"志愿＋总分"从高分往下录，录取模式单一，使高校失去了招生自主权。为了改变这种状况，教育部决定于 2003 年开始在部分高校设立自主招生试点。截至 2007 年，全国共有 59 所高校实施自主招生。高校自主招生可以减轻政府的压力和风险，提高高校的市场竞争力，同时还可以给考生更大的选择空间，学生可以通过直接与高校双向选择真正实现自己的志愿，使优秀人才选择到最能发挥自己特长的学科专业。高校的自主招生为我国高考制度的改革做了非常有意义的探索。

二、考试选拔制度改革的基本经验

（一）坚持统一考试为主、多样化考试相结合的考试选拔制度，确保考试选拔制度的权威性和公正性

新中国成立 60 年以来，我国始终坚持实行标准统一、内容统一的国家统一高考制度。实践证明，统一高考制度是适合我国国情的考试选拔制度，它最大的优点就是权威、公正。高校招生"以考生的分数而不是考生的家庭出身、血统、背景、关系、金钱以及弹性极大的所谓'表现'

作为录取标准"①，有利于消除特权，使肯努力的学生都怀有希望②，是维护社会公平、坚持社会公正、稳定社会秩序的重要手段，在相当程度上形成了一种无论贵贱贫富，在考试面前人人平等、在分数面前人人平等的观念和社会文化氛围。③ 统考统招制度承载了广大考生和人民群众对于教育公正的善良愿望和美好理想。④ 在很长时间内，统一高考被认为是最公平的社会制度。尽管多年来高考改革持续不断，但"改什么也不能改掉公平"一直是老百姓看待高考改革的"底线"，能否公平选材是衡量高考改革成败与否的根本标尺。⑤ 实践也证明，一旦偏离了公平的标尺，甚或取消统一高考制度而代之以免试、推荐等形式，考试选拔制度在中国这个"关系社会"、"人情社会"就有可能沦为金钱、权力的"婢女"，成为滋生腐败的场所，引发人民群众的不满，影响社会的和谐与稳定，更甚者还会阻碍社会的进步。"文化大革命"期间取消高考、代以推荐，保送生制度在施行中的异化，以及近年来人们对高校自主招生公平性的担忧就是活生生的例子。

但是，统一高考制度也有局限性。在教育评价机制不健全的情况下，高考事实上成为中学教学的"指挥棒"，"素质教育搞得轰轰烈烈，应试教育抓得扎扎实实"成为中学教育的真实写照；"一张考卷、一次考试"的形式难以满足不同层次、种类高校的生源要求，也难以为不同个性、爱好和水平的考生创造合适的表现机会；"一考定终身"使考生和家长承受着巨大的压力，带来不少社会问题。因此，在坚持以统一高考为主的前提下，我国也在积极探索多样化的考试选拔方式。60 年来，保送生制度的施行和改革、"3＋X"高考科目设置模式的实验和多元发展、高考内容从"知识立意"到"能力、素质立意"的变化、高校自主招生的试点、试行

① 雷颐：《珍惜考试》，《大学生》1997 年第 10 期。
② 刘海峰：《为什么要坚持统一高考》，《上海高教研究》1997 年第 5 期。
③ 刘海峰：《高考改革的教育与社会视角》，《高等教育研究》2002 年第 9 期。
④ 刘海峰：《传统文化与两岸大学招考改革》，《高等教育研究》2002 年第 4 期。
⑤ 张耀萍：《高考形式和内容的改革——基于利益博弈的视角》（博士论文），厦门大学 2007 年。

二次高考等，成为考试选拔制度改革进程中的一道道独特的风景线。这些探索丰富和完善了统一高考制度，使得考试选拔制度更加科学、合理、公正。

可以预见，今后考试选拔制度的改革不会停下它的脚步。但不论怎样改革，公平和效率都永远是考试选拔制度追求的目标。这是60年的改革和发展给我们留下的一条重要经验。

（二）坚持德、智、体全面衡量的选拔取向，注重核心知识、能力和素质的考查

自建制以来，我国的考试选拔制度就一直把德、智、体全面衡量，择优录取作为选拔人才的基本原则，为高一级学校选拔了大量德、智、体全面发展的人才，较好地完成了为国选材的使命。

在60年的改革探索中，我国的考试命题还经历了从"知识立意"到"能力、素质立意"的转变。在这一过程中，我们逐渐认识到，招生考试既要注重核心知识的考查，更要注重能力和素质的考查。20世纪80年代中期以前，考试主要是重知识考核而对能力考核不够。时代的发展对人才提出了新的要求，现代社会不仅需要基础知识扎实的人才，更需要德才兼备，具有较高的文化素质、业务素质、实践能力、创新能力的人才。于是，国家作出了"全面推进素质教育的决定"，与这一决定相适应，现代考试选拔既注重核心知识的考查，更注重能力和素质的考查。

第五节　考试选拔制度改革的趋势与展望

经过60年特别是改革开放30年的改革和探索，以高考制度为代表的考试选拔制度逐步迈向科学化、标准化、人本化的道路。但是，任何制度都不可能尽善尽美，高考制度也是这样。由于高考竞争有着深刻的社会、经济、文化根源，承担着巨大的社会责任，众多的社会矛盾和教育问题集中地在高考中体现出来，使高考本身就处于诸如"统一考试与考查品行"、"统一考试与选拔专才"、"考试公平与区域公平"、"保持难度与减轻负担"等一系列的两难境地之中。① 如何处理这些矛盾将是高考改革需要继续思考的问题。另外，目前中国高等教育已进入大众化阶段，过去为选拔少数精英的高考模式必然要发生相应的改变，而素质教育的推行、新一轮课程改革的实施也对高考制度提出了挑战。因此，改革仍然是高考制度适应社会和教育发展需要，是完善自身、保持生命活力的根本出路。回溯新中国成立 60 年来高考制度改革的历程，可以看到，追求公平、高效、科学、合理始终是高考改革的目标和方向。

一、完善考试选拔制度体系，进一步扩大高校招生自主权

兼顾统一与多样是中国高考制度改革在今后相当长一段时间内的发展方向。通过改革，我们将逐步建立起以国家统一考试为主，与多元化考试评价和多样化选拔录取相结合，高校自主招生、自我约束，政府宏观指导和调控，社会有效监督的具有中国特色的高校招生考试制度。②

在将来相当长的时期内，统一高考仍然会是我国高校入学考试的主流。首先，在目前的社会氛围和考试技术条件下，与其他考试选拔方式相比，统一高考仍然是相对公平的，这满足了公众对高考公平的强烈诉求，有利于社会的安定和团结。其次，统一高考由于集中了全国的专家进行系统的命题研究设计，保证了考试题目的质量，使考试具有较高的权威性。

但是，正如前面所说，统一高考制度也有其弊端，为此，我们必须在坚持以统一高考为主的同时，探索多层次、多类型的考试选拔制度。比如，增加考试次数，拓宽考试种类，设置不同考卷，发挥不同组织主体的作用来促进高考形式和内容的多样化，等等。在此基础上，建立起分层分类、多次多样的考试选拔制度体系。

---

① 刘海峰：《高考改革中的两难问题》，《高等教育研究》2000 年第 3 期。
② 刘海峰：《高考改革的统独之争》，《校长阅刊》2007 年第 1－2 期。

随着高等教育大众化的发展，或者当高等教育进入普及化阶段以后，扩大高等学校自主权成为招生制度改革的一个必然的发展趋势。为此，高校在自主招生过程中应树立自觉承担社会公共责任的意识，加强自律，最大限度地实现招生公平；政府也要建立健全相关法律法规体系，规范高校自主招生；同时还应强化社会诚信机制，加强社会对高校自主招生的监督。这样，高校自主招生才能得到良性发展，高校的招生自主权才能得以有效行使。

二、考试内容体现素质教育要求，注重综合素质考查

1999 年 6 月颁布的《中共中央国务院关于深化教育改革全面推进素质教育的决定》指出："实施素质教育，就是全面贯彻党的教育方针，以提高国民教育为宗旨，以培养学生的创新精神和实践能力为重点，造就有理想、有道德、有文化、有纪律的，德智体美等全面发展的社会主义事业建设者和接班人。"而改革高考中考制度是推进中小学全面实施素质教育的重要举措。高考中考改革要有利于高一级学校选拔高素质人才，有利于中小学实施素质教育。可见，素质教育思想已经成为引领高考中考改革的航标，今后它必将继续为高考中考改革导向。

考试改革要落实素质教育的要求，关键是考试内容的改革。新一轮高考改革把高考内容的改革作为重点和难点，并提出了三条原则：一是更加注重能力和素质的考查，二是遵循教学大纲，三是增加能力型、应用性试题分量。自改革以来高考正是按照这个基本思想来命题的，已取得一定成效。[①]

有理由认为，根据素质教育理论，今后的高考中考，一是要重视核心知识的考核，核心知识是进一步学习的基础；二是要加强能力与素质考察；三是要注重专业"性向"的考查。此外，对思想品行的考查也是必不可少的。

---

① 丁鑫：《素质教育与高考制度改革探析》（硕士论文），辽宁师范大学 2002 年。

与考试内容改革相适应，考试形式也需同步改革。单纯的纸笔测验难以全面考察学生的能力，因而必须通过其他方式弥补。因此，理想的选拔方式是：既通过考试测评考生的能力和素质，又注重考查考生平时表现出来的思想道德素质、文化素质、身心素质和业务素质。

三、逐步由国家考试向国家指导下的社会化考试转化

在统考统招制度下，政府承担了从制定招生计划、命题、考试到录取等一系列复杂的招生工作，主导着整个高考与招生过程。这样的优点是试题质量高、保密性好，但其局限也很明显：考试的次数难以大幅提高，限制了考生机会。随着社会主义市场经济体制的建立与逐步健全，高校办学体制多元，社会力量办学的高等学校逐步增加，高等学校办学自主权逐步回归，高考有逐步向社会化考试转化的趋势，即国家从规则的制定与实施者转为规则实施的指导者，从招生考试的权力机构转变为服务机构。

从长远来看，考试组织的市场化，即考试由专门的社会考试机构组织是一个发展趋向。"从世界各国的情况来看，政府逐渐退出考试业，转由各中介机构来经营是一个总的趋势，考试正在进入一个市场化、产业化、民间化、多元化阶段。"[1] 比如，美国就没有国家设置的高校招生考试管理机构，也不实行全国统一招生考试，它的大学入学考试由社会考试机构来组织实施。目前，由私人团体办的大学招生入学考试机构主要有两家，即美国大学入学考试委员会（CEEB）和美国大学考试项目测试中心（ACT）。这两家机构都是得到美国大学委员会和研究生委员会的认可的。对我国来说，政府也不宜包揽高校的入学考试，逐步建立一个独立于政府和高校之外的权威的专业性考试机构将是必要的。考试由专业的考试机构来承担，对政府来讲，可以减少开支，减轻工作负担，增加税收；对大学来讲，可以通过考试机构组织的多样化考试招收到满意的生源；对考试中

---

[1] 肖锋：《对我国高校考试和招生制度的几点思考》，《杭州师范学院学报（社会科学版）》2003 年第 4 期。

介机构来讲，可以通过守法经营取得利润，通过合法竞争求得发展；对考生来讲，可以增加考试机会，扩大选择范围，满足多样化的需求。

专业性的社会考试机构，至少必须具备以下几大条件：其一，它必须要有一批专家、学者，当然包括研究基础教育、能为大学选拔人才的专家为命题服务。其二，作为大学入学考试或其他考试的服务机构，必须要有一整套考试机构运作的机制。其三，它必须严格遵守诸如保密规定等各项国家政策，否则举行的各项考试便没有权威性。专业性的民间考试机构的申建必须具备其应有的条件，国家对专业性民间考试机构的建立须按制定的标准严格审查，符合条件的才能批准。①

国家大规模考试社会化，需要政府转变职能，由招生考试的权力机构逐步转变为服务机构。政府负责制定招生考试政策，为招生考试工作导向；审核考试机构的资格，对考试机构的工作人员进行培训；建立完善的法律法规，对招生考试工作进行监管，惩处违规操作，肃清高考命题中的不正之风；建立社会诚信机制，加强对招生考试工作的社会监督、舆论监督；为考试机构、考生、考生家长以及其他社会成员提供咨询服务和信息服务。

从目前的情况看，考试市场化、社会化将是一个漫长的过程，但也是一个必然的过程。

---

① 彭春生：《高校招生考试改革构想》，《扬州大学学报（高教研究版）》2002 年第 2 期。

第 五 编

中小学教材与基础教育研究制度建设

中国基础教育60年的辉煌成就，离不开中小学教材建设和教研制度的强力支持。60年来，中小学教材建设从一纲一本到多纲多本，从国定制到审定制，从单一纸质材料到以纸质、电子音像及网络相配套的立体化材料，不断探索，走过艰辛，走向希望，取得累累硕果。以政府主导型教研制度为主体，以高效运转的四级教研网络为骨架的中国特色的基础教育研究制度，造就了一支充满活力的专、兼职教研队伍，保证了党和国家教育方针政策的全面落实，保障了中小学教师队伍素质和基础教育质量的稳步提升，为实现我国基础教育目标奠定了坚实基础。

第十三章
中小学教材建设

　　中小学教材是课堂教学的依据，是学生获取知识的主要来源，在基础教育教学中起着举足轻重的作用。中小学教材具有巨大的启蒙作用，从青少年的成长来看，会直接影响到人生观和世界观的形成、创新人才的培养；从普及教育来看，会影响到中华民族整体素质的提高。

　　新中国成立以来，党和政府依据我国社会主义建设和经济发展的需要以及不同时代教育教学的实际情况，提出了中小学教材建设的指导思想和编写方针，并采取一系列措施保证基础教育教材编写工作的顺利进行，促使教材质量不断提高。60 年来，中小学教材建设与其他各项社会主义建设事业一道，不断克服困难，走过艰辛，走向希望，取得累累硕果。

第一节　中小学教材建设的基本历程

　　新中国中小学教材建设是集体智慧的结晶，是教育理论与教学实践结合的成果。随着社会的风云变幻，中小学教材的发展变迁也昂然行进了60 年光辉而不平凡的历程。

一、中小学教材建设的初期探索(1949—1976)

(一)新中国成立17年期间中小学教材的过渡与统一(1949—1965)

1949 年中华人民共和国成立前夕,人民政府对学校教育提出"维持现状、立即开学"① 的要求。中小学教材的出版、发行,量大而时间紧迫,工作十分繁重,于是基本是有选择地沿用、有重点地改编老解放区的课本和国民党统治区的旧课本,迅速出版和及时供应,一般是由新华书店(总店及分店)负责,各地印行。

新中国成立初期 17 年期间中小学教材概览

---

① 见语文课程与教学网,http://ywjxw.lsxy.com,2009 - 08 - 19。

1. 新中国中小学教材的渐次统一并全国通用

1949 年 3 月，中央指示出版工作在有利和可能的条件下，有计划、有步骤地走向统一集中。① 当时，全国划分为东北、华北、华东、中南、西北、西南六大行政区，各地课程标准不一致，基本都是自编自印教科书。1949 年 4 月华北人民教科书编审委员会成立，由叶圣陶任主任委员，周建人、胡绳任副主任委员。1949 年 7 月 10 日，《中共中央宣传部关于中小学教科书问题给武汉市委宣传部的指示》中指出："今后全国各地用教科书，除一部分小学教科书有地区差别之外，均应在可能条件下要求一致。"华北的教科书编审委员会是作为中央政府的教科书编审机构的基础而成立的。②

1949 年 7 月华北联合出版社与上海联合出版社相继成立。至 1949 年 8 月底止，华北联合出版社共印中小学教科书 1 962 000 册；③ 截至 1949 年 9 月中旬，上海联合出版社已经赶印出 800 万本中小学教科书。④ 这些教材与各地新华书店及书坊出版发行的教材一起使用，奠定了新中国教科书统一集中发展的基础。1949 年 10 月，中共中央宣传部长陆定一在全国新华书店第一届出版工作会议的闭幕词中指出："教科书对国计民生，影响特别巨大，所以非国营不可。"⑤ 1949 年 11 月，中央人民政府出版总署设立编审局，调集部分老解放区、开明书店、中华书局等单位的编辑人员编审文、史、地教材。中央人民政府教育部和出版总署根据当时实际情况，决定在统一编辑的教科书尚未编成之前，先由教育部和出版总署会同

---

① 黄洛峰：《出版委员会工作报告》，见宋原放主编：《中国出版史料：第三卷现代部分（上册）》，山东教育出版社 2001 年版，第 8 页。

② 《中共中央宣传部关于中小学教科书问题给武汉市委宣传部的指示》（1949 年 7 月 10 日），见中国出版科学研究所、中央档案馆编：《中华人民共和国出版史料（1949）》，中国书籍出版社 1995 年版，第 170 页。

③ 黄洛峰：《出版委员会工作报告》，见宋原放主编：《中国出版史料：现代部分（第三卷上册）》，山东教育出版社 2001 年版，第 15 页。

④ 黄洛峰：《出版委员会工作报告》，见宋原放主编：《中国出版史料：现代部分（第三卷上册）》，山东教育出版社 2001 年版，第 15 页。

⑤ 中央教育科学研究所编：《中华人民共和国教育大事记（1949—1982）》，教育科学出版社 1983 年版，第 3 - 4 页。

拟订中小学教科用书目录，发到各大行政区的文教部（教育部），规定中小学教科书必须统一采用目录中所列各书。同时，成立国家统一编辑出版中小学教材的专门机构——人民教育出版社。1950 年 12 月 1 日，人民教育出版社成立，毛泽东亲笔题写了社名。

1950 年 12 月，人民教育出版社一成立便开始承担华北、华东地区 1951 年春季中小学教材的生产造货供应工作，并统一向其他地区新华书店供应纸型，分区造货供应。1951 年 2 月，政务院文化教育委员会批准出版总署制订的《1951 年出版工作计划大纲》中规定："人民教育出版社开始重编中小学课本，并于本年内建立全国中小学课本由国家统一供应的基础。"①1951 年 4 月 16 日，教育部和出版总署联合发布《关于 1951 年秋季教科用书的决定》，指出在这些中小学教科书中，除高中部分教科书由其他出版社出版外，其余 35 种共 83 册全部由人民教育出版社供应。有人习惯于把这套教科书称为第一套全国通用教科书。

1953 年 5 月，中共中央政治局召开会议讨论教育工作，毛泽东主持会议。他十分重视教材问题，指示教育部宁可把别的摊子缩小点，必须抽调大批干部编出社会主义教材。②当了解到人民教育出版社仅有 30 个编辑时，毛泽东指示补充 150 名干部来编写教材，于是很快从全国各地陆续调集了一批干部和大、中、小学优秀教师，充实和调整了人民教育出版社的领导力量和编辑力量。③

1954 年，人民教育出版社代教育部拟订十二年制中小学教学大纲，并开始编写新的教材。1955 年该套部分新教材开始出版，1956 年秋季在全国陆续使用。这套教材刚使用一年，便发现某些学科的教材要求较高、内容较深，造成了教与学的过分紧张，于是，教育部不得不先后发出《关于精简小学语文、历史、地理教材的通知》和《关于中学历史、地

---

① 课程教材研究所编：《教材制度沿革篇（上册）》，人民教育出版社 2004 年版，第 2 页。
② 中央教育科学研究所编：《中华人民共和国教育大事记（1949—1982）》，教育科学出版社 1983 年版，第 77 页。
③ 刘杲、石峰主编：《新中国出版五十年纪事》，新华出版社 1999 年版，第 28 页。

理、物理、生物等科教科书的精简办法》（1957 年 8 月），对中学历史、地理、物理、生物和小学语文、历史、地理 7 门学科教材进行精简。

1958 年 8 月，中共中央、国务院发布《关于教育事业管理权下放问题的规定》，提出："各地方根据因地制宜、因校制宜的原则，可以对教育部和中央主管部门颁发的各级各类学校指导性教学计划、教学大纲和通用的教材、教科书，领导学校进行修订和补充，也可以自编教材和教科书。"① 1958 年 9 月，教育部发出通知：今后各地可以自编教材，教育部不再颁发教学用书表。各地采取增、删、补的办法，对通用教科书进行修改。

1959 年 6 月教育部布置人民教育出版社重新编写中小学教材。1960 年 1 月，教育部党组提交中共中央文教小组的《关于适应教学改革，改编教材的报告》中提出，着手组织力量编辑一套十年制新教材（包括课本和教学参考书）。人民教育出版社按照当时中小学适当缩短学制年限、适当控制学时、适当提高程度、适当增加劳动的要求，赶编十年制中小学教材。这套教材（未编历史、地理、生物）1961 年秋季开始在全国试行十年制学校的小学一年级和初中一年级试用。

1961 年 4 月 11 日，中央文教小组开会讨论中小学教材问题。会议决定，将已编好的十年制教材，供各地试用；待一定时期后，将其学习时间拉长为十二年，作为十二年制教材。教育部随之制定了新的教学计划，组织新编的全日制十二年制中小学教材于 1963 年陆续出版，并于 1963 年秋季开学在全国十二年制的小学一年级和初中一年级各科使用。但这套教材只出版了一部分，后根据毛泽东 1964 年 2 月在教育工作座谈会上的讲话和教育部于 1964 年 5 月发出的《关于精简中小学各科教材的通知》进行修订。修订后的教材还没有来得及出版，"文化大革命"就开始了。

2. 尝试中小学教育教学改革的试验教材

新中国教科书在统一过程中，并没有完全否定多样化的试验，这主要

---

① 中央教育科学研究所编：《中华人民共和国教育大事记（1949—1982）》，教育科学出版社 1983 年版，第 228 页。

体现在各种试验教材和乡土教材的编写和使用。

1958 年，在"大跃进"激进追求速度的思想影响下，各学校开始进行缩短学制的试验。相应地，教育界认为中小学教科书呈现出的主要问题是"少慢差费"现象。1958 年 9 月 19 日，《中共中央国务院关于教育工作的指示》明确提出："现行的学制是需要积极地和妥当地加以改革的，各省、市、自治区的党委和政府有权对新的学制进行典型试验，并报告中央教育部。"① 于是，各地纷纷进行缩短中小学学制的改革试验。试验的新学制主要有：小学五年一贯制，中学五年一贯制，中小学七年一贯制、九年一贯制、十年一贯制、五三二制（一种十年制）、九二制，中学四二制、三二制、二二制、四年制等。根据试验学制，各种相关教材也开始编写与使用。上海、江苏新编了十年制中小学语文、历史、地理、常识四科教材。18 个省和师范院校自编了全套或部分九年制、十年制中小学教材。如北京师范大学数学系在 1958 年编写了一套九年一贯制（全日制）数学教材。1960 年华北中小学教材编审委员会曾经编写中小学语文（五三二制）部分教材。1960 年湖南师范学院教学改革办公室编写过五年制中学试用课本《数学》等。

1960 年 6 月 26 日至 7 月 12 日，教育部在北京召开新教材研究会议，着重研究复审了北京师范大学新编的九年一贯制四科教材和人民教育出版社修改的十二年制四科教材。1960 年 9 月 7 日，中央文教小组组长陆定一提出，编写三种中小学教材，分别向新学制过渡。甲种教材，将现行的十二年制教材加以修改，供十二年制学校用；乙种教材，将十二年学习内容，按十年安排，供十年制学校用；丙种教材，把程度提高到大学一年级水平，供试验新学制学校试用。

1958 年 10 月 4 日，《人民日报》发表社论《根据党的教育方针来改革教材》，推荐河南省农业林业教育工作者编写教材的经验，说他们五个

---

① 刘英杰主编：《中国教育大事典（1949—1990）（上）》，浙江教育出版社 1993 年版，第 38 页。

月就制订和编写出高等、中等、初等三级农林学校的教学计划、教学大纲和教材。[①] 并指出：编教材也要两条腿走路，中央编，地方编，专家编，教师和群众也可以编。在这种形势下，各地教育部门和学校采用增、删、补、改等方式，对原来通用的人民教育出版社编写出版的教科书进行修订和改编。

当时人民教育出版社主要出版通用的、基本的、主课的各教科书，像音乐、美术教材，农业基础知识等教材是由其他专业出版社或地方出版社编辑出版的。

1958 年 1 月教育部通知指出：根据党中央和毛主席的指示，中、小学和师范学校地理、历史、文学等科都要讲授乡土教材，同年《教育部关于编写中小学、师范乡土教材的通知》颁布。从 1958 年到 1965 年大部分省市均编写了本省的乡土地理、乡土历史。

1949—1966 年，新中国教材建设的发展经历了渐次统一、自主试验的发展过程。在教材管理层面，"编审合一、一纲一本"统编通用的国定制教科书制度得以确立，但统一和通用并不否定多样化的试验教材。在教材编撰出版层面，在引进、学习、借鉴苏联的教科书方面做了大量工作，在自编乡土教材、补充教材的探索中，初步解决了教材的思想性、科学性以及与地方实际的结合等问题，教材建设不断取得突破，成果丰硕。

（二）"文化大革命"期间中小学教材的无序与停滞（1966—1976）

1966 年 5 月，"文化大革命"开始。6 月 13 日，中共中央、国务院批转教育部《关于 1966—1967 学年度中学政治、语文、历史教材处理意见的请示报告》。中央批示指出：目前中学所用的教材，没有以毛泽东思想挂帅，没有突出无产阶级政治，违背了毛主席关于阶级和阶级斗争的学说，违背了党的教育方针和政策，不能再用。这些教材未印的均应停止印刷，已印过的也要停止发行。中学历史课暂停开设；政治和语文合并，以毛主席著作为基本教材，选读"文化大革命"的文章和革命作品。教育

---

① 中央教育科学研究所编：《中华人民共和国教育大事记（1949—1982）》，教育科学出版社 1983 年版，第 230 页。

部应积极组织力量，重新编写中学各科教材，包括小学教材。同时指示，不论高小或初小都要学习毛主席著作，初小各年级学习毛主席语录，高小可以学"老三篇"（《为人民服务》、《愚公移山》、《纪念白求恩》)，以及其他适合小学生思想政治水平和语文程度的一些文章。从此揭开修改课程和课本，全面否定原有课程结构和课本的序幕。①

1. 毛泽东著作成为中小学教材

1966 年 6 月，中共中央、国务院在批转教育部《关于 1966—1967 学年度中学政治、语文、历史教材处理意见的请示报告》时批示：政治和语文合并，以毛主席著作为基本教材。1966 年 6 月 18 日《人民日报》社论《彻底搞好文化大革命，彻底改革教育制度》进一步指出：不论是初级学校、中级学校还是高级学校，都要把毛主席著作列为必修课。② 1966 年下半年新学期刚开始，即原有教材被批判、废弃之后和新教材编写出来之前，中小学校断断续续的教学活动，主要就是以毛泽东著作作为学校的正式教材。

2. 各地自编中小学教材

1967 年 10 月《人民日报》连续发表社论号召复课闹革命，并提出由师生自订方案、自定课程、自选教学内容、自编教材。1967 至 1968 年间，全国各省、直辖市、自治区相继成立中小学教材编写组，着手自编教材。1967 年 10 月 28 日，《人民日报》发表社论介绍天津延安中学是怎样复课闹革命的，其中提到改革教材。1968 年 2 月 20 日，天津市革命委员会文教组发布天津延安中学和天津东风大学探索了一套四年制普通中学的教学改革方案和毛泽东思想课、语文、数学、英语、物理、化学等科的教学大纲（试用稿）。依据教学改革方案，天津延安中学与天津东风大学 1968 年合作编写了课本。

1968 年上海、北京等地均编写了自己的教材，没有自编教科书的地

---

① 中央教育科学研究所编：《中华人民共和国教育大事记（1949—1982)》，教育科学出版社 1983 年版，第 401 页。
② 《彻底搞好文化大革命，彻底改革教育制度》，《人民日报》1966 年 6 月 18 日。

区多采用北京版或上海版的教材，直至 1978 年。这些教材主要包括小学《语文》、《算术》、《科学常识》三种，中学《语文》、《数学》、《工农基础知识》三种，有少数地区编有中学《革命文艺》（音乐、美术合并而成）。在全国各地编写的课本中，又以上海中小学暂用课本最有影响力。

1966—1976 年，谈不上真正的基础教育教材建设，因为整个教育已经陷入阶级斗争的旋涡里。所有教材的编、审、用都处于以阶级斗争为纲的状态。中小学教材发展严重偏离了自身发展的轨道，明显表现出突出政治、突出生产实践，削弱基础理论、基本知识的特征，并呈现出全方位无序的格局。

上海市中小学暂用教材（上海革命教育出版社，1967 年开始出版）

二、中小学教材建设的深化改革（1977年至今）

随着我国进入全面开创社会主义新局面时期，我国基础教育教材建设乘着改革开放的劲风，开始了新的发展历程，焕发出无限的生机和活力。

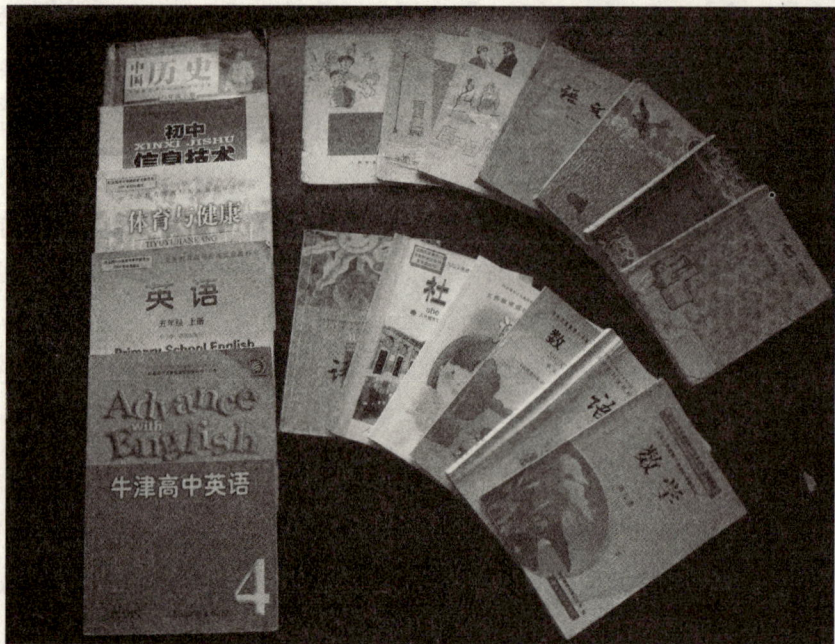

1977—2009 年中小学教材概览

（一）改革开放初期教材的恢复与规范（1977—1984）

1. 中小学通用教材迅速出版

1977 年刚刚恢复工作的邓小平敏锐地指出："关键是教材，教材要反映出现代科学文化的先进水平，同时要符合我国的实际情况。"[①] 并强调，"教材非从中小学抓起不可，教书非教最先进的内容不可。"[②] 教育部根据邓小平的指示，迅速启动全国通用中小学教材编写工作。

1977 年 12 月 20～28 日，教育部、国家出版局在河北涿县联合召开全国教材出版工作会议。会议决定今后由教育部负责统编中小学教材，计划在 3 年内完成，其中 1978 年秋季中小学一年级和部分课程的统编教材共

[①] 邓小平：《关于科学和教育工作的几点意见》，见《邓小平文选（第 2 卷）》，人民出版社 1983 年版，第 52 页。

[②] 邓小平：《关于科学和教育工作的几点意见》，见《邓小平文选（第 2 卷）》，人民出版社 1983 年版，第 52 页。

22 种，由人民教育出版社出版并供应纸型，分省印制发行，在 1978 年秋季开学前完成。暂无统编教材的各课程，仍由地方组织力量，参照统编教材的编写大纲编写出版，乡土教材和补充教材由各省自行编写出版。①

1978 年 1 月颁发了《全日制十年制中小学教学计划（试行草案）》②，各科教材的第一册和相应的教学参考书 1978 年秋季在全国使用。后续各册逐年更替，到 1980 年这套教材基本编完。这套教材包括课本 22 种 106 册，教学参考书 27 种 90 册。

经过两年多的实践，发现十年制教学计划在课程设置等方面需要修订，中学 5 年较难完成教学任务。因此，1981 年教育部又颁发了《五年制中学教学计划修订草案》、《五年制小学教学计划修订草案》，人民教育出版社开始对全日制十年制中小学教材进行修订，并编写五年制教材。

1981 年 4 月，教育部根据邓小平"要办重点小学、重点中学、重点大学"的指示精神，颁发了《全日制六年制重点中学教学计划（修订草案）》。1984 年，又颁布了《全日制六年制城市（农村）小学教学计划》和《全日制六年制城市小学教学计划（草案）》。1982 年开始编写六年制中小学教材。在教学计划颁布的同时，也对教材的编写和使用做了具体要求："五年制中学各年级教材修订本 1982 年秋季开始陆续供应。六年制重点中学全国统编教材 1983 年开始陆续供应。1983 年以前已改为六年制的学校，教材可以各地自编，也可以按人民教育出版社提出的过渡办法，使用五年制教材。"③

2. 各类中小学教学改革实验教材异彩纷呈

随着我国改革开放和教育的发展，教材的全国高度统一已经不适应实际需要，也不利于教材质量和教育质量的提高，因此教材政策的改革也势

---

① 《国务院批转教育部、国家出版事业管理局关于全国教材出版发行工作会议的报告的通知》，http：//www. people. com. cn/item/flfgk/gwyfg/1978/112701197804. html，2003–06–09。
② 课程教材研究所编：《20 世纪中国中小学课程标准·教学大纲汇编·课程（教学）计划卷》，人民教育出版社 2001 年版，第 329 页。
③ 课程教材研究所编：《20 世纪中国中小学课程标准·教学大纲汇编·课程（教学）计划卷》，人民教育出版社 2001 年版，第 336 页。

在必行。1982年，人民教育出版社拟订了《关于中小学教材编审工作责任制的规定（试行草案）》，明确了各级编写人员的工作要求，从制度层面有力地保障了教科书的编写质量及出版发行。与此同时，各地开创性地试编了各种不同编排体系的试验课本，探索了教材编制的新方法，使教材趋于多样化和灵活化，丰富与发展了课程内容。如当时六年制试行的教材是由北京、天津、上海、浙江4个城市联合编写的全日制六年制小学语文课本和数学课本，除自用外，其他地区的全日制六年制小学也有选用的。上海还编辑出版了小学历史常识课本和地理常识课本。中央教育科学研究所、北京景山学校都编有小学语文和数学的实验课本。

1984年教育部公布的《关于全日制六年制小学教学计划的安排意见》中指出，"适应城乡的不同需要，照顾农村小学的特点，在教学要求基本相同的前提下，城乡实行两种教学计划"。基于此，教育部分别拟订和颁布了《全日制六年制城市小学教学计划（草案）》和《全日制六年制农村小学教学计划（草案）》，分别结合城市和农村实际，对城市小学和农村小学课程设置作了针对性的调整，出现了城市版和农村版教科书。如城市小学语文就包括"讲读、说话、作文、写字"4个部分，而农村语文只涉及"讲读、作文和写字"3个部分，农村开设了农业常识课，城市增开了唱游课等。

从1981年开始，根据《全日制六年制重点中学教学计划（试行草案）》的精神，中央教育科学研究所教改实验小组编写出版了《初中实验课本（试用本）语文》，同时还出版了一套分编型六年制重点中学语文课本（试用本）。每学期分编"阅读"和"写作"各一册，两本课本配合使用。该试验教材自1982年开始在全国29个省、自治区、直辖市200多个初一班试教，1983年9月又扩大为1 000个班的第二轮试教。六年制重点中学数学实验教材有两套：第一套是由教育部委托中国科学院数学研究所、北京师范大学等单位根据美国加州大学伯克莱分校项义武教授的"关于中学实验教材的设想"编写的，全书共六册，供初、高中六个年级试用；第二套是由北京师范大学数学系按照五四三学制编写的。在这一期间，上海市中小学教材编写组也根据《全日制十年制中学数学教学大纲

（试行草案）》的精神和要求，在上海市中学理科班数学教材的基础上，于 20 世纪 80 年代初期分科编写了《代数与初等函数》、《立体几何》、《平面解析几何》、《微积分初步》等分科的高中教材。北京师范大学在附中试验中学七年（按四三分段）的学制，并编写相应的中学实验教材。北京师范大学、华东师范大学还分别编有高中地理和地学课本。中央教育科学研究所、北京景山学校也编了中学语文和数学的实验课本。辽宁黑山北关实验小学，北京师范大学附中，华东师范大学一附中、二附中，上海师范大学一附中，辽宁省鞍山市第十五中学，福建省福州市第三中学等学校都编写了不同风格的语文课本。

全国通用十年制教材试用以后，多数地区、学校和师生反映教育内容"深、难、重"，难于完成教学任务。1983 年，教育部针对数学、物理、化学等教科书在具体实施过程中普遍感觉内容深、难、重这一突出弊端，发布了《关于颁发高中数学、物理、化学三科两种要求的教学纲要的通知》。该《通知》指出，数学、物理、化学 3 个学科供应适合较高教学要求的甲种本和适合基本教学要求的乙种本。

1978—1984 年，基础教育教材建设不断恢复与实验，教材理论研究也取得了进展，教材编写注意到基础知识的选择、智力的启迪与能力的培养，但出现了"难、深、重"的倾向。

（二）义务教育实施后中小学教材的多样与实验（1985—1999）

为在全国有步骤地普及义务教育，适应经济发展水平不同地区义务教育的需要，切实提高全民族的素质，提升教科书编写质量，国家教委确定了教材审定制。"改革现行的教材编审制度，把编、审分开，在统一基本要求，统一审定的前提下，逐步实现教材的多种风格。鼓励各个地方、高等学校、科研单位、专家、学者、教师个人按照党和国家的教育方针和统一的基本要求参加编写教材，允许在教材的内容选择和体系的安排上有不同的风格。"①1985 年 1 月 11 日，教育部颁发《全国中小学教材审定委员会工作条例

---

① 课程教材研究所编：《教材制度沿革篇（上册）》，人民教育出版社 2004 年版，第 261 页。

（试行）》，指出：今后中小学教材建设，把编写和审查分开，人民教育出版社负责编写，各省、直辖市、自治区教育部门、学校、教师、专家可以编写；全国中小学教材审定委员会负责审定，审定后的教材由教育部推荐，供各地选用。这标志着我国中小学教材由"一纲一本"的统编通用制改革为"多纲多本"的竞编选用制。为了进一步完善这一制度，1987年10月国家教委颁布了《全国中小学教材审定委员会工作章程》及《中小学教材审定标准》和《中小学教材送审办法》两个附件。这是我国教材建设史上的重大变革。我国中小学教材建设由此迈出了新的步伐。

1. 义务教育实验教材

1987年起，国家教委组织力量编写了义务教育小学和初中阶段的各科教学大纲的初稿。1988年5月，国家教委颁发《义务教育全日制小学、初级中学教学计划（试行草案）》（包括六三制和五四制两种）和九年义务教育阶段各科教学大纲初审稿。从1989年开始，人民教育出版社以《九年制全日制小学和初级中学各科教学大纲（初审稿）》为依据编写义务教育六三制和五四制两种教材。1990年秋季，人民教育出版社编写的九年义务教育实验教材出版，经全国中小学教材审定委员会审查通过，在全国28个省、自治区、直辖市的一些市、县、区进行实验。

1992年8月国家教委正式颁发《九年义务教育全日制小学、初中课程计划（试行）》和九年义务教育小学和初中共24科教学大纲（试用）。1993年秋季，人民教育出版社按照新大纲重新编写的九年义务教育（五四制、六三制两种学制）的各个学科的教科书，开始供应全国。

2. 八套半实验教材的尝试

1988年8月《九年制义务教育教材编写规划方案》正式颁发。该方案对教材编写的具体目标作了以下规划："编写中小学教材是一项艰巨、复杂的工作，要编好一套教材，需要投入巨大的人力和财力，根据现有条件，设想用四五年时间，逐步完成以下四种类型等教材编写工作：一是面向全国大多数地区，适合一般学校使用的六三制教材；二是面向全国大多数地区，适合一般学校使用的五四制教材；三是面向经济比较发达的地区，适合办学条件比较好的学校使用的中小学教材；四是面向经济文化基础比较薄弱的边远地区、农牧地区和山区以及办学条件较差学校使用的中小学教材。"根据这一规划方案，国家教委委托人民教育出版社等10多家单位和地区筹备、组织编写以上四类教材，并明确提出要按不同风格、不同层次，供全国不同地区、不同条件的学校使用，史称"八套半教材"。即人民教育出版社、北京师范大学、广东省教育厅和华南师范大学（教材内容的要求和程度适当高于教学大纲的规定，面向经济文化比较发达地区和办学条件较好的中、小学教材）、四川省教委和西南师范大学编写的（新教材内容的要求和程度基本上达到教学大纲的规定，面向经济文化基础比较薄弱的边远地区、农牧地区和山区，以及教学条件较差的中、小学教材）5套不同层次、不同特色的教材。上海、浙江根据本地区的特点编写出相应教材，河北省也根据本地区农村复式教学的需要编写了小学复式教材。这些教材于1989年开始实验，1992年开始逐年送中小学教材审定委员会审查，1993年9月在中小学的起始年级全面使用。到1994年初中教材一轮审查完成，1997年小学教材一轮审查完成。

表 13－1　"八套半教材"编写情况一览

编写单位	教材类型	使用地区
人民教育出版社	六三制教材	全国
人民教育出版社	五四制教材	全国
北京师范大学	五四制教材	全国
广东省教委、华南师范大学	沿海版六三制教材	沿海地区
四川省教委、西南师范大学	内地版六三制教材	内地地区
8所高师院校出版社	六三制教材	
河北省教育科学研究所	农村小学部分复式教学教材（算半套）	全国复式学校
上海市教委	发达城市六三制教材	上海市
浙江省教委	综合课教材"发达农村的六三制教材"	浙江省

3. 乡土教材异彩纷呈

国家教委于1987年6月3～7日在浙江省召开了全国乡土教材工作会议，研究确定了乡土教材编写的方针、内容范围，以及有关政策问题。到1990年底，据不完全统计，各地编写的乡土教材达2 000种以上，包括了地理、历史、生物、思想品德、音乐、美术等学科，涉及小学、初中、高中各年级。

1985—1999年，中小学教材建设从编审合一到编审分离，从一纲一本到一纲多本、多纲多本，实施教材多样化方针，打破了全国中小学基本上使用同一套统编教材的局面，不同地区、不同学校可以根据本地区、本学校的情况选用不同层次的教材，新中国教材建设取得实质性的进展。在教材的体系、结构、内容的选择和安排上，认真汲取多年来各学科教学改革的成果，在注重"双基"的同时，重视培养学生的能力，开发学生的智力，注重思想道德和情感教育；注意因材施教，面向全体学生。这不但在教学实践中取得良好的效果，而且昭示着我国教材发展机制的改革迈出了扎扎实实的一大步。

(三)新一轮基础教育课程改革教材的繁荣与兴盛(2000年至今)

1999年6月颁布的《中共中央国务院关于深化教育改革全面推进素质教育的决定》提出要"调整和改革课程体系、结构、内容，建立新的基础教育课程体系"。其后召开的第三次全国教育工作会议和国务院批转的教育部《面向21世纪教育振兴行动计划》，都提出了改革现有基础教育课程体系，研制和构建面向21世纪的基础教育课程教材体系的任务。2001年7月，国务院通过《基础教育课程改革纲要（试行)》，明确指出："完善基础教育教材管理制度，实现教材的高质量与多样化。""实行国家基本要求指导下的教材多样化政策，鼓励有关机构、出版部门等依据国家课程标准组织编写中小学教材。"随着《基础教育课程改革纲要》的实施及《义务教育课程标准（实验稿)》的相继颁布，人民教育出版社、北京师范大学出版社、江苏凤凰出版集团、广东省出版集团、湖南出版投资控股集团、教育科学出版社、语文出版社、外语教育与研究出版社、湖南师范大学出版社等相继投标编撰中小学教材，基础教育教材群雄逐鹿的时代来临。

　　2001 年 9 月，20 个学科（小学 7 科、中学 13 科）49 种中小学新课程标准实验教材首次在全国 38 个国家级实验区试用。参加实验的小学 3 300 余所，小学生约 27 万人；初中 400 余所，初中生约 11 万人。① 至 2003 年秋季开学，全国共有 1 642 个县（区）、3 500 万中小学生（占义务教育阶段学生总人数 18.6%）使用新课程。到 2003 年，已有 147 套、近千册教材通过审查。② 2004 年课程改革进入全面推广阶段，全国起始年级启用新课程的学生人数要求达到同年级学生的 65%～70%。2005 年秋季，中小学阶段各起始年级都起用新课程教材。③ 截至 2009 年春，共有 84 家出版社开发的新课标教科书通过教育部审定，其中包括：六三学制小学 10 个学科 115 套、初中 19 个学科 116 套，五四学制小学 7 个学科 10 套、初中 11 个学科 20 套，普通高中 18 个学科 72 套。

　　2003 年 3 月，教育部颁布了《普通高中课程方案（实验）》和语文等 15 个学科课程标准（实验）。按照基础教育课程改革的总体部署，教育部决定 2004 年秋季，普通高中课程方案（实验）首先在广东、山东、宁夏和海南 4 省（自治区）普通高中起始年级开始实验。参加实验的学生达 127 万人，约占全国普通高中当年招生人数的 15.5%。为顺利推进新课程实验，教育部组织编写并审查通过了 14 个学科 274 册教材供实验区学校选用。④

　　新一轮基础教育课程改革在特定的时代背景下启动，承载着特定的历史使命。随着多套教材的审查通过并试用，优胜劣汰的市场竞争机制开始

---

① 任长松：《新一轮基础教育课程教材改革与探究式学习》，http://shy3667. bokee. com/ viewdiary. 12123143. html，2006 - 08 - 22。

② 《中华人民共和国教育年鉴》，http://www. moe. edu. cn/edoas/website18/95/info13595. htm， 2005 - 06 - 09。

③ 任长松：《新一轮基础教育课程教材改革与探究式学习》，http://shy3667. bokee. com/ viewdiary. 12123143. html，2006 - 08 - 22。

④ 《中华人民共和国教育年鉴》，http://www. moe. edu. cn/edoas/website18/65/info25165. htm， 2006 - 06 - 30。

在教材建设中发挥作用，教材建设出现了生机勃勃、蓬勃发展的喜人局面。各套教材在比较中求质量，在竞争中求发展，促进了教材编写和出版质量的明显提高。教材注重体现由"知识本位"向以学生的发展为本的转变，注重学生的学习方式的转变，加强与现实生活联系等，教材编写科学性明显提高。教材从选纸到印刷、装帧设计，从排版到封页、插图，通过丰富多彩的栏目设计、优美生动的语言文字，充分激发学生的学习兴趣，教材质量整体提升，中小学教材建设进入空前繁荣时期。

第二节　中小学教材建设的成就与经验

新中国成立 60 年来，我国中小学教材建设取得了斐然的成绩。据《中国出版年鉴》1980 年有关材料统计："文化大革命"前，全国教科书出版最多的年份是 1959 年，课本种数 3 000 种，印数 11 亿多册。粉碎"四人帮"后，我国教育事业得到新的发展，1979 年全年出版课本 2 400 多种，略低于 1959 年，但印数达 20 亿册，超过 1959 年。1981 年我国教科书出版又提高到新的水平，全年出版课本种数超过 4 000 种，印数近 20 亿册。① 又据新闻出版总署 2005 年、2006 年、2007 年全国新闻出版业基本情况统计：2005 年，中小学课本及教学参考书 80.02 亿册，其中中学课本 5 949 种（初版 1654 种）、小学课本 668 种（初版 1 535 种）。② 2006 年，中小学课本及教学参考书 78.62 亿册，其中中学课本 5 596 种（初版 1 208 种）、小学课本 6 316 种（初版 1 266 种）。③ 2007 年，中小学课本及教学参考书 79.40 亿册，其中中学课本 5 028 种（初版 932 种）、小学课本

---

① 张召奎：《中国出版史概要》，山西人民出版社 1985 年版，第 531 - 532 页。
② 《2005 年全国新闻出版业基本情况》，http://www.gapp.gov.cn，2006 - 08 - 24。
③ 《2006 年全国新闻出版业基本情况》，http://www.gapp.gov.cn，2007 - 07 - 10。

5 399 种（初版 990 种）。① 这些成绩为发展我国基础教育，建立完整的基础教育体系，实现基础教育目标奠定了坚实的基础。

一、中小学教材建设的突破性进展

（一）构建了具有中国特色的中小学教材管理制度体系

很长时间以来，我国一直实行全国高度集中统一的中小学教材管理制度。随着我国社会经济的发展，计划经济体制向市场经济体制转轨，中央高度集权管理体制向中央与地方合作管理体制过渡，中小学教材管理制度也发生了重大的变化。特别是 2001 年，中小学教材管理体制进行了重大改革。国务院经济体制改革办公室（简称"体改办"）等部门在对中小学教材管理体制进行调研的基础上，制定了《关于降低中小学教材价格深化教材管理体制改革的意见》。同时，经报国务院同意，教育部、国家计委、新闻出版总署、国家质量监督检验检疫总局等部门先后印发配套的文件，对中小学教材的编写、审定、出版、发行、选用体制等方面做出系列改革。

1. 确立中小学教材编写立项核准制度

2001 年 6 月，教育部颁发了《中小学教材编写审定管理暂行办法》，中小学教材编写的管理由原来的审批制改为立项核准制，中小学教材的编写实行项目管理。审批制是指编写中小学教材要得到教育行政部门的批准，更多强调行政意志，而立项核准制是把教材的编写作为一个项目来管理，强调在专家论证基础上的行政管理。核准的管理仍采取国家和省级教育行政部门两级管理，教材核准权限是以编写教材的所属性确定的。如编写的教材是国家课程教材，则由国家教育行政部门核准；如编写的教材是地方课程教材，则由省级教育行政部门核准。为建立健康的、有利于公平竞争的教材市场，杜绝利用行政权力垄断教材市场、滋生腐败等，明确了国家公务员不得以任何形式参与教材的编写，教育行政部门不得以任何形

---

① 《2007 年全国新闻出版业基本情况》，http：//www. gapp. gov. cn，2008 - 08 - 01。

式参与教材的编写，教材审查人员在被聘期内不得参与教材的编写。着重从编写指导思想是否正确、拟编教材的体系和结构是否科学合理、提供的样章和对编写所做的说明是否向学生提供了多样的学习方式、拟编教材是否具有较好的适应性等方面进行审核。

2. 实行中小学教材两级审定制度

1949—1985 年新中国中小学教材实行国定制。1986 年 9 月，全国中小学教材审定委员会成立，并且下设 19 个学科审查委员会和常设办事机构——国家教育委员会中小学教材审定委员会办公室。从此，各学科的教学大纲和教材的制定与编写都必须经过教材审查委员会的审查与审定委员会的审定，然后报国家教育委员会批准出版印行，并在封面上标明"全国中小学教材审定委员会审定"字样，列入中小学教材推荐用书目录，才能供各地学校选用。1996 年 10 月，国家教育委员会根据新的需要，修订发布了新的《全国中小学教材审定委员会工作章程》，将审定委员会的职责由"审定"变成了"审议"。① 2001 年颁发的《国务院关于基础教育改革与发展决定》中指出："教材编写核准、教材审查实行国务院教育行政部门和省级教育行政部门两级管理，实行国家基本要求指导下的教材多样化。国务院教育行政部门负责核准国家课程的教材编写，审定国家课程的教材及跨省（自治区、直辖市）使用的地方课程的教材；省级教育行政部门负责地方课程教材编写的核准和教材的审定。经国务院教育行政部门授权，省级教育行政部门可审定部分国家课程的教材。"② 至此，中小学教材建设的要求和管理的权限更加明确。2001 年 6 月 7 日，教育部颁布了《中小学教材编写审定管理暂行办法》，对"教材的审定"的机构设置、教材审定原则、送交审定的教材须具备的条件、审查结论、对通过审定的教材的选用与评价等做了详细的规定。同时，增加初审环节。在教材

---

① 石筠弢：《我国基础教育课程教材政策发展 50 年》，http://www.jl2sy.cn/newpage/jssq/xxjs/0306/36.htm，2008 - 02 - 27。

② 吴惟粤、黄志红：《中小学教材建设的实践与思考》，《课程·教材·教法》2004 年第 2 期。

审查中采取以教材审查委员为主，同时特邀部分参与教学大纲修订和新课程标准研制的专家及第一线的特级教师参加审查的方式来进行审查，并采用了主审制和会议审查相结合的方法。①

3. 建立中小学教材市场竞争制度

2001 年 10 月，《中小学教材发行招标投标试点实施办法》颁布，规定中小学教材发行工作由符合教材发行资质的发行机构，在价格主管部门制定的价格范围内，在保证"课前到书，人手一册"的前提下，通过竞标成功后来承担。从 2002 年开始，国家逐步实行了以中小学教材出版发行招投标试点为主的一系列教材出版发行改革。2002 年秋季，福建、安徽、重庆进行第一轮中小学教材出版发行招投标试点工作，开始了我国中小学教材出版发行改革的破冰之旅。② 2005 年，国家发展和改革委员会、新闻出版总署、教育部联合下发了《中小学教材出版招投标实施办法（修订）》。到 2005 年，参与课标教材编写和出版的出版机构有 80 余家，占全国出版社总数的近 15%。③ 2006 年秋新一轮试点范围扩大到浙江、江西、山东、广东、广西、四川、云南、陕西等 11 个省（自治区、直辖市），不仅扩大了招投标试点地区，而且增加了招投标品种，允许跨地区参与竞标，并改邀请招标为公开招标，山东、四川两省还进行了分标段操作试点。教材出版发行长期的垄断局面被打破，2006 年，教材发行的竞争主体达到了 30 个。④

4. 规范中小学教材价格管理制度

教材作为一种公共产品，一直以来，国家实行严格的价格管制。中小学教材价格从 2000 年度开始进行调整，本着"保本微利"的原则，教材

---

① 《中华人民共和国教育年鉴》，http：//www. moe. edu. cn/edoas/website18/00/info6900. htm，2003 – 06 – 27。

② 《中华人民共和国教育年鉴》，http：//www. moe. edu. cn/edoas/website18/level3. jsp？ tablename = 779&infoid = 6900，2003 – 06 – 27。

③ 见米加德：《课标教材出版招标的理性思考》，《出版科学》2006 年第 1 期。

④ 陆耀东：《洗牌 重构 发展——教材出版发行改革的现状分析》，《出版广角》2006 年第 10 期。

出版发行的利润首先降到9%，然后又降到5%。① 2000 年，国家计委、新闻出版总署《关于核定 2001 年秋季中小学教材价格有关问题的通知》就明确规定，教材以中准价为基准进行定价，教材出版的毛利润率限制在5%以内。2001 年，为保证教材质量，降低教材价格，减轻学生家长经济负担，国务院办公厅转发体改办等四部门《关于降低中小学教材价格深化教材管理体制改革的意见》。同年，《国家计委、教育部、新闻出版总署关于印发中小学教材价格管理办法的通知》第五条规定："印张单价实行政府指导价，由国家计委会同新闻出版总署规定印张中准价和浮动幅度。"第九条规定："教材出版发行实行保本微利原则。印张中准价的利润为印张成本费用的5%。"②《国家计委、财政部、新闻出版总署关于中小学教材印张中准价等有关事项的通知》对租型教材的租型费也有明确规定："教材租型费仅限于著作权使用费和型版制作费两部分。其中，美术、音乐、外语类教材的著作权使用费标准为教材销售码洋的4%，其他类3%。"③ 2006 年 5 月，国家发展和改革委员会、新闻出版总署联合发出通知，要求下调教材印张基准价格，取消价格上浮政策。2006 年秋季，国家在浙江、四川、广东等 11 个省份进行中小学教材出版发行招投标试点工作，进一步降低中小学教材价格，改进中小学教材出版发行的售后服务。据统计，2006 年全国中小学教材定价平均降低约11%，全国中小学生家长少支出约12亿元。④ 据国家发展和改革委员会 2007 年 3 月份召开的中小学教材出版招投标试点工作协调会议资料表明，上述 11 个试点省份按总码洋计算，出版平均降价幅度达到 8.86%，发行平均降价幅度达到 4.38%。⑤

---

① 《中华人民共和国教育年鉴》，http：//www. moe. edu. cn/edoas/website18/00/info6900. htm，2003－06－27。
② 见米加德：《课标教材出版招标的理性思考》，《出版科学》2006 年第 1 期。
③ 见米加德：《课标教材出版招标的理性思考》，《出版科学》2006 年第 1 期。
④ 《新闻出版总署署长龙新民透露行业管理新思路》，http：//www. people. com. cn，2007－03－15。
⑤ 杨小忠：《对中小学教材出版发行招投标试点工作的探讨及建议》，《出版发行研究》2007 年第 8 期。

5. 试行中小学教材免费供应与循环使用制度

中小学教材的出版发行，不仅体现着国家意志，也体现着国家关怀。国家深化农村义务教育经费保障机制改革，进一步加大了对农村义务教育的投入力度，对贫困家庭学生免费提供教科书。中央财政从 2001 年秋开始对全国部分贫困地区的农村家庭经济困难的中小学生免费提供教科书，并逐步扩大实施范围，免费供应的中小学教材由政府以招投标形式采购。据统计，2002 年为内蒙古、四川、重庆、贵州、云南、广西、新疆、西藏、青海、甘肃、陕西、宁夏、山西、黑龙江、江西、安徽、湖南、湖北和河南 19 个省（自治区、直辖市）273 个县级单位的部分农村中小学生和特殊教育学生免费提供教科书。[1] 111 万小学生、127 万初中生和 5 万特教学生，总计 243 万学生领取了免费提供的教科书。得到免费提供教科书的中小学生约占全国农村义务教育阶段在校学生总数的 2.07%，占全国义务教育阶段在校学生总数的 1.28%。[2] 2005 年 11 月，教育部发布的《中国全民教育国家报告》中提出了免费教材实施进度时间表，2007 年在中西部农村贫困地区实施，2010 年在全国农村全面实施，2015 在全国全面实施。目前，在中西部地区免费教材约占中小学教材总量的 20% ~ 30%，有的省还超过了这个比例。[3] 2008 年 1 月 7 日，教育部在京召开"落实农村中小学免费教科书工作会议"，宣布从 2008 年春季开始，全国 1.5 亿名农村义务教育阶段的学生用的教科书全部免费。中央财政将国家课程免费教科书的补助标准，由过去的农村小学每生每年 70 元、农村初中每生每年 140 元，分别提高到 90 元和 180 元，并建立部分科目免费教科书的循环使用制度。[4]

---

[1] 《中华人民共和国教育部教育年鉴》，http：//www. moe. edu. cn/edoas/website18/74/info7774. htm，2004 – 06 – 15。

[2] 《中华人民共和国教育部教育年鉴》，http：//www. moe. edu. cn/edoas/website18/74/info7774. htm，2004 – 06 – 15。

[3] 范新坤：《中小学教材出版发行改革的问题与对策》，《出版发行研究》2007 年第 1 期。

[4] 《多数新华书店 70% ~ 80% 的利润来源于教材教辅》，http：//news. xinhuanet. com/edu/2008 – 03/25/content_ 7855872. htm，2008 – 03 – 25。

从 2002 年开始，我国在上海、辽宁、云南、甘肃等地试点推行课本循环使用。2006 年 6 月 29 日颁布的《义务教育法（修订案）》第四十一条规定："国家鼓励教科书循环使用。"① 河南、山东、四川等省的部分学校已开始了教材循环使用试点工作。2007 年 12 月 25 日，教育部和财政部又下发《教育部、财政部关于全面实施农村义务教育教科书免费提供和做好部分教科书循环使用工作的意见》，其中第五条明确指出："从 2008 年春季学期开始，建立部分课程教科书循环使用制度，中央财政于 2008 年配齐循环使用的教科书，并从 2008 年春季学期起实行循环使用。"纳入循环使用的教科书包括小学《科学》、《音乐》、《美术》（或《艺术》）、《信息技术》，初中《音乐》、《美术》（或《艺术》）、《体育与健康》、《信息技术》。

（二）出版了全方位立体化构成的中小学教材系列

我国从 1978 年起着手视听教材的建设，将其作为文字教材的配套部分。随着信息技术的不断发展，教育部号召大力提倡编写、引进和使用先进教材。1999 年，教育部在《面向 21 世纪教育振兴行动计划》中将 e-learning 资源库建设提上了议事日程。同年教育部成立了现代远程教育资源库开发领导小组，起草《全国远程教育资源建设规划》，制定《现代远程教育技术工程教育资源建设技术规范（试行）》，② 从而引发网络教材建设与研究的热潮。于是，从传统教材的纸介质课本到音像、电子以及基于计算机网络系统的多媒体课本，使文字、声音、图像三者结合得更为紧密的新的立体化教材系统蓬勃发展起来。

教材品种除学生用书外，还陆续供应配套的教师教学用书、挂图、投影片、学生练习册、录音带、录像带、学具、卡片、VCD、DVD、CD-ROM 和其他多媒体教学软件、电子书、网络教材等，形成一个可供不同

① 《中华人民共和国主席令》，http://www.gov.cn/ziliao/flfg/2006 - 06/30/content_323302.htm，2006 - 06 - 30。
② 张一春、祝智庭：《知识管理技术与 e-Learning 资源库建设研究》，《电化教育研究》2003 年第 5 期。

地区和学校根据自身条件选择的多样化、系列化、立体化和现代化的教材体系。立体化教材体系的建立和日益完善，将十分有利于学生自主学习能力和创新能力的培养，也为培养适应信息化社会学习、生活和工作的高素质人才奠定了坚实的基础。

（三）实现了专业引领的中小学教材多方参与系统

教材作为体现意识形态的准公共产品，决定了教材质量是一个系统化工程，只有用专业化来统领教材编写出版系统，才能从根本上保证教材质量。经过60年的教材建设，目前，我国逐渐形成了以人民教育出版社为主的专业出版社与地方出版集团共同承担的出版发行格局，以专家学者、专职人员、教师和教研人员结合的专业编撰队伍，以及专门杂志创办、专题会议举行及专项培训活动开展等专业引领的中小学教材多方参与系统。

这首先体现在中小学教材研究理论成果丰硕方面。新中国成立60年来，从一线的教师到专门的研究者，教材的理论研究也取得了许多成果。20世纪50年代，大量的研究集中在教材选文、教材教法等微观层面展开。"文化大革命"10年，教材研究更多地与政治风云联系在一起，关注其工具理性层面的价值和功能。改革开放以后，教材的研究进入到一个全新的阶段，教材成为课程与教学论研究的核心问题，人们从教育学、社会学、历史学、出版学等角度关注教材的基本功能、教材的基本结构、教材的编制问题、教材的插图、教材的基本特性、教材内容价值取向、教材内容文化构成、教材内容呈现方式、教材知识的准入与转型、教材评价体系与指标的构建、教材出版发行的策略等，大批的专著与论文不断涌现，形成教材理论研究的一个阶段性高潮。

其次，表现在中小学教材编撰出版队伍日益壮大。如今已经形成了以人民教育出版社为骨干，以各省级教研室、各有关出版社、各大学基础教育课程研究中心的研究人员为支撑的日益壮大的编撰出版队伍。

（四）注重了多元文化背景下少数民族语言的教材建设

我国少数民族中小学教材建设是新中国教材建设不可或缺的一部分，在对民族语言、文化的传承与发展中起了重要作用。1951年9月教育部在北京召开的第一次全国民族教育工作会议,指出少数民族教育课程与教材问题既要照顾民族特点,又不能忽视整个国家教育的统一性。这一时期根据教育部的指示,有现行通用文字的民族小学、中学开始着手建设少数民族教育课程体系和民文(少数民族文字)教材,使用本民族语文进行教学。1956 年 6 月第二次全国民族教育工作会议召开,提出少数民族教育要赶上汉族水平。为此各民族地区的中小学和师范学校应译用或采用全国通用教材。另外自编本民族语文教材和民族学校汉语教材及民族补充教材。在这一会议精神的指引下,民族地区学校课程进行了相应改革,除本民族语文教材建设外,开始编译比较完整的民族文字教科书和教学参考书。[①] 由此,新中国少数民族教材建设不断发展。1973 年国务院科教组委托内蒙古自治区召开黑龙江、辽宁、吉林、宁夏、甘肃、青海、新疆、内蒙古 8 省区中小学教材工作座谈会,成立 8 省区蒙文教材协作组。

1974 年 9 月,国务院科教组召开少数民族语言教材工作座谈会,就少数民族教育的课程和教材问题进行了研讨,尤其对少数民族教材的编译、出版和印刷等问题作了具体规定。在此精神的鼓舞下,八省区蒙文协作、五省区藏文协作、三省区哈文协作、东北三省朝文协作的工作开始有所进展,为十一届三中全会以后民族地区课程建设和改革奠定了基础。1980 年的《关于加强民族教育工作的意见》中明确提出加强民族文字教材的出版工作,课程内容一定要注意民族特点和地方特点,要适应多种形式的办学需要,提高民族地区教材建设的质量。"教材编译工作不能停留在翻译统编教材。从长远看,民族教材要立足于自己编写,这是民族文字教材编译工作的发展方向。"[②] 1987 年 2 月国家教委发布的《关于九省区教育体制改革进展情况通报》又一次强调指出:少数民族地区的中小学民族文字教材建设,在统一基本教学要求的前提下,教学内容要充分体现

---

① 孟凡丽:《我国少数民族基础教育课程、教材建设:回顾与反思》,《贵州民族研究》2004 年第 4 期。

② 孟凡丽:《我国少数民族基础教育课程、教材建设:回顾与反思》,《贵州民族研究》2004 年第 4 期。

当地民族的特点，编写出具有民族地区特色的补充教材，教学要求要符合少数民族儿童知识水平、生理和心理发展。国家在相关文件中也明确提出民族地区教材建设的基本原则，即思想性、科学性、实践性、民族性和地方性。以此为依据，截至 1992 年少数民族地区课程建设已经基本涉及了以下层面：自主开发建设语言（民族语文、汉语）、音乐、体育、美术、劳动（初中阶段使用）等课程，编译结合建设其他课程（史地、动植物），翻译数学、物理、化学、政治等课程，补充编写了部分思想品德的教材和乡土教材。以藏民族基础教育课程教材建设为例，藏族的中小学阶段课程与教材建设，主要是针对"以藏为主"的教育模式，即所有科目皆用藏语文授课，另加授一门汉语文。至 20 世纪 90 年代末，以省区协作的方式自主开发和建设的课程主要是藏语文、汉语。小学阶段课程还自编了藏文音乐、美术、体育，初中自编了藏文劳动等教材。翻译了从小学到高中的全部自然科学和历史、思想品德课程全国统编教材，补充开发了部分政治教育教材和乡土教材，形成了相对成熟的课程与教材开发系统，基本上已经能满足藏区，尤其是藏族高度集聚区中小学教学的需要。1995年国家教委发布的《中小学教材编写和选用的规定》明确说明："以民族文字编写的国家教委制定的课程计划所规定的必修课（劳动课、劳动技术课、职业指导课除外）各学科教材，省区间写作编译的民族文字教材，须由国家教委审批。"[①] 各省也相应成立民文教材管理机构，有的专门成立教材审查委员会，对内容上可能的知识性错误，翻译过程中可能出现的问题，还有政治性的内容进行把关与指导。为了配合国家西部大开发战略的实施，提高少数民族教育质量，2001 年，应西藏、青海、四川、甘肃、云南五省区藏族教育协作领导小组的请求，由教育部委托人民教育出版社牵头，在西藏和青海有关编译部门的配合下共同编写藏族地区汉语教科书。这套教科书小学和初中同时起步，包括九年义务教育六年制小学和三

---

① 孟凡丽：《我国少数民族基础教育课程、教材建设：回顾与反思》，《贵州民族研究》2004年第 4 期。

年制初级中学《汉语》教科书，共 18 册。① 2004 年 6 月 17 日，为进一步加强中小学少数民族文字教材建设，完善中小学民族文字教材编写审查的管理，提高教材的编审质量，根据《国务院关于深化改革加快发展民族教育的决定》和《中小学教材编写审定管理暂行办法》精神和民族文字教材建设的实际，教育部办公厅《关于印发〈中小学少数民族文字教材编写审定管理暂行办法〉的通知》规定，"民族文字教材编写实行核准与备案制"（第五条），"民族文字教材审查，实行教育部和省、自治区教育行政部门两级管理。教育部负责跨省、自治区使用的民族文字教材审查管理，省、自治区教育行政部门负责本省、自治区使用的课程教材审查管理"（第六条）。同时"为了鼓励民族文字教材的编译出版，每 4 年进行一次优秀民族文字教材评奖活动"（第十八条）。② 截至 2007 年底，云南省已编审出版 14 个民族 18 个语种 203 本新课改民文语言、数学教材，③出版的少数民族文字小学新课改教科书数量达 112 万多册。④ 近 16 万学生免费接受少数民族教材。⑤

二、中小学教材建设的经验

（一）统一与多样：国家基本要求指导下中小学教材多样化的发展

新中国中小学教材建设初期基本实行"编审合一、一纲一本、统编通用"的全国集中统一制度，1958 年"修订补充指导性教学计划、教学大纲"的做法已打破了"一纲"，而"通用加自编"的做法则打破了"一本"，从而使"一纲一本、统编通用"的国定制教科书制度发生了变动，

---

① 《中华人民共和国教育年鉴》，http：//www. edu. cn/20060111/3170119. shtml，2008－01－11。
② 《关于印发〈中小学少数民族文字教材编写审定管理办法〉的通知》，http：//www. moe. edu. cn/edoas/website18/06/info6506. htm，2004－06－11。
③ 《云南省近 16 万学生免费接受少数民族教材》，http：//gb. cri. cn/18944/2008/05/20/882@2065557. htm，2008－05－20。
④ 《云南出版 18 种少数民族文字小学教科书》，http：//news. sina. com. cn/c/edu/2007－12－17/172613094993s. shtml，2007－12－17。
⑤ 《云南省近 16 万学生免费接受少数民族教材》，http：//gb. cri. cn/18944/2008/05/20/882@2065557. htm，2008－05－20。

是一次非常可贵的探索和尝试。但是由于种种原因，带有"多纲多本"性质的教科书制度并未发挥其真正的作用。改革开放以后，为进一步适应不同地区教育发展的需要，于 1986 年确定在国家基本要求指导下教材多样化发展的方针。所谓教材的多样化，是指所编写的教材要适应、满足不同层次学校的需求；所编写的教材在教学内容的安排、呈现方式上要体现不同的特色。① 1993 年，中共中央、国务院印发的《中国教育改革和发展纲要》明确提出，"中小学教材要在统一基本要求的前提下实行多样化"，"提倡各地编写适合当地农村中小学需要的教材"。我国中小学教材编写和使用开始呈现"一纲多本"、"多纲多本"的局面。教育部 2001 年印发的《基础教育课程改革纲要（试行）》中又进一步作了具体的要求和规定："实行国家基本要求指导下的教材多样化政策，鼓励有关机构、出版部门等依据国家课程标准组织编写中小学教材。"② 在此基础上，2001 年颁发的《国务院关于基础教育改革与发展决定》中指出："教材实行国家基本要求指导下的教材多样化。"③ 国家鼓励和支持有条件的单位、团体和个人依据国家课程标准组织编写高质量、有特色的教材，特别鼓励编写适合农村地区和少数民族地区使用的教材。同时，为了解决各地中小学教材版本不一等问题，通过发放《各级学校教科用书表》对中小学教材选用提供依据。如 2002 年秋季，教育部指出各省应为各个品种的教材实验提供一定的使用范围，要求每种实验教材都应有 10% 的选用比例。同一学科如有两种教材，任何一种教材的选用比例均不得超过 70%。一个学科如有三种或三种以上教材，任何一种教材的选用比例均不得超过 60%。省级教育行政部门应在各实验区（国家级实验区除外）选用的基础上，经过调整，使选用教材基本符合上述比率。④ 教材多样化方针的实施，有

① 臧爱珍：《我国中小学教材建设的现状及相关政策》，《网络科技时代》2002 年第 9 期。
② 吴惟粤、黄志红：《中小学教材建设的实践与思考》，《课程·教材·教法》2004 年第 2 期。
③ 吴惟粤、黄志红：《中小学教材建设的实践与思考》，《课程·教材·教法》2004 年第 2 期。
④ 《中华人民共和国教育年鉴》，http://www.moe.edu.cn/edoas/website18/74/info7774.htm，2004 - 06 - 15。

效地调动了各方面的积极性,极大地促进了教材编写、出版质量的提高,使教材建设取得了明显成效。教材的多样化使不同地区、不同学校可以根据本地区、本学校情况选用不同层次的教材,开始为进一步深化教学改革创造了条件。

(二)按时与足量:面向全体学生的快速有效的供应机制

早在新中国成立初期,1951 年 2 月,政务院文化教育委员会批准出版总署制订的《1951 年出版工作计划大纲》中规定:"改善中小学课本的发行工作,使全国学生普遍地及时地获得所需要的课本。"[1] 邓小平对做好这项工作曾明确指出,"课前到书,人手一册"。[2] 从中小学教材的租型造货、就地供应、拨付专用贷款和印刷用纸、定点厂家印制、指定渠道发行、优先安排运输,到及时足量供应、免费供应和调剂供应以及补订,等等,这种全方位的管理保障了中小学教材的按时足量供应。

(三)指导与规范:为质量不均衡的教学提供了可能的参考

我国的最大国情是,在民族之间、地区之间、城市与农村之间,经济和文化基础差异很大,各地教育资源存在突出的不均衡。为了保障基本的教育教学质量,使教材对大多数学校和大多数学生具有适用性,新中国教材建设注重为质量不均衡的教学提供可能的参考。如经全国中小学教材审定委员会审查通过的教材,每一套都配有教学参考书,凡需要挂图的都配有挂图,不少教科书已经配上了音像教材,少数的还开发了计算机辅助教学软件。这些教学辅导用书系列,用于指导与规范教学,较好地为差异很大的各地学校教学提供了可能的参考。如教学参考书具有一定的权威性、经典性与广泛性,为广大教师的备课提供了极有价值的参考、借鉴,起到了点拨思维、指点迷津的重要作用。新中国成立以来,各类与课本配套的教学参考书相应出版,深受教师的欢迎,已成为广大教师的良师益友和形影不离的工作伙伴。

---

① 课程教材研究所编:《教材制度沿革篇(上册)》,人民教育出版社 2004 年版,第 2 页。
② 以周:《要高度重视教材出版工作》,《出版发行研究》1998 年第 2 期。

第三节　中小学教材建设的趋势与展望

在实施科教兴国战略和科学发展的今天，中小学教材改革是深化基础教育改革，全面推进素质教育的重要环节。

一、创新具有中国特色的教材理论

教材是国家意志、民族精神、传统文化和学科发展水平的体现，是实现培养目标的基本手段，是教学、考试的重要依据。特别简单而又重要的是，中国教材是世界上读者最多又最被读者看重的文本。所以，重视教材研究具有重大的历史与现实意义。

进行中小学教材的改革与建设，必须要有理论的指导。但是，长期以来我国中小学教材理论的研究较薄弱。目前，在教育界有一定影响的教材理论，基本上是国外专家的观点。为了设计编写符合我国不同地区需要的教材，必须大力加强教材理论的研究，逐步形成具有中国特色教材理论体系，以指导我国中小学教材的改革和建设工作。

（一）中国教材政策问题的理性分析

新中国教材建设的巨大成就与教材政策的有效制定与实施密不可分。以往，人们较多对于政策的实施进行研究，而忽略对政策问题本身进行理性分析。教材政策研究牵涉到的因素很多，为了能够更好地理解一种教材政策在某种特定阶段存在与变化的理由和作用方式，更全面地了解教材政策的推行过程和实际效果，在对教材政策问题的研究过程中，必须寻找恰当的研究视角。比如教材政策所体现的权力问题、时效问题、条件问题等。中国教材政策变更的实质、教材政策中权力的集中与分散、权力分配的合情与合理以及权力的分享与共有等问题都直接关系到教材建设的成效，应该予以高度的重视与关注。

（二）教材建设的中国历程与国际视野

在中国近现代教育史上，中小学教材建设极大地促进了基础教育的发展与变革。历史与现实是统一的，重新审视百余年来中外近现代教材发展，就会发现"它并不是过去或完成了的东西，而是构成了我们今天思想的基本条件"①。所以教材研究一定要在历史发展的长河之中，充分关注教材的价值基础与追求、教材目标确认与实现、教材文化传承与创新、教材建设成本与收益等，探寻教材建设与中国社会的演变、发展的密切联系。了解中国教材的形成与发展以及国外教材建设的状况，关注传统与变革、继承与发展、融合与创新的辩证关系，将教材建设的民族性、历史性、国际性结合，找出其中的规律性，这不但是对于教材研究的理论上的补充，还将有助于丰富与创新教材研究理论。

教材研究虽然不可能重组教科书文本的创作过程，也无法对教材的创作提供一条绝对的解释途径，但"教科书分析仍然可以思考一个编者可能思索过的问题，教科书研究的用途等于教导人们编更好的具有中国特色的教科书"②。

二、加大中小学教材现代化建设的力度

教材多样化、系列化和立体化的实质就是教材现代化，就是"面向现代化，面向世界，面向未来"。教材现代化不仅仅是教材内容和形式的现代化，更重要的是师生如何对待教材、如何使用教材的观念和方法的现代化。

（一）关注全体学生，关注教材特色化

一定时期的教材体现一定时期的教育教学思想。新中国中小学教材已经从质上发生着变化，如新编九年义务教育教材在编写的指导思想上明确体现了面向全体学生，全面提高学生素质的指导思想。中小学教材的编写设计只有熔铸了先进的教育理念，才能面向全体学生，为全体学生服务。

---

① 张汝伦：《现代中国思想研究》，上海人民出版社2001年版，第1页。
② 石鸥：《最不该忽视的研究——关于教科书研究的几点思考》，《湖南师范大学教育科学学报》2007年第5期。

所以教材的编写必须面向未来、突出创新，必须全面、适度，必须注重学生的主体性发展，必须具有时代性、社会性。关注儿童的个性化成长，教材的编写和设计将重点考虑中小学生的年龄、学习能力和兴趣爱好等方面的实际情况，教材的生动性、直观性、可读性将得到充分体现，版面设计讲究图文并茂。中小学教材将会在先进教育理念指引下，向风格独特的方向发展。

（二）突出网络时代教材开发立体化

教材立体化开发新思路要求在做好传统的教材立体化开发的同时，尤其重要的是要做好两个方面的工作：一是提供新的过程（服务），包括新兴的电子出版物（如电子教案、演示文稿、操作/实习 VCD、Flash 动画等）、网络论坛（选题论坛、组稿论坛、教材使用论坛等）、网络资源库（相关网址、教学资源、补充资料、教学计划和教学大纲的网络版等）、网络课堂（示范教学、网上学习等）、网络社区（服务教学的各种信息交流、有用教学资料和学习资料的下载等）、电子杂志（刊登优秀的教学论文）等。二是提供新的活动（工作），即针对教材开展多方面的工作，包括举办培训、开展教学研讨、培训师资、推广教材等。

三、构建全社会共建共享中小学教材系统

（一）创建高水平的中小学教材开发建设团队

要全方位地开发编、印、发、供各环节人力资源并有效地加以整合，促进以提高质量、降低成本为中心的教材生产经营管理。如在教材多样化方针下，应逐步形成编写水平比较高的国家级编写队伍和以编写特色教材和地方教材为主的编写队伍，编写出代表我国基础教育发展水平的和适应不同层次水平学校选用的教材。而国家级编写队伍的形成不是指定的，应是通过竞争形成的，这一点尤为重要。

（二）发展强有力的中小学教材支持系统

教材建设作为一种社会活动，必须从社会环境中获得各个方面的支持，只有在包括物质、精神、制度三个层面的支持系统都能够良好运行的

情况下，才能够使教材建设创新活动顺利完成。教材改革的社会支持系统指对教材改革行为的肯定、支持以及由此而形成的物质和法律、道德、舆论措施的总和，它包括政策法律体系、道德伦理规范、舆论鼓励机制、经济资源、人力资源和支持性设施体系等各个方面。中小学教材作为一种公共产品，特别需要政府、学校、家长的全面参与，社会舆论的积极关注，企业社团力量的有效支持以及公益性基金的多方扶助，从而形成互帮互助共同参与教材建设的格局。

四、健全优胜劣汰的中小学教材竞争机制

教材多样化方针是鼓励和支持有条件的单位、团体和个人编写教材。它绝不等同于并不具备编写条件的单位和个人出于其他方面的考虑，也纷纷编写教材，更不等同于一些教材低层次地重复编写，造成人力、物力的浪费。不能用教材的多本化取代教材的多样化。

（一）严格中小学教材编写者的资格认定和行业准入

编写教材是一门科学，教材必须在研究的基础上进行编写，教材编写者必须了解国内外教育改革情况，理解教育改革的方针政策，清楚中小学的教育规律和学生心理发展要求，懂得课程和教材理论，这样编写出来的教材才能符合青少年的生活实际，符合青少年的接受能力。为确保中小学教材质量，对出版教材的出版社应实行行业准入制度，以维护教材出版的严肃性和科学性；对教材编写者参与教材投标要进行严格的资格认证和准入。只有通过严格管理和资格准入，才能真正形成公平、公正、公开、良好的中小学教材出版发行秩序。

（二）实施中小学教材印制质量监督检查机制

质量是教材的生命。随着教育部门中小学教材"一纲多本"甚至"多纲多本"改革的逐步推开，中小学教材版本日趋多样化，教材逐年甚至逐季修订，教材印刷生产周期急剧缩短，企业需要在很短时间内印制大量不同版本、不同品种的教材。为此，应设立检测专家组，组织责任心强、经验丰富的印制质量认定专家参加检测；加大抽检的范围，既要组织

对出版、发行单位书库内中小学教材印制质量进行检测，对印刷企业的教材成品进行检测，又要组织对到校的中小学教材印制质量进行抽检。要认真总结教材市场监管的经验和教训，转变市场监管模式，积极探索与市场经济体制相适应的教材市场监管的长效机制。

（三）健全中小学教材选用制度和选用管理信息系统

虽然大趋势是教材的选用权逐步下放，但是目前由于选用制度不够健全，在教材选用上还存在一些问题。例如，一些地方存在教材保护主义，一些教育部门以经济利益为标准选用教材，一些教材编辑和出版单位以不恰当的手段推销教材，一些发行部门在教材的征订、发行和宣传方面也不同程度地存在问题，给教材选用带来消极影响，使得一些质量好的教材不能被更多的地区和学校所选用。这种状况的存在，有"劣币驱良币"、使教材多样化方针落空的危险。为此，要充分利用现代网络技术，建立和完善教材管理信息系统，建立教材选用管理数据库和优秀教材资源库，完善教材选用制度建设。这样才能够使教材选用有的放矢，在比较中鉴别，在鉴别中择优选用，增加教材选用公开度和透明度。

（四）加强中小学教材出版与发行管理的法治建设

国家高度重视中小学教材，从编写到出版和发行进行全方位的行政管理，这是必要的。但重要的是中小学教材的法制化建设应当进一步加强。比如在教材审定的过程中，应该引入问责机制，明确委员们的权利和责任；必须依法加大对盗版教材的打击力度，等等。

（五）中小学教材出版发行呈现集团化发展

随着教材发行招投标办法的实施和教材发行市场的发育与完善，今后很有可能在全国范围内形成几大教材出版发行中心或集团。这样的集团将会根据教育、经济的发展需求，有能力编写、出版多套高质量的教材。因为在激烈的市场竞争中，只有好的服务质量和大规模的服务范围才能使出版企业站稳脚跟；并且中小学教材发行有时间限制和高质量要求，同时又受行政干预，这也不是每个图书发行组织或个人都能保证的，只有质量高、使用规模大的教材才可能得到进一步发展。

第十四章
基础教育研究制度的
建设

新中国基础教育60年的辉煌发展历程，凝聚着基础教育研究的历史功绩，显现着中国特色教育研究制度的历史价值，而且在未来中国基础教育改革与发展中，这一教育研究制度还将发挥重大作用。

第一节 基础教育研究制度的发展历程

新中国成立60年来，基础教育研究制度经历了一个风风雨雨、起伏曲折的发展过程，走过了政府主导型教育研究制度、规范化发展的教育研究制度两个重要阶段，并随着义务教育的普及提高促使基础教育整体进入全面的质的提升阶段而走向新的发展时期。

一、政府主导型教育研究制度的建立与发展

20世纪50年代，政府主导型基础教育研究制度开始奠基，制度建设的重心是中小学校教研机构的设立和政府教育（教学）研究机构的建立，以及政府领导下的群众性学术组织的建设。时间跨度为1949—1977年。

（一）政府主导型教育研究制度的起因

政府主导型基础教育研究制度创建的起因是国家教育性质的根本性变化，基础教育研究需求骤增而有效供给严重不足，制度供需结构矛盾激化。

1. 教育研究需求全面增长

新中国成立后，国家的教育性质发生了根本性变化。中华人民共和国的文化教育为新民主主义的，即民族的、科学的、大众的文化教育。但此时，我国基础教育的入学率极低。"刚解放的时候，我们国家小学的入学率是20%，初中的入学率是6%。"[①] 国家急需建设新学校。而且，当时新解放区特别是大城市，私立学校约占50%，学校分布极不均衡，中小学校主要集中在大、中城市。因而，改造旧教育、建设新教育也就成为新中国成立初期基础教育建设的中心任务。

要完成这些任务，有三个方面的工作是必不可少的。一是充分吸取和总结老解放区的教育经验。新中国第一次全国教育工作会议提出，建设新教育要以老解放区新教育经验为基础，吸收旧教育某些有用的经验。这在客观上促使了基础教育研究需求的增长。二是外国教育制度和经验的借鉴和移植。在当时的国际政治环境中，"苏联有许多世界上所没有的完全新的科学知识，我们只有从苏联才能学到这些科学知识。例如：经济学、银行学、财政学、商业学、教育学等"[②]。自20世纪50年代初起，全面学习苏联，引进、传播凯洛夫教育学成为教育界的中心任务，这也是基础教育研究需求增长的另一激发机制。到20世纪60年代初期，我国教育科学开始中国化的探索[③]，多种教育实验大面积展开，一直到1966年，实际

---

① 周济：《在第三届全国教育科学研究优秀成果奖获奖成果颁奖大会上的讲话》，见全国教育科学规划领导小组办公室编：《教育科研大家谈》，教育科学出版社2007年版，第8页。

② 刘少奇：《在中苏友好协会总会成立大会上的讲话》，1949年10月5日，见中央教育科学研究所编：《中华人民共和国教育大事记（1949—1982）》，教育科学出版社1983年版，第4页。见李国钧、王炳照主编：《中国教育制度通史（第八卷）》，山东教育出版社2000年版，第13页。

③ 周洪宇、李文鹏：《教育科学的回顾、反思与展望》，见全国教育科学规划领导小组办公室编：《中国教育科学规划回顾与展望——从"六五"到"十五"》，教育科学出版社2006年版，第510页。

成为新中国基础教育研究的一个较为活跃的时期。三是学制改革试验的艰难实施。1951年，中央人民政府公布了《政务院关于改革学制的决定》，开始实施新学制。这是新中国成立以来的第一个学制系统，但实施并不顺利。学制改革试验的艰难运行，也是基础教育研究需求大幅增长的一个原因。

2. 保障教研供给成为当务之急

新中国成立初期，基础教育发展迅速，但问题也相当突出，除了在正规化过程中对经济、文化落后的农村地区关注不够之外，教育工作者的理论水平与实践能力还不足以应对基础教育建设的需要。此外，解放以来，有些学校比较集中的大、中城市成立了分科的教学研究会，学校较少的小城市有的则成立了校际间的分科教学研究组。但是，当时不少地区的教学研究会（组）由于缺乏领导已陷入停顿状态。一些学校也限于条件，许多科目无法组织集体研究，更没有教学实物、教具等以供研究，学校也没法组织教师与生产经营单位联系开展科学研究和教育研究工作。而且，因教师"身份"的"复杂"，教育研究工作的组织也比较困难。以上海为例，"据1955年统计，解放后6年中，中学增加的6 016名教师中，大专毕业生占8.5%；转业干部占28.3%；复员军人占1.4%；从小学提升上来的占16.3%；经过师资培训班培训的失业知识分子占23.3%；还有22%以上是直接吸收的失业知识分子"①。因而，为了深入了解、掌握学校教学工作中的情况，加强对学校教学工作的研究、指导和领导，有效改造教师思想，调动教师积极性，保障基本的新中国特色的基础教育教学质量，很多省市教育厅局建立了教学研究机构。

（二）政府主导型教育研究制度的建构

1. 中小学校教研机构建设

新中国成立初期，根据苏联经验，学校教研机构以教学研究组的形式

---

① 吕型伟主编：《上海普通教育史》，上海教育出版社1994年版，第155页，见金一鸣：《中国社会主义教育的轨迹》，华东师范大学出版社2000年版，第34页。

确定了下来。1952 年初，教育部颁发《中学暂行规程（草案）》，明确中学各学科设教学研究组。同年的《小学暂行规程（草案）》也规定小学依学科分别组织研究组。到 1954 年，全国中小学及师范学校普遍建立了教学研究组。

2. 政府教育研究机构的创建

省、市、县地方政府教育研究机构成立也比较早。20 世纪 50 年代初期，上海市教育局研究室成立。到 20 世纪 50 年代中后期，地方教育研究机构建设出现第一个高峰期。1954 年，石家庄市教育局成立教育研究室；同年 11 月，南京市中等学校教学研究室成立。① 1958 年，吉林省教育科学研究所、河北省教育科学研究所、青海省教育科学研究所和合肥市教育局教育研究室（或其前身）也相继建立。1960 年，黑龙江省教育科学研究所建立。同时，地市县教育行政部门也先后成立了教学研究机构。1957 年 1 月，经中央书记处和国务院批准筹建，1960 年 10 月正式成立中央教育科学研究所，成为国家最高教育研究机构。

3. 其他相关组织机构的建设

专业性报纸杂志、教育研究会、协会等组织机构，也是新中国基础教育研究制度的重要组成部分。1950 年 5 月 1 日，《人民教育》杂志创刊；同年 12 月 1 日，人民教育出版社正式成立。这一时期，一些省市先后成立了教育学会，作为基础教育研究的群众性学术组织。

（三）政府主导型教育研究制度的流变

"文化大革命"时期，我国初步建立的政府主导型教育研究制度出现畸形变化。在当时的政治氛围中，从中央到地方教育科学研究机构和学校教研机构均被迫撤销停办；教材编审、出版机构被撤销，队伍被拆散；学校教学工作制度遭到破坏，教育教学业务工作基本陷于停顿。到"文化大革命"中后期，中小学着重进行了自编教材和实践教学方面的一些力所能及的

---

① 南京市中等学校教学研究室编：《南京市中等学校教学研究室成立后的几项初步工作》，《人民教育》1955 年第 11 期。

教研工作。总体上讲，这一时期全国教育科研工作几乎陷于停顿状态。

二、规范化发展的基础教育研究制度

20 世纪 70 年代末至 90 年代初期，以教育科学规划制度的推行为标志，我国基础教育研究制度在政府主导的基础上逐步进入规范化发展时期。制度框架体系发生了重大变化，初步形成了以全国教育科学规划领导小组为统领的基础教育科研主轴，以教育科研课题为纽带的教育研究运行机制。

(一)规范化发展的相关背景与前期工作

1978 年 12 月，中国共产党十一届三中全会召开，全面纠正了"文化大革命"及其以前的"左"倾错误，重新确立了马克思主义的思想路线、政治路线和组织路线，实现了当代中国历史的重大转折，正式确立了工作重点转移和改革开放的大政方针。

伴随着科技教育制度的重整，基础教育研究制度也得以相继恢复。1978 年 11 月，在教育部和中国社会科学院的领导和支持下，成立了全国教育科学规划小组。1980 年，中央教育科学研究所作为教育部直属事业单位正式恢复重建。1978 年至 1982 年前后，全国各省市教育科研机构进入大建设时期。其中，有些是省级教育行政部门单独组建，有的是教育行政部门与教育学院等共同创建。而且，一些省的地、市、县教育行政部门也普遍设立了中小学教材教法研究室。在省级教育行政部门所属的教育研究机构中，河北省教育科学研究所于 1978 年在省教育局教材组的基础上成立，隶属于省级教育行政部门，是全国较早改建的一个省级教育科研机构。1979 年 12 月，天津市教育科学研究所开始筹建。同年成立或重建的省级教育科研机构有山西省教育科学研究所、辽宁省教育科学研究所、吉林省教育科学研究所、云南省教育科学研究所等。进入 20 世纪 80 年代，几乎所有的省级教育科研机构恢复重建、改建或新建。其中，1980 年有山东省教育科学研究所、广东省教育科学研究所、湖南省教育科学研究所、上海市教育局教育科学研究所等 6 省市教育科学研究所成立。1981 年有黑龙江、北京、陕西、青海 5 个省市成立了教育科学研究机构。1982

年 3 月，福建省教育科学研究所、安徽省教育科学研究所等机构成立。这些机构的建立为基础教育研究制度整体进入规范化发展阶段奠定了较好的基础。

与此相呼应，1979 年 4 月 12 日第一次全国教育科学规划会议宣布正式成立的中国教育学会，领导和组织了各科教学研究会。随后，全国各地也都先后组建了教育学会。特别值得提出的是，这一时期，以教学研究组为主体的中小学校教研机构也进入重点建设阶段，集体备课制度、教研会议制度，以及后来所提倡的行动研究范式等得以较大面积地铺开。

总体上看，截至 1982 年，我国基础教育研究已经形成了三种类型：高等院校专家、学者们进行的基础教育研究工作，中央、省、市、县教育教学研究机构进行的基础教育与教学研究工作，中小学校进行的教育教学研究工作。其中，第一种的主要研究领域是教育思想和教育理论，第二种偏重教材教法，第三种侧重教学研究。然而，当时的这些研究因为缺乏统一规划，研究内容较窄，研究方法单一，而且也未形成一定的规模，已不能适应重大转型时期经济社会快速高效发展的需要。因而，教育研究制度步入规范化发展时期是历史的必然。

（二）规范化教育研究制度的建设

随着教育科学规划制度的推行，我国基础教育研究制度开始规范化发展。同时，各级教育研究机构的综合化，既为教育科学规划制度建设提供了硬件支持或机构依托，也为 21 世纪整个基础教育研究制度的进一步创新、逐步趋于科学化进行了必要的准备。

1979 年 3~4 月，教育部和中国社会科学院在北京联合召开了第一次全国教育科学规划会议，成为新中国成立 30 年来"中国教育科学发展史上的第一次盛会，也是在我国教育科学事业恢复、发展时期的一次思想和组织动员大会，它也标志着中国教育科学研究事业进入了一个新的历史时期"。[①] 到 1983 年，经全国第二次教育科学规划会议协商，并报教育部党

---

① 《全国教育科学"六五"规划分析报告》，见全国教育科学规划领导小组办公室编：《中国教育科学规划回顾与展望——从"六五"到"十五"》，教育科学出版社 2006 年版，第 61 页。

组批准，正式成立了全国教育科学规划领导小组及其办公室。① 这一次会议还特别明确规定了全国教育科学规划是全国哲学社会科学规划的重要组成部分。

同时，地方教育科学规划制度也开始进入制度化时期。继第一次全国教育科学规划会议特别是全国教育科学规划领导小组及其办公室成立之后，全国多数省（自治区、直辖市）先后成立了相应的组织和机构。1982 年，黑龙江省教育科学规划领导小组成立并设教育科学规划领导小组办公室作为常设办事机构。1983 年，北京市、辽宁省、广西壮族自治区等省（自治区、直辖市）成立教育科学规划领导小组及其办公室。1985 年，湖北省教育科学规划领导小组及其办公室成立。1987 年，浙江省、江西省、河南省等省教育科学规划领导小组及其办公室正式成立。1989 年，上海市成立教育科研学术委员会。1990 年，吉林省教育科学规划领导小组成立。1991 年，天津市教育科学规划指导小组成立。1992 年，山东省教育科学规划领导小组及其办公室成立。这个时候，全国已经有13 个省（自治区、直辖市）成立了相应的组织机构，约占全国各省市数的42%。其他暂时没有成立相应组织机构的绝大多数省（自治区、直辖市），也在积极进行教育科研院所建设，筹备教育科学规划制度建设事宜。

这一时期，作为规范化基础教育研究制度的重要硬件系统，各地教育科学研究所相继与同级其他教育研究机构合并、重组，开始向综合化、多功能集合方向发展。1985 年，天津市率先成立教育科学研究院。1989 年2 月，吉林省教育科学研究所和高等教育科学研究所合并，组建吉林省教育科学研究院。此后，全国绝大多数省（自治区、直辖市）均先后合并多个省级研究机构，正式成立了教育科学研究院，逐步进入地方教育科研机构建设的第二个高峰期。

---

① 全国教育科学规划领导小组办公室作为全国哲学社会科学规划单列学科管理部门和全国教育科学规划领导小组的常设办事机构，业务上接受全国哲学社会科学规划办公室的指导。

三、新时期的基础教育研究制度

我国基础教育研究制度进入新的发展时期大致可分为两个连续的过程。

一是从 1995 年前后开始到 2000 年，显著性特征是"九五"时期的大教育科研网络系统的逐步完善，教育科学规划制度开始引入竞争机制并全面运行。以省市教育科学研究院所为支架的大教育科研网络体系的建构，是我国基础教育研究制度走向新时期的重要事件。从 1995 年上海市教育科学研究院成立至 20 世纪末，全国又正式成立了 5 个省级教育科学研究院。这些政府教育科学研究院既是大教育科研的具体实施机构，又是大教育科研网络框架的关键节点。这一时期，继甘肃省教育科学规划领导小组及其办公室成立后，又有 6 个省级教育科学规划领导小组及其办公室正式成立，国家和部分省（自治区、直辖市）相继出台了教育科学规划课题管理暂行办法。随着教育科学规划制度的推行，各级教育规划课题和各级各类委托、招标课题等科研项目已经作为国家和地方引导和调控教育科研的主要方式。

二是从 2001 年至今，我国基础教育研究制度以基础教育的全面转型为研究对象，把研究重心转移到基础教育的均衡发展和对教育公平的关注上来，并以基础教育新课程改革、招生考试制度改革和管理体制改革等为重点，突出研究了基础教育由量的扩张向质的提升过渡带来的新问题。开始出现了私立教育研究组织机构，通过竞争获得教育科研项目及相应的教育科研资源也得以制度化。同时，以教育科学规划制度的创新完善，政府教育研究机构对学校教育研究工作的引领、指导和管理等制度的科学化发展，以及参与基础教育研究组织管理的教育行政机构、学会等的相关制度的不断完善为契机，关注了基层学校研究力量的增长和校本研究水平的提升，以学校为本的教研制度逐步形成，中国基础教育研究制度进入新的发展时期。

第二节 基础教育研究制度的成就与经验

新中国成立 60 年来，基础教育研究制度为基础教育的普及与发展保驾护航，作出了不可磨灭的贡献，也形成了具有中国特色的重要经验。

一、基础教育研究制度的历史功绩

新中国基础教育研究制度对于新中国教育方针政策的全面落实、基础教育教学质量的稳步提升、教师教研能力的整体增长等方面发挥过功不可没的历史作用。

(一)保证了国家教育方针政策的全面落实

教育方针政策是国家在一定时期提出的教育总目的、教育发展总方向和针对具体实践问题而订立的教育工作总原则。新中国成立初期，国家教育方针政策是保障工农子女的受教育权益，建设民族的、科学的、大众的文化教育的基本前提。当时的基础教育研究机构主要是中共中央宣传部教育研究室和各中小学校教研室。中共中央宣传部教育研究室主要承担国家教育宏观发展的研究任务；中小学教研室的主要任务是组织教师集体备课，召开教研会议，并在有限的条件下严格按照国家基础教育教学大纲和教学计划有序地组织教师的教学工作。到 20 世纪 50 年代中后期，全国多数省、市、县相继成立了政府教学研究室，广泛开展调查研究工作，及时掌握中小学校教育教学情况；有计划地组织和引导中小学教师开展教学观摩和实地参观学习活动；深入中小学校广泛宣传、解释国家教育方针政策。改革开放后，各级教育科研机构积极组织中小学校开展农村教育改革实验，总结素质教育实施经验，及时组织中小学校完成各级教育行政部门下达的有关教改实践，为教育决策服务和为学校教育教学服务进行大量研究工作，提出国家和地区基础教育改革发展建议，实质性地参与了教育方

针政策的制订或修订工作，为各项教育政策创新提供了有益的参考。进入
21世纪，各级基础教育研究机构把工作重点放到新课程改革的组织实施
及学校建设发展研究上，广泛组织中小学校开展新课程改革实验研究、进
城务工农民子女入学保障研究、农村义务教育经费保障机制研究等相关工
作，为区域义务教育的均衡发展及教育公平的全面推进作出过重大贡献。

（二）保障了教育教学质量的稳步提升

保障教育教学质量的稳步提升，是中国特色基础教育研究制度的另一
重大历史成就。其主要表现是在教学实验与教材教法研究、教学竞赛活动
的组织、经常性的教学视导以及教育科研成果转化推广应用等方面所发挥
的重要作用。

新中国成立初期，政府教学研究机构以研究基础教育教学中的主要问
题，总结推广教学经验，借以有效地指导改进教学工作为宗旨。[1] 中学各
学科教学研究组重点研究解决教学工作中的实际问题，讨论及制定各学科
教学进度，研究各年度、各学期的具体教学内容及教学方法，结合教学工
作钻研教育理论和专业科学知识，总结、交流教学和指导课外活动的经验
等。小学研究组主要研究改进教学内容和教导方法，交流、总结实践
经验。

1958年我国开始了规模较大的中小学教学改革试验，特别是学制改
革实验，各级基础教育研究机构做出了极大的努力。到1960年3月，各
地曾试验过的学制形式有：中学四年制，中学五年一贯制，中学三二制，
中学四二制，中小学五四二制，中小学九二制，高中二年制分科，高中三
年制分科，初中二年制，中小学十年一贯制，中小学九年一贯制，中小学
七年一贯制等。这些试验的开展，为新中国基础教育质量提升积累了实践
经验，提供了理论依据。同一时期，各级教育研究机构还积极组织和配合
学校对教育部门和中央主管部门颁发的各级各类学校指导性教学计划、教
学大纲和通用教材、教科书进行修改补充，指导中小学校自编教材和教

---

[1] 《各省市教育厅局必须加强教学研究工作》，《人民教育》1955年第11期。

科书。

改革开放至今，各级地方教育研究机构在当地教育行政部门的统一领导下，充分发挥主观能动性，通过成立学科教研网络系统，有效组织了学科教学竞赛活动，加上经常性地深入中小学校随堂听课和面对面讲评，以及组织优秀基础教育科研成果的推广应用等工作，在普及和发展义务教育、提高教学质量、促进学生和谐发展等方面发挥了不可替代的作用。同时，还有针对性地组织了一系列教育教学改革实验工作，总结并在不同范围内推广了各自的经验。总体上看，"各级教研室（及相应机构）是有中国特色的产物，是中小学课程、教材与教学改革的领头羊和生力军，他们为中小学教师素质的提高和教育质量的提高，作出过不可替代的贡献"①。

（三）促进了广大教师教研能力的整体增长

提高教师的教研能力既是中小学教师培养、培训的重要内容，也是中国特色基础教育研究制度的重大历史成就。1952 年，教育部发出建立系统的教师进修制度的通知。至 1979 年，全国基础教育领域已普遍建立了省、地、县、公社和学校五级在职教师培训网。仅当年参加进修的中学教师就达到 86.3 万人，占应进修教师的 35%；参加进修的小学教师 137.5 万人，占应进修的教师的 47%。1980 年 8 月 22 日，教育部印发《关于进一步加强中小学在职教师培训工作的意见》指出："省、地（市）、县教学研究室在提高中小学教师文化业务水平方面积累了较丰富的经验，今后应在开展教材教法学习研究过程中，努力培养教师的业务能力，为教师进一步系统学习文化、专业知识创造条件。"

在其后的近 30 年里，随着教师制度建设的加强、教师地位的提升和教师学历合格率的提高，广大中小学教师已经能够结合教育教学实践展开对教材的研究、对学生和教学方法的研究等相关教研工作，不少中小学教师已经能够自主设计研究专题，有的已经参与了学校发展决策研究，甚至宏观教育政策研究等工作。以申报教育科学规划课题的立项情况为例，

①　宋恩荣、吕达主编：《当代中国教育史论》，人民教育出版社 2004 年版，第 35－36 页。

"六五"到"七五"期间，全国教育科学规划课题立项分别为36项和151项，但主持人单位没有县级及以下教育行政部门和教育研究机构以及中小学校。① 到"十五"时期，在各级教研部门和学校教研机构的努力下，特别是教师教研能力的增长，中小学教师申报的课题立项234项，已经占到全国教育科学"十五"规划课题立项总数的8.24%。② 各省市教育规划课题中出现更多的中小学教师主持的课题，特别是在如火如荼的校本教研活动中，教师的积极性空前高涨，这一切都说明中小学教师的教研能力普遍提高。

二、基础教育研究制度建设的基本经验

新中国基础教育研究制度建设的历史经验，关键是各级主管部门对这一制度建设的高度重视，因势利导地构建了独立于学校之外且与学校密切联系在一起的四级教研网络系统，形成了中国特色基础教育研究制度体系，并由此充分调动了广大中小学教师参与教研的积极性和主动性，有效形成了一支专兼职结合的基础教育研究队伍。

(一)各级主管部门高度重视教研制度建设

从新中国成立起，各级政府就不断强化中小学校教研机构的建设，实质性地鼓励支持群众性中小学学科教研组织的建设，并直接设立政府教学研究室作为基础教育研究的领导、管理和指导机构。当时的基本认识是必须建立教学研究的领导管理机构，"省市的教学研究机构应负起组织、领导教学研究会（组）的责任，没有组织的，应当组织起来；已经组织起来的，应给以具体领导和帮助，使它真正成为研究改进教学的群众性组织"③。1952年，教育部工作要点明确要建立教学研究组织。这是新中国

---

① 全国教育科学规划领导小组办公室编：《中国教育科学规划回顾与展望——从"六五"到"十五"》，教育科学出版社2006年版，第5页。

② 全国教育科学规划领导小组办公室编：《全国教育科学"十五"规划学科发展报告》，教育科学出版社2008年版，第5页。

③ 《各省市教育厅局必须加强教学研究工作》，《人民教育》1955年第11期。

成立后政府主管部门把基础教育教研制度建设列入重要工作日程的开端。在国家第一个五年计划强调"各业务部门都应该设置一定的科学研究机构"之后，中央教育科学研究所的成立就进入了议事日程。1956 年，教育部印发《十二年国民教育事业规划纲要（草案）》，提出要在 1 年内着手建立教育科学研究机构，稍后即向国务院递交了《关于筹备成立教育科学研究所请予备案的报告》。同年 12 月 8 日，国务院通知教育部："同意你部筹建教育科学研究所，并于 1957 年内暂列 50 人的编制。该所人员和经费均在教育系统内自行调剂解决。"① 1957 年 1 月，中央教育科学研究所经中央书记处和国务院批准筹建，1960 年正式成立。1958 年，中共中央、国务院发布了《关于教育事业管理权力下放问题的规定》，按照中央集权和地方分权相结合的原则，加强了地方对基础教育的领导管理，提出了"改变过去条条为主的管理体制"，在教育经费筹措及使用、教材编写、学校设置等方面地方拥有一定的自主权。这一时期，地方教育研究机构在各级主管部门的重视下得以普遍建立。

"文化大革命"结束以后，教育部于 1978 年 7 月递交《关于重建中央教育科学研究所的请示报告》，研究所经中共中央和国务院批准恢复。1983 年，教育部组建了全国中小学计算机教育实验中心。同年，经教育部批准，教育部课程教材研究所成立。分立后的高等教育出版社陆续设立了高等教育教学研究中心、新世纪教学研究所等教育科研机构。1986 年，经国务院批准建立了国家教育发展研究中心，作为国家宏观教育决策咨询研究机构。同样地，各省（自治区、直辖市）也开始积极着手教育科研机构建设，学校教研制度也日益发展和完善起来。

总体上看，各级主管部门的高度重视在中国基础教育研究制度建设，特别是在 20 世纪 90 年代中期以前起着决定性的作用。重视的方式和内容包括基础教育研究管理体制的确立和对研究机构性质的确认、专业研究人

---

① 何东昌主编：《中华人民共和国重要教育文献（1949—1975）》，海南出版社 1998 年版，第 703 页。

员和研究条件的配备、研究经费保障等。进入 21 世纪，基础教育研究范式和管理制度已经发生较大变化，义务教育经费已经由国家出资，普及高中阶段教育也将成为国家教育发展的一个重点，因而在一定意义上讲，这种机制对未来中国基础教育研究还将发挥重大作用。

（二）构建独立于学校之外的四级教研网络系统

从 20 世纪 50 年代开始，我国按照中央、省、市、县教育行政隶属关系分级建立了教育科研机构，以支持、组织和协调中小学校教研工作，形成了独立于学校之外且以学校为支撑的四级教研网络系统。这既成为中国特色基础教育研究制度的基本骨架，也是这一制度顺利运行的关键所在。

四级基础教育研究机构分别接受同级教育行政部门领导，业务上接受上级教育研究机构指导和管理。各级研究机构之间职能分工比较清晰，从上到下，中央教育研究机构即教育部及中央其他部门所属教育研究机构，是国家基础教育的宏观研究、国家基础教育发展重大决策研究、国家基础教育重大理论研究和基础教育的国际比较研究等的研究机构，具有对全国基础教育科研工作的统领和指导职能；省级教育科研机构是省域内基础教育研究的领导者和管理者，主要以省域范围为研究重点，立足并围绕省级教育行政部门的中心任务展开研究，解决省级区域教育事业发展与改革过程中的重大现实问题和理论问题，同时承担国家及本市下达的科研项目，关注省外基础教育经验和动态等，具有管理和指导市县教育研究事业及其机构的职能；市、县教育科学研究所（室）则以中小学校教育研究的组织和兼职教研员培训为重点，以中小学教师学科教学业务竞赛、教育科研训练为主开展经常性教学研究和教研管理工作。

四级教研网络系统以学校为支撑，高等院校的有关基础教育研究力量和中小学校的教育研究体系是基础教育的研究基地和重要研究力量，支撑着四级教研网络系统的良性运行。中央和省、市级教育研究机构通常都设立基础教育改革实验区和实验学校，以此配合和支持中小学校的教研工作。同时，省级教育研究机构对应省属重点（示范性）高级中学，市、县两级教育研究机构直接联系中等及以下学校教科室及教研室。而且，各级政府教育研究机构和中小学校联系的各个节点都是交织在一起的，除了行政规范外，研究工作的展开可以随机组合、互助互动。这一网络系统在稳定正常教学秩序、执行国家课程教学计划和课程标准、加强教学业务管理、组织教改实验、开展教学研究、总结推广教学经验、保证基本教学质量、普及教育科学和提高教师的业务能力等方面发挥了独特的作用。

（三）多方发动和引领广大教师参与教研活动

组织、发动和引领广大教师参与教研活动，是新中国基础教育研究制度功能得以充分发挥的关键之一。早在新中国成立时起，中央和各地方政府就关注中小学教师对教研活动的参与。1952 年教育部颁发《小学暂行规程（草案）》，规定小学举行教导研究会议。同年教育部颁发试行《师范学校暂行规程（草案）》，明确各科教学会议制度。改革开放后，各级政府在加紧进行教育研究机构恢复、重建和新建工作的同时，更加注重了广大中小学校对教研的参与，从而使兼职教研团队不断扩大，中小学教师参与教研活动取得实质性进展。"'六五'规划期间，专职教育研究人员主要集中在中央教科所和高等师范院校，总数只有数百人；到'七五'规划期间，中央及地方教育科研部门和高校的专职教育研究人员逐渐增加。据 1987 年统计，全国已经成立省级教育科学研究所 38 个（'六五'前 15 个），全国各高等学校建立的教育（高教）研究所（室）发展到 300多个。这些教育科研机构拥有专职研究人员 3 000 多人。① 到'八五'规划中期，已超过 1 万人。'八五'规划后期以来，随着科教领域研究热潮的高涨，基层教育科研机构进一步充实和发展，专职研究人员队伍又有了新的增加。"② 这当中，由教育行政部门主管、民政部门批准的各级教育学术团体、各种教育类专业性报纸杂志对中小学教师教研的牵引和鼓励，

---

① 张健：《关于全国教育科学"六五"规划重点科研项目完成情况的汇报和"七五"总体规划的说明》，见全国教育科学规划领导小组办公室编：《中国教育科学规划回顾与展望——从"六五"到"十五"》，教育科学出版社 2006 年版，第 33 页。

② 金宝成、华国栋：《繁荣发展的教育科学研究》，见全国教育科学规划领导小组办公室编：《中国教育科学规划回顾与展望——从"六五"到"十五"》，教育科学出版社 2006 年版，第 210 页。

也为基础教育领域的兼职教育研究队伍建设架设了较好的平台。迄今为止，我国基础教育研究者已经形成了 4 个"近质群体"和 1 个"异质群体"。前者主要是教育科学研究领域的专职研究人员、教师、教育行政管理人员、教育系统的科学家；后者是指与教育系统没有明显关系而研究教育的其他社会成员，包括党政领导和自由职业者等"有意致力于教育科研的社会各界人士"①。目前，除了国家级教育科研机构外，全国已经拥有一支分布在地方上和中小学校中的，总计有 10 多万人的专兼职结合的教研员队伍。以湖南省为例，至 2007 年底，仅省、市（州）、县三级教育研究机构，就有专职教研人员 1 830 人。此外，700 多所高级中学都拥有数位有相当水准的非专业性教育研究人员。

第三节　基础教育研究制度的反思与展望

新中国基础教育研究制度的建立健全对国家基础教育的改革发展起过重要作用，在新的历史时期，在突出观念变革和制度创新，不断提升专兼职研究人员自身素养，不断增强为教育宏观发展和学校发展的决策服务能力，不断推进教育科学理论创新的前提下，随着我国基础教育由量的扩张向质的提升转型，基础教育研究制度将会进一步完善，对整个基础教育改革与发展的作用将会进一步加强。

一、强化观念变革，拓宽制度建设思路

观念变革是我国基础教育研究制度未来建设与发展的前提，是基础教育研究制度创新和功能实现的思想准备。进入 21 世纪，科学发展观的确立加速了社会观念革新和思想解放的进程，引发了人们对发展方式、发展

① 见全国教育科学规划课题申报、评审办法、总则。

路径和发展质量的反思。在这种形势下，建立在中小学校教育教学研究基础上的四级基础教育研究机构系统和规范系统将面临重大挑战，同时也有了更多的新的发展机遇。因而，我国基础教育研究制度的未来建设与发展的首要问题是思想观念的更新问题。具体地讲，未来的基础教育研究应着眼于不断推进基础教育发展，突出为国家和区域教育发展决策服务和为中小学校发展服务的理念。同时，应突出制度内部结构更新和自我修复能力增长的制度建设意识。因而，我国未来基础教育研究制度应该是立足于基础教育理论和实践问题研究，突出为整个基础教育改革发展服务，理念先进的特定社会领域的制度。

（一）突出教育研究为教育发展服务的理念

突出基础教育研究为国家和区域教育改革发展的决策服务，为广大中小学教育教学服务，是我国基础教育研究制度建设的核心问题。教育研究达到的最终目的是教育改进，即研究和解决教育改革与发展中可能出现或已经出现的问题，有效推进教育发展。实际上，新中国成立伊始，政府主导型基础教育研究制度就是在这一理念中构建的。

为教育发展服务，包括为教育发展能力、发展水平和发展成效服务。教育研究的价值在于提高教育改革的科学决策水平，探索教育体制机制建设与创新，提升教师素质；在于对办学规律，教育教学规律，教育系统管理规律的探讨；在于探索课程教学体系的改革创新，研究人的发展问题等。各个方面相互联系，互为前提。同时，"教育科研是教育工作不可或缺的一部分，与教育决策和教育实践共同构成完整的现代教育工作体系"。[1] 这一制度的建设发展又是与政府、社会、教育系统以及基础教育研究领域的发展变化密切联系在一起的。从这一意义上讲，如果不能突出教育研究为教育发展服务的理念，这一制度也就失去了生存空间和土壤。

---

[1] 曾天山：《关于教育科研的价值分析》，见全国教育科学规划领导小组办公室编：《中国教育科学规划回顾与展望——从"六五"到"十五"》，教育科学出版社 2006 年版，第 622 页。

(二)重视教育科学规划制度的创新与完善

教育科学规划制度是新中国基础教育研究制度建设的创新实践，也是我国教育研究制度建设发展中的一个历史性进步。从 1983 年起，这一制度已经进行过诸如课题组制度的拟订、虚拟研究所的试验、专家遴选机制的建设以及课题研究过程的监控、指导和相应的奖罚等的积极探索。但迄今为止，许多工作仍处于探索中。与国际教育研究先进水平比较，我国大多数教育研究还只处于初级阶段；低水平重复研究不少，原创性研究严重欠缺；不同区域之间、学校之间、学科之间教育科研发展差距较大；对教育改革实践的支持力度或影响不够，教育决策和教育实践对教育科学的依赖程度有限等。我们必须正视这些问题。历史地看，人类社会任何一项制度都是在不断创新中发展完善的，不能适时创新的制度就将趋于陈腐，并成为特定领域的严重阻碍，何况当今的教育科学规划制度还有诸多不尽如人意之处。综合考虑，当前和今后较长时期我国教育科学规划制度的创新与完善，应从端正教育研究导向、创新科研管理体制机制、促进科研成果转化、制度的自主创新、教育科研专业化等几方面入手，以科学民主的态度对制度本身加以分析，寻求制度创新的理想路径、方式方法。

二、注重体制机制创新，完善制度结构

完善适应我国基础教育需求的教育研究管理体制，是我国当前和未来基础教育研究制度创新发展的一个重点。经过新中国成立以来 60 年的发展，全国已拥有 5 种类型与基础教育相关的教育研究组织机构：隶属于教育行政的独立教育科研机构、学校教育科研机构、教育行政政策研究机构、教育学会组织和民办的教育科研机构。对于这样一个庞大的组织体系，需要有一个科学合理的体制加以管理，以期产生人们期望的美好愿景。显然，我国未来基础教育研究制度应该是一项体系结构不断完善、自我修复能力较强、内部结构不断更新、运转自如的特定社会领域的制度。

(一)完善四级基础教育研究体制

独立于学校之外的四级教研网络系统，是以新中国政治体制（行政

体制)与学术管理体制相结合为基础建立起来的。从行政关系看,从中央到地方各级政府教育研究机构系统,主要依据行政隶属关系进行领导和管理,领导和管理主体是各级政府;从业务管理体制看,教育研究机构系统的管理主要依据行政隶属关系和地缘关系进行,管理主体是教育研究机构的举办者即同级政府教育行政部门及上级教育研究机构。这种体制主要是基于教育行政的伦理精神,如维护和增进公共利益、追求公平公正、坚持民主原则、重视责任和义务[①]等而设立的管理制度,有其自身的优势。但是,随着行政职能和事业单位制度改革,特别是随着广大中小学教师研究实力与水平的不断提升,现行的四级基础教育研究体制,包括各级政府教育研究机构在整个科学体制和教育体制中的定性定位、政府教育研究机构的内部管理体制等,都需要不断完善才能适应新时期基础教育改革实践和理论创新的需求。

实际上,完善四级基础教育研究体制是一项系统工程,不可能孤立进行。在巩固国家基本政治制度的总框架下,当代基础教育研究制度建设的重点是建立制度自主创新机制,作为教育研究制度变革的基本制度。这在教育研究成果应用推广、教师教研、教育基础研究方面,显得尤为突出。从创新能力培植和创新氛围营造等方面看,建立教育研究制度的自主创新机制,需要着重考虑三个方面:

一是教育研究资助体系的完善。重点是基于教育研究制度的多重属性,从国家(政府)科技和教育两个系统切入,设立教育学科研究基金、教育成果推广应用基金、教育行政决策研究基金、教师教研基金等。同时,应加速教育科学规划课题资助的制度化进程,健全教育行政资助项目体系。此外,应建立有利于广泛吸纳包括教育社团及其他社会团体、国际教育组织等在内的教育研究资助制度。

二是改革现行教育研究群体格局。比如,确立实践探索和广大教师参与的基本制度,建立教育研究组织和个人常年申请专题研究项目的制度。

---

① 蒲蕊:《论教育行政的伦理精神》,《教育研究》2007 年第 9 期。

三是拓展教育研究制度创新领域和创新空间。在四级教育研究的体系建设中，不仅应注重维护学术权威，保障学术自由，而且，各级教育科研机构及人员要进一步打破教育研究的封闭、割裂的状况，积极发展与社会其他领域、行业的互动，积极发展与自然科学、人文社会科学及其他学科的互动，学习借鉴其他学科的研究视角、概念和方法，不断开发和拓展新的研究方法和工具，整合运用到教育研究工作中来[①]；应该更加主动地配合和支持中小学校的校本教研制度建设，领导、引导并参与到中小学教育研究中。

（二）深化学校教育研究体制改革

中小学校教育研究体制的改革，是当代中国基础教育研究制度创新发展的薄弱环节，也是需要重点突破的制度建设领域。与中小学校教育研究体制创新直接关联的是"校本教研"或者"校本研究"制度。我国当今中小学校教育研究制度改革的深化，应以"校本研究"为基础，重点实现对教师参与教育教学研究的主动性的调动、参与能力的增长以及教师教研成果的交流平台的架设等几个方面。

具体地讲，一是中小学教师参与教研的主动性的调动，二是中小学教师参与教研能力的增长。这是当代中小学教师教育研究体制建设必须解决的重大问题。

三、提升研究人员素养

要提高基础教育研究为教育行政决策服务、为学校发展服务和推进教育科学发展的能力，就必然要整体提升基础教育专兼职研究人员的综合素养，这关系到未来中国基础教育研究制度作为一个社会特定存在的价值呈现，关系到这种研究制度功能的健全和发挥，甚至关系到整个基础教育改革与发展的成败。因而，我国未来的基础教育研究制度，应该是精英组

[①] 朱小蔓：《教育研究要为教育创新作出更大贡献》，见全国教育科学规划领导小组办公室编：《中国教育科学规划回顾与展望——从"六五"到"十五"》，教育科学出版社2006年版，第2页。

合、专兼互补、功能强大的特定社会领域的制度。当前最紧要的问题,一是加强专业研究人员资格认定与评价制度的构建,二是切实培育和提升学校与教师的教研能力。二者相互依存,缺一不可。

(一)加强专业研究人员资格认定与评价制度创新

专业研究人员资格认定,实际上是一个入口把关的问题。这里的专业研究人员主要是指专职教育研究人员,同时也指某一时期内从事专业性的教育研究的人员,包括教育科研机构的专业研究者、教育行政管理部门在某一时间段专门从事教育研究的人员等。新中国成立初期,各地的研究人员多是由学校教师新调来的,他们虽然具有一定的业务水平,但教育理论、政策水平一般都不高。当时的教学研究室比较重视研究员的培养与提高工作。进入 21 世纪后,这种内部培训已经不适应社会发展形势和教育改革发展需求。这主要是由于市场主体、个人权利、公平理念、持证上岗、协调发展等整个社会观念的深刻变革的结果。在新的历史时期,需要对专职研究人员进行资格认定。

同时,应建立健全评价制度。实行专业研究人员教育科研任务与水平的考核和公示制度。考核、考评或评价结果向社会发布。当然,在特定研究领域或特定时期,比如需要长期研究的一些基础研究,可以由研究者确定考核方式。也因为此,在学术评价上,应该建立健全专家认定和遴选制度。

(二)切实培育和提升学校与教师的教研能力

学校教育教学研究是我国基础教育研究的主体部分,无论研究者的数量,还是研究者的专业性,都占据了我国基础教育研究的重要地位。但对于中小学而言,目前的教师教育研究能力的差距还不小,部分学校教研制度形式化或者形同虚设,最终导致教育质量低下。这将是我国基础教育研究制度建设的一个重点。从整个基础教育研究制度体系看,培育和提升学校与教师的教研能力,主要应充分调动整个教育研究网络系统的综合力量,从教育财政制度、教师工薪制度、政府教育研究机构定位和学校课程教学制度建设等多方面突破。

大事记^①

1949 年

10 月 1 日　中华人民共和国成立。中央人民政府主席毛泽东发布政府公告，宣布中央人民政府委员会一致决议，接受《中国人民政治协商会议共同纲领》为本政府的施政方针。该《共同纲领》第五章"文化教育政策"规定："中华人民共和国的文化教育为新民主主义的，即民族的、科学的、大众的文化教育。人民政府的文化教育工作，应以提高人民文化水平，培养国家建设人才，肃清封建的、买办的、法西斯主义的思想，发展为人民服务的思想为主要任务。"《共同纲领》并对国民公德、发展科学、教育方法、普及教育等做了规定。

10 月 13 日　中国新民主主义青年团中央委员会扩大常委会议通过《关于建立中国少年儿童队的决议》和《中国少年儿童队章程草案》。

12 月 23 日~31 日　教育部召开第一次全国教育工作会议。会议提出建设新教育要以老解放区新教育经验为基础，吸收旧教育某些有用的经验，借助苏联教育建设的先进经验，改革旧的教育制度、教育内容、教学方法等。

本年，东北人民政府教育部组织力量以苏联十年制中学的自然科学各科教科书为蓝本，编译中学教科书，并大量翻译介绍苏联教育文献。

---

① 本大事记截至 2009 年 8 月 31 日。本大事记主要参考：《中国教育年鉴》编辑部编写的新中国历年的《中国教育年鉴》（其中 1985—1986 年年鉴由张健、周玉良主编）和中央教育科学研究所编写的《中国教育大事记（1949—1982）》；最新资料主要参考两个网站：http://www.edu.cn/ji_ jiao_ news_ 279/和 http://www.edu.cn/fa_ zhan_ shi_ 490/。

1950 年

3 月 政务院在《关于统一管理一九五〇年度财政收支的决定》中对教育事业经费的管理做了规定。《决定》规定：中央人民政府直接掌管的中小学教育事业费列入同级预算。乡村小学经费由县人民政府随同国家公粮征收地方附加公粮解决。城市小学教育、郊区行政教育费等开支，征收城市附加政教事业费解决。

4 月 30 日 教育部发出通告：根据政务院的决定，废除旧的 4 月 4 日的儿童节，规定 6 月 1 日为儿童节。

6 月 教育部选定北京育才小学、北京师范大学一附小等 6 所小学，从本年秋季开始进行小学五年一贯制的课程改革实验。

7 月 5 日 教育部、出版总署为统一中小学教科书版本和供应工作，发出《1950 年秋季中小学教科用书表》。

8 月 1 日 教育部颁发《中学暂行教学计划（草案）》。

12 月 1 日 专门出版教科书及一般教育用书的人民教育出版社成立，社长为叶圣陶。

1951 年

3 月 19 日~31 日 教育部召开第一次全国中等教育会议，制定发展和建设中等教育的工作方针。

3 月 26 日~4 月 3 日 人民教育出版社、新华书店总店联合召开第一次全国教科书出版工作会议和课本发行会议，讨论确定教科书出版发行的原则和方针。

8 月 6 日 政务院公布第九十三次政务会议通过的《关于改善各级学校学生健康状况的决定》，对于调整学生日常学习与生活的时间，减轻学生课业学习与社团活动的负担，以及改进卫生工作、注重体育、改善伙食等方面做了规定。

8 月 27 日 教育部召开第一次全国初等教育会议。关于小学教育，会议提出：争取 10 年内基本上普及小学教育、5 年内培养百万名小学教师。会议还讨论了小学、幼儿园规程等文件草案。

10 月 1 日　政务院公布第九十七次政务会议通过的《关于改革学制的决定》。

1952 年

2 月 5 日　教育部颁发《"四二"旧制小学暂行教学计划》，这个教学计划是在小学新旧制过渡时期，供尚未改行五年一贯制的小学执行。

3 月 18 日　教育部颁发《幼儿园暂行规程（草案）》、《小学暂行规程（草案）》和《中学暂行规程（草案）》。

7 月 5 日　教育部发出指示：因本年全国初中毕业生较少，全国高级中学等实行以省（市）为单位的统一招生办法。

8 月 2 日~12 日　教育部召开中小学教育行政会议。会议讨论了本年中学发展需要增加教师的解决办法、小学实行五年一贯制、发展民办小学、接办私立中小学、师资的培养和提高等问题，并作出了相应的规定。

8 月 30 日　教育部发出通知：自 1953 年起，中学一律不招收春季始业班次。

9 月 10 日　教育部发出指示：决定自 1952 年下半年至 1954 年，将全国私立中小学全部由政府接办，改为公立。

9 月 30 日　教育部发出通知，要求各地加强中小学教师在职进修，建议筹办教师进修学院、函授师范学校和教师业余学校。

11 月 15 日　教育部发出指示：全国小学自 1952 年一年级新生起普遍推行五年一贯制。

1953 年

1 月 13 日~24 日　政务院文化教育委员会召开大区文教委员会主任会议。会议提出 1953 年文教工作的方针是"整顿巩固、重点发展、提高质量、稳步前进"。

3 月　教育部颁发试行中学物理、化学、生物、数学四科教学大纲和小学算术教学大纲的草案。

6 月 5 日~22 日　教育部召开第二次全国教育工作会议。会议讨论了第一个五年计划期间发展普通教育的方针,贯彻执行 1953 年文教工作方针及整顿和改进小学教育等问题。会议提出:今后普通教育工作的重点之一是加强和发展中学,特别是高中。

7 月 22 日　教育部颁发《中学教学计划(修订草案)》。

8 月 21 日　青年团中央发出关于青年团第二次全国代表大会通过的把"中国少年儿童队"改名为"中国少年先锋队"的决定。

9 月 22 日　教育部颁发《试行小学"四二制"教学计划(草案)》,以适应全国小学停止推行五年一贯制,仍按"四二制"办理的需要。

12 月 11 日　政务院公布第一百九十五次政务会议通过的《关于整顿和改进小学教育的指示》提出:今后几年内小学教育应在整顿巩固的基础上,有计划、有重点地发展。要根据不同情况,采取多种形式,提出不同的要求来办小学教育。

12 月　中央语文教学问题委员会主任胡乔木向中共中央提出《关于改进中小学语文教学的报告》,把语文一门课程分为语言和文学两种独立的学科进行教学。

1954 年

1 月 14 日~27 日　教育部召开全国中学教育会议。会议确定当前改进和发展中学教育的方针是在整顿巩固的基础上积极地提高质量,并根据需要与可能,有计划、有重点地发展。

2 月 15 日　教育部颁发《小学"四二制"教学计划(草案)》,对 1953 年 9 月颁发的教学计划作了修订。

4 月 28 日　教育部发出通知,规定从本年秋季起,初中一律不设外国语课。

5 月 29 日　《人民日报》发表中共中央宣传部《关于高小和初中毕

业生从事劳动生产的宣传提纲》。31 日，教育部发出通知，要求各级教育行政部门，组织所属干部认真学习这个宣传提纲，采用各种有效方法，进行宣传教育。

6 月 5 日　政务院公布第二百一十二次政务会议通过的《关于改进和发展中学教育的指示》，提出：中学教育的目的，是以社会主义思想教育学生，培养他们成为社会主义社会全面发展的成员。

6 月 9 日　教育部指示各地举办小学教师轮训班，将实际文化程度在高小毕业以上、不及初师毕业程度的小学教师（包括幼儿园教养员），经一定期限的训练，使他们在主要学科方面达到初师毕业文化水平。

8 月 24 日　体育运动委员会、教育部等五单位联合发出指示，从1954 年上学期开始，在全国小学中推行少年广播体操。

1955 年

2 月 10 日　教育部公布《小学生守则》。

5 月 13 日　教育部公布《中学生守则》。

5 月 19 日～6 月 10 日　全国文化教育工作会议举行。会议确定今后一个时期内各项文化教育工作以提高质量为重点，有计划、有重点地稳步发展。中小学教育必须贯彻全面发展的方针，注意学生的智育、德育、体育、美育，同时有步骤地实施基本的生产技术教育。

7 月 1 日　教育部发出指示，要求各地有效地解决中小学学生负担过重的问题。

7 月 14 日　教育部通知各省、市教育厅、局，利用假期举办小学语文教师标准语语音训练班。

9 月 2 日　教育部颁发《小学教学计划》和《关于小学课外活动的规定》。

10 月 9 日～12 月 18 日　以教育部副部长陈曾固为团长的中国中小学教师访苏代表团启程前往苏联访问和考察。次年 2 月 8 日，教育部作出决定：全国中小学、师范学校教师和教育工作者学习代表团的总报告、专题报告和资料，结合我国具体情况，把苏联教育工作的先进经验运用到实际工作中去。

11 月 17 日　教育部发出《关于在中小学和各级师范学校大力推广普通话的指示》。

11 月 19 日　教育部、体育运动委员会等八单位联合发出指示：在全国小学中推行儿童广播体操。

11 月 21 日　教育部发出《关于在中学、小学、各级师范学校及工农业余学校推行简化汉字的通知》。

1956 年

2 月 6 日　国务院发布《关于推广普通话的指示》，要求从 1956 年秋季起，除少数民族外，在全国小学和中等学校的语文课内一律开始教学普通话。

3 月 19 日　教育部发出通知：调整 1956—1957 学年度中学教学计划，将语文科分为文学和汉语两门进行教学。

5 月 3 日　教育部发出《关于当前提高中学教育质量中几个问题的指示》。

6 月 28 日　国务院发出通知：克服当前中小学生辍学现象。

7 月 1 日 ~ 7 日　教育部召开全国语文教学会议。讨论中小学语文教学的目的和任务，确定小学低年级以识字为重点，中高年级着重阅读；中学、师范的汉语与文学自本年秋季起施行分科教学。

7 月 10 日　教育部发出《关于中学外国语科的通知》，要求各地除改进俄语教学外，注意扩大和改进英语教学。

1957 年

1 月 10 日　教育部发出通知：加强中学思想政治教育。

1 月 21 日　教育部发出《关于中学教学研究组工作条例（草案）》。

1 月 30 日　教育部发出通知：制止部分中学提前结束课程举行毕业

考试的做法。

2 月 28 日　教育部发出《关于指导中小学毕业生正确对待升学和就业问题的通知》。

3 月 7 日　毛泽东和 7 个省、市教育厅、局长座谈中小学教育问题。毛泽东谈了全国统一的教学计划和教材是否合适，课程要减少、教材要减轻，要加强政治思想教育，小学可以"戴帽子"办初中班，允许社办、民办学校以及省、地、县三级第一书记要管教育等问题。

3 月 18 日 ~ 28 日　教育部召开第三次全国教育行政会议。会议提出小学教育必须打破由国家包下来的思想。在城市里，要提倡街道、机关、厂矿企业办学；在农村，要提倡群众集体办学。私人办学可以允许，但不提倡。中学的设置今后应适当分散，改变过去规模过大、过分集中在城市的缺点。特别是初中的发展，今后要面向农村。农村初中在教学质量上不能强求和城市一律。

8 月 1 日　教育部发出通知：精简中学历史、地理、物理、生物等科教材。9 日，又发出通知，精简小学语文、历史、地理教材。

1958 年

1 月 23 日　教育部发出通知，要求各地根据党中央和毛泽东关于中小学和师范学校地理、历史、文学等教学都要讲授乡土教材的指示，编选乡土教材。

2 月 11 日　第一届全国人民代表大会第五次会议通过《关于汉语拼音方案的决议》。3 月 13 日，教育部为此发出通知，要求中等师范学校、初中、小学一年级从 1958 年秋季起教学拼音字母，利用拼音字母学习普通话。

3 月 8 日　教育部发出《关于 1958—1959 学年度中学教学计划的通知》，规定了学生参加体力劳动的时间，增设生产劳动科；政治课改称"社会主义教育"；文学、汉语不再分科，仍为语文；在大中城市有条件的初中设外国语科。

9月　各地开始进行缩短中小学学制的实验。

《中共中央国务院关于教育工作的指示》提出实施"两条腿走路"的方针，办学主体和形式逐渐多样。

全国大、中、小学校教职工和高小以上学生，开始投入大炼钢铁和"三秋"运动。

1959 年

3月26日　教育部发出《关于在中学加强和开设外国语的通知》。

3月30日　中共中央、国务院发出《关于中小学和师范学校课本的供应工作的通知》。中共中央、国务院责成教育部等单位解决中小学和师范学校课本的供应问题。

5月17日　中共中央转发教育部党组提出的由教育部同地方分工协作，编写普通中小学和师范学校教材的意见。6月，教育部组织力量，开始进行这项工作。

5月24日　中共中央、国务院发出《关于试验改革学制的规定》。各省、市、自治区党委和教育行政部门应当有领导、有计划地指定个别小学、普通中学进行改革学制的试验。未经批准的学校不得进行试验。

6月5日　教育部发出通知：普通中小学基本执行现行教学计划，各省、市、自治区可以因地制宜，作必要的适当的调整。规定小学的主要课程是语文和算术，中学的主要课程是语文、外国语、数学、物理和化学。

9月15日　文化部、教育部、民族事务委员会联合召开全国少数民族出版工作会议。会议提出：各民族地区的中小学校应译用或采用全国通用的教科书，另外自编本民族语言教材和民族学校汉语教材及民族补充教材。

1960 年

1月27日　国务院转发教育部《关于各级各类学校 1960 年春季招生工作的请示报告》，并提出：各级各类学校既实行秋季始业，也实行春季始业。

3月5日　国务院颁发《关于评定和提升全日制中小学教师工资级别的暂行规定》。

4月9日　在二届全国人大二次会议上，国务院副总理陆定一作《教学必须改革》的发言，提出着手进行规模较大的实验，在全日制的中小学教育中，适当增加劳动。准备以 10～20 年的时间，逐步地分期分批地实现全日制中小学教育的学制改革。初步设想是把现行的 12 年中小学年限的学制缩短到 10 年左右，并且把教育程度提高到相当于当时大学一年级的水平。

7月6日　教育部、全国妇联联合发出通知：在幼儿园大班中教学汉语拼音、汉字和算术。

9月20日～10月2日　教育部召开中等学校政治课教材研讨会，着重研究了各地编写的《共产主义道德教育》、《社会发展简史》、《政治常识》、《经济常识》、《哲学常识》等 5 种教材。

9月　各地进行较大规模的学制改革实验。根据 27 个省、市、自治区的统计，进行学制改革实验的学校，小学达 9.2 万余所，占这些地区小学总数的 14.8%。中学达 3 400 余所，占这些地区中学总数的 18.7%。个别地区的中小学全部实行新学制。

12月21日　中共中央、国务院发出《关于保证学生、教师身体健康的紧急通知》。

1961 年

2月7日　中共中央批转中央文教小组《关于 1961 年和今后一个时期文化教育工作安排的报告》，提出有计划、积极地普及适龄儿童的小学教育，办好幼儿教育。普通教育要着重提高教育质量。在学制改革方面，准备在十至二十年内，分期分批改为中小学十年制。今后不再进行九年一贯制的试验，并停止春季招生。

4月11日　中央文教小组开会讨论中小学教材问题。会议决定：将已编出的中小学十年制教材，供各地使用；对现行十二年制教材做适当修改出版。

4 月 24 日　教育部发出通知：人民教育出版社编辑出版的中小学十年制课本，供实验十年制的学校选择试用。

12 月 8 日　教育部发出通知：为了提高教育质量和加强普通中学外国语教学，决定从 1962 年起，在高等学校录取新生时，将外国语考试成绩作为正式分数。

1962 年

4 月 13 日　教育部发出通知：加强对高中三年级毕业班的教学工作和准备高考的复习工作的检查，坚决纠正一些学校为争取较高的升学率而采取的一些不正当的做法。

4 月 21 日 ~ 5 月中旬　教育部召开全国教育会议，讨论进一步调整教育事业和精简学校教职工问题。会议根据以调整为中心的"八字"方针，决定适当压缩全日制中小学规模，调整布局，改变国家对教育事业包得过多的状况；并强调认真办好一批重点学校，提倡人民举办各类教育事业。会议还提出了进一步精简各级学校教职工的指标和教职工编制标准等意见。

7 月 30 日　教育部发出通知：在有条件的小学高年级开设外国语课。

8 月 7 日　教育部发出通知，要求各地指定一些办得好的城市中学招收少量优秀的农村学生，其口粮由国家供应。

8 月 10 日　国务院批转教育部《关于精简中小学教师必须注意的几个问题的意见》。《意见》提出：1958 年以后参加工作的教师，不要一律视为精简对象。中小学校中有教学经验的老教师，必须留在学校中发挥他们的作用。并规定中小学教师的调入、调出须经县以上教育行政部门批准。

8 月　新编的全日制十二年制中小学教材本月起陆续出版。

10 月 22 日 ~ 11 月 27 日　中共中央宣传部召开宣传部长会议，讨论宣传文教工作。会议讨论了逐渐减少二部制学校、办好重点学校、解决小学教师待遇低以及教学质量等问题。

12 月 21 日　教育部发出通知，要求各地首先集中力量，在省、市、自治区范围内有重点地办好一批中小学。然后视可能条件，再分期分批予以增加。

1963 年

1 月 24 日　教育部发出《关于当前中学教学工作的几点意见》，要求各地教育行政部门采取有效措施，制止有些学校因片面追求升学率，在教学工作中采取的错误做法。

3 月 23 日　中共中央发出《全日制中学暂行工作条例（草案）》和《全日制小学暂行工作条例（草案）》，要求各地讨论和试行。

5 月 9 日　教育部开始组织编写中学 6 个年级的政治课教材。至本年 10 月，编出《政治常识》、《社会发展简史》、《辩证唯物主义常识》等课本，正式发行全国。

5 月 23 日　教育部发出通知：试行重新制定的《中学生守则（草案)》和《小学生守则（草案)》。

7 月 27 日　教育部发出《关于坚持进行中小学教学改革实验工作的通知》。

7 月 31 日　教育部发出通知：实行全日制十二年制中小学新教学计划（草案）。

9 月 20 日　教育部发出通知：在全日制中学扩大开设英语的班级的比例，同时，在有条件的学校要采取积极态度开设俄语课，注意稳定俄语教师的队伍。

10 月 18 日　中共中央发出《关于加强少年儿童校外教育和整顿中小学教师队伍的指示》。

1964 年

3 月 10 日　毛泽东在一封来信上批示：现在学校课程太多，对学生压力太大；讲授又甚不得法；考试方法以学生为敌人，举行突然袭击。这三项都是不利于培养青年们在德智体诸方面生动活泼地主动地得到发展的。

3月~4月　教育部和北京市教育局为贯彻毛泽东最近对教育工作的指示，连续举行中学校长、中小学教师座谈会。各地教育行政部门也召开了座谈会或会议。

5月4日　中共中央、国务院批转教育部临时党组《关于克服中小学生负担过重现象和提高教学质量的报告》。

6月23日　教育部、文化部联合发出通知：采用《毛主席著作选读》乙种本作为高级中学、中等师范学校和中等专业学校政治课代用教材。

12月21日、22日　周恩来在三届全国人大一次会议上作的《政府工作报告》中指出：在今后若干年内，一方面对现行的全日制学校制度继续进行改革，认真贯彻执行教育方针，并且充分依靠群众采取各种各样的形式，普及小学教育；另一方面要试办半工半读、半农半读的学校，这是一种教育同劳动相结合的新型学校。

1965 年

4月24日~29日　教育部召开全日制中小学教学改革座谈会，讨论全日制中小学教学改革、招生工作、在学校进行社会主义教育运动和加强政治思想教育等问题。

7月3日　毛泽东写信给陆定一，指出："学生负担过重，影响健康。"建议从学生活动总量中砍去三分之一，使学生有充分的休息时间和自由支配的时间。此信简称"七三指示"。

8月13日~21日　教育部召开省、市、自治区教育厅、局长座谈会，研究贯彻毛泽东的"七三指示"。会议分析了学生负担过重的问题长期没有得到解决的原因，提出了解决的办法。

1966 年

1 月 17 日　中共中央转发教育部党组《关于减轻学生负担保证学生健康问题的报告》。报告反映了大、中、小学学生负担过重的情况，分析和检查了造成学生负担过重的原因，提出了克服学生负担过重的措施。

3 月 5 日　教育部、教育工会全国委员会联合发出通知：在教育战线上掀起一个活学活用毛主席著作新高潮。

5 月 7 日　毛泽东在给林彪的信中提出，全国各行各业都要办成亦工亦农，亦文亦武，又批判资产阶级的社会组织。学生也应该"以学为主，兼学别样"。"学制要缩短，教育要革命，资产阶级知识分子统治我们学校的现象再也不能继续下去了。"此信简称"五七指示"。

7 月 13 日　教育部发出《中小学招生、考试、放假、毕业等问题的通知》。《通知》提出：城市和农村的高中、初中、小学，本年秋季仍继续招生。中小学各年级的学期考试，凡是没有举行的，一律不举行，改由师生民主评定。城市的高级中学全体教职工和学生、初级中学全体教职工和三年级学生、小学的全体教职工，本年不放暑假，留校参加"文化大革命"。城市中小学毕业考试一律不举行，采取民主评定办法考核成绩。高中应届毕业生留校参加"文化大革命"，毕业时间推迟到寒假。

7 月 25 日　教育部发出《关于印刷与发行小学讲授毛主席语录本的通知》。

8 月 1 日　毛泽东写信给清华大学附属中学红卫兵，向他们"表示热烈的支持"。随后，大中学校中普遍建立红卫兵组织。次年冬，小学中出现的"红小兵"组织取代了少年先锋队。

8 月 8 日　中共八届十一中全会通过的《关于无产阶级文化大革命的决定》中提出："改变旧的教育制度，改革旧的教学方针和方法，是这场无产阶级文化大革命的一个极其重要的任务。在这场文化大革命中，必须彻底改变资产阶级知识分子统治我们学校的现象。"

8 月 18 日　毛泽东在天安门首次接见全国各地来北京进行串联的红

卫兵和学校师生。至 11 月 26 日，共 8 次接见红卫兵和学校教师共 1 100
万人。此时全国学校已完全停课，广大学校师生卷入全国大串联，从而造
成了社会大动乱。

1967 年

2 月 4 日　中共中央发出《关于小学无产阶级文化大革命的通知（草
案）》。《通知》规定：春季前后各地小学一律开学。在外地串联的小学教
师和学生，应当返回本校。五、六年级结合"文化大革命"，学习毛主席
语录、"老三篇"和"三大纪律八项注意"，学习"十六条"，学唱革命歌
曲。一、二、三、四年级学生学习毛主席语录，兼学识字，学唱革命歌
曲，学习一些算术和科学常识。小学生可以组织红小兵。

2 月 19 日　中共中央发出《关于中学无产阶级文化大革命的意见
（供讨论和试行用）》。其中规定：从 3 月 1 日起，中学师生停止外出串联，
一律返校，一边上课，一边闹革命，分期分批进行军政训练。

10 月 14 日　中共中央、国务院、中央军委、中央文革发出《关于
大、中、小学校复课闹革命的通知》。在此之前，9 月 23 日，上述四单位
发出紧急通知，要求在外地串联的学生立即返回原单位。

10 月 25 日　《人民日报》发表社论《大、中、小学都要复课闹革
命》。11 月 26 日，又发表社论《再论大、中、小学都要复课闹革命》。在
此以后，中小学陆续复课。

1968 年

3 月 7 日　《人民日报》重新发表毛泽东 1967 年对天津延安中学的
批示（即"三七指示"）。各地实行"复课闹革命"。

8 月 25 日　中共中央、国务院、中央军委、中央文革发出《关于派
工人宣传队进驻学校的通知》，要求"各地应该仿照北京的办法，把大中
城市的大、中、小学逐步管起来"。

11 月 14 日　《人民日报》发表山东省嘉祥县马集公社马集小学教师

侯振民、王庆余的一封信,设立"建议所有(农村)公办小学下放到大队来办"的讨论专栏。由此,各地大批农村公办小学改为民办。在它的影响下,许多地区的农村公办小学和教师被下放,严重地影响了农村小学教育的发展。

12月2日 《人民日报》发表上海、天津、北京等地的读者来信,提出城市的中小学由工厂办、街道办的建议。由此,全国许多城镇中小学由工厂接办,或搞"定产办学"。上海、北京等一些大中城市还将小学改为由街道办事处管理。

12月22日 《人民日报》发表甘肃省会宁县城镇居民到农村安家落户的报道,引述了毛泽东关于知识青年到农村去接受贫下中农再教育的指示。由此,全国城镇中学出现毕业生及在校学生上山下乡的热潮。

下半年 随着各省、市、自治区革命委员会的成立,各地教育行政机构即行恢复,地方各级革命委员会和教育行政部门对本地区中小学的教育革命及学制、校历、课程设置、教材、学校领导体制等问题,逐步管了起来。

1969 年

上海、北京等地自编的中小学暂用教材,开始发行试用。后来未自编教材的地区即采用上海、北京等地的暂用课本。

1971 年

4月15日~7月13日 国务院召开全国教育工作会议。全盘否定新中国成立17年来的教育工作,提出所谓"两个估计",即"文化大革命"前17年教育战线是"资产阶级专了无产阶级的政",是"黑线专政";知识分子的大多数世界观基本上是资产阶级的,是资产阶级知识分子。8月13日,中共中央批转了这次会议的纪要。

8月13日 中共中央批转《全国教育工作会议纪要》。《纪要》否定了新中国成立17年来的教育工作,作出了"两个估计"。《纪要》还提出，争取在第四个五年计划期间，在农村普及小学五年教育，有条件的地区普及七年教育。

8 月 19 日　国家计委、国务院科教组、财政部联合发出通知：为解决当前教育经费紧张和生产队负担过重问题，确定追加本年教育经费三亿五千万元，重点用于解决农村中、小学教育经费。

9 月　林彪反革命集团策动的反革命武装政变被彻底粉碎。10 月以后，各级各类学校根据中央部署开展"批林整风"运动。

1972 年

1 月 13 日　中共中央在关于《粉碎林陈反党集团反革命政变的斗争》材料发放范围的通知中，决定扩大至小学五、六年级等的每个教学班。从此以后，全国各级各类学校根据中央的部署进一步开展了"批林整风"运动。

3 月 26 日　《人民日报》发表短评《普及小学教育是农村教育的重点》，指出当前农村普及教育的重点应当放在普及五年小学教育上。

8 月 7 日　国务院科教组发出通知：重建人民教育出版社，逐步承担编辑出版中小学教材及其他教育书籍的任务。

10 月 17 日~18 日　国务院科教组召开教材工作座谈会，讨论了大、中、小学教材的改革和建设问题。确定由科教组分大区交流编写教材的经验，组织协作编写。会后，国务院科教组先后在 6 个大区召开了教材改革经验交流会。

1973 年

4 月　国务院科教组在 6 个大区分别召开全国中小学教育工作会议预备会，着重研究了在第四个五年计划期间普及小学五年教育的问题。

7 月 16 日　国务院科教组委托内蒙古自治区召开 8 省区中小学蒙文教材协作组，协作编译修订一套十年制中小学蒙文教材。

7 月 19 日　《辽宁日报》以《一份发人深省的答卷》为题，刊登兴城县白塔公社下乡知识青年、生产队队长张铁生在高考所交的白卷上写的一封信。

12 月 12 日　《北京日报》发表《一个小学生的来信和日记摘抄》。"编者按"说,"这个 12 岁的小学生以反潮流的革命精神,提出了教育革命中的一个大问题"。28 日,《人民日报》全文转载,并再加"编者按"说:这个小学生"敢于向修正主义教育路线开火"。其后,各地报刊、电台、电视台广为传播。国务院科教组通知各省、市、自治区教育局,组织学校师生进行学习,从而在中小学煽起"反潮流"、"破师道尊严"的浪潮,使中小学校再度出现混乱局面。

1974 年

1 月　出现所谓"马振扶公社中学事件"。31 日,中共中央发出文件。中、小学秩序更加混乱。

8 月 13 日~21 日　国务院科教组召开北京、天津、辽宁、河北 4 省市中小学"批林批孔"汇报会。会议强调发挥中小学生在"批林批孔"运动中的作用,要重视"儿童团",把中小学"批林批孔"运动深入、普及、持久地开展下去。

1975 年

4 月 10 日　国务院批转教育部《关于边疆和少数民族地区普及小学五年教育问题的请示报告》。

5 月~10 月　教育部部长周荣鑫根据毛泽东、周恩来和邓小平等中央领导同志的指示精神,开始积极整顿教育工作,力争使教育战线上的混乱局面有所扭转。

9 月 15 日　邓小平在一次谈话中说:"我们的文化教育也要整顿。"

10 月 27 日　邓小平提出:现在相当多的学校学生不读书,这也不符合毛泽东思想。

本年,邓小平坚定地支持和领导了教育整顿工作。

1976 年

1 月　各级各类学校相继开展"反击右倾翻案风"运动。教育部长周荣鑫被连续批斗（于 4 月 12 日晚含冤逝世）。

4 月　北京和全国各地学校的师生参加悼念周恩来总理、反对"四人帮"的群众运动，遭到了"四人帮"的镇压。

10 月　各级学校师生员工与全国人民一起举行集会、游行，热烈庆祝粉碎"四人帮"的伟大胜利。"文化大革命"宣告结束。

11 月　各级教育行政部门和学校，按照中央指示，检查现行教材，清除教材中"四人帮"的言论、文章等。

1977 年

5 月 24 日　中共中央副主席邓小平谈"尊重知识，尊重人才"问题时指出："我们要实现现代化，关键是科学技术要能上去。发展科学技术，不抓教育不行。""要从小学抓起，一直到中学、大学。我希望从现在开始做起，五年小见成效，十年中见成效，十五年至二十年大见成效。办教育要注意两条腿走路，既注意普及，又注意提高。""一定要在党内造成一种空气：尊重知识，尊重人才。""要重视知识，重视从事脑力劳动的人，要承认这些人是劳动者。""科技和教育，各行各业都要抓。"

9 月　教育部开始组织人力编写中小学各科全国通用教材。

10 月 12 日　国务院批转教育部《关于一九七七年高等学校招生工作的意见》。文件规定：凡是工人、农民、上山下乡和回乡知识青年、复员军人、干部（年龄可放宽到三十周岁）和应届毕业生，只要符合条件都可报考。本年，全国有 570 万青年报考，高等学校共招收新生 27.3 万人。

10 月 31 日~11 月 15 日　教育部召开中小学师资培训座谈会。会上批判了"四人帮"打击迫害教师的罪行，总结交流了教师队伍建设的经验，提出了迅速提高教师水平的措施。

12 月 20 日~28 日　教育部、国家出版事业管理局在河北省涿县联合召开全国教材出版发行工作会议，讨论1978年度中小学等教材出版计划。会议强调教材出版发行工作要做到"按时"、"足量"供应学校，实现"课前到手，人手一册"的要求。

1978 年

1月7日　国务院批转教育部《关于加强中小学教师队伍管理工作的意见》，要求各地进行中小学教师队伍的整顿工作。

1月11日　教育部颁发《关于办好一批重点中小学试行方案》，并为此发出通知，要求各省、市、自治区和国务院各部委的教育部门对发展和办好本地区、本部门的重点中小学作出规划和部署。

1月18日　教育部颁发《全日制十年制中小学教学计划试行草案》，规定：中学五年、小学五年。

2月26日　五届全国人大一次会议的《政府工作报告》中提出：要努力办好各级各类学校，采取有力措施培训教师，加速编写新教材，充分利用各种手段，提高教育质量。到1985年在农村基本普及八年教育，在城市基本普及十年教育。

4月22日~5月16日　教育部召开全国教育工作会议。中共中央副主席邓小平在会议开幕时的讲话中提出：提高教育质量，提高科学文化的教学水平，更好地为社会主义建设服务；学校要大力加强革命秩序和革命纪律，造就具有社会主义觉悟的一代新人；教育事业必须同国民经济发展的要求相适应；尊重教师的劳动，提高教师的质量。会议研究了高等学校、中学、小学3个《暂行工作条例（草案）》的修改意见和《教育事业规划纲要》。

8月28日~9月10日　教育部召开全国外语教学座谈会，总结28年来办外语教育的经验和教训，提出：今后一个时期发展外语教育的方针应是千方百计提高外语教育质量，切实抓好中小学外语教育这个基础。

9月22日　教育部发出通知：试行新修订的《全日制中学暂行工作条例（试行草案）》和《全日制小学暂行工作条例（试行草案）》。

9 月　全国大中小学开始使用新编教材。

10 月 27 日　共青团十届一中全会通过决议：少年儿童组织仍恢复中国少年先锋队的名称（简称"少先队"）。小学中的"红小兵"组织即行撤销。

1979 年

4 月 22 日～5 月 7 日　教育部召开全国中小学思想政治教育工作座谈会，讨论在新形势下如何改进和加强中小学的思想政治教育工作。

5 月 31 日　教育部发出通知：试行《全日制学校中小学音乐教学大纲》、《全日制十年制学校中小学美术教学大纲》两个草案。

8 月 25 日　教育部重新颁发《小学生守则》和《中学生守则》两个试行草案，决定从 9 月 1 日起在全国试行。

10 月 31 日　教育部、财政部、粮食部、国家民委、国家劳动总局联合发出通知：自本年起，边境 136 个县（旗）、市的中小学民办教职工，分两批全部转为公办教师。

11 月 27 日　教育部、财政部、国家劳动总局联合发出通知：从本年 11 月 1 日起，在全国普通中学和小学公办教师中试行班主任津贴。同时发出《关于普通中学和小学班主任津贴试行办法（草案）》。

1980 年

1 月 5 日～23 日　教育部召开全国教育工作会议。会议认为，在过去 30 年的大部分时间里，我国教育工作的路线是正确的，成绩是主要的。

7 月 23 日～8 月 4 日　教育部在哈尔滨召开全国重点中学工作会议，交流办好重点中学的经验，研究解决当前存在的问题，提出办好重点中学的 3 条基本要求和改变单纯追求升学率的 6 条措施。

8 月 22 日　教育部发出《关于进一步加强中小学在职教师培训工作的意见》。

10 月 14 日　教育部发出《关于分期分批办好重点中学的决定》。

12月3日 中共中央发出《关于普及小学教育若干问题的决定》，提出：在80年代，全国应基本实现普及小学教育的历史任务，应当根据各地区经济、文化的基础和其他条件的不同，分期分批予以实现。

1981年

3月13日 教育部颁发《全日制五年制小学教学计划（修订草案)》。

4月17日 教育部颁发《全日制六年制重点中学教学计划试行草案》、《全日制五年制中学教学计划试行草案的修订意见》。

5月5日~12日 教育部在济南召开全国中小学教职工调整工资问题座谈会。

7月6日 中共中央办公厅印发的《云南民族工作汇报会纪要》指出：我们党要经常关心、帮助少数民族在文化上的发展。发展少数民族文化，首先要在调整、整顿现有文化教育事业的基础上，逐步做到普及和提高。

8月1日~11日 教育部在北京召开全国学校思想政治教育工作会议。会议强调，要以《中共中央关于建国以来党的若干历史问题的决议》为教材，加强学生的思想政治工作，全面贯彻党的教育方针，积极引导学生德、智、体全面发展，走又红又专的道路。

8月26日 教育部颁布《中学生守则》和《小学生守则》，决定从1981年9月1日起正式执行。

10月7日 国务院发出关于1981年调整部分职工工资的通知。国务院决定：从1981年10月起，给中、小学教职工等人员调整工资。原则同意教育部《关于调整中、小学教职工工资的办法》、《关于增加中、小学民办教师补助费的办法》。

10月20日~30日 教育部、国家人事局、国家劳动总局、财政部联合在郑州召开全国中小学职工调整工资会议，讨论贯彻国务院批转的教育部《关于调整中小学教职工工资的办法》和《关于增加中小学民办教师补助费的办法》，讨论中小学教职工调整工资中若干政策的处理意见，下达各省、市、自治区升级人数和增加工资总额的指标。

10 月 28 日　教育部转发河北省关于整顿民办教师队伍的文件，并指出：全国现有中小学民办教师 456 万人，占中小学教职工总数的 45.9%。整顿民办教师队伍已成为当前普通教育事业调整中的一项紧迫任务，希望各地切实抓好。

11 月 29 日　教育部召开中小学教育问题座谈会，讨论了如何克服单纯追求升学率的现象，解决学生学习负担过重，正确处理重点学校和一般学校的关系以及加强普通教育等问题。

11 月 30 日　教育部、国家人事部、国家劳动总局、财政部联合发出《关于调整中、小学教职工工资若干具体政策问题的处理意见》。

1982 年

1 月 21 日　教育部发出《关于当前中小学教育几个问题的通知》。

2 月 19 日　教育部发出《关于加强普通教育行政干部培训工作的意见》。《意见》提出争取在三五年内把中小学和地、市、县教育部门主要领导干部培训一遍，逐步实现干部教育的正规化、制度化，并力争在干部普遍轮训一遍的基础上，建立起中小学干部定期轮流离职学习的制度。

4 月 10 日　教育部转发北京市教育局《解决小学生课业负担过重问题的几项决定》。

5 月 10 日　教育部颁发《全日制五年制小学品德课教学大纲（试行草案）》。教育部为此发出通知，要求各级教育行政部门重视小学开设思想品德课，加强领导，配备专职教研人员。

6 月 13 日　教育部、外交部作出决定，中小学暂不考虑同国外中小学建立联系。

7 月 30 日　教育部发出《关于加强中学外语教育的意见》。

8 月 20 日　教育部发出通知，试行小学教师进修中等师范教学计划。

1983 年

5月6日　中共中央、国务院发出《关于加强和改革农村学校教育若干问题的通知》，对教师队伍的建设作了一系列的重要指示。

7月　教育部召开了全国普通教育工作会议，贯彻中共中央、国务院《关于加强和改进农村学校教育若干问题的通知》。《通知》指出普及初等教育是培养现代化建设人才的奠基工程；规定农村小学的办学形式要灵活多样；强调各类小学的教学内容，都要注意联系农村生产、生活实际，考虑学生的接受能力和多数教师经过努力所能达到的水平，进行必要的调整和修改。

8月16日　教育部发出《关于普及初等教育基本要求的暂行规定》的通知，指出：普及初等教育应从我国实际情况出发，坚持统一性与多样性相结合的原则。

8月22日　教育部印发《关于中小学教师队伍调整整顿和加强管理的意见》。

9月9日　邓小平为景山学校题词：教育要面向现代化，面向世界，面向未来。

9月21日　教育部印发《关于发展农村幼儿教育的几点意见》的通知。

11月　教育部颁发了高中数学、物理、化学三科两种要求（基本要求和较高要求）的教学纲要。

1984 年

2月　邓小平在上海视察中国福利会儿童计算机活动中心时说：计算机要从娃娃抓起。5月28日，教育部发出通知：中小学进行计算机教育试点工作。

5月4日　教育部发出《关于坚持正面教育，严禁体罚和变相体罚学生的通知》。

8 月　教育部发出《关于全日制六年制小学教学计划的安排意见》。

10 月　教育部、全国教育工会颁发了《中小学教师职业道德要求（试行草案）》，并为此发出通知。

1985 年

1 月 11 日　教育部发出《关于颁发〈全国中小学教材审定委员工作条例（试行）的通知〉》。《通知》指出，今后中小学教材建设把编写和审定分开。

1 月 21 日　六届全国人大常委会第九次会议确定每年 9 月 10 日为"教师节"。

1 月 ~ 2 月　教育部计划司研究起草了《全国教育事业"七五"计划纲要》。

2 月 1 日　教育部学生司复函上海市高校招生委员会，同意上海地区 1985 年高考由上海市单独命题，以探索如何在全市高中毕业会考基础上举行高等学校入学考试。

3 月　教育部初教司印发了《关于印发长春等 5 市初中制度改革材料的通知》。逐步推行取消初中招生入学考试，凡准予毕业的小学生就近直接升入初中学习的办法。

4 月 4 日　教育部发出通知，决定在部分高校试行招收中学免试保送生条例。

4 月 10 日　教育部发出《关于选聘全国中小学教材审定委员会学科审查委员的通知》。《通知》指出，拟选聘有学科专长、关心中小学教材的专家、学者，熟悉中小学教材、有中小学教学实践经验、从事教学教法研究的高等师范院校的专家、学者，长期从事编写教材工作的专家及中小学骨干教师为审查委员，任期 3 年。

5 月 15 日 ~ 19 日　中共中央、国务院在北京隆重召开全国教育工作会议。会议的中心议题是讨论《中共中央关于教育体制改革的决定（草案）》。邓小平作重要讲话。他要求各级党委和政府要把教育工作认真抓起来。党和国家领导人出席会议。

5月27日 《中共中央关于教育体制改革的决定》颁布。

5月29日~6月2日 教育部在北京市召开全国初中数学工作会议，会后印发《调整初中数学、物理、化学、外语4科教学要求的意见》。

6月4日~10日 教育部召开全国中小学思想政治教育工作会议。

8月1日 中共中央发出《关于改革学校思想品德和政治理论课程教学的通知》，要求各级学校贯彻执行理论联系实际的方针，以面向现代化、面向世界、面向未来为指导思想，对现行思想品德和马克思主义政治理论课的课程设置、教学内容和教学方法进行改革。

8月12日 国家教委发出《关于在教师节前后切实为教师办几件实事的通知》，要求各地在教师节前尽量将改革后所增加的工资发放到中小学、幼儿园教师手中。

9月11日 国家教委发出《关于给全国中小学教材审定委员会委员、顾问、审查委员发聘书的通知》，给选聘的20名顾问、19名审定委员、110名审查委员颁发了聘书。

11月20日~26日 国家教委在北京召开全国中小学师资工作会议。

12月15日~19日 国家教委在北京市召开九年制义务教育教学计划研讨会，强调一定要纠正片面追求升学率、专门应付考试的现象。

12月31日 国家教委发出《关于做好普通高校试招中学保送生工作的通知》。

1986 年

2月21日 国家教委发出《关于加强在职中小学教师培训工作的意见》。

3月6日 国家教委发出《在普及初中教育的地方改革初中招生办法》的通知。

4月12日 第六届全国人民代表大会第四次会议审议通过了《中华人民共和国义务教育法》，决定自7月1日起施行。

4 月 14 日　国家教委批准成立全国中小学教材审定委员会、藏文教材委员会。

4 月 23 日　国家教委颁发《全日制小学思想品德课教学大纲》。

4 月 28 日　国务院发布《征收教育费附加的暂行规定》，自 7 月 1 日起施行。规定教育费附加专用于改善中小学办学条件。

5 月 17 日　国家教委颁发了《全日制小学思想品德教学大纲》。

5 月 19 日　国家教委制定了《中学教师职务试行条例》、《小学教师职务试行条例》及《关于中小学教师职务试行条例实施意见》。

6 月 4 日~8 日　国家在江苏省南京市召开了全国中小学学校实施教师职务试行条例的工作会议。

6 月 7 日~14 日　国家教委在山东省烟台市召开中小学教师专业合格证书文化专业知识考试要求研讨会。

7 月 10 日　国家教育委员会发出《关于选派万名高等学校应届毕业生参加支援中小学工作一年的通知》。

7 月 19 日　国家教委举行座谈会，欢迎参加第 27 届国际中学生数学奥林匹克并取得优异成绩的我国代表队。

9 月 6 日　国家教委印发《中小学教师考核合格证书试行办法》，宣布在我国实行中小学教师考核合格证书制度。

10 月 22 日　国家教委发出《关于开展中小学和中等专业学校教师职称改革试点工作的通知》。

10 月 25 日　国家教委制订的《义务教育全日制小学、初级中学教学计划（初稿）》公布。国家教委就此发出通知，要求组织讨论，提出意见。

12 月 1 日　国家教委、劳动人事部、国家计委联合颁发《关于下达1986 年从中小学民办教师中招公办教师劳动指标的通知》，安排 20 万专项劳动指标，用于选招一部分经过严格考核的中小学民办教师骨干为公办教师。

1987 年

2月11日　中小学教师专业合格证书考核工作会议结束。实行考核合格证书制度和职务任命（聘任）制，是中小学教师管理制度的一项重大改革。

2月27日~28日　国家教委和河北省政府联合在河北涿州市召开农村教育改革实验区工作会议，标志着我国农村教育改革实验工作启动。

3月6日　国家教委颁布《全日制普通中学劳动技能课教学大纲（试行稿)》，对初、高中各年级学生应当掌握的劳动技术的基础知识和基本技能作了明确具体的规定。

3月9日　国家教委、劳动人事部联合颁发《全日制寄宿制幼儿园编制标准（试行)》。

5月15日　中共中央宣传部、共青团中央在京召开少年儿童思想教育座谈会。

6月15日　国家教委、财政部发出《关于农村基础教育管理体制改革若干问题的意见》。

8月20日　全国中学教师《专业合格证书》文化专业考试进行。参加考试的初中教师约37万人，占初中教师应考人数的31%；参加考试的高中教师约6万人，占高中教师应考人数的24%。

9月21日　国家教委发布《中学生体育合格标准的试行办法》。

10月12日　全国幼儿教育工作会议在京召开。会议着重研究了幼教事业的发展方针、改革措施，幼儿教育的指导思想，幼教师资队伍建设和加强领导等问题。

10月21日　国家教委等五部委联合发出《关于在普通中学开展社会实践活动若干问题的通知》。

10月23日　国家教委发出《关于颁发〈全日制小学劳动课教学大纲（试行草案)〉的通知》。《通知》指出，加强小学劳动教育是全面贯彻教育方针的有机组成部分，是当前端正办学思想、深化教育改革的一项重要课题。

12 月 3 日　经国务院决定，从 1987 年 10 月起，把全国中小学教师和幼儿园教师的现行工资标准提高 10%。各省、自治区、直辖市也可以在不超过工资标准提高标准 10% 的增资总额范围内，根据本地区的实际情况，将增资总额的大部分用于提高工资标准，小部分用于调整中小学教师内部的工资关系。

12 月 8 日　国家教委发出《关于开始有计划地进行中小学〈小学专业合格证书〉文化专业知识考试的通知》。决定从 1988 年起，开始有计划地进行中小学《小学专业合格证书》文化专业知识考试。

12 月 31 日　经国务院同意，国家教委与国家体委、卫生部、国家民委、国家科委、财政部联合发出《关于中国学生体质、健康状况调查研究结果和加强学校体育卫生工作的意见》。

1988 年

1 月 4 日 ~ 13 日　国家教育委员会在北京召开了中小学教材审定委员会会议，对《九年制义务教育教学大纲》进行了审查。修改后的《九年制义务教育教学大纲》将作为实验《大纲》试行，各地可根据这个《大纲》编写教材。

1 月 14 日 ~ 16 日　全国中小学教师职务聘任工作会议在广西南宁市举行。

4 月 3 日 ~ 4 日　中国中小学幼儿教师奖励基金会在北京举行第二次理事会，决定新中国成立 40 周年时奖励 2 万名国家级优秀教师。

4 月 6 日　国家教委发出《关于转发天津、大连、济南初中招生制度改革情况的通知》。《通知》要求各地在办好所有初中的过程中逐步取消重点初中。《通知》还要求各地切实加强薄弱初中的建设，做好规划，动员社会各界力量，采取有效措施，争取在两三年内，使这些薄弱初中的校舍、办学经费、师资水平、教学仪器设备等办学条件有根本的改善。

5 月 11 日　国家教委发布《关于全日制普通中学端正办学方向、纠正片面追求升学率倾向的督导评估的几点意见》和《关于减轻小学生课业负担过重问题的若干规定》，并为此发出通知。通知指出，纠正片面追求升学率的倾向，需要综合治理，但是，教育行政部门负有重要责任。

5月21日　国家教委决定，将《小学生日常行为规范（征求意见稿)》和《中学生日常行为规范（讨论稿)》公布，在全社会进行讨论。这两个《规范》是国家对中小学生日常行为提出的基本要求，目的在于加强对中小学生的基本道德教育和文明行为训练，使他们从小养成良好的行为习惯，提高他们的思想道德素质，促进他们身心健康发展，为把学生培养成为有理想、有道德、有文化、有纪律的新一代打下良好的基础。

6月1日~5日　全国中小学德育工作会议在北京举行。

7月2日　国家教委发出《关于严格控制中小学学生流失的通报》。《通报》向各地人民政府和教育行政部门提出了解决这个问题的要求；深入宣传《义务教育法》；对违法招用童工者要根据情节轻重严肃处理；要进一步端正办学指导思想；要按照《义务教育法》规定收取杂费，学校不得自订标准。

8月10日　国家教委发布《小学德育纲要（试行草案)》、《小学生日常行为规范（试行)》、《小学班主任工作暂行规定（试行)》、《中学德育大纲（试行)》、《中学生日常行为规范（试行)》、《中学班主任工作暂行规定（试行)》。

8月15日　国务院办公厅转发国家教委、国家计委、财政部、人事部、劳动部、建设部、卫生部、物价局《关于加强幼儿教育工作的意见》。

9月23日　国家教委发言人就中小学收费问题发表谈话指出，不能把合理收费和不合理收费混为一谈。根据《义务教育法》，在实施义务教育阶段不收学费，只收杂费和书本费；非义务教育阶段，需要缴纳学费、杂费和有关费用。

10月17日　国家教委发布《关于社会力量办学几个问题的通知》。《通知》指出：社会力量办学属地方教育事业，主要应为本地区经济建设和社会发展服务。

10 月 24 日　国家教委发布《社会力量办学教学管理暂行规定》。

10 月 25 日　上海市开始进行高中会考和高校招生考试制度改革。改革的指导思想是：有利于中学教育改革，有利于高校选拔新生。

12 月 25 日　中共中央发出《关于改革和加强中小学德育工作的通知》，要求中小学必须把德育工作放在首位。

1989 年

1 月 18 日　《光明日报》报道：国家教委考试管理中心决定推广广东省高考标准化实验成果，今年首先在全国实行英语标准化考试。

1 月 31 日　国家教委发出通知，要求继续做好中小学教师考试合格证书的试行工作。

4 月 8 日　国家教委发出《关于对中小学教育开展五项督导、检查的通知》。

5 月 23 日　国家教委发出《关于在全国建立"百县农村教育综合改革实验区"的通知》。

7 月 22 日　国家教委发出《关于九年制义务教育课程、教材试验工作的通知》。

7 月 26 日　国家教委发出《关于试行普通高中毕业会考制度的意见》和《关于改革普通高等学校招生考试及录取新生办法的意见》。

8 月 25 日　国家教委成立城市教育改革领导小组。

12 月 17 日～21 日　国家教委在北京召开全国中小学教学工作座谈会，讨论和修改《关于加强和改进教学研究室工作的若干意见》等文件。

12 月 19 日　国家教委发出《关于加强全国中小学校长培训工作的意见》。

1990 年

1 月 24 日　《人民日报》报道：国家教委考试管理中心负责人就高

中毕业会考问题发表谈话。高中毕业会考试验表明，它有利于全面贯彻教育方针，国家教委决定自 1990 年起 3 年内在全国所有高中实施。

2 月 2 日　《人民日报》报道：1989 年下半年，国家教委受国务院委托，派出督导组对 26 个省、自治区、直辖市 1985 年以来的中小学教育工作进行了一次督导、检查。这是新中国成立以来中央政府首次对省、自治区、直辖市政府管理教育事业的工作进行督导检查。6 月 11 日，国家教委发出通知，转发《关于中小学教育工作五项督导检查的报告》。

2 月 15 日　国家教委发出《关于重申贯彻〈减轻小学生负担过重问题的若干规定〉的通知》。

3 月 16 日~20 日　全国中小学升学与考试制度改革工作会议在杭州举行。作为考试制度的一项重大改革，我国将普遍推行高中毕业会考制度。

4 月 13 日　国家教委发出《关于进一步加强中小学德育工作的几点意见》。

5 月 23 日　国家教委邀请上海第一师范学校附属小学等 7 所小学校长，汇报开展"愉快教育"、减轻学生负担的经验。

6 月 7 日　国务院总理李鹏签署国务院第 60 号令，发布《国务院关于修改〈征收教育费附加的暂行规定〉的决定》。

7 月 2 日　国家教委印发《关于开展中小学校校长岗位培训的若干意见》。

8 月 17 日　国家教委发出《关于在新学年开学时应严格执行有关中小学收费规定的通知》。

8 月 20 日　国家教委发出《关于在普通高校高中实行毕业会考制度的意见》。

10 月 23 日~26 日　全国中小学教师继续教育工作座谈会在四川自贡市举行。国家教委副主任柳斌到会讲话。

12 月 10 日　国家教委发出《关于中小学教师职务聘任工作中有关问题的通知》。

1991 年

1 月 22 日　国家教委发出《关于高考改革有关问题的通知》。

2 月 4 日～8 日　全国民办教师工作经验交流会在郑州举行。会后，国家教委、国家计委、人事部、财政部于 1992 年 8 月 6 日联合发出《关于进一步改善和加强民办教师工作若干问题的意见》。

2 月 21 日　国家教委发出《关于做好高考科目设置改革试点工作的通知》。

2 月 21 日　国家教委印发《高中毕业会考后普通高校招生全国统一考试工作实施方案（试行）》，并附发已实行高中会考的省适用的 1991 年高考范围。

2 月 25 日　国家教委发布《小学生日常行为规范》和《中学生日常行为规范》，从 1991 年春新学期开学后在全国中小学普遍施行。

4 月 15 日　国务院发布《禁止使用童工规定》。

4 月 21 日～25 日　国家教委在浙江湖州市召开全国普通高中工作会议，总结实施《现行普通高中教学计划调整意见》和普通高中毕业会考制度两项改革的经验，制定改革配套措施。

4 月 24 日～28 日　国家教委中小学教材办公室在昆明召开全国九年义务教育课程教材试验工作会议。

5 月 21 日　国家教委发出《普通中小学校督导评估工作指导纲要》和《关于实施〈普通中小学校督导评估工作指导纲要〉试点的意见》。

6 月 25 日　国家教委发布《全国中小学校长任职条件和岗位要求（试行）》。

7 月 16 日　国家教委、人事部发出《关于当前做好中小学教师职务聘任工作的几点意见》。

7 月 29 日　国家教委发出通知，印发《关于实施〈现行普通高中教学计划的调整意见〉和普通高中毕业会考制度的意见》和《关于在普通高中开设选修课的意见》。

7月31日　国家教委发出《关于进行培养专科程度小学教师试验工作的通知》。

8月13日　国家教委、全国教育工会联合发布《中小学教师职业道德规范》。

8月20日　国家教委发布《小学生日常行为规范》，从1991年秋季开学后在全国小学普遍施行。

9月4日　七届全国人大常委会第21次会议在北京闭幕。会议通过了《中华人民共和国未成年人保护法》等项议案。

11月4日　国家计委、人事部、国家教委联合发出《关于从优秀民办教师中选招公办教师问题的通知》。

12月3日　国家教委发出《关于开展小学教师继续教育的意见》。

1992年

1月11日　国家教委在北京召开全国升学、考试制度改革工作会议，就小学、初中升学制度改革和实行普通高中毕业会考制度的问题进行了研讨。2月11日，国家教委发出《高中会考工作会议纪要》。

2月16日　国务院发布《九十年代中国儿童发展规划纲要》。

2月19日　国家教委发出通知，印发中学思想政治、中小学语文、历史、地理学科教育纲要的实施意见。

3月9日　国家教委召开电视大会，部署1992年在全国范围内开展关于加强中小学德育工作有关法规文件贯彻落实情况的督导检查。

3月14日　经国务院批准，国家教委主任李铁映签署国家教委第19号令，发布《中华人民共和国义务教育法实施细则》。

3月24日　国家教委召开"进一步提高师范生源质量，加强师范生和中小学教师职业技能训练"电话会议。要求各地全面提高师范教育质量，为中小学教育培养和培训出政治、业务素质合格的教师。

5月13日　国家教委中小学教材审定委员会办公室在北京召开九年义务教育理科教学大纲、教材审查会议。

6月10日　国家教委发布《中小学校园环境管理的暂行规定》。

7月3日　国家教委发出《关于加强中小学计算机教育的几点意见》。

7月24日　国家教委发出《关于推广小学语文"注音识字，提前读写"教改经验的若干意见》，附发《小学语文"注音识字，提前读写"教学改革实验纲要（试用稿）》。

8月6日　国家教委发布《九年义务教育全日制小学、初级中学课程计划（试行）》和24个学科教学大纲（试用）。

8月7日　国家教委、国家计委、人事部、财政部联合发出《关于进一步改善和加强民办教师工作若干问题的意见》。

8月25日~28日　全国九年义务教育教学工作会议在北京举行。

11月14日　国家教委发出《关于九年义务教育小学、初级中学教材选用工作的意见》。

11月16日　国家教委发出关于组织实施《九年义务教育全日制小学、初级中学课程方案（试行）》的意见。

12月10日　中央组织部、国家教委联合发出《关于加强全国中小学校长队伍建设的意见（试行）》。

12月17日　国家教委副主任柳斌在1993年《世界儿童状况》报告新闻发布会上提出20世纪90年代我国基础教育发展的四项目标。

12月28日　中央政治局会议讨论并原则通过了《中国教育发展和改革纲要（草案）》，并决定以党中央、国务院名义印发。

1993 年

2月22日　国家教委召开电话会议，部署1993年实施九年义务教育和扫盲工作。

3月1日　由联合国教科文组织和联合国儿童基金会倡议召开的中国全民教育国家级大会在北京开幕。会议的主要议题是总结回顾中国基础教育和扫盲教育的理论与实践，研讨、论证20世纪末中国实现"两基"、"两全"的战略和措施，加强并扩大中国同世界各国和友好国际组织的教育交流和合作。会议原则通过了《中国全民教育行动纲领》。

3 月 24 日　国家教委发出《关于减轻义务教育阶段学生过重课业负担、全面提高教育质量的指示》。

3 月 26 日　国家教委发出通知，颁发《小学德育纲要》。

7 月 26 日　国家教委印发《关于加强小学骨干教师培训工作的意见》。

8 月 9 日 ～13 日　国家教委中小学教材审定委员会在山东烟台市召开九年义务教育教材复审会议。会议复审了小学和初中语文、数学等 11 个学科的 50 册教材，审查了 5 个学科的 17 册教材。会议还讨论了有关教材建设方面的问题。

8 月 10 日　国家教委发出《关于稳步推进普通高中毕业会考工作的意见》。

8 月 25 日　国家教委发出《关于坚决纠正中小学乱收费的通知》。

9 月 2 日　国家教委召开基础教育形势分析会，讨论分析了当前基础教育尤其是农村基础教育的形势，确定 1993 年下半年国家教委要集中力量重点抓好基础教育工作，切实解决基础教育工作面临的困难和问题。

10 月 16 日　国家教委转发《国务院办公厅关于纠正一些地方取消农村教育费附加的通知》。

10 月 31 日　八届全国人大常委会第四次会议通过《中华人民共和国教师法》，自 1994 年 1 月 1 日起施行。

11 月 26 日　国家教委发出《关于取消中小学乱收费项目的通知》。

12 月 11 日　国家教委、监察部联合发出《关于对义务教育法规执行情况开展专项执法监察的通报》。

1994 年

1 月 25 日 ～27 日　国家教委基础教育司和人民教育出版社联合在北京召开九年义务教育全日制聋、盲校教材编写研讨会。这是新中国成立以来第一次由国家级出版社承担编写、出版和印刷残疾儿童教材的任务，使残疾儿童教材开始走上规范化轨道。

2 月 5 日　人事部、国家教委发出《关于印发高等学校、中小学、中等专业等学校贯彻〈事业单位工作人员工资制度改革方案〉三个实施意见的通知》。

3 月 11 日　国家教委发出关于正式颁发《中学生日常行为规范》的通知。

3 月 29 日　国家教委、中国福利会发出《关于在全国中小学设立"宋庆龄奖学金"的通知》。

7 月 5 日　国家教委印发《实行新工时制对全日制小学、初级中学课程（教学）计划进行调整的意见》和《实行新工时制对高中教学计划进行调整的意见》。

7 月 6 日　国家教委发出《关于进一步加强中小学生竞赛、评奖活动管理的通知》。

8 月 31 日　中共中央发出《关于进一步加强和改进学校德育工作的若干意见》，对新时期学校德育工作提出具体要求，是加强和改进学校德育工作的指南。

8 月 31 日　国家教委发出《关于在九十年代基本普及九年义务教育和基本扫除青壮年文盲的实施意见》。

9 月 19 日　国家教委发出关于学习贯彻《中共中央关于进一步加强和改进学校德育工作的若干意见》的通知。

9 月 24 日　国家教委颁发《普及义务教育评估验收暂行办法》。

11 月 10 日　国家教委发出《关于全面贯彻教育方针，减轻中小学生课外负担过重的意见》。

11 月 11 日　国家教委举行新闻发布会，宣布减轻中小学生课业负担的出路在改革。要求学校改变"应试教育"模式，严格课时，控制考试，整顿"奥校"。

11 月 14 日　国家教委印发《关于开展小学新教师试用期培训的意见》。

1995 年

2月6日　国家教委召开主任办公会，讨论部署坚决制止中小学乱收费问题。会议决定建立责任制，层层抓落实，力争年内取得阶段性成果。

2月16日　国家教委、新闻出版总署联合发布《普通中小学教材出版发行管理规定》。

2月29日　各省、自治区、直辖市及计划单列市督导室主任、国家督学工作会议在北京召开。会议总结交流了近两年"两基"督导评估工作的经验，研究部署了"两基"督导评估工作的经验，基础教育"五项内容"的督导检查及中小学督导评估工作。

3月18日　全国人民代表大会第八届三次会议表决通过《中华人民共和国教育法》。同日，中华人民共和国主席江泽民签署第45号主席令，公布《中华人民共和国教育法》，自1995年9月1日起施行。

4月5日　国家教委发出《关于进一步做好"两基"评估验收工作的若干补充意见》。

4月12日　国家教委发出《关于进一步健全和完善扫盲工作报告制度的通知》。

5月10日~13日　国家教委在江苏张家港市召开全国普通高中教育工作会议，贯彻全国教育工作会议和《纲要》及其实施意见，研究普通高中教育改革与发展方针、政策及思路。

6月6日　国家教委发出《关于进一步推动和完善初中入学办法改革的通知》。

6月8日　国家教委印发《关于大力办好普通高级中学的若干意见》。

6月22日　国家教委印发《加强薄弱普通高级中学建设的十项措施（试行）》。

6月22日　国家教委发出《关于评估验收1 000所左右示范性普通高级中学的通知》及《示范性普通高级中学评估验收标准（试行）》。

12月12日　国务院总理李鹏签署国务院令第188号，发布《教师资格条例》，自发布之日起施行。

12 月 20 日　国家教委印发《关于进一步加强和改进中学思想政治课教学工作的意见》。

12 月 28 日　国家教委印发《国家教育委员会关于"九五"期间全国中小学校长培训指导意见》。

1996 年

2 月 29 日　国家教委印发《普及九年义务教育和扫除青壮年文盲工作表彰奖励办法》。

3 月 9 日　国家教委主任朱开轩签署国家教委第 25 号令，发布《幼儿园工作规程》，自 6 月 1 日起施行。

3 月 9 日　国家教委主任朱开轩签署国家教委第 26 号令，发布《小学管理规程》，自 1996 年 4 月 1 日起施行。

4 月 2 日　国家教委印发《城镇流动人口中适龄儿童、少年就学办法(试行)》。

5 月 9 日　国家教委、中国残疾人联合会联合印发《残疾儿童少年义务教育"九五"实施方案》。

5 月 10 日~16 日　国务院副总理李岚清在湖南考察。强调要在全国进一步推广湖南省汨罗市素质教育的经验；要加强薄弱学校建设，减少升学竞争。

5 月 17 日　国家教委印发《关于加强普通中学劳动技术教育的意见》。

6 月 7 日　国家教委印发《全日制普通高级中学思想政治课课程标准(试行)》。

6 月 27 日~30 日　国家教委在湖南岳阳召开"构建督导评估机制，推动实施素质教育"研讨会。

12 月 16 日　国家教委、国家计委、财政部联合颁发《义务教育学校收费管理暂行办法》、《普通高级中学收费管理暂行办法》。

12 月 30 日　国家教委印发《中小学计算机教育五年发展纲要（1996—2000）》。

1997 年

1 月 14 日　国家教委发出《关于规范当前义务教育阶段办学行为的若干原则意见》。

2 月 21 日　国家教委印发《1997 年治理中小学乱收费工作的意见》。

3 月 3 日　国家教委、国家计委、农业部、财政部联合印发《农村教育集资管理办法》。

4 月 2 日　国家教委印发《全国中初等学校校办产业、勤工俭学"九五"期间发展规划要点》。

7 月 31 日　国务院发布《社会力量办学条例》，自 10 月 1 日起施行。提出国家对社会力量办学实行积极鼓励、大力支持、正确引导、加强管理的方针。

8 月 15 日　国务院办公厅发出《关于保障教师工资按时发放有关问题的通知》。

9 月 1 日　国家教委、全国教育工会发出关于重新颁发《中小学教师职业道德规范》的通知。

9 月 3 日~5 日　全国中小学素质教育经验交流会在山东省烟台市举行，国家教委主任朱开轩在开幕式上作主题报告。4 日，国务院副总理李岚清在会上作《面向 21 世纪开创基础教育的新局面》讲话，并同出席会议的部分代表座谈，共同研究、探讨如何全面实施素质教育，进一步推动基础教育的发展。会议讨论了《积极推进中小学实施素质教育的若干意见（征求意见稿）》。

9 月 7 日　国务院办公厅发出《关于解决民办教师问题的通知》。

10 月 29 日　国家教委印发《关于当前积极推进中小学实施素质教育的若干意见》。

12 月 31 日　国家教委印发《实行全国中小学校长持证上岗制度的规定》。

1998 年

2 月 6 日　国家教委印发《关于推进素质教育调整中小学教育教学内容、加强教学过程管理的意见》。

3 月 2 日　国家教委、公安部印发《流动儿童少年就学暂行办法》。

3 月 16 日　国家教委颁发《中小学德育工作规程》。

6 月 1 日　教育部发出《关于重申中小学校不准代办学生保险规定的通知》。

6 月 25 日　国务院办公厅转发《教育部关于义务教育阶段办学体制改革试验工作的若干意见》。

8 月 3 日　教育部印发《关于认真做好"两基"验收后巩固提高工作的若干意见》。

11 月 2 日　教育部发出《关于加强大中城市薄弱学校建设办好义务教育阶段每一所学校的若干意见》。

12 月 2 日　教育部部长陈至立签发教育部第 1 号令,发布施行《特殊教育学校暂行规程》。

1999 年

1 月 13 日　国务院批转教育部《面向 21 世纪教育振兴行动计划》。它是在贯彻落实《教育法》及《中国教育改革和发展纲要》的基础上提出的跨世纪教育改革和发展的施工蓝图,明确提出了到 2000 年和 2010 年我国教育发展的目标。

4 月 27 日　教育部印发《关于初中毕业升学考试改革的指导意见》。

6 月 15 日~18 日　中共中央、国务院在北京召开改革开放以来第三次全国教育工作会议,颁布《中共中央国务院关于深化教育改革全面推进素质教育的决定》。会议的主题是:动员全党同志和全国人民,以提高民族素质和创新能力为重点,深化教育体制和结构改革,全面推进素质教育,振兴教育事业,实施科教兴国战略,为实现党的十五大确定的社会主义现代化建设宏伟目标而奋斗。江泽民和朱镕基、李岚清等党和国家领导人出席会议并讲话。这次全国教育工作会议和《决定》赋予素质教育以时代的特征和新的内涵，并紧紧围绕全面推进素质教育，培养适应 21 世纪现代化建设社会主义新人提出一系列教育改革和发展的重大决策，取得了一系列突破性进展。

7 月 13 日　教育部发出《关于坚持标准，保质保量推进"两基"工作的通知》。

8 月 12 日　教育部印发《关于积极推进高中阶段教育事业发展的若干意见》。

8 月 13 日　教育部印发《关于加强中小学心理健康教育的若干意见》。

9 月 13 日　教育部部长陈至立签署教育部第 7 号令，发布《中小学教师继续教育规定》，自发布之日起施行。

10 月 11 日　教育部发出《关于做好普通高中新课程试验省份高考工作的通知》。

12 月 15 日　教育部印发《关于高等学校国家重点实验室和教育部重点实验室向中小学生开放的意见》。

12 月 24 日　全国人大常委会副委员长彭佩云在九届全国人大常委会第十三次会议上作了关于检查《义务教育法》实施情况的报告。指出实施《义务教育法》，有力地推动了义务教育的发展。我国普及义务教育的速度超过了一些发达国家，我们用 13 年的时间走完了一些发达国家几十年才走完的路程。同时，"普九"工作存在的问题不容忽视。

12 月 30 日　教育部部长陈至立签署教育部第 8 号令，发布《中小学校长培训规定》，自发布之日起施行。

2000 年

1 月 3 日　教育部发出《关于在小学减轻学生过重负担的紧急通知》，并组织国家督学对部分省、自治区、直辖市贯彻落实《紧急通知》的情况进行专项督导检查。

1 月 12 日　教育部发出《关于做好中小学骨干教师国家级培训工作的通知》。

1 月 31 日　教育部印发《全日制普通高级中学课程计划（试验修订稿）》。

3 月 6 日　教育部印发《中小学教师继续教育工程方案（1999—2002）》及其实施意见。

3 月 9 日　教育部、国家体育总局、卫生部、国家民委、科技部联合印发《2000 年全国学生体质健康状况调查研究实施方案》。

3 月 15 日　教育部印发《关于普通高中毕业会考制度改革的意见》。

3 月 21 日～23 日　2000 年基础教育工作会议在天津举行。会议以江泽民《关于教育问题的谈话》为指导思想，贯彻落实《中共中央国务院关于深化教育改革全面推进素质教育的决定》和《面向 21 世纪教育振兴行动计划》，部署 2000 年基础教育工作。重点研讨了加强与改进青少年思想教育、减轻中小学生过重负担、基础教育课程改革、农村初中义务教育、在农村初中试行"绿色证书"教育、大力加强中小学信息技术教育等问题。

4 月 10 日　教育部发出《关于做好 2001 年普通高考"3＋X"科目设置改革工作的通知》。

7 月 14 日　教育部印发《关于全国中小学收费专项治理工作实施意见》。

8 月 4 日　教育部发出《关于〈全日制普通高级中学课程计划（试验修订稿）〉补充通知》。

8 月 15 日　教育部印发《关于加强中小学教师职业道德建设的若干意见》。

8 月 23 日　教育部印发初级中学物理、化学、生物、历史、地理等 5 科《教学大纲》（试用修订版）。

8 月 30 日　教育部印发《关于加强考试管理，狠刹各种违纪、舞弊歪风的意见》。

9月23日　教育部部长陈至立签署中华人民共和国教育部第10号令，发布《〈教师资格条例〉实施办法》，自发布之日起施行。

10月17日　基础教育课程改革项目负责人第三次工作会议在北京召开。教育部部长陈至立就如何加紧课程教材建设，建立具有中国特色的现代化基础教育课程体系发表了讲话。教育部副部长王湛、国家总督学柳斌出席了会议。

11月14日　教育部发出《关于在中小学普及信息技术教育的通知》。同日，印发了《中小学信息技术课程指导纲要（试行）》。

11月16日　科技部、教育部、中宣部、中国科协、共青团中央印发《2001—2005年中国青少年科学技术普及活动指导纲要》。

12月14日　中共中央办公厅、国务院办公厅印发《关于适应新形势进一步加强和改进中小学德育工作的意见》。

2001 年

1月1日　江泽民在全国政协举行的新年茶话会上发表讲话，宣布我国如期实现了基本普及九年义务教育和基本扫除青壮年文盲的战略目标。

1月11日　教育部发出关于学习贯彻《中共中央办公厅国务院办公厅关于适应新形势进一步加强和改进中小学德育工作的意见》的通知。

2月13日　教育部、国家计委、财政部发出《关于坚决治理农村中小学乱收费问题的通知》。

2月17日　国务院办公厅转发《教育部、国家计委、财政部关于实施中小学危房改造工程和意见》。

2月28日　2001年基础教育工作研讨会在山东省潍坊市召开。

4月9日　教育部印发《普通高中"研究性学习"实施指南（试行)》。

5月28日　教育部、国家体育总局、共青团中央、全国少工委发出《关于基础教育改革与发展的决定》。

6 月 7 日　教育部部长陈至立签发中华人民共和国教育部第 11 号令，发布《中小学教材编写与审定管理暂行办法》，自发布之日起施行。

6 月 7 日　教育部、财政部印发《关于对全国部分贫困地区农村中小学生试行免费提供教科书的意见》。

6 月 7 日　教育部印发《基础教育课程改革纲要（试行）》。

6 月 11 日～12 日　国务院召开的全国基础教育工作会议在北京举行，研究部署进一步加快基础教育改革与发展。会议期间，国务院总理朱镕基、副总理李岚清发表了重要讲话。教育部部长陈至立、国家计委主任曾培炎、财政部副部长楼继伟就基础教育问题报告了有关工作。

6 月 15 日　教育部发出《关于学习贯彻〈国务院关于基础教育改革与发展的决定〉的通知》。

7 月 18 日～21 日　国务院总理朱镕基率教育部、财政部、农业部等部门负责人在安徽就农村税费改革进行调研。指出在农村税费改革中，必须确保农村义务教育经费投入。

7 月 30 日　全国基础教育课程改革实验工作会议在大连召开。教育部副部长王湛出席会议并讲话。会议部署了课程改革实验工作，确定了2001—2005 年课程改革实验的组织和推广工作进程。

9 月 1 日　义务教育新课程新学期开始进入基础教育课程改革实验区，20 个学科（小学 7 科、中学 13 科）49 种新课程实验教材首次在实验区试用，30 万名中小学一年级新生将用上新教材。

9 月 8 日　国家教育督导团发出《关于加强基础教育督导工作的意见》。

9 月 24 日　教育部、财政部、国务院扶贫开发领导小组办公室发出《关于落实和完善中小学贫困学生助学金制度的通知》。

10 月 17 日　教育部印发《开展基础教育新课程实验推广工作的意见》。

10 月 17 日　教育部印发《开展基础教育新课程师资培训工作的意见》。

10月25日 新闻出版总署、教育部、国家计委印发《中小学教材出版招标投标试点实施办法》。

11月16日 教育部发出《关于从2003年起调整全国普通高等学校招生统一考试时间的通知》。

11月16日 国家计委、财政部、教育部发出《关于坚决落实贫困农村义务教育阶段试行"一费制"收费制度的通知》。

11月19日 教育部印发《义务教育课程设置实验方案》。

2002 年

2月26日 教育部发出《关于加强基础教育办学管理若干问题的通知》。

3月1日 教育部印发《关于加强县级教师培训机构建设的指导意见》。

4月4日 教育部印发《全日制民族中小学汉语教学大纲（试行）》。

4月14日 国务院办公厅发出《关于完善农村义务教育管理体制的通知》。

4月26日 教育部印发《全日制普通高级中学课程计划》和全日制普通高级中学语文等七科教学大纲。

5月17日 新闻出版总署、教育部、国家计委印发《关于进一步贯彻落实中小学教材管理体制改革的意见》。

6月25日 教育部部长陈至立签署中华人民共和国教育部第12号令，发布《学生伤害事故处理办法》，自2002年9月1日起施行。

6月26日 教育部印发《关于贯彻〈国务院办公厅转发中央编办、教育部、财政部关于制定中小学教职工编制标准意见的通知〉的实施意见》。

7月4日 教育部、国家体育总局印发《学生体质健康标准（试行方案）》及《学生体质健康标准（试行方案）实施办法》。

7月22日 中共中央办公厅、国务院办公厅转发教育部等12部门

《关于"十五"期间扫除文盲工作的意见》。

8 月 1 日　教育部印发《中小学心理健康教育指导纲要》。

8 月 16 日　教育部印发《基础教育工作分类推进与评估指导意见》。

8 月 30 日　教育部、国务院纠风办就进一步做好治理中小学乱收费工作发出紧急通知。

9 月 5 日　教育部印发《关于加强专科以上学历小学教师培养工作的几点意见》。

9 月 11 日~13 日　国家基础教育课程改革实验区教学工作研讨会在哈尔滨举行。会议总结课程改革实验一年来的经验，就实验中存在的问题进行研讨与交流。

10 月 21 日　教育部、司法部、中央综合办、共青团中央印发《关于加强少年学生法制教育工作的若干意见》。

12 月 27 日　教育部发出《关于积极推进中小学评价与考试制度改革的通知》。

2003 年

1 月 14 日~15 日　2003 年全国基础教育工作会议在河北唐山举行。会议确定了 2003 年基础教育积极、均衡、持续、协调发展，深化教育改革，大力推进教育创新，全面推进素质教育，切实加强管理，不断提高教育质量，努力开创基础教育工作的新局面。

3 月 21 日~22 日　全国教育督导工作会议在山东潍坊举行。会议明确了 2003 年的主要任务。提出要坚持督政与督学相结合，推进"普九"和素质教育的实施。

3 月 24 日　教育部召开全国教育系统治理中小学乱收费工作电视电话会议，教育部部长周济在会上作了《认真贯彻中纪委二次全会精神，从严治教，坚决治理学校乱收费》的讲话，强调必须加大工作力度，从严治教，狠抓政策落实，进一步做好学校乱收费的治理工作。

6 月 11 日　教育部、国家体育总局、共青团中央发出《关于开展

"全国学生体质健康标准推广活动"的通知》。

7月7日　教育部召开全国基础教育课程改革实验推广工作电视电话会议，对2003年新学年的实验推广工作进行动员和部署。教育部副部长王湛强调把基础教育课程改革摆在作为全面推进素质教育的战略地位，加强领导，精心组织做好实验工作。

9月17日　国务院印发《关于进一步加强农村教育工作的决定》。

9月17日　人事部、教育部印发《关于深化中小学人事制度的实施意见》。

9月19日~20日　全国农村教育工作会议在北京举行。国务院总理温家宝出席会议并发表讲话。他强调，要切实加强农村教育工作，认真解决"三农"问题，推进农村小康建设和城乡协调发展。

9月30日　国务院办公厅转发教育部等部门《关于进一步做好进城务工就业农民子女义务教育工作的意见》。

10月9日　教育部印发《中小学环境教育实施指南》。

10月21日　教育部发出《关于进一步加强中小学教师队伍管理和职业道德教育的通知》。

10月31日　国家发展和改革委员会、新闻出版总署、教育部发出《关于加强中小学实验教材价格管理的通知》。

12月1日　全国基础教育课程改革座谈会在福建省南安市召开。会议总结交流了基础教育课程改革实施两年来，各实验区进行课程改革实验工作的经验，分析了当前面临的新情况和新问题，进一步深化了认识，对课程改革工作做了进一步的研究与部署。教育部副部长王湛出席会议并讲话。

12月15日　教育部发出《关于开展普通高中新课程实验工作的通知》。

12月30日　国家科技教育领导小组召开第二次全体会议。国务院总理、国家科技教育领导小组组长温家宝主持会议。会议听取了教育部关于制定《2003—2007年教育振兴行动计划》和《国家西部地区"两基"攻坚计划（2004—2007 年）》的汇报。会议认为，《2003—2007 年教育振兴行动计划》明确了近 5 年我国教育工作的方向、任务和目标，对教育改革和发展提出了具体要求。《国家西部地区"两基"攻坚计划（2004—2007年）》对实现本部地区基本普及九年义务教育、基本扫除青壮年文盲作出了具体部署。实施这两个计划，对于提高全民族的素质，对于经济和社会的全面、协调和可持续发展，具有重大意义。

2004 年

2 月 2 日　教育部印发《关于进一步加强基础教育新课程师资培训工作的指导意见》。

2 月 12 日　教育部、财政部印发《关于进一步加强农村地区"两基"巩固提高工作的意见》。

2 月 16 日　国务院办公厅转发教育部、国家发展和改革委员会、财政部和国务院西部开发办《国家西部地区"两基"攻坚计划（2004—2007 年）》。

2 月 18 日　教育部决定从 2004 年起，在广东、山东、宁夏、海南 4 省（自治区）开始普通高中新课程实验。

3 月 2 日　教育部印发《普通高中思想政治课程标准（实验）》。

3 月 17 日　教育部、国家发展和改革委员会、财政部印发《关于在全国义务教育阶段学校推行"一费制"收费办法的意见》。

3 月 25 日　教育部发布《中小学生守则》、《小学生日常行为规范（修订）》和《中学生日常行为规范（修订）》，于 2004 年 9 月 1 日起施行。

6 月 16 日　教育部召开 2004 年全国基础教育课程改革工作电视电话会议。会议强调，要深化基础教育课程改革，全面推进素质教育，努力开创基础教育课程改革工作的新局面。

8 月 25 日　财政部和教育部决定从 2004 年秋季新学期开始，再次大幅度增加中央财政专项资金，将免费教科书专项资金从 2004 年春季的 3

亿元增加到 8.7 亿元，将免费教科书发放范围扩大到中西部农村义务教育阶段全部的家庭经济困难学生，同时推动地方政府逐步落实免杂费和补助寄宿生生活费的责任，加快"两免一补"资助政策的落实。

2005 年

1 月 27 日　教育部印发《关于基础教育课程改革实验区初中毕业考试与普通高中招生制度改革的指导意见》。

2 月 2 日　财政部、教育部印发《关于加快国家扶贫开发工作重点县"两免一补"实施步伐有关工作的通知》。

2 月 2 日　教育部发出《关于做好义务教育课程标准实验教材选用工作的通知》。

3 月 1 日　教育部发出《关于深入贯彻〈中共中央国务院关于进一步加强和改进未成年人思想道德建设的若干意见〉精神，做好 2005 年中小学德育工作的通知》。

3 月 16 日　教育部印发《关于进一步加强普通高中新课程实验工作的指导意见》。

4 月 20 日　教育部印发《关于整体规划大中小学德育体系的意见》。

5 月 16 日　教育部发出《关于做好 2005 年为农村高中培养教育硕士师资工作的通知》。

5 月 25 日　教育部印发《关于进一步推进义务教育均衡发展的若干意见》。

5 月 30 日　教育部、国家发展和改革委员会、财政部发出《关于进一步做好在全国义务教育阶段学校推行"一费制"收费办法工作有关问题的通知》。

6 月 7 日　教育部在北京召开全国省级教育行政部门负责人座谈会。会议研究了进一步巩固和完善"以县为主"的农村义务教育管理体制和建立健全农村义务教育投入保障机制的相关问题。

6 月 22 日　国家发展和改革委员会、新闻出版总署、教育部印发

《中小学教材出版招标投标试点实施办法（修订）》和《中小学教材发行招标投标试点实施办法（修订）》。

8 月 13 日　教育部、国家发展和改革委员会、财政部、国土资源部、建设部印发《关于进一步做好农村寄宿制学校建设工程实施工作的若干意见》。

9 月 1 日　根据教育部义务教育新课程实验的工作部署，2005 年秋季开学，全国起始年级学生已经全面进入新课程。

12 月 23 日　国务院总理温家宝主持召开国务院常务会议，研究加强农村义务教育和深化农村义务教育经费保障机制改革问题。会议要求各地区、各部门切实把农村义务教育摆在优先发展的战略地位，努力解决制约农村地区普及九年义务教育投入问题，保障农村义务教育持续健康发展。会议提出了深化农村义务教育保障机制改革的主要内容。

12 月 24 日　国务院发出《关于深化农村义务教育经费保障机制改革的通知》。

12 月 26 日　全国农村义务教育经费保障机制改革工作会议在北京召开，对深化农村义务教育经费保障机制改革工作进行了全面部署。国务委员陈至立在讲话中指出，深化农村义务教育经费保障机制改革是惠及亿万农民群众的民心工程，未来 5 年中央与地方各级财政累计将新增农村义务教育经费约 2 182 亿元。

2006 年

1 月 4 日　国务院总理温家宝主持召开国务院常务会议，讨论并原则通过《中华人民共和国义务教育法（修订草案）》。会议决定，经进一步修改后，由国务院提请全国人大常委会审议。

1 月 17 日　教育部发出《关于做好落实农村义务教育经费保障新机制若干工作的紧急通知》。

2 月 9 日　教育部发出《关于进一步做好农村教育经费保障机制改革实施工作的通知》。

2月25日　中组部、人事部、教育部、财政部、农业部、卫生部、国务院扶贫办、共青团中央发出《关于组织开展高校毕业生到农村基层从事支教、支农、支医和扶贫工作的通知》。

4月25日　教育部发出《关于大力加强中小学校校园文化建设的通知》。

4月28日　2006年国家西部地区"两基"攻坚工作会议在北京召开。

5月10日　财政部、教育部发出《关于成立全国农村义务教育经费保障机制改革领导小组办公室的通知》。

5月15日　教育部、财政部、人事部、中央编办发出《关于实施农村义务教育阶段学校教师特设岗位计划的通知》。

5月18日　教育部、财政部、人事部、中央编办联合印发《农村义务教育阶段学校教师特设岗位计划实施方案》，决定组织实施《农村义务教育阶段学校教师特设岗位计划》。

6月4日　教育部印发《关于进一步加强中小学班主任工作的意见》。

6月9日　教育部发出《关于实事求是地做好农村中小学布局调整工作的通知》。

6月29日　十届全国人大常委会第二十二次会议表决通过了修订后的《中华人民共和国义务教育法》。国家主席胡锦涛签署第52号主席令予以公布，自2006年9月1日起施行。

6月30日　教育部发出《关于学习宣传和贯彻实施〈中华人民共和国义务教育法〉的通知》。

8月　胡锦涛在中共中央政治局第三十四次集体学习时指出：全面实施素质教育，核心是要解决好培养什么人、怎样培养人的重大问题，这应该成为教育工作的主题。要坚持育人为本、德育为先，把立德树人作为教育的根本任务，努力培养德智体美全面发展的社会主义建设者和接班人。要加强爱国主义教育，深入开展理想信念教育，引导学生树立正确的世界观、人生观、价值观、荣辱观，增强学生热爱祖国、服务人民的使命感和责任感。要激发学生发展的内在动力，提高学生的创新精神和实践能力。

要形成全社会推进素质教育的强大合力和良好环境。

9 月 1 日~2 日 国务院在北京召开全国农村综合改革工作会议。国务院总理温家宝在讲话中强调，要贯彻把义务教育工作的重点放在农村的方针，通过农村义务教育体制改革，保障办学经费，提高教育质量，促进教育公平，加快农村义务教育发展，实现让每一个农村孩子都有学上，都能上得起学的目标。

12 月 31 日 教育部发出《关于做好 2007 年农村义务教育阶段学校教师特设岗位计划工作的通知》。

2007 年

1 月 5 日 教育部印发《关于 2007 年推进普通高中新课程实验工作的通知》。

4 月 28 日 教育部发出《关于不受理义务教育阶段学生参加英语等级考试的通知》。

6 月 7 日 教育部印发《关于建立健全高中阶段教育学校招生工作机构的通知》。

7 月 12 日 教育部发出《关于进一步做好农村义务教育经费保障机制改革有关工作的通知》。

7 月 17 日 教育部发出《关于进一步强化农村义务教育经费保障机制改革落实工作的通知》。

12 月 31 日 经国务院批准，从 2008 年 1 月 1 日起，中国中小学特级教师津贴标准由每人每月 80 元调整为每人每月 300 元，公办学校发放特级教师津贴所需经费全额纳入财政预算。

2008 年

1 月 10 日 教育部发出《关于普通高中新课程省份深化高校招生考试改革的指导意见》。

1 月 14 日 教育部、财政部提出《关于全面实施农村义务教育教科书免费提供和做好部分教科书循环使用工作的意见》，贯彻《义务教育法》有关规定，落实《财政部、教育部关于调整完善农村义务教育经费保障机制改革有关政策的通知》精神。

4月3日　教育部发出《关于深入推进和进一步完善中考改革的意见》，贯彻《义务教育法（修订案）》提出的"改革考试制度，并改进高级中等学校招生办法，推进实施素质教育"规定，落实党的十七大报告提出的"更新教育观念，深化教学内容方式、考试招生制度、质量评价制度等改革，减轻中小学生课业负担，提高学生综合素质"的要求。教育部2008年工作重点要求全面实施中考改革。

4月15日　教育部关于印发《2008年中小学教师国家级培训计划》的通知。

6月14日　教育部发出《关于组织对口支援地区举办地震灾区中小学生暑期夏令营活动的通知》。为使汶川大地震受灾中小学生特别是转移临时安置点的中小学生度过一个平安而有特殊意义的暑假，教育部决定组织对口支援省（直辖市）教育行政部门，为四川、甘肃、陕西省地震灾区中小学生举办暑期夏令营活动。

6月30日　教育部发出《关于组织实施2008年暑期中西部农村义务教育学校教师国家级远程培训的通知》，加强中西部农村教师培训，提高农村教师队伍素质，促进义务教育均衡发展。

7月9日　教育部发出《关于组织实施2008年中小学班主任国家级专项培训计划的通知》。根据《教育部关于进一步加强中小学班主任工作的意见》精神和教育部2008年中小学教师国家级培训工作部署，为提高中小学班主任队伍整体素质，决定组织实施"2008年中小学班主任国家级专项培训计划"。

7月30日　国务院总理温家宝主持召开国务院常务会议。会议决定从2008年9月1日开始，在全国范围内全部免除城市义务教育阶段学生学杂费。对享受城市居民最低生活保障政策家庭的义务教育阶段学生，继续免费提供教科书，对家庭经济困难的寄宿学生补助生活费。至此，全国城乡义务教育实现全免费,对进一步强化政府对义务教育的保障责任,推动义务教育均衡发展和促进教育公平具有重要意义。

7月30日　教育部发出《关于地震灾区中小学开展心理辅导与心理健康教育的通知》。

9月1日　教育部、中国教科文卫体工会发出了《关于重新修订和印发〈中小学教师职业道德规范〉的通知》。

12月21日　国务院总理温家宝主持召开国务院常务会议。会议审议批准了《关于义务教育学校实施绩效工资的指导意见》,决定从2009年1月1日起,在全国义务教育学校实施绩效工资,确保义务教育教师平均工资水平不低于当地公务员平均工资水平,同时对义务教育学校离退休人员发放生活补贴。

12月25日　全国人大常委会审议的《义务教育法(修订案)》执法检查报告指出,我国农村义务教育经费虽有较大增长,但保障还是低水平的,难以满足事业发展的需要。

12月27日　教育部正式公布新制定的《中小学健康教育指导纲要》,指出今后中小学每学期都将安排6~7课时的健康教育课。从小学五、六年级起,学生将接触到有关青春发育期的相关健康卫生知识。高中阶段的健康教育课程,还将涉及避免婚前性行为等部分内容。

12月31日　教育部颁布《关于做好义务教育学校教师绩效考核工作的指导意见》。

2009 年

1月5日　国务院新闻办、工业和信息化部、公安部、文化部、工商总局、广电总局、新闻出版总署等7部门在京召开电视电话会议,部署在全国开展整治互联网低俗之风专项行动。这标志着为期1个月的全国整治互联网低俗之风专项行动正式启动。

2月3日　为进一步推进农村义务教育经费保障机制改革资金(含农村义务教育阶段中小学公用经费资金、免费教科书资金、校舍维修改造长效机制资金、家庭经济困难寄宿生生活费补助资金等）的科学化、精细化管理，财政部发布《关于进一步加强农村义务教育经费保障机制改革资金管理的若干意见》，进一步从制度上解决农村义务教育经费保障机制经费管理中存在的一些问题。

2月28日　国务院总理温家宝在与网友在线交流并接受中国政府网、新华网联合专访时表示，要使教师工资不低于或相当于公务员水平。

3月20日　教育部发出《关于做好2009年"农村义务教育阶段学校教师特设岗位计划"实施工作的通知》。

3月25日　教育部颁布《关于进一步做好中小学教师补充工作》的通知，规定从2009年起全国各地中小学新任教师应全部由省级教育行政部门统一组织公开招聘考试，按规定程序择优聘用，不得再以其他方式和途径自行聘用教师，以切实加强中小学特别是农村学校师资力量，并有效地促进高校毕业生就业。

4月1日　国务院总理温家宝主持召开国务院常务会议，决定正式启动全国中小学校舍安全工程。

4月24日　教育部发出《关于加强中小学管理规范办学行为的指导意见》。

5月11日　教育部、国家民委在北京联合召开全国中小学民族团结教育工作视频会议。这次会议的主要任务是在科学发展观的指导下，全面部署《学校民族团结教育指导纲要（试行）》的贯彻实施工作。

6月4日　全国农村学校教师"特岗计划"实施工作会议在郑州召开，会议强调，要进一步加大工作力度，确保"特岗计划"的实施进度和完成质量。

7月9日～10日　全国中小学校舍安全工程领导小组办公室在京召开全国中小学校舍安全工程培训会议和7月份视频调度会议，进一步推进和部署中小学校舍安全工程实施工作。会议就校舍安全工程的相关政策进行了解读，对工程技术标准规范进行了培训。教育部副部长鲁昕出席会议并做重要讲话。

7 月 24 日 为进一步加大中小学教师培训力度，重点加强农村教师培训，提高教师队伍的整体素质和教育教学能力，促进基础教育改革发展，教育部启动实施"2009 年中小学教师国家级培训计划"，同时启动"2009 年中西部农村义务教育学校教师远程培训项目"。教育部副部长陈小娅出席启动仪式并讲话。

7 月 27 日 教育部、中宣部、中央文明办、共青团中央发出通知：开展以庆祝新中国成立 60 周年为主题的第 6 个"中小学弘扬和培育民族精神月"系列活动，庆祝新中国成立 60 周年，让广大中小学生进一步把爱国情感化为具体行动。

8 月 24 日 《教育部关于印发〈中小学班主任工作规定〉的通知》明确指出："班主任在日常教育教学管理中，有采取适当方式对学生进行批评教育的权利。"进一步加强中小学班主任工作，发挥班主任在中小学教育中的重要作用，保障班主任的合法权益，全面推进素质教育。

8 月 25 日 十一届全国人大常委会第十次会议上，公布了国务院关于落实全国人大常委会义务教育法执法检查报告及审议意见的报告和全国人大教科文卫委员会的审议意见。指出，自 2009 年，教育部全面推行新任教师公开招聘制度，各地中小学新任教师补充应全部采取公开招聘，不得再以其他方式和途径自行聘用教师。

8 月 26 日 "知行中国——中小学班主任教师国家级远程培训"在北京拉开帷幕。按照计划，在此后的一个月时间内，教育部将组织首批实施省份辽宁、江苏、浙江、福建、河南、湖北、广东、重庆、云南、陕西省（直辖市）的 10 万名小学班主任教师完成 50 学时的专题远程培训工作。教育部副部长陈小娅出席开班仪式并讲话。

8 月 26 日 教育部发出《关于组织全国中小学同看央视〈开学第一课·我爱你中国〉节目的通知》，深入开展"我爱我的祖国"主题教育活动，落实《教育部、中央宣传部、中央文明办、共青团中央关于组织开展 2009 年"中小学弘扬和培育民族精神月"活动的通知》，迎接新中国成立 60 周年。

后 记

在这有限的篇幅里，要想把我国基础教育走过的 60 年历程展示给大家，并提炼出基本成就与经验，这几乎是不可能的事。明知不可能，我们还是硬着头皮去做这不可能之事。因为 60 年新中国基础教育之坎坷历程与辉煌成就总得作一记录和展示，哪怕挂一漏万也是应该的。

确实是挂一漏万。我们只着重选择了基础教育的义务教育普及，课程与教学的改革与发展，师资队伍建设，中小学教育教学管理体制，教科书与教研制度建设等内容，尽管这些内容确实是非常重要的，但还有很多的我们不可能一一展示的基础教育发展内容，同样也是很重要的。这毕竟是一大遗憾，但这也是正常现象。作为单一的一本书，是不可能面面俱到的，60 年基础教育恐怕只有洋洋十大本才能展示其真实发展面貌。

本书在拟定和完善提纲的过程中，曾经二上北京，召开小型座谈会，得到了北京师范大学裴娣娜教授、首都师范大学劳凯声教授和孟繁华教授、国家教育行政学院于建福教授、中国教育报郜云雁副编审等专家学者的帮助教诲。本书在写作过程中，又在长沙举行专家论证会议，得到了湖南师范大学张传燧教授、湖南省新闻出版局尹飞舟副局长、中国教育报刘华蓉编审，以及其他许多专家同仁的指点。非常感谢他们。

本书由石鸥教授任主编，负责统筹、设计、修订、统稿、定稿并撰写导言；华中师范大学郭元祥教授率他的博士生姚林群负责第一编"义务教育的普及"的撰写；湖南师范大学刘德华教授负责第二编"基础教育教师队伍建设"的撰写；湖南师范大学辛继湘教授负责第三编"基础教育课程与教学改革"的撰写；西南大学李森教授率他的博士生张东负责第四编"基础教育体制改革与发展"的撰写；湘南学院吴小鸥教授与湖南省教育科学研究院聂劲松研究员负责第五编"中小学教材与基础教育研究制度建设"的撰写，分别撰写第十三章和第十四章；研究生李卉君负责大事记的整理。

湖南师范大学出版社周玉波社长、郭声健总编辑对本书给予了高度的关注和支持，李文邦先生、何海龙先生等为本书的完成出了不少力，宋瑛女士更是直接付出了诸多辛勤劳动。谢谢他们。

我们还有一个感谢，要送给高科技，这就是网络。因为本书的写作时间紧、任务重、压力大，太多的讨论几乎不可能，但也恰恰因为时间紧、任务重、压力大，因为本书的意义和价值，必要的讨论又几乎是不能免的，矛盾和冲突被网络基本解决了。我们迅速建立起写作 QQ 群，每天，每个作者，都参加讨论，提出问题并得到启迪，相互鼓励并相互督促。没有网络，我们不敢想象本书写作的艰难程度。

最后，即便有网络的方便、有专家学者的指点，但确实由于时间太紧，以及写作本书的特别要求，加之作者尤其是主编本人的水平有限，书中的缺点与不足是难免的。引玉之砖，唯求帮助与谅解。

石　鸥

2009 年国庆前夕于长沙岳麓山下

图书在版编目（CIP）数据

中国基础教育 60 年（1949—2009）/ 石鸥主编 . —长沙：湖南师范大学出版社，2009.8
ISBN 978 - 7 - 5648 - 0039 - 0

Ⅰ. 中…　Ⅱ. 石…　Ⅲ. 基础教育—成就—中国—1949—2009
Ⅳ. G639. 2

中国版本图书馆 CIP 数据核字（2009）第 143685 号

中国基础教育 60 年（1949—2009）

石　鸥　主编

◇责任编辑：何海龙　宋　瑛
◇责任校对：赵亚梅　胡亚兰
◇出版发行：湖南师范大学出版社
　　　　　　地址/长沙市岳麓山　邮编/410081
　　　　　　电话/0731. 88853867　88872751　传真/0731. 88872636
　　　　　　网址/www. hunnu. edu. cn/press
◇经销：湖南省新华书店
◇印刷：长沙化勘印刷有限公司

◇开本：787×1092　1/16
◇印张：33. 75
◇字数：484 千字
◇版次：2009 年 9 月第 1 版　2009 年 9 月第 1 次印刷
◇书号：ISBN 978 - 7 - 5648 - 0039 - 0
◇定价：98. 00 元